KB235314

몽골의 고려·일본 침공과 한일관계

몽골의 고려·일본 침공과 한일관계

한일문화교류기금
동북아역사재단 편

景仁文化社

발간사

이 책은 한국의 중세, 즉 고려시대의 한일관계를 〈몽골의 고려·일본 침략〉에 초점을 맞추어 통시적으로 고찰한 최초의 연구 성과물이다. 주지하다시피 고려는 역대 왕조가운데에서도 외침을 가장 많이 받았으며, 그만큼 대외관계도 활발했다.

10세기 초에 통일국가를 세운 거란(요)은 송과의 대결에서 유리한 입장을 차지하기 위해 여러 차례 고려를 공격해 왔으나, 고려에서는 서희의 외교담판과 강감찬의 군사대응으로 이를 극복했다. 12세기 초에는 여진족이 고려 국경까지 남하하면서 고려군과 자주 충돌을 했는데, 고려에서는 윤관의 건의를 받아들여 여진족을 북방으로 몰아내고 동북지방에 9개의 성을 쌓았다.

반면 고려는 일본과의 관계에 937년부터 사절을 파견한다든가 牒狀을 보내 공식적인 외교관계를 계속했으며, 客商이나 대마도 이키의 구당관을 통해 교역관계를 지속했다. 그러나 13세기 초에 접어들면서 몽골이 통일국가를 세우면서 동북아 정세는 급격히 변해갔다. 고려를 방문했던 몽골사신이 귀국길에 피살된 사건을 구실로 1231년부터 고려를 침략했고, 이후 40년간 고려는 몽골과 전쟁을 벌였다. 1270년 고려는 몽골과 강화를 했다. 그러나 이어진 몽골의 일본원정에 군대와 물자의 제공을 강요받았다. 몽골의 일본침략은 실패로 끝났지만, 이후 고려 일본관계는 외교는 물론 경제적 교류도 공적으로는 단절되었으며, 14세기 중반 이후 경인왜구 이래, 왜구의 약탈과 명의 건국으로 동아시아 세계는 또다시 크게 변모하는 모습을 보인다.

이 책은 2008년 10월 24일부터 26일까지 한일문화교류기금과 동북아역사재단이 안동 한국국학진흥원에서 공동으로 주최한 국제심포지엄 〈몽골의 高麗·日本 侵攻과 韓日關係〉에서 발표한 원고들을 단행본으로 엮은 것이다.

기조 강연으로 東京大學 村井章介 교수의 〈몽골의 내습과 異文化의 접촉〉을 실었고, 주제발표로 몽골침략 이전의 고려와 일본관계를 경기대 이재범 교수의 〈13세기 이전의 麗日關係〉를 통해서, 그리고 고려와 몽골관계를 九州大學 森平雅彦 교수의 〈13세기 전반에 있어서 여몽교섭의 한 단면〉이라는 논문을 통해 살펴 보았다. 이어 몽골의 고려와 일본침공에 대하여 공주대학교 윤용혁 교수의 〈삼별초와 여일관계〉와 한림대학교 남기학 교수의 〈몽골의 일본침략과 일본의 대응〉을 실었다. 마지막으로 九州大學 佐伯弘次 교수의 〈일본침공 이후의 여일관계〉를 통해, 몽골침공을 전후한 동아시아세계의 변동과 국제관계사를 재조명했다. 그리고 이들 발표논문에 대한 종합토론을 하여 고려시대 한일관계사는 물론 중세 동아시아 국제관계사 이해의 지평을 넓히기 위한 토론의 장을 펼쳤다.

끝으로 이번 심포지엄을 위해 수고해주신 한일문화교류기금 김수웅 국장, 동북아역사재단 장세윤 연구위원, 그리고 번역에 애를 써준 신동규 박사, 김강일·정지연님께 감사드린다.

2009년 2월
한일문화교류기금 운영위원 **손 승 철**

개회사

800여 년전 몽골지배 아래에서 고려는 몽골과 함께 두 차례에 걸쳐 일본을 침공했었습니다. 대륙국가가 일본 열도를 침공한 유일의 전쟁이었습니다. 이 전쟁은 오래 가지 않았지만 한국과 일본 간의 관계에 큰 영향을 끼쳤고 기금까지도 그 전쟁의 흔적이 한국과 일본에 남아있습니다.

한일문화교류기금은 동북아역사재단과 더불어 바로 이 전쟁을 오늘의 시각에서 다시 분석해보는 세미나를 계획했습니다. 한일관계의 오늘을 이해하는 데 도움이 되리라 생각되어서입니다.

오늘 세미나에는 한국과 일본학계의 전문가들을 모두 모셨습니다. 日本에서 무라이 쇼오스케(村井 章介) 교수, 에노모토 와타루(榎本 涉) 교수, 모리히라 마사히코(森平 椎彦) 교수, 후나다 요시유키(船田 善之) 교수, 사에키 고오지(佐伯 弘次) 교수 등이 참석하셨고, 한국에서는 이재범 교수, 김보한 교수, 남기학 교수, 윤용혁 교수, 장동익 교수, 손승철 교수, 그리고 동북아역사재단의 이훈 박사 등이 참가했습니다. 아주 좋은 토론이 되리라고 생각됩니다. 욕심 같아서는 몽골 학자도 초청하고 싶었으나 뜻대로 되지 않았습니다.

　오늘의 세미나는 동북아역사재단의 김용덕 이사장의 배려로 성사되었습니다. 이 자리를 빌어 감사드립니다. 그리고 이 회의를 준비해 오신 한일문화교류기금 김수웅 상무이사님과 손승철 운영위원님께서도 심심한 사의를 표합니다.

　비록 2박 3일의 짧은 일정이지만 유서 깊은 도산서원과 하회마을도 돌아보시면서 즐거운 시간을 가지시기를 바랍니다.

2008년 10월 25일
(재)한일문화교류기금 이사장　　李 相 禹

환영사

　이번에 동북아역사재단과 한일문화교류기금이 공동주최하는 학술회의를 위해 멀리 일본과 한국 각지에서 오신 여러 석학과 전문가들께 깊은 감사의 말씀을 드립니다.

　동북아역사재단은 2006년 9월에 설립된 신흥 연구기관입니다. 한·중·일 등 동아시아의 역사문제 등에 대한 종합적 연구 분석과 다양한 학술적 교류, 그리고 여러 지원 사업 등을 통하여 객관적이며 보편적 역사인식을 확립하고, 이를 통해 동아시아지역의 협력과 번영, 평화체제의 기반을 마련하기 위한 곳입니다.

　우리는 한·중·일 사이에 놓여있는 여러 가지 역사현안 문제를 미래지향적이며 평화지향적인 안목으로 해석함으로써 한국과 이웃, 세계 여러 나라들의 우호협력과 상호이해를 도모하고자 합니다.

　이번 학술대회의 주제는 여러 전문가들의 의견을 수렴하여 "몽골의 고려·일본 침공과 한일관계"로 정했습니다. 13세기 몽골의 고려, 일본 침공은 동아시아 사회에 커다란 변화를 초래하였습니다. 고려와 일본은 몽골의 침략과 오랜 전쟁으로 큰 고통을 겪었습니다만, 이후 양국은 상당기간 평화로운 관계를 유지했습니다. 우리는 이를 통해 많은 교훈을 얻을 수 있을 것입니다.

　저는 이번 학술대회가 한국의 '추로지향(鄒魯之鄕)'으로 불리는 경상북도 안동에서 열리게 된 것을 무척 기쁘게 생각합니다. 학술회의가 끝난 뒤 한국 유교문화의 상징인 도산서원, 한국의 오랜 전통이 살아있는 민속마을인 하회마을을 견학하고 동아시아 문화의 보편적 가치도 느껴보시기 바랍니다.

지난 9월 저희 재단에서는 『독일 프랑스 공동역사교과서』를 발간하였습니다. "역사학자는 수준높은 지식과 양심에 따라 미래를 내다보려 하며, 이를 위해 과거의 빛으로 현재를 조명한다"는 이 책 머리말의 경구는 우리에게 소중한 교훈을 주고 있다고 하겠습니다. 아무쪼록 이번 학술대회를 통해 몽골의 고려, 일본 침공으로 비롯된 동아시아의 전쟁과 교류에 관한 여러 문제들이 활발하게 토론되기를 기대합니다.

멀리 일본에서 오신 무라이 쇼스케 교수님을 비롯한 여러 선생님들과 한국의 여러 교수님들, 그리고 대회 준비를 위해 애써주신 한국의 손승철 교수님께도 감사드립니다. 또한 이번 학술대회 개최를 위해 많은 수고를 해주신 한일문화교류기금의 김수웅 사무국장을 비롯한 실무진께도 고마운 인사를 드립니다.

바쁘신 일정에도 불구하고 먼길을 마다하지 않고 이번 학술회의에 참석하신 참가자 여러분께도 거듭 감사의 말씀을 전합니다.

감사합니다.

2008년 10월 25일
동북아역사재단 이사장 **김 용 덕**

目 次

13세기 전반에 있어서 麗蒙交涉의 한 단면 / 森平雅彦(九州大學)

삼별초와 여일관계 / 尹龍爀(공주대학교)

기조강연

몽골 내습과 異文化 접촉

무라이 쇼스케(村井章介, 東京大學)

---

1. 머리말
2. 외 교
3. 전 투
4. 불교와 무역
5. 맺음말

---

1. 머리말

1371년 南朝方征西府의 권력자로서 九州를 제압하고, 大宰府를 수도로 삼았던 懷良親王(後醍醐 천황의 황자)은 건국 직후에 명으로부터의 외교 사절을 맞이했다. 사자는 이름을 趙秩이라고 하였고, 일본에 대한 명의 중화지배의 정당성을 인정하고, 臣從의 의사 표시를 재촉하도록 하는 것이 임무였다. 懷良은 趙秩과 문답을 주고받았고, 이윽고 그 설득에 부응해 "表箋을 바쳐 臣으로 칭하고, 祖來를 파견하여 秩을 따라 入貢"하게 했다. 이를 접한 洪武帝는 곧바로 懷良을 '日本國王'에 봉했다. 이 사건은 남북조 내란의 성격을 크게 바꾸게 되었는데[村井, 2003], 그 점에 대해서는 접어두고 여기에서는 두 사람의 문답에 주목하고 싶다(『明實錄』, 洪武4年 10月 癸巳條).

> 懷良 : 지금 新天子가 몽골 때와 마찬가지로 중화를 장악해 趙라고 하는 姓의
> 사자를 보내왔다. 아마도 너희는 옛 蒙古使의 자손일 것이다. 기분 좋
> 은 말로 유인해 우리를 덮칠 생각일 것이다.
> 趙秩 : 나는 蒙古使의 후예가 아니다. 나를 죽이면 재난이 너희들에게 닥칠
> 것이다. 우리 조정의 1명의 군사, 1척의 전함은 몽골군 100명에 상당한
> 다. 예를 갖추어 너희를 회유하려는 우리 조정과 너희를 공격하려는 몽
> 골을 비교해 보는 것이 좋을 것이다.

몽골 내습의 직전, 1271년과 72년(2번째를 73년이라고 하는 설이
있지만 잘못이다[朱雀, 2008]) 2번에 걸쳐서 太宰府에 온 몽골 사자의
이름은 趙良弼이었다. 그와 같은 同姓의 사자를 맞이한 懷良은 곧 100
년 전 전쟁의 재현을 연상했다. 몽골 내습의 기억이 얼마나 강렬한 것
이었는지를 알 수 있다.

몽골 내습은 전근대에 일본의 영토 내에서 치룬 대외 전쟁으로서 매
우 드문 일이었다. 그 이외에 1019년 '刀伊의 入寇'와 1419년 '應永 外
寇'가 있지만, 전쟁의 규모는 비교도 안 된다. 그만큼 몽골 내습은 동시
대 및 그 후의 일본에 커다란 각인을 남겼다. 이 점에 대해서는 鎌倉幕
府의 추이, 御家人制나 惣領制의 변질, 유통경제의 진전 등 다양한 관점
으로부터 검토되어 왔지만, 여기에서는 異文化와의 직접적인 접촉이라
고 하는 각도에서 몽골 내습이 가진 의미를 생각해 보고 싶다[村井,
2005. 제9장 참조].

2. 외　교

"전쟁은 외교의 연장"이라고 하는 명제는 몽골 내습에 대해서도 성

립된다. 1266년 8월부의 ‘大蒙古國 皇帝’로부터 ‘日本國王’에게 보내진 국서는 고려를 통해 1268년 정월 太宰府에 도달했다. 시간이 걸린 것은 고려의 소극적 저항 때문이다. 국서는 몽골이 중화를 영유 하고 있다는 것, 고려가 몽골에 의해 “義는 君臣이라 하더라도, 歡은 父子와 마찬가지”라고 하는 관계의 설정이 이루어진 것을 언급한 뒤, 국교를 맺어 親睦할 것을 요구하고 있다. 첫머리의 ‘奉書’, 말미의 ‘不宣’이라고 하고 있어 그만한 예우를 표현하고 있어, 그다지 거만한 문언은 아니다. 그러나 “군사를 이용하기에(일으키기에) 이르러서는 그것을 누가 좋아할 것인가.”라고 한 구절은 동아시아 외교에 익숙하지 않는 일본 측, 특히 막부에게 커다란 군사적 위협으로 비쳤을 것이다[杉山, 2003]. 조정은 처음에 전통적 대외자세에 따라 답장을 보내지 않았지만, 1269년에 도래한 몽골 中書省牒[張, 2005]에 대해서는 太宰府 명의의 返牒을 보내는 것이 결정되어[荒木, 2008] 문안을 작성했다. 그러나 막부의 태도는 일관되게 武斷的으로 返牒을 묵살하였고, 異國警固番役의 창설 등, 군사적 대응으로 일관했다. 그러한 가운데 太宰府까지 도달한 것으로서는 2번째와 3번째의 사절이 바로 그 趙良弼이었다[佐伯, 2003].

1) 趙良弼과 南浦紹明

몽골사 趙良弼은 2번째의 도래 직후에 전쟁이 시작되었기 때문에 불길한 이름으로서 일본인의 역사적 기억으로 새겨졌다. 그러나 生身의 인간으로서 그는 여진족 출신의 문인으로 스스로 대일외교의 역할을 자청하고 있었다는 것으로부터도 상상할 수 있듯이 높은 교양을 갖춘 경계인이었다[山本, 2001]. 그 정치적 입장은 결코 주전파는 아니었고, 2번째 사행에서 돌아간 그는 元(1271년 국호를 세움)의 황제 쿠빌라이에 대해서 다음과 같이 일본 정벌의 무익을 호소했다(『元史』권159, 趙良弼傳).

臣이 일본에 1년 이상 있는 동안, 그 풍속을 보니 짐승처럼 날쌔어 죽이는 것을 좋아하고, 부자지간 상하의 예가 있음을 모른다. 그 땅은 산수가 많아 경작을 모른다. 그 사람을 얻더라도 일을 시킬 수 없고, 그 당을 얻더라도 부를 늘릴 수 없다. 더욱이 해군으로 바다를 건너는데 해풍이 언제 올지 몰라 그 화를 예측하기 어렵다. 이것이야말로 <백성의 힘을 빌려 끝이 없는 골짜기를 메운다>라고 말하는 것이다.

지금까지 일본에서는 몽골 내습을 "蠻族의 나라가 문명국 일본에 걸어온 전쟁"이라고 하는 이미지로 파악해 왔다. 그것은 동시대인도 예외는 아니었는데, 1271년 趙良弼이 첫 번째로 도래해왔을 때, 太宰府의 長 少貳経資는 "蛮夷의 사람이 궁궐에 온 사례가 없다. 牒狀의 취지를 받들어야만 한다."고 응대하여(『吉續記』, 文永8年 10月 24日條), 良弼의 상경을 거부했다. 하지만 良弼은 반대로 유교적 예의를 알지 못하고, 정복해도 얻을 수 있는 것이 적은 蠻國이라고 일본을 간주하고 있었다. 실제, 文永의 役 후에 도래한 元使를 참살해버린 막부의 대응은 동아시아의 외교 관례를 무시한 것이며, 蠻國과 닮은꼴의 행동으로 간주되어져 재차의 전쟁에 대한 회피의 가능성을 스스로 닫아버린 것이라고 말하지 않을 수 없다.

일본에 체제 중에 趙良弼의 사적으로서 주목받고 있는 것이 大德寺派·妙心寺派의 祖, 南浦紹明과의 詩 唱和이다. 南浦는 入宋하여 名僧 虛堂智愚에게 嗣法하였으며, 1267년에 귀국해 70년에 博多 西郊 姪浜(메이노 하마)의 興德寺(開基는 北條時定)에서 지낸 뒤, 72년에 太宰府에 가까운 橫岳崇福寺(開基는 少貳氏)의 주지가 되었다. 『円通大応國師語錄』偈頌에 "蒙古國의 사신 趙宣撫의 韻에 답한다."라고 제목을 붙인 22首가 보인다(현대어 번역은 [西尾, 1999 b]).

(1) 遠公不出虎溪意　慧遠이 虎溪를 나오지 못했다는 의미는
　　非是淵明誰賞音　陶淵明이 아니었다면, 누가 그 뜻을 이해하겠는가.

欲話箇中消息子　그 사이의 사정을 말씀드리고 싶다.
蒲輪何日到雲林　왕골로 씌운 車輪 수레를 타고 拙寺에 와본 것이 언제던가.

(2) 外國高人來日本　외국의 고관이 일본에 도착했다.
相逢談笑露眞機　만나서 담소해보니 玄妙한 행동을 보인다.
殊方異域無差路　나라를 달리하더라도 眞理에 다름은 없고
目擊道存更有誰　한 번 본 것만으로 道를 갖추고 있다는 것을 곧 알 수 있
　　　　　　　　다. 그 위에 누가 있을 것인가.

西尾賢隆은 이 唱和時에서 南浦가 있던 절을 (1)에 나오는 虎溪三笑의 고사에 어울리는 환경으로부터 崇福寺라고 추정하고, 唱和의 연대를 良弼의 2번째의 일본 방문 때로 비정하였으며, 상경을 허가받지 못해 "大宰府에서 荏苒의 날을 보내는 良弼을 陶淵明과 같은 自適으로의 휴식으로서 받아들이고 싶다."라고 말했다. 따라야 할 견해일 것이다. (1)은 良弼이 대면 전에 南浦에게 보낸 시에 대한 화답이고, (2)는 직접 만나 서로 얘기를 나눈 후의 창화이다.

　(1)에는 두 사람의 관계를 혜원과 도연명으로 대표되는 중국 문화에 대한 동경과 조예를 볼 수 있고, (2)에서는 선종과 유교를 관철하는 '道'에 비추어 보자면 나라나 지역의 차이는 본질적인 것이 아니라고 하는 세계관이 퍼져 있다. 긴장한 국가 간 관계 속에 있더라도 일본인의 도해승과 여진인 외교관이라고 하는 경계인 상호 간에는 공감이 교감되고 있었다. 귀국해서 전쟁 회피를 말한 良弼의 염두에 남포와의 해후가 있었다고 상상해 보고 싶어진다.

　또, 이 회견에서 남포의 입장을 일개인이 아니라, 외교의 일각을 담당한 사람의 것으로 보는 설이 있다[伊藤, 2002]. 몽골 내습 직전에 송으로부터 귀국해 北條氏 연고의 홍덕사와 少貳氏 연고의 崇福寺에서 주지를 역임한 그의 경력을 생각하면 있을 수 없는 이야기는 아니다. 만약 그렇다면, 南浦는 良弼로부터 얻은 대륙 정보를 막부 관계자에게 전

달했을 것이므로 鎌倉幕府의 외교적 대응을 무단적이라고만 평가하는 것은 재고할 필요가 있다. 하지만 그 정보가 막부의 정책 판단에 반영된 형적은 없다.

2) 삼별초의 일본청원

몽골 내습에 대한 종래의 견해는 몽골·고려라고 하는 적에 대해서 우리 카마쿠라의 무사가 얼마나 용감하게 싸웠는지 라고 하는 도식에 치우쳐 있었다. 지금 눈을 유라시아로 넓혀 제지역이 몽골의 급격한 팽창을 어떻게 받아들일까라고 하는 시점에 선다면, 다른 역사적 현실이 보인다. 예를 들어, 1280년대에는 전통적으로 견원지간이었던 베트남·참파 간에 몽골의 위협이나 침략에 대항한 국제적 공동이 성립했었다[旗田, 1965]. 그리고 같은 역사적 조건은 동아시아에도 있었다[村井, 1988].

몽골군이 고려에 침략하기 시작한 것은 일본보다 40년 이상이나 빠른 1231년의 일이다. 당시 고려에서 실권을 잡고 있던 무인 정권(일본의 막부에 유사)은 다음 해에 수도를 개경에서 강화도로 옮겨 저항의 자세를 보였다. 그 후 30년간 6번에 걸친 침략의 피폐에 빠져든 고려는 1260년에 종속적인 강화를 피할 수 없게 된다.

삼별초란 징병제에 의한 부병 대신해 무인 정권 군사력의 핵심이 된 정예부대로 반몽 30년 전쟁의 주된 담당자였다. 1270년, 무인 정권이 쿠데타로 넘어져 왕실이 몽골에 완전히 굽히려 했을 때, 삼별초는 "몽골 병사가 많이 와서 인민을 살육한다. 무릇 나라를 구하려고 하는 사람은 모두 毬庭에서 만나자."라고 하는 격문을 날려 반란에 일어섰다. 반란군은 왕족 한 명을 왕에 옹립하고 정부기관을 조직하여 근거지를 한반도 서남단의 진도로 옮겼으며, 게릴라전법으로 몽골군과 고려 정부를 괴롭혔다.

1271년, 삼별초는 '牒狀'을 일본에 보내 원군과 자금을 요청했다. 고려의 정통 정부를 자인하는 삼별초는 강화도로부터 진도로의 이동을

'천도'라고 말한다. 또, 漂風人護送, 遣使問訊 등 평등 호혜의 관계를 맺을 것을 제안했다. 그 시야에는 일본과의 공동에 의한 몽골에의 저항이 취해지고 있었다. 참고로 첩장이 보내진 것은 진도가 함락한 동년 5월 이전으로 몽골군 장수 忽林赤이 開京에서 일본으로의 출격기지인 合浦에서 출격한 것은 동년 8월이다. 첩장 발신의 시점에서 합포를 포함한 김해부는 삼별초의 세력 하에 있었을 가능성이 높다. "屯金海府之兵, 先卄許人, 送日本國事"라고 하는 첩장의 한 구절은 종래 나 자신을 포함해 몽골군의 동정을 전한 것이라고 해석되어 왔지만, 이영이 말하고 있듯이 삼별초 자신의 행동을 말한 것일 것이다[이영, 1999].

더욱이 삼별초의 외교 활동이 일본에 대한 원조 요청에 머무르지 않았다는 것이 근년의 연구에서 밝혀졌다[太田彌, 1995·山本, 2001]. 趙良弼이 태어난 곳인 河北省 贊皇縣에 있는 石刻史料「贊皇復縣記」에 良弼의 첫 번째 도일에 대해 "명을 받아 동쪽의 일본에 사신을 보낸다. 크고 넓은 바다로서 그 사이를 측정할 수가 없다. 叛賊인 耽羅가 그 사이를 덮고 있다."라고 있다. 1271년 5월에 진도로부터 제주도(탐라)로 옮긴 삼별초가 良弼의 외교 활동을 방해했다고 한다. 이와 같은 사실은 『元朝名臣事略』에 수록된 良弼의 묘비명에는 "이미(大宰府에) 이르렀다. 宋人과 高麗 耽羅 모두 그 일을 막고 어지럽힌다. (少貳氏가) 公을 大宰府에 머무르게 해 사람을 보내 守護한다."라고 기록되어 있어, 삼별초의 방해 공작이 太宰府에서 행해지고 있었다는 것, 거기에 宋人이 관여하고 있었다는 두 가지 점이 알려지고 있다.

良弼의 太宰府 도착은 1271년 9월 19일로 같은 달 3일부터 京都의 조정에서는 삼별초의 첩장에 대한 대응이 논의되고 있었다(『吉續記』). 太宰府에서 良弼과 접촉한 '탐라'라고 하는 것은 이 첩장을 휴대하고 도항한 사절단일 것이다. 위에서 언급한 金海府로부터 일본에 보내진 약 20명의 병사는 그 호위를 담당했었다고도 생각된다. 太宰府는 정반대의 임무를 띤 2개의 사절단을 동시에 맞이해 긴장에 싸였을 것이다.

良弼에 대한 방해 공작에는 宋人도 관여하고 있었다. 『贊皇復縣記』에 "때로는 僞宋이라 하여, 바다 길로 兩浙로부터 멀지않음으로써 크게 이를 두려워한다."라고 있는 바와 같이 남송은 良弼의 설득이 이루어져 일본이 몽골의 陣營에 포함되는 것을 경계하고 있었다. 몽골에서 보면, 고려의 반몽골 세력, 남송, 일본의 3자가 제휴하는 것은 더할 바 없는 위협이었다.

남송의 공작은 良弼의 재차 도일에 즈음하여도 시도되었다. 『贊皇復縣記』에 "때로는 송을 가장하여 … 僧 滕原瓊林 등을 파견하여 (良弼의) 사행을 세워 염탐하였다."라고 있어, 良弼은 일본인과 송의 使僧에 대해서 송인의 浮僞無信을 내세워 중국 대륙의 대부분은 몽골의 것이 되고, 동남 彈丸의 땅만 남았을 뿐이라고 내세웠는데, 승려는 입을 다문 채 반론할 수 없었다고 한다. 같은 내용으로서 良弼의 묘비명에도 "송나라의 使僧 瓊林이라고 하는 사람이 와서 渝平(和平을 교란하고?)하고, 이로써 회의가 이루어지지 않아 公이 돌아갔다."라고 있어, 이것은 일본을 몽골에 따르게 한다고 하는 良弼의 임무를 사승이 방해하는 것에 주된 목적이 있음을 확인할 수 있다.

남송이 일본에 보낸 사승 瓊林이란 일본으로부터의 도해 선승 桂堂瓊林인것 같다. 『延宝伝燈録』 권3과 『本朝高僧伝』 권23에 의하면, 그는 文永 연중에 입송해, 후에 杭州 徑山住持가 된 虛舟普度로부터 臨濟宗 松源派의 법을 이어받아, 귀국 후 洛東의 勝林寺에서 지내게 되었다. 귀국 때에 虛舟의 法衣와 頂相을 賜與받았고, 嘉元 연중에는 해외에서 건너온 「虛舟和尙語録」을 募緣 출판했다고 한다. 그의 스승 虛舟가 있던 곳은 蘇州와 杭州 등 南宋 중추부에 있는 사원이며, 그 모임하에 있던 瓊林과 같은 도해승은 대일 외교에 안성맞춤의 인재였다.

이상과 같이 文永의 役 직전, 일본에 대한 3개의 세력의 외교적 움직임을 살펴보았다. 그 중에 남송만이 趙良弼의 일본 설득에 성공하지 못했다고 하는 점에서 성과를 올렸다고 말할 수 있다. 결과적으로 良弼과 삼별초에 의한 공작은 완전히 반대된 목적을 가지고 있었지만, 모두 실패로 끝났다. 여기에서는 삼별초에 대해서만 언급해 두도록 하겠다.

첩장을 받은 조정은 龜山院에서 회의를 열어 대응을 검토했다. 그러나 그곳에서는 첩장이 고려의 반몽골 세력의 것이라는 것이 정확하게 이해되지 않았고, 글자 등의 해석을 儒者들이 서로 경쟁할 뿐이었다. 한편, 北條時宗을 수반으로 한 막부는 첩장을 접하고, 九州에 영지를 가지고 있는 御家人에게 그 영지로 가서 守護의 지휘 아래에서 '異國의 방어'에 임하도록 명령했다. 첩장은 몽골의 위협을 전했다고 하는 문맥에서만 이해되고 있었고, 자국의 방위를 굳히는 것뿐이었으며, 삼별초의 국제적인 공동 제안이 고려된 형적은 없다.

제주도에 거처한 삼별초는 나아가 2년간을 더 계속해서 저항하다가, 1273년에 원·고려 연합군에 의해 괴멸되었다. 그 다음 해에 元은 일본 정벌을 실행으로 옮겼다(文永의 役). 전쟁이 생각지도 못한 결과로 끝난 직후, 막부는 '이국 정벌', 즉 한반도로의 反攻에 착수한다. 거기에는 모험적인 보복주의가 있을 뿐이었고, 삼별초의 입장에 대한 단 하나의 이해도 보이지 않는다. 당시의 막부에 '이국 정벌'을 감행 할 정도의 여력이 없었던 것이 오히려 다행이었을지도 모른다.

3. 전 투

몽골 전투에 참가한 肥後國 御家人 竹崎季長는 文永·弘安 두 차례 전투의 모습과 그 중간에 앞장서서 적진에 쳐들어간 공훈에 대한 인정의 요구를 구하기 위해 鎌倉으로 향한 경위를 그림 두루마리에 그리게 해, 文永의 役에 대한 은상으로서 배령한 肥後國海東郷의 鎭守 甲佐 大明神에 봉납했다. 이것이 유명한 「蒙古襲來繪詞」(이하, 『繪詞』라고 생략한다)에서 현재는 宮內廳 '三の丸 尙藏館'에 소장되어 있다. 「蒙古襲來繪詞」는 季長 개인의 눈을 통해 몽골 전투라고 하는 세계 전쟁의 일단을, 동시대성과 사실성을 가지고 그려낸 작품이다. 대외 전쟁의 경험이 없는 일본의 무사들은 편성도 전법도 무기도 완전히 다른 이국의 군을 상대로 어떻게 싸운 것일까. 주로 吉田光邦[1975], 佐藤鐵太郎[2005], 太田彩[2000]의 성과에 의거하면서 鎌倉 무사가 몽골 전투를 통해서 어떠한 이문화와 접촉했는지를 살펴보겠다.

1) 陸 戰

「繪詞」에 그려진 몽골군의 무기로서는 화약을 사용한 병기인 '철포'(총)이 눈을 끈다. 철의 반구 둘을 합한 것 내부에 화약을 장치해 손에 들 수 있는 투척기를 사용해 적진에 던져 작렬시키는 것으로 그다지 살상력이 있었다고는 생각되지 않지만, 굉음에 의한 위협 효과는 발군이었다. 『八幡愚童訓』(이하, 『愚童訓』이라고 약칭함)은 "도망칠 때에 철포를 쏘아 어둡게 하였는데, 그 소리가 높이 울렸고, 마음을 혼란케 하여 간을 조리게 하였으며, 어지럽게 귀가 울려 亡然하게 東西를 분별하지 못했다."라고 표현하고 있다. 퇴각 시에 사용되었던 것은 『繪詞』의 그림과 일치한다. 이것에 북등 징의 소리도 더해져, 대단히 떠들썩한 전쟁이었던 것 같으며, 『愚童訓』에 "그 소리의 굉장함에 일본의 말이 모두 놀라 進退할 수 없었다."라고 기록되어 있다.

활과 화살은 쌍방이 사용하고 있었지만, 몽골군의 활은 2종류가 있었다. 하나는 宋式의 단궁으로 쥐는 부분이 패인 형태를 하고 있으며, 사정거리가 길고, 화살촉에는 독이 발라져 있었던 것 같다. 또 하나는 쥐는 부분에 패인 곳이 없는 몽골식의 장궁이다. 또, 몽골군의 진에서는 병사의 대부분이 창이나 칼끝을 세워 가지고 있었다. 당시 일본에서는 그다지 사용되지 않았기에 예상외로 유효하였는데, 『愚童訓』은 "칼 끝, 무기의 자루, 무기류 등이 틈새를 찔러와 뺄 수가 없었다."라고 기술하고 있다. 이 외 『愚童訓』에는 석궁이라고 부르는 투석기도 있었다는 것을 말하고 있다.

몽골군의 陣에는 큰 북이 3개와 징(銅鑼)이 하나 보이지만, 이것들은 『愚童訓』에 "물러날 때는 逃鼓를 치고, (진을) 펼칠 때는 責鼓를 울리는 것에 따라서 행동하였다."라고 있는 바와 같이 병력을 조직적으로 움직이기 위한 신호 수단이었다. 소리를 내는 것이 상징하는 집단 전법은 일본군을 당황하게 하였다. 『愚童訓』은 "一面에 나란히 서서 다가오는 자가 있다면, 중간을 퇴각시키고 양쪽의 끝을 회합시켜 감싸게 하여 남김없이 토벌한다."고 말하고 있으며, 또한 다음과 같이 묘사하고 있다.

> 일본의 전투와 마찬가지로 서로 이름을 대어, 저명하거나 알지 못하는 사람이라도 한 사람씩 승부를 하는 것으로 생각했는데, 이 전투는 큰 세력이 한 번에 몰려와 움직이는 곳마다 "내가 내가"라고 (서로 말하며) 죽이거나 포로로 삼았다. 이 때문에 달려 들어오는 일본인은 빠져나간 자가 없었다.

'야!, 야!, 우리들이야말로…'라고 자칭하고 있는 동안에 밀려 모여 들어 깔아 뭉게 버리는 희비극에 전투 방법의 차이가 보이고 있다. 전투 개시 때도 그러하였으며, 『愚童訓』에 의하면, 일본의 대장 少貳景資가 "화살을 쏠 때, 작은 화살촉으로 쏘았기 때문에…"라고 하여 몽골의 진영으로부터 "와" 하고 웃음소리가 올랐다고 한다. 鏑矢는 날리면 소리를 내는 의례용의 화살이다.

그런데 '文永의 役'의 처음 전투에 竹崎季長는 선두에서 공을 세우려고 제일 앞에서 몽골의 진영에 공격해 鳥飼潟, 즉 현재의 福岡市 城南區 鳥飼 주변에서 고전을 면치 못했다.

a : 凶徒는 麤原에 진을 치고, 각양각색의 깃발을 세웠으며, 亂聲은 하염없이 울려퍼졌다.
b : 季長이 달려 들어갈 때 '토겐타 스케미츠(藤源太すけみつ)'가 말하기를, "아군이 계속해서 오기 때문에 기다려야 하고, 증인(공훈을 세울 때의 증인)을 세워 전투를 해야한다."고 말했는데, "弓箭의 도리는 선봉에 서는 것을 칭송한다. 다만, 앞으로 나갈 뿐이다."라고 말하면서 나갔다.
c : 凶徒는 麤原에서 떨어져 鳥飼潟에 있는 塩屋의 소나무 밑에서 전투를 하였다. 첫 번째로 깃발을 든 사람이 말에 활을 맞아 떨어졌다. 季長 이하 3기가 부상을 입고 말에 활을 맞아 떨어졌는데, 肥前의 御家人 시라이시노 로쿠로이치야스(石の六郎通泰)가 후진에서 큰 세력을 이끌고 몰려와 몽골 군대가 퇴각하였기에 麤原에 올랐다.

詞書에 이렇게 기술한 季長의 분전 장면은 많은 「蒙古襲來繪詞」의 그림 중에서도 가장 유명하다. 몽골 병사의 화살에 맞은 기병의 말에서는 선혈이 흘러내리며, 季長의 오른쪽 무릎에도 화살이 명중하고 있다. 머리 위에서는 던져진 창들이 날아가고 폭탄이 작렬하고 있다. 왼손에는 季長에게 화살을 맞은 3명의 獰猛한 얼굴을 한 몽골 병사가 있으며, 그 뒤를 한 무리의 몽골병이 퇴각해 간다.

그런데, 근년의 연구에 의해 이 그림에는 많은 의문점과 문제점이 있다는 것을 확인할 수 있다. 佐藤鐵太郎과 太田彩의 분석 결과를 내 나름대로 종합해 소개해 보겠다(자세한 것은[村井, 2001]을 참조).

중심을 이루는 그림 7은 2紙로 구성되어 있어, 오른쪽 중간의 그림 7Ⅰ에 기마의 季長, 왼쪽 중간의 그림 7Ⅱ에 뒤를 보이고, 도망치는 몽골의 보병이 배치되어 있으며, 두 종이의 이음매를 사이에 두고 季長과 대치하는 3명의 몽골 병사가 그려져 있다. 그러나 원래의 두 종이는 연속하지 않은 것으로 3명의 몽골 병사는 추가한 것이다(잘 보면, 이 3명만이 다른 몽골병과 비교해 윤곽선, 옷차림, 표정 등의 붓 사용법을 다르다는 것을 알 수 있다). 그림 7Ⅰ의 우측에 있는 그림 6은 우측으로 季長의 자형 三井資長이 있는데, 말 위에서 화살을 몽골병에게 쏘고 있으며, 좌측에 몽골병 10명(그 중에서 1명은 기마), 季長에게 등을 돌리고 도망가고 있다. 이것을 그림 7Ⅰ과 그림 7Ⅱ의 사이로 옮기면, 오른쪽에 왼쪽으로 몽골병이 퇴각하는 모습이 자연스럽게 연결된다(다만 사이에 약간의 결핍이 있다). 그림 7Ⅰ로 연결되게 된 그림 5에는 말을 쏘면서 무리지어 있는 季長이 가지고 있는 깃발 뒤로 말을 탄 채 깃발을 들고 선도하고 白石通泰의 군단의 모습이 그려져 있고, 詞書c에 있는 通泰가 季長의 위기를 구하는 상황이 명료하게 그려져 있다. 한편, 그림 7Ⅱ의 왼쪽으로 계속되는 그림8에서는 울타리와 격자의 방패를 늘어놓은 곳의 뒤에 몽골병이 진을 펴고 있는데, 이것은 詞書 a 를 묘사한 것이다.

이 復原案에서는 詞書c에 대응하는 그림이 詞書a에 대응하는 그림보다 앞(오른쪽)에 와있고, 詞書와 그림이 시간적으로 역전한다. 그것을 필연적으로 만든 것은 오른쪽 단에 白石通泰의 기마 군단, 왼쪽 단에 몽골군의 陣이라고 하는 양감을 배치해, 중앙 우측에서 季長과 그 부하들의 고군분투, 좌측에서 거기에 쫓기는 몽골병을 그리는 화면 구성의 논리이다. 이것은 그야말로 "선공의 공적"이라는 그림에 대한 해석이다.

일본 측의 전법은 어디까지나 단독의 리더에 이끌린 군단이 독자적인 의지로 움직인다. 군단은 큰 규모로 菊池武房과 白石通泰의 100여 騎, 작은 규모로 季長과 같은 數騎이다. 詞書b에 의하면, 從者 스케미츠(すけみつ)에게 아군의 도착을 기다려 証人을 세우고 싸우도록 권유받은 季長은 선공이야말로 '무사의 道'라고 말하며 적진에 돌입했다. 여기에는 두 가지의 전투 방법이 나타나 있지만, 어느 쪽이나 개인 중심인 점에서 공통되고 있다. 선공과 같은 모험적 행동은 전투 전체의 귀추에 있어서 마이너스가 되지는 않지만, 당시 일본군은 그것을 상주는 이외의 논리를 가지고 있지는 않았다. 그러나 한편으로 通泰 군단은 기마병들이 같은 모습과 방향을 보이는 한 무리의 덩어리로서 그려 통일적인

의지를 표상하고 있다. 군단의 규모가 커지면, 그 내부에서 집단 전법의 비중이 커지는 것이다. 더욱이 스케미츠가 권했던 전법에는 개개의 무사단을 넘어 집단전으로 연결되는 요소가 있었고, 때문에 季長의 "무사의 道, 선공으로서 賞을 내림"의 형태가 눈에 띄는 것이다.

2) 해 전

『繪詞』 하권은 대부분이 '弘安의 役'의 해전 장면으로 점해져 있다. 국내의 전투 중에서도 중세의 해전을 이만큼 극명하게 그린 그림은 없다. 우선은 배의 묘사부터 보겠다.

일본 측의 병선에는 대소 두 종류가 있다. 작은 것은 草野·大矢野·秋月 등의 惣領이 인솔해 각각 10명 미만을 실었던 刳船(쿠리부네)보다 아주 약간 큰 정도의 선박이고, 큰 배는 季長을 포함한 肥後勢의 혼성부대와 少貳経資 등의 세력이 탄 약간 대형 구조의 선박이다. 후자의 1척의 선미에는 적선에 옮겨 탈 때 사용하는 작은 '端船(하시부네)'가 이어져 있다. 季長이 몽골 병사의 목을 베는 유명한 장면에서는 약간 대형의 선박의 적선에 季長의 종자가 갈퀴로 끌어서 다가가고 있다.

몽골군의 병선도 대소의 두 종류가 있다. 작은 것은 '走舸'로 경쾌한 操船이 가능한 타입이며, 말하자면 상륙용 선박이다. 선상에 거실이 없으며, 현측에 방패를 늘어놓아 방어한다. 여러 척이 그려지고 있는데, 그중의 하나에는 뱃머리나 방패에 일본군이 쏜 화살이 무수히 박혀있다. 일본 측의 큰 배와 동일한 크기 아니면, 그것 보다 약간 큰 것처럼 보인다. 큰 선박은 '鬪艦'으로 갑판이 있으며, 화물 창고에도 많은 사람이 들어갈 수 있다. 큰 것은 선미에도 1실을 설치하고 있다. 뱃머리 위에는 網代의 담이 있는데, 갑판에 있어도 半身을 숨길 수 있게 되어 있다. 뱃머리 측의 구멍으로부터 노를 내어서 젓는다. 季長이 옮겨 탄 1척과 그 좌측에 그려진 3척이 이것에 해당되는데, 어떤 선상에서는 병사가 북과 징을 울리고 있다.

　일본군은 선박을 이용한 전쟁에서도 기마전 같이 개인 중심이었다. '弘安의 役'의 종반에 季長은 몽골의 패잔병이 있는 鷹島로 향하려고 하지만, 자신의 병선이 돌아가 버려 오지 않게 되자 어찌할 바를 모르고 있었다. 그곳에 지나가던 타카마사라는 무사의 배에 "수호의 부르심이 있습니다."라고 거짓말 하여 승선하려고 했으나, 금방 들켜버렸다. 빌다시피 끈질기게 부탁하여 겨우 季長 본인만 승선할 수 있었지만, 투구는 若党(신분이 낮은 가신)에게 맡겨진 채 였다. 季長이 투구 대신에 정강이를 보호하기 위하여 대는 도구(스네아테)를 얼굴에 대고 있는 것을 본 타카마사는 옆에 있던 若党의 투구를 빌려주려고 하지만, 季長은 "고마운 말씀입니다만, 투구를 쓰지 않고 맞는다면 季長의 탓으로 이렇게 되었다고 처자가 탄식할 것입니다. 그렇기 때문에 받을 수는 없습니다."라고 거절한다. 사실, 『繪詞』에는 격렬한 움직임으로 季長의 이마에서 날아간 스네아테가 확실히 그려져 있다[藤本, 2003].

　季長의 예로 보아 주의해야 할 점이 두 가지 있다. 첫째로 각 御家人은 자기 부담으로 배를 준비하지 않으면 안 되었다. 둘째로 어떤 수단을 사용해서라도, 자기 몸 하나만이라도 저돌적으로 전진하는 것이야말로 정의였다. 전투의 이튿날 아침, 季長으로부터 戰功에 대한 보고를 받은 관동의 사자는 "자신의 배가 없기 때문에 허언만을 말하고, 여러 배들에게 불려나가 중요한 곳에만 있는 것은 매우 나쁜 사람이라고 하여 윗사람에게 見參시켜야만 한다."라고 약속하고 있다. '大猛惡'은 넘쳐난 용맹에 질린 듯한 기분을 나타내고 있다. 또, 若党을 내버려두고 타카마사의 배에 옮겨 탔을 때, 季長은 다시 또 "무사의 道, 앞으로 나감으로서 상을 받는다."라고 말하고 있다.

　이상과 같은 일본 측의 공격에 대응하는 몽골군의 전법은 이것 또한 어디까지나 조직적이었다. 草野次郎의 야습으로 피해를 입은 뒤, 그들은 "주의하여 배를 서로 대어 돌려서 방어하고, 다가오는 자가 있을 때, 큰 배에서 石弓을 쏘게 하면 일본의 배는 작기 때문에 맞아서 파괴되지 않을 것이 없다."라는 작전을 취했다(『愚童訓』). 몽골군이 선상에서 이용하는 방패는 여러 종류 있지만, 배 마다는 통일되어 있어 군단 조직 본연의 자세를 나타낸다. 첫째는 焦茶色의 장방형 판으로 상부에 1척은 白丸, 1隻은 黑丸, 1隻은 검은 휘장과 같은 모양이 그려지고 있다. 둘째는 위에 부분에 구름 모양으로 '卍'의 모양이 그려져 있고, 뒤에는 가동식의 버팀봉이 붙는다. 卍 모양은 漢人들 사이에서 이용되고 있던 것으로 『武経總要』라는 책에 의하면, '皮漫'이라고 하는 생 소가죽으로 만든 병기의 표면에도 이 형태가 그려져 있었다고 한다. 셋째는 외형은 卍을 곁들인 방패와 같지만, 卍의 부분의 사각의 형태가 파여 있다. 넷째는 1장의 판이 아니라, 網代나 簀子를 장방형으로 짠 방패이다.

'弘安의 役'에서 江南軍은 직업 군인일 뿐만 아니라, 『愚童訓』에서 "이번에는 반드시 이겨야 한다. 장차 거주하기 위한 재로로서 생활의 도구를 갖추고, 경작을 위해 호미·가래까지도 가지고 가게 해야만 한다."라고 말하고 있듯이 이민 선단의 성격도 가지고 있었다. 대다수가 그런 일반 민중으로부터 구성된 14만 명은 대부분이 鷹島 주변의 바다에서 익사하였고, "바다 위는 대나무 가지를 뿌려 놓은것과 다를 바 없이, 시신이 서로 겹쳐져 마치 섬과 같았다."라는 情景을 묘사하고 있다(『愚童訓』).

4. 불교와 무역

몽골 내습 사료의 상당수는 불교색이 진한 일본중세의 문화 상황을 시작으로 한 승려가 남긴 텍스트이다. 특히, 日蓮의 경우, 『立正安國論』

의 '예언' 이래, 대몽골 관계의 추이가 스트레이트하게 종교적 언설에 반영되었기 때문에 굉장히 많이 남아있는 소식류가 상당한 정보를 가져다준다. 그것뿐만이 아니라, 거기에 보이는 대외적 반응은 다른 승려나 일반인과는 대조적으로 그 자체가 이문화 접촉의 특이한 케이스라고 할 수 있다. 전근대의 전쟁에서는 근현대와는 달리 국가 간의 긴장이 문화적·경제적 교류의 단절에 반드시 직결되지 않고, 전쟁 상태와 무역이 반드시 양립되지 않는 것은 아니었다. 文永·弘安 두 차례의 役 사이였던 1278년, 쿠빌라이가 '日本國人市舶'으로 무역을 허가한 것은 그 한 사례이다(『元史』, 世祖本紀). 또, 1276년 南宋의 수도 臨安(杭州)의 함락이라는 대사건이 臨安을 포함한 강남 지역에 근본적인 사회변동을 가져온 것처럼은 보이지 않는다. 과연, '弘安의 役' 후에 공백이 있기는 하지만, 그것이 지나자 전쟁 상태의 계속임에도 불구하고, 일본·강남간 무역선의 왕래는 개전 전보다 번창하게 된다. 이상과 같은 관점으로부터 불교와 무역을 거론해보도록 하겠다.

1) 日蓮의 독특함

日蓮에 들어가기 전에 몽골 내습에 눈에 띈 반응을 나타낸 다른 한 명의 승려 東巖慧安에 대해 언급해 두겠다. 洛外의 臨濟宗 正伝寺 住持였던 東巖이 1271년 9월 15일에 "八幡大士六十余州一切神等"에게 바친 원문(『正伝寺文書』)은 뒤쪽에 "모든 세상의 끝에서 끝까지 우리나라는 모든 나라들 중에 뛰어난 나라"이라고 하는 和歌가 기록되어 있어, 패전 전에는 황국 정신의 발로로서 칭송받고 있었다.

그러나 이 원문의 "高麗は半ば蒙古に違背し本朝に隨順す"라고 하는 일절로부터 그가 삼별초의 첩장을 보고 있었으며, 그러한 반몽 행동을 눈치 채고 있었던 것을 알 수 있다. 다만 모처럼의 알아차림도 神功皇后와 그의 子八幡神로의 열렬한 기원을 통해서 "二國 화합하여, 衣冠이

일치한다. 두 번의 牒使는 고려인이다. 명확하게 의심할 바가 없다."라고 하는 바와 같이 고려를 몽골과 동일한 적이라고 보는 전통적인 관점으로 흘러가버린다. 이러한 경향은 당시의 지식 계층에 공감된 것으로 중국과의 교제가 깊은 臨濟僧-東巖의 嗣法師는 渡來僧 兀庵임-도 예외는 아니었다. 9월 21일에 조정에서 논의된 口宣案에도 "西蕃(高麗)의 사신이 와서 北狄(蒙古)의 陰謀를 알렸다."라는 글이 있지만(『吉續記』), 그러한 인식이 외교 판단에 반영된 행적은 없다.

日蓮은 1260년에 『立正安國論』을 막부에 제시하고, 법화경에 전적으로 귀의하지 않으면 '他國侵逼難'이 발생한다고 예언하고 있었지만, 빠르게도 5년 후에 그것이 몽골의 위협으로서 현실화함으로써 한층 더 자기의 사명에 확신을 가졌다. "經文에 있는 바와 같이, 그 나라로부터 이 나라를 공격하는 일이 반드시 있을 것이다. 그리고 일본 중에 日蓮이라는 한 사람이 마침내 그 西戎의 악행을 누르는 사람이고, 동시에 이것을 알고 있다."라고 호언하고 있다.

그에게는 막부 내에 친한 정보 제공자(아마도 신자)가 있었던 것 같고, 민간의 종교자이지만 민첩하게 몽골 관계의 정보를 접할 수 있었다. 그러나 막부는 천태종 이외의 제종파를 과격하게 배격하는 日蓮 일파를 대외적 위협이 한창인 가운데 결속을 교란하는 불온 분자로 간주하여 그 주장에 귀를 기울이지 않을 뿐만 아니라, 오히려 탄압을 가했다. 삼별초의 첩장을 접한 막부는 1271년 9월 13일, 九州에 영지를 가지고 있는 御家人, 또는 대관의 하향을 명해 이국의 방어와 영내 악당의 진압을 명했지만, 유명한 '龍口法難'이 일어난 것은 그 전날이었다. 日蓮 일파의 언동은 악당에게 준하는 것으로 간주되어졌던 것이다[川添, 2008].

日蓮은 이러한 막부의 '謗法'이 계속되는 한 몽골의 침략은 불가피하다고 생각하여 이러한 상황을 "몽골국은 … 하늘의 사자로서 법화경의 行者를 미워하는 사람들을 처벌해주실 것인가"라고 해석했다(「異体同

心事」). 막부가 몽골의 사자를 베었던 것에 대해도, "日本國의 적으로 서 念仏·眞言·禪·律 등의 法師는 베지 않고, 죄 없는 蒙古 사신의 머리를 베는 것이야말로 불편을 초래하는 것이다."라고 엄격하게 비판하고 있다(「蒙古使御書」).

'蒙古'의 의미를 이와 같이 이해한 日蓮은 신이 준 시련에 괴로워하는 사람들의 모습을 파악한 귀중한 텍스트를 남겼다.

> 지난 文永 11년〈太歲甲戌〉 10월에 몽골국으로부터 筑紫에 서찰이 있었는데, 쓰시마 사람들이 방어하고 있다가 擣馬尉(宗助國)이 도망쳤기 때문에 백성들 중에서 남자들은 죽이거나 생포를 하였고, 여자들은 모두 붙잡아 들이거나 손을 배에 묶어 생포하거나 하였다. 한 사람도 살아난 사람은 없었다. 壹岐에 물려 들어서도 이와 마찬가지였다(「一谷入道殿御書」).
> 지금 筑紫로 향하게 되면, 살고 있는 여자와 떠나는 남자가 헤어질 때는 살과 가죽이 떨어지듯이, 얼굴과 얼굴을 대면하고, 눈과 눈을 마주하여 슬퍼하는 사람이 점차로 떨어져 유이노하마(ゆいのはま), 이나우라(いなふら), 코시고에(こしこへ), 사가와(さかわ), 하코네자카(はこねさか), 하루 이틀 지날수록 걸어가면서 멀어져 강과 산을 넘어서 구름도 넘어 가면, 따라오는 것은 눈물이고 슬픔뿐이다. 얼마나 한탄스러운 일일까 라고 슬픔을 생각하니 몽골의 군대가 공격해 온다면 산이나 바다도 붙잡아 갈지도 모른다. 배 안이나 고려 등에서 슬픈 일을 경험할 것이다(「富木尼御前御書」).

日蓮의 눈에는 '謗法'으로 한패가 된 일본의 하늘과 땅의 신은 완전히 무력했다. 文永의 役에서 筥崎 八幡宮이 탄 것을 "그 나라의 大王이 이 나라의 신에게 승리한다는 것은 분명하다."라고 판단해 의무를 완수할 수 없었던 八幡神을 '大科의 神'이라고까지 말하고 있다[川添, 2008]. 앞에서 언급한 선종의 東巌이나, 좀 더 유명한 律宗의 叡尊이 일본의 수호신인 八幡神에게 열성을 바치고, 법력으로 몽골에 대항하려 했던 것에 비해, 日蓮은 국가적 정통파와는 대척적인 입장에 서있었다. 그만큼 '弘安의 役'의 결말은 그에게 있어 뜻밖의 것이었을 것이다. 불안해하고 있던 제자로부터 그 의미에 대해 질문을 받자, "이것은 특별한 우리 종파의 중대한 사건이다. 모두 일본국의 凶事이다. … 언제나 마찬가지이지만, 태풍에 물이 적었고, 적선 등의 파손된 것을 대장군을 생포했다고 하여 원했던 것의 성취를 얻었다고 말하는 것 같다. 또한 몽골 대왕의 목을 베어 왔다가 라고 물었다."라고 대답했지만, 역시 강변에 지나지 않았다. 이것을 마지막으로 하여 消息으로부터 몽골에 대한 언급은 사라져 1282년에 사망하게 된다.

2) 최후의 遣使와 五山文化의 여명

'弘安의 役' 후에도 쿠빌라이는 일본 정벌을 포기하지 않고, 반복해서 전쟁 준비를 명했지만, 국내외의 악조건이 겹쳐져 실행에는 이르지 않았다. 그러나 그러한 움직임의 방법은 전쟁 일변만이 아니었다. '弘安의 役' 후 얼마 되지 않은 1283년, 國信使 愚溪如智·王君治에게 보낸 日本國 앞으로의 詔(『善隣國宝記』, 卷上)에는 "우호 이외에 더 좋은 것은 없고, 전쟁 이외에 더 나쁜 것은 없다."라고 있다. "일찍이 일본이 사절을 잡아 돌려주지 않았기 때문에 죄를 묻기 위해 해군을 보냈다. 교전 중에 사자를 보냈는데, 일본은 한마디도 대답하지 않고 우리 군에 대항했다"라고 하는 주장은 당연한 결과로서 화호의 요구를 말만의 감언으로 정리할 수는 없는 것이다. 오히려, 무변일변도의 일본 외교의 경직상이 부각된다. 그러나 이 해와 다음 해의 2번 시도된 교섭은 일본의 중앙까지 이르지 못하고 끝났다.

1294년에 쿠빌라이가 죽어, 뒤를 이어받은 손자 테무르가 98년 국교 수립을 요구하는 사절을 일본에 보낸 것은 쿠빌라이의 경연 두 가지 중 화호노선에 준거한 것이라고 할 수 있다. 이 때 지명되었던 것이 舟山列島에 있는 宝陀寺(普陀山) 住持 一山一寧으로 사신을 보내기에 앞서 "妙慈弘濟禪師·江浙釋敎總統"이라고 하는 직함이 부여되었다. 사절의 送達은 우연히 慶元(寧波)에 입항한 상선에 맡겨졌다. 普陀山은 慶元으로부터 일본으로 향하는 항로상에 있으며, 開山의 惠萼은 9세기 중엽에 활동한 일본인이다. 불교와 민간 무역에 의지한 국가 외교였지만, 이것을 마지막으로 원이 일본에 외교 사절을 보내는 일은 없었다.

一山은 1247년의 태생으로 明州(寧波)와 杭州의 여러 사원에서 天台・律・禪을 폭넓게 배워, 마침내 선종 오대산 2위의 天童寺에서 簡翁居敬에게 嗣法했다. 불교 이외에도, 문학・書・주자학 등에 통달한 올라운드의 문화인이었다[西尾, 1999a]. 1299년 일본에 이른 一山을 막부에서는 처형하라는 논의도 있었지만, "沙門은 福田이다. 有道의 士는 万物에 관심이 없다. 元國에서는 元의 福이고, 우리나라에서는 우리의 福이다."라고 하는 관점으로부터 北條貞時의 결단으로 伊豆의 修禪寺에 幽閉되었다. 이윽고 그 유폐도 풀려 도래승이 거주하는 것이 한나의 관례가 되었던 建長寺의 住持로 지내게 되었다. 1317년에 71세에 사망할 때까지 円覺寺・南禪寺에서도 거주했으며, 北條得宗家나 後宇多院의 崇敬을 받았다. 특히, 後宇多院는 1319년에 一山의 頂相(肖像畵)에 스스로 "宋地万人傑, 本朝一國師"라고 贊을 가했다고 한다(「一山和尙行記」).

一山에게 嗣法한 일본 승 雪村友梅(1290-1346)가 있다[今谷, 1994]. 雪村은 1307년부터 23년간 元에 체재하여 동시대 중국 문화를 흡수했다. 일본의 초기 五山 문학을 대표하는 작가로 元재에 있을 때의 시문집으로 『岷峨集』, 귀국 후의 작품집으로 『宝覺眞空禪師語錄』이 있다. 一山에서부터 출발한 법계는 커다란 문파를 형성하지는 못했지만, 嗣法이 이루어지지 않은 場에서 그가 준 문화적 영향은 절대적이다. 虎關師鍊(1278-1346)은 一山으로부터 일본 고승의 사적에 대한 질문을 받았지만 즉답하지 못하였는데, 僧伝集의 형태를 취하는 日本仏敎史 『元亨釋書』를 저술했다. 夢窓疎石(1275-1351)는 一山을 그리워해 京都로부터 鎌倉으로 물러나, 建長寺 入寺를 지원하여 偈頌(불교적 漢詩)의 시험에서 좋은 성적을 거두었다. 그 후 夢窓派는 室町幕府・朝廷의 外

護 아래에서 임제종의 최대 세력을 차지하게 된다. 龍山德見 (1284~1358)은 一山이 円覺寺에 있었을 때 역시 게송의 시험으로 수석을 잡았다. 1305년부터 45년간이나 元에 체재하여 귀국 후 많은 문필 승려를 길렀다. 작품집에 「黃龍十世錄」이 있다.

一山은 스스로가 주지를 지내고 있는 절에 수행승을 받을 때, 偈頌을 작성케 하여 중국어로 朗詠시켰다. 寺內의 일상생활에서도 어느 정도의 중국어 능력이나 중국 문화의 소양이 요구되었다. 학예의 방면에서 그가 일본의 선종사회에게 준 영향은 지극히 커서 '日本五山 문학의 祖'로 평가된다. 西尾賢隆은 "우리나라의 禪家가 폭넓게 독서인으로서 중국의 사대부에 필적하는 소양을 가지는 하나의 계기가 된 것은 一山에 의한 偈頌의 시험이었다고 해 과언은 아니다"라고 지적하고 있다[西尾, 1999a].

3) 왜구 사건과 무역통제

'弘安의 役' 이후, 日元 간의 상선 왕래는 당분간 끊어지고 있었지만, ****년에 부활하였고, 이후 14 세기 전반에는 송대 이상으로 번창하게 되었다. 상선을 이용해 도해한 선승들에 관련된 사료로부터 그 모습을 복원할 수 있다. 이 시대에는 집중해 '寺社造營料唐船', 즉 寺社의 조영 비용을 무역 이윤에 의해 벌어들이려고 하는 '勸進'의 선박이 중국에 보내졌지만, 그 실태는 日元 간을 왕래하는 중국 상인 경영의 무역 선박에 대해서 일본 → 중국 → 일본의 1회 항해에 한해서 일본의 정치권력이 부여한 타이틀에 지나지 않았다[村井, 2005].

1309년에 慶元에서 일본 상인과 役人이 충돌해 域內가 대부분 소실돼버리는 '왜구' 사건이 일어난 이래, 元측의 '왜구'를 이유로 하는 倭船에 대한 입항규제가 단속적으로 행해졌다[榎本, 2007]. 이 시기에 경제적으로는 무역 확대의 요인이 존재했지만, 정치적·군사적으로는 무역

규제가 강해지고 있었다. 거기에 몽골 내습의 그림자가 다가오고 있었다. 1328년 겨울, 福州 長樂港에 일본에서 온 무역선가 있었는데, 다음 해에 일본으로 도항하여 2년 후 '關東大仏造營料唐船'의 간판을 내걸게 된다. 福州에 일본으로부터의 배가 들어가는 것은 異例이지만, 그 배경에는 1327~8년 무렵에 慶元에서 왜구 사건이 발생해 당국이 일본으로부터의 선박에 대한 慶元 입항을 금지하고 있던 사실이 있었다. 게다가 1342년 겨울에 慶元에 입항한 天龍寺船의 경우로부터는 倭船 규제의 상황을 상세히 알 수 있다. 종래, 天龍寺船은 큰 이익을 얻어 귀국한 것만이 강조되어 왔지만, 실은 慶元에서 고난에 휩쓸리고 있었던 것이다.

　1320년 이래 慶元의 방위를 담당한 鍾万戶는 1334-5년 무렵에 慶元으로 일어난 '왜구'를 진압하고, 그 이후에 경원을 관할하는 浙東道都元帥는 倭船의 교역 유통을 금지하고 있었다. 鍾万戶는 이 금지령에 근거해 天龍寺船을 취급했다. 무역 책임자 至本은 賊船이 아니라고 변명했지만, 교섭은 난항을 겪었다. 해를 넘겨 간신히 무역은 인정되었지만, 선승들의 상륙은 더 이상 용납되지 않았다. 渡海僧 愚中周及은 한 명의 중국 상인의 협력을 얻어, 작은 배로 慶元을 그냥 지나쳐 저명한 선승이 있는 절에 숨었지만, 이런 성공은 오히려 예외였다. 榎本涉[2007]이 발견한 抄物史料 「愚中周及年譜抄」로부터 다음과 같은 정보를 얻을 수 있다. ① 天龍寺船에 편승해 求法을 목표로 한 승려의 수는 60여인 이었다. ② 그 중 상륙에 성공한 것은 愚中의 일행 11명뿐이었다. ③ 渡來僧 淸拙正澄의 제자들 17명은 밀입국하려다가 경비병에게 잡혀, 화가 난 鍾万戶에 의해 몰살되었다. ④ 天龍寺船에 잔류하고 있던 30여인의 승려들은 이것을 듣고 전원 일본으로 귀국했다.

　유사한 상황은 일본 측의 창구에서도 일어나고 있었다. 12세기~13세기 전반의 博多에서는 중국 상인이 '在蕃貿易'을 경영하면서 다채로운 사회 활동을 전개하고 있었다. 그런데 13세기 후반이 되자, 그러한 동향이 사료상으로부터 완전히 자취를 감춘다. '在蕃'의 쇠퇴와 무역선 왕래의 증가는 밀접한 상관관계에 있는 것 같다. '弘安의 役' 직후, 막부 는 "타국으로부터 처음 들어오는 異國人 등에 대해서는 制止를 가해야 만 한다."라고 하는 법령을 발했다. 새롭게 온 외국인에 대한 배제에 의 해, 博多의 중국인 거류지는 쇠퇴의 일로를 가게 되었고, 일본 거주가 어려워진 중국 상인은 항상 무역선을 작동시키지 않으면 안 되었을 것 이다.

이렇게 하여 몽골 내습을 경계로 博多에는 차츰 공권력의 지배가 침 투해 갔다. 天龍寺船의 도항에 즈음하여, 博多의 '公府', '官司'가 승선자 의 선정에 일정한 관여를 하고 있었음을 확인할 수 있다. 1342년 中巖 円月는 재차의 중국 도항을 계획하여 博多에 이르렀지만, "관아의 관리 가 문서를 내려 배에 승선하는 것을 금하였다. 때문에 다시 출발할 수 없었다.(『中巖月和尙自歷譜』). 1350년, 博多의 息浜에 龍山德見 이하 18명의 일본인 승려와 선주 이하 11명의 중국인을 실은 '宋船'이 착안 했다. 대관으로부터 보고를 받은 九州探題 一色直氏 귀국승려의 명부를 더해 무로마치 막부에 보고했다(『園太曆』). 이러한 예로부터 鎌倉幕府 의 관직명이 출입국 관리 기능을 다하기 위해서 도시 博多호의 규제력 을 강화시켜 나간 모습을 엿볼 수 있다.

5. 맺음말

중세의 일본인에게 몽골 내습은 보기 드물게 보는 이문화 접촉의 경 험이었다. 그것은 일본인의 대외 의식에 큰 흔적을 남겼다. 다만 그것은 〈다른 것〉에 대한 이해라고 하는 방향이 아니라, 일본을 타국보다 뛰어 난 신성공간으로서 〈다른 것〉에의 멸시와 배제를 동반하는 '신국사상'

의 정착이라고 하는 방향으로 걸어갔다. "신이 나라를 지킨다"라고 하는 언설도, '적'에 관한 그 어떤 이해를 근거로 해 자기를 재인식하는 것이 아니라, 국제사회에서는 통용되지 않는 공허한 국가 자랑을 말한 것에 지나지 않았다.

멸시관의 깊이에 대해서는 일본이 신라를 조공국으로서 따르게 하는 역사적 기점으로 여겨져 온 신공황후의 삼한정벌 전설의 변화로부터 엿볼 수가 있다. 그 원조인『일본서기』에서 정벌의 동기는 財寶에 대한 욕망으로 여겨졌고, 또 신라를 굴복시켜 馬飼로 삼았다 라고 쓰여 있다. 이것이 몽골 내습을 거친 鎌倉 말기의『愚童訓』이 되자, 정벌의 동기는 복수가 되어―따라서 그 전 단계에 신라의 일본 침공이 창작된다― 馬飼의 이야기는 황후가 활이 끝에 있는 角으로 바위에 "신라국의 대왕은 일본의 개다"라고 써 붙였다는 이야기로 바뀐다[金, 1999].

『愚童訓』에는 삼한정벌에서 황후를 수행한 사람으로서 전국 각지 신들의 이름이 상당수 나타난다. 그들은 모두 弓箭・甲冑를 두르고 정벌로 향해 군인이었던 것이었다. 마찬가지로 몽골 전투도 사람과 사람의 싸움이었던 것과, 적어도 동일한 정도로 신과 신의 싸움이었다. 따라서 기도라고 하는 전투 행위에 대해서 神領寄進라고 하는 恩賞이 요구되었다. 대외전쟁이라고 하는 희유의 경험도 국내 전투의 논리로 파악되어 인식의 변혁에는 연결되지 않았다.

그렇다면, 몽골 내습은 민중의 의식에 무엇을 남겼을까. 1269년에 대마도까지 와서 돌아간 몽골 사신은 塔二郎・弥二郎이라고 하는 두 사람의 島民을 데리고 돌아갔다. 燕京으로 보내진 두 사람에게 쿠빌라이는 스스로 "너의 나라가 중국에 朝觀한 것은 이미 오래되었다. 지금 짐이 너의 나라의 내조를 원하는 것은 너희들을 협박하는 것이 아니라, 단지 이름을 후세에 남기는 것뿐이다."라고 말을 걸었고, 장려한 궁전을 들이켜 본 두 사람은 "天堂・仏刹이 있다고 하는 것은 정말 이것을 말하는 것이다."라고 아뢰었다(『高麗史』, 元宗世家 10년 7월 甲子條).
京·鎌倉은 물론, 博多마저도 본 적이 없었던 것일지도 모르는 서민의
超絶体驗은 어딘지 모르게 환타스틱한 취지가 있다. 물론 이것이 일본
인의 의식에 어떠한 흔적을 남겼다고 하는 것은 아니지만, 그러한 체험
을 한 일본인이 있었다는 것은 기억에 두어도 좋을 것이다.

한편, 민중이 이적의 침략으로부터 받은 공포는 正體를 알지 못한다
는 의미의 '무쿠리 코쿠리(蒙古·高句麗)'라고 하는 말에 남았다. 井伏
鱒二의 소설 「黑い雨」에는 사람들이 廣島의 원폭구름을 '무쿠리 코쿠리
의 구름'이라고 불렀다는 묘사가 있다[田中, 1982]. 또, 宮城縣 仙台市
에는 '모쿠리 코쿠리 碑'라고 불리는 중세의 板碑 있어, 이것을 깎은 가
루를 삼키면 백일해에 효과가 있다고 말해지고 있다. 정체 모르는 위력
을 가지는 것에 매달려 역병 등의 위협에 대항하려는 심성은 드문 일이
아니다.

<참고문헌>

荒木和憲, 2008, 「文永7年2月日付大宰府守護所牒の復元－日本・高麗外交文書論の一齣」『年報太宰府學』 2.

伊藤幸司, 2002, 「蒙古襲來をめぐる円爾と南浦紹明」『都府樓』 33.

今谷 明, 1994, 『元朝・中國渡航記 雪村友梅の數奇な運命』, 宝島社.

榎本 渉, 2007, 『東アジア海域と日中交流 9－14世紀』, 吉川弘文館.

太田 彩, 2000, 『繪卷・蒙古襲來繪詞〈日本の美術414〉』, 至文堂.

太田彌一郎, 1995, 「石刻史料,「贊皇復縣記」にみえる南宋密使瓊林について－元使趙良弼との邂逅－」『東北大學東洋史論集』 6.

川添昭二, 2008, 「蒙古襲來史料としての日蓮遺文」『九州史學』 150.

金 光哲, 1999, 『中近世における朝鮮觀の創出』, 校倉書房.

佐伯弘次, 2003, 『日本の中世9モンゴル襲來の衝擊』, 中央公論新社.

佐藤鐵太郎, 2005, 『蒙古襲來繪詞と竹崎季長の研究』, 錦正社.

杉山正明, 2003, 「モンゴル時代のアフロ・ユーラシアと日本」; 近藤成一編, 『日本の時代史9モンゴルの襲來』, 吉川弘文館.

朱雀信城, 2008, 「至元8年9月25日付趙良弼書狀について」『年報太宰府學』 2.

田中健夫, 1982, 「ムクリコクリ」; 同『對外關係と文化交流』, 思文閣出版, 初出 1967.

張 東翼, 2005, 「1269年, 「大蒙古國」中書省の牒と日本側の對応」『史學雜誌』 114－8.

西尾賢隆, 1999a, 「元朝國信使寧一山」; 同『中世の日中交流と禪宗』, 吉川弘文館, 初出1990.

西尾賢隆, 1999b, 「モンゴル襲來前夜の日元交涉の一面－趙良弼と大応－」; 同『中世の日中交流と禪宗』, 吉川弘文館, 初出1999.

旗田 巍, 1965, 『元寇－蒙古帝國の內部事情－』, 中公新書.

藤本正行, 2003, 『鎧をまとう人びと──合戰・甲冑・繪畫の手びき』, 吉川弘文館.

村井章介, 1988, 「高麗・三別抄の內亂と蒙古襲來前夜の日本」; 同『アジアのなかの中世日本』, 校倉書房, 初出1982.

村井章介, 2001,『北條時宗と蒙古襲來－時代・世界・個人を讀む－』, NHKブックス.
村井章介, 2003,『分裂する王權と社會』, 中央公論新社.
村井章介, 200a,『東アジアのなかの日本文化』, 放送大學教育振興會.
村井章介, 2005b,「寺社造營料唐船を見直す－貿易・文化交流・沈船－」; 歷史
     學研究會編,『港町の世界史１港町と海域世界』, 靑木書店.
山本光朗, 2001,「元使趙良弼について」, 北海道學芸大學史學會『史流』40.
吉田光邦, 1975,「蒙古襲來繪詞に於ける武器について」『新修日本繪卷物全集』
     10, 角川書店.
李   領, 1999,「[元寇]と日本・高麗關係」: 同『倭寇と日麗關係史』, 東京大學出
     版會.

蒙古襲來と異文化接觸

村井章介(日本 東京大)

1. はじめに
2. 外交
3. 戰鬪
4. 佛教と貿易
5. おわりに

1. はじめに

　1371年, 南朝方征西府の主として九州を抑え, 大宰府に都していた懷良親王(後醍醐天皇の皇子)は, 建國直後の明から外交使節を迎えた。使者は名を趙秩といい, 日本に對して, 明の中華支配の正当性を認め, 臣從の意思表示をするよう, 促すのが任務だった。懷良は趙秩と問答を交わし, やがてその說得に応じて, 「表箋を奉りて臣と称し, 祖來を遣はし, 秩に隨ひて入貢」せしめた。これに接した洪武帝は, ただちに懷良を「日本國王」 に封じた。この事件は南北朝內亂の性格を大きく変えることになる[村井2003]が, それはさておき, ここでは兩人の問答に注目したい(『明實錄』洪武4年10月癸巳條)。

懷良：いま新天子が，蒙古のときと同様，中華を掌握して趙という姓の使者を
　　　送ってきた。さだめしなんじは昔の蒙古使の子孫であろう。心地
　　　よいことばで誘ってわれわれを襲うつもりだろう。
趙秩：　私は蒙古使の後裔ではない。私を殺せば禍がなんじに降りかかる
　　　だろう。わが朝の１人の兵，１艘の戦艦は，蒙古軍の100にも相
　　　当する。礼をもってなんじを懷けようとするわが朝と，なんじを襲っ
　　　た蒙古とを比べてみるがよい。

　蒙古襲來の直前，1271年と72年（2度めを73年とする說があるが誤り［朱
雀2008］）の2度にわたって大宰府に來た蒙古の使者の名を，　趙良弼といっ
た。それと同姓の使者を迎えた懷良は，　ただちに100年前の戰爭の再現を
連想した。蒙古襲來の記憶がいかに強烈なものであったかがわかる。

　蒙古襲來は，　前近代に日本の領土內で戰われた對外戰爭として，　希有
なものである。それ以外に1019年の「刀伊の入寇」と1419年の「応永の
外寇」とがあるが，　戰爭の規模は比べものにならない。それだけに蒙古
襲來は，同時代およびその後の日本に大きな刻印を殘した。この点につい
ては，鎌倉幕府政治の推移，御家人制や惣領制の変質，流通経濟の進展な
ど，さまざまな觀点から檢討されてきたが，ここでは異文化との直接的な接
觸という角度から，　蒙古襲來のもった意味を考えてみたい［村井2005第9章
参照］。

2.　外　交

　「戰爭は外交の延長」　という命題は，　蒙古襲來についてもなりたつ。
1266年8月付の「大蒙古國皇帝」から「日本國王」あて國書は，高麗を介
して，　68年正月に大宰府に到達した。時間がかかったのは高麗の消極的
抵抗による。國書は，蒙古が中華を領有したこと，高麗が蒙古と「義は君臣

と雖も，歡は父子の如し」という關係になったこと，を述べたあと，國交を結んで相親睦するよう求めている。書出の「奉書」，書止の「不宣」ともにそれなりの礼遇を表現しており，さほど尊大な文言ではない。しかし「兵を用うるに至りては，夫れ孰か好む所ならん」という一節は，東アジア外交に習熟しない日本側，とりわけ幕府にとって，大きな軍事的脅威と映っただろう［杉山2003］。朝廷は，はじめ伝統的對外姿勢に從って返書を送らなかったが，1269年に到來した蒙古中書省牒［張2005］に對しては，大宰府名義の返牒を送ることに決し［荒木2008］，文案を作成した。しかし幕府の態度は一貫して武斷的で，返牒を握りつぶし，異國警固番役の創設等，軍事的對応に終始した。そんななか，大宰府まで到達したものとしては2度めと3度めの使節が，かの趙良弼である［佐伯2003］。

1）趙良弼と南浦紹明

　蒙古使趙良弼は，2度めの到來直後に戦争が始まったことから，まがまがしい名として日本人の歴史的記憶に刻まれた。しかし生身の人間としての彼は，女眞族出身の文人でみずから對日外交の役目を買って出たことから想像されるように，高い教養を備えた境界人だった［山本2001］。その政治的立場はけっして主戦派ではなく，2度めの使節行から歸った彼は，元（1271年國号を立てる）皇帝フビライに對して，つぎのように日本征討の無盆を訴えた（『元史』卷159趙良弼伝）。

　　臣日本に居ること歲余。其の風俗を觀るに，狼勇にして殺を嗜み，父子の親，上下の礼有るを知らず。其の地は山水多く，耕桑の利無し。其の人を得れども役すべからず，其の地を得れども富を加へず。況んや舟師海を渡るに，海風期無く，禍害測る莫し。是れをしも〈有用の民力を以て無窮の巨壑を塡む〉と謂ふなり。

　現在にいたるまで日本側は，　蒙古襲來を〈蛮族の國が文明國日本にし
かけてきた戰爭〉というイメージで捉えてきた。それは同時代人も例外で
はなく，1271年良弼の初度來日に際して，大宰府の長少貳経資は，「蛮夷の
者帝闕に参る事先例無し，牒狀の趣承るべし」と応對して（『吉續記』文永8
年10月24日條），良弼の上京を拒否した。だが良弼は逆に，儒教的礼義を
知らず，征服しても得るものの少ない蛮國と，日本を見なしていた。實際，
文永の役後に到來した元使を斬殺するという幕府の對応は，東アジアの外交
慣例を無視したものであり，蛮國に似つかわしい行動と見なされ，再度の戰
爭を回避する可能性を，みずから閉ざすものだったといわざるをえない。
　日本に滞在中の趙良弼の事蹟として注目されるのが，大德寺派・妙心
寺派の祖，南浦紹明との詩の唱和である。南浦は，入宋して名僧虛堂智愚
に嗣法し，1267年に歸國，70年に博多西郊姪浜の興德寺（開基は北條時定）
に住したあと，　72年に大宰府に近い横岳崇福寺（開基は少貳氏）の住持と
なった。『円通大応國師語錄』偈頌に「蒙古國信使趙宣撫の韻に和す」と
題された2首が見える（現代語譯は［西尾1999ｂ］のもの）。

（ⅰ）遠公不出虎溪意　慧遠が虎溪を出ることがなかったというわけは，
　　　非是淵明誰賞音　陶淵明でなかったならば，誰がそのわけを解しようか。
　　　欲話箇中消息子　その間の事情を申しあげたい，
　　　蒲輪何日到雲林　がまで包んだ車輪の車に乗って拙寺に來られるのは，い
　　　　　　　　　　　つの日のことか。

（ⅱ）外國高人來日本　外國の高官が日本にやって來た。
　　　相逢談笑露眞機　出會って談笑してみると玄妙な働きを露わす。
　　　殊方異域無差路　國を殊にしても眞理に食い違いはなく，
　　　目撃道存更有誰　一目見ただけで道を具えていることがすぐわかる，その
　　　　　　　　　　　上に誰があろうか。

　西尾賢隆は，この唱和時に南浦がいた寺を，（ⅰ）に出る虎溪三笑の故

事にふさわしい環境から崇福寺と推定し，唱和の年代を良弼の2度めの來日時と考定し，京上を許されず「大宰府で荏苒と日を過す良弼を陶淵明のような自適へと誘わんとした偈とうけとりたい」 と述べた。従うべき見解であろう。(ⅰ)は良弼が對面前に南浦のもとに送った詩に寄せた和韻で，(ⅱ)は直接會って語りあったのちの唱和である。

　(ⅰ)には， 兩人の關係を慧遠と陶淵明になぞらえる中國文化への憧憬と造詣が見られ，(ⅱ)には，禪宗と儒教を貫く「道」に照らせば，國や地域の差異は本質的なものではないという世界觀が盛られている。緊張した國家間關係のなかにあっても，日本人の渡海僧と女眞人の外交官という境界人相互には，思いのほか共感が通いあっていた。歸國して戰爭回避を説いた良弼の念頭に，南浦との邂逅があったと想像してみたくなる。

　また，この會見における南浦の立場を， 一私人ではなく外交の一角をになうものと見る説がある[伊藤2002]。蒙古襲來の直前に宋から歸國し， 北條氏ゆかりの興德寺と少貳氏ゆかりの崇福寺に歴住した彼の経歴を考えると， ありえない話ではない。もしそうなら， 南浦は良弼から得た大陸情報を幕府關係者に伝達しただろうから， 鎌倉幕府の外交的對応を武斷的とのみ評価することは再考を要する。だがその情報が幕府の政策判斷に反映した形跡はない。

2) 三別抄の日本請援

　蒙古襲來に對する從來の見方は， 蒙古・高麗という敵に對してわが鎌倉武士がいかに勇敢に戰ったか，という図式に偏っていた。いま眼をユーラシアにひろげて， 諸地域がモンゴルの急激な膨張をどう受けとめたか，という視点に立つなら， ちがった歴史的現實が見えてくる。たとえば1280年代には，伝統的に犬猿の仲だったベトナム・チャンパ間に，蒙古の脅威や侵略に對抗する國際的共同が成立した[旗田1965]。そして同様の歴史的條件は東アジアにもあった［村井1988］。

　蒙古軍が高麗への侵略を始めたのは，日本より40年以上も早く，1231年のことである。当時高麗で實權を握っていた武人政權（日本の幕府に類似）は，翌年，都を開京から江華島に移して抵抗の姿勢を示した。その後30年間，6波におよぶ侵略に疲弊しきった高麗は，1260年に從屬的な講和を余儀なくされる。

　「三別抄」とは，徴兵制による「府兵」に代わって武人政權の軍事力の中核をになった精鋭部隊で，反蒙30年戰爭のおもな担い手だった。1270年，武人政權がクーデタで倒れ，王室が蒙古に完全に屈しようとしたとき，三別抄は「蒙古兵大いに至り，人民を殺戮す，凡そ國を輔けんと欲する者は，みな毬庭に會せよ」という檄を飛ばして，反亂に立ち上がった。反亂軍は王族のひとりをみずからの王に擁立し，政府機關を組織し，根據地を朝鮮半島西南端の珍島に移して，ゲリラ戰法で蒙古軍と高麗政府を悩ませた。

　1271年，三別抄は「牒狀」を日本に送って，援軍と兵糧を要請した。高麗の正統政府を自認する三別抄は，江華島から珍島への移動を「遷都」と言っている。また「漂風人護送」「遣使問訊」など平等互惠の關係を結ぶことを提案した。その視野には，日本との共同による蒙古への抵抗がとらえられていた。なお，牒狀の發せられたのは，珍島が陷落する同年5月以前で，蒙古軍の將忽林赤が開京から日本への出擊基地合浦へ出擊したのは同年8月である。牒狀發信の時点で，合浦をふくむ金海府は三別抄の勢力下にあった可能性が高い。「屯金海府之兵，先廿許人，送日本國事」という牒狀の一節は，從來，私自身もふくめて，蒙古軍の動靜を伝えたものと解釋されてきたが，李領の言うように，三別抄自身の行動（予定？）を述べたものであろう［李1999］。

　さらに，三別抄の外交活動が，日本への援助要請にとどまるものでなかったことが，　近年の研究で明らかになった[太田彌1995・山本2001]。趙良弼の生地である河北省贊皇縣にある石刻史料「贊皇復縣記」に，良弼の初度渡日について，　「命を受け東のかた日本に使す。鯨海浩瀚にして，其の際を測る莫し。叛賊耽羅其の衝を蔽ふ。」とある。1271年5月に珍島から濟州島（耽羅）に移った三別抄が，　良弼の外交活動を妨害したという。おなじ事實は，『元朝名臣事略』に收められた良弼の墓碑銘には，「既に（大宰府に）至る。宋人と高麗耽羅と，　共に其の事を沮撓す（阻み亂す）。（少貳氏が）公を大宰府に留め，專人守護す。」と書かれており，三別抄の妨害工作が大宰府で行われたこと，そこに宋人が一枚かんでいたこと，　の2点が知られる。

良弼の大宰府到着は1271年9月19日で，　同月3日から京都の朝廷では三別抄の牒狀に對する對応が議論されていた（『吉續記』）。大宰府で良弼と接触した「耽羅」とは，この牒狀を携えて渡航した使節団であろう。右に触れた，金海府から日本へ送られた20人ばかりの兵士は，その護衛を任務としたとも考えられる。大宰府は正反對の任務を帶びる2つの使節団が鉢合わせして，緊張に包まれただろう。

良弼への妨害工作には宋人も關与していた。「贊皇復縣記」に「時に僞宋，海道の兩浙を去ること遠からざるを以て，大いに之を畏れ」とあるように，　南宋は良弼の說得が功を奏して日本が蒙古の陣營に加わることを強く警戒していた。蒙古から見れば，高麗の反蒙古勢力，南宋，日本の3者が連携することは，このうえない脅威であった。

南宋の工作は，　良弼の再度の渡日に際しても試みられた。「贊皇復縣記」に「時に僞宋，… 僧滕原瓊林等を遣はし，（良弼の）行を止むるを諜るを爲す」とあり，良弼は日本人と宋の使僧に對して，宋人の浮僞無信を數えあげ，中國大陸の大牛は蒙古の有となり，東南彈丸の地を余すのみだ，とまくし立てたところ，　使僧は語に詰まって反論できなかったという。おなじことは良弼の墓碑銘にも「宋人使僧の瓊林と曰ふ者, 來りて渝平(和平を攪亂する?)し, 故を以て和事成らず, 公還る」とあって, こちらは日本を蒙古に從わせるという良弼の任務を使僧が妨害したことに主眼がおかれている。

　南宋が日本へ送った使僧瓊林とは, 日本からの渡海禪僧桂堂瓊林らしい。『延宝伝燈録』卷3 と『本朝高僧伝』卷23 によれば, 彼は文永年中に入宋し, のちに杭州徑山住持となった虚舟普度から臨濟宗松源派の法を嗣いで, 歸國後洛東の勝林寺に住した。歸國時に虚舟の法衣・頂相を賜与され, 嘉元年中には舶來の「虚舟和尙語錄」を募緣上梓したという。彼の師虚舟がいたのは蘇州や杭州など南宋中樞部にある寺院であり, その會下にいた瓊林のような渡海僧は, 對日外交にもってこいの人材であった。

　以上のように, 文永の役直前, 日本に對して3つの勢力が外交的働きかけを試みた。そのうちで南宋のみは, 趙良弼の日本說得が成功しなかったという点で, 成果をあげたといえる。對して良弼と三別抄による工作は, 目的はまったく反對であるが, ともに不成功に終わった。ここでは三別抄についてのみふれておきたい。

　牒狀を受け取った朝廷は, 龜山院のもとで會議を開いて對応を檢討した。しかしそこでは, 牒狀が高麗の反蒙古勢力のものであることが, 正確には理解されず, 字づらの解釋を儒者たちが競い合うだけだった。一方, 北條時宗を首班とする幕府は, 牒狀に接して, 九州に所領をもつ御家人に, その所領に赴いて, 守護の指揮のもとに「異國の防禦」につくよう命じた。牒狀は, 蒙古の脅威を伝えたという文脈でのみ理解されており, 自國の防衛を固めるだけで, 三別抄の國際的共同の提案が考慮された形跡はない。

　濟州島に據った三別抄はなお2年間抵抗を續け, 1273年に元・高麗連合軍によって壞滅した。翌年, 元は日本征討を實行に移す(文永の役)。戰事が思いがけない結果に終わった直後, 幕府は「異國征伐」すなわち朝鮮半島への反攻にのりだす。そこには冒險的報復主義があるだけで, 三別

抄の立場への一片の理解も見られない。当時の幕府に「異國征伐」を敢
行するほどの余力がなかったことは，むしろ幸いだったかもしれない。

3. 戦　闘

　蒙古合戦に参加した肥後國御家人竹崎季長は，文永・弘安兩度の合戦
のようすと，　その中間に先懸けの功の認定を求めて鎌倉に赴いた経緯を，
繪卷物に描かせ，文永の役の恩賞として拝領した肥後國海東郷の鎮守甲佐
大明神に奉納した。これが有名な『蒙古襲來繪詞』（以下『繪詞』と略す）
で，現在は宮内廳三の丸尙藏館に所藏されている。『繪詞』は，季長個人
の眼を通して，蒙古合戦という世界戦爭の一端を，同時代性と寫實性をもっ
て描き出した作品である。對外戦爭の経驗のない日本の武士たちは，編成
も戦法も武器もまったく異なる異國の軍を相手に，どのように戦ったのだろう
か。主として吉田光邦[1975]・佐藤鐵太郎[2005]・太田彩[2000]の仕
事に據りながら，鎌倉武士が蒙古合戦を通じてどのような異文化と接触した
かを見ていこう。

1）陸　戦

　『繪詞』に描かれた蒙古軍の武器としては，火藥を使った兵器「てつはう
（鐵砲）」が眼をひく。鐵の半球ふたつを合わせたなかに火藥を仕こみ，手
持ちの投擲器を使って敵陣に投げこみ炸裂させるもので，さほど殺傷力が
あったとは思えないが，轟音による威嚇効果は拔群だった。『八幡愚童訓』
（以下『愚童訓』と略す）は　「逃ル時ハ鐵放ヲ飛シテ暗ク成シ，鳴音闇高レ
バ，心ヲ迷シ肝ヲ★シ，目眩耳鳴テ，亡然トシテ東西ヲ不弁」と表現する。
退却の際に使われたことは『繪詞』の繪と一致する。これに太鼓や銅鑼の

音も加わって，ずいぶんとにぎやかないくさだったようで，『愚童訓』に「其ノ聲唱立サニ，日本ノ馬共驚テ進退ナラズ」とある。

弓矢は双方が使っているが，蒙古軍の弓は2種類あった。ひとつは宋式の短弓で，握りの部分がへこんだ形をしており，射程距離が長く，矢の根には毒が塗ってあったらしい。もうひとつは握りにへこみのない蒙古式の長弓である。また，蒙古軍の陣では，兵士の多くが槍や鉾を立ててもっている。当時の日本ではあまり使われなかったからことのほか有効で，『愚童訓』も「鉾・長柄，物具ノ罅間ヲ差テ不外」と述べている。このほか『愚童訓』が石弓と呼ぶ投石機もあった。

蒙古軍の陣には，大きな太鼓が3つと銅鑼がひとつみえるが，これらは『愚童訓』に「引ベキニハ逃鼓ヲ打，懸ベキニハ責鼓ヲ叩クニ隨テ振舞ヒ」とあるように，兵力を組織的に動かすための信号手段だった。鳴りものが象徴する集団戦法は日本軍をとまどわせた。『愚童訓』は，「一面ニ立並ビテ，寄ル者アレバ，中ヲ引退キ，兩方ノ端ヲ廻合テ取籠テ，無殘所討レケル」と述べ，またつぎのようにも描いている。

> 如日本戰，相互名乘リ合テ，高名・不覺ハ一人宛ノ勝負ト思フ處，此合戰ハ，大勢一度ニ寄合テ，足手ノ動處ニ我モクト取付テ押殺シ，虜ケリ。是故懸入ル程ノ日本人，無漏者。

「やあやああわれこそは…」と名乗っているうちに，よってたかって組み敷かれてしまうという悲喜劇に，合戰の作法のちがいがあらわれている。戦闘開始のときもそうで，『愚童訓』によれば，日の大將少貳景資が「箭合ノ爲トテ小鏑ヲ射タリシニ」，蒙古の陣からどっと笑い聲があがったという。鏑矢は飛ばすと音を發する儀礼用の矢である。

さて文永の役の初戦，竹崎季長は，先駆けの功を立てんとまっさきに蒙古の陣中へ攻め入り，鳥飼潟，現在の福岡市城南區鳥飼周辺で苦戦を強いられる。

　　a：凶徒は麤原に陣を取りて，色々の旗を立て並べて，亂聲暇なくしてひしめきあふ。
　　b：季長はせむかふを，藤源太すけみつ申す，「御方は續き候らん。御待ち候て，
　　　　証人を立てゝ御合戰候へ。」と申を，「弓箭の道，先をもて賞とす。たゞ懸け
　　　　よ。」とて，をめいて(大聲をあげて)懸く。
　　c：　凶徒，麤原より鳥飼潟の塩屋の松のもとにむけ合せて合戰す。一番に旗指，
　　　　馬を射られて跳ね落さる。季長以下三騎痛手負ひ，　馬射られて跳ねしところ
　　　　に，肥前の國の御家人白石の六郎通泰，後陣より大勢にて懸けしに，蒙古の軍
　　　　ひき退きて麤原に上がる。

　　詞書がこう記す季長奮戰のシーンは，　　數ある『繪詞』の繪のなかでも
もっとも有名である。蒙古兵の矢に射られた乗馬からは鮮血がしたたり，季
長の右膝にも矢が命中している。頭上には投げ槍が飛び，「てつはう」が
炸裂する。左手には季長に矢を射かける3人の獰猛な顔をした蒙古兵がお
り，そのうしろを一群の蒙古兵が退却していく⋯⋯。

　　ところが，近年の研究によって，この繪には多くの疑点や問題点がある
ことがわかってきた。佐藤鐵太郎と太田彩の分析結果を，私なりに總合して
紹介しよう(詳細は[村井2001]を參照)。

　　中心をなす繪7は2紙からなり，右半の繪7Ⅰに騎馬の季長，左半の繪7
Ⅱに背を見せて逃げる蒙古の歩兵が配置され，　兩紙の継目をはさんで季
長に對峙する3人の蒙古兵が描かれている。しかしほんらい2紙は連續せ
ず，3人の蒙古兵は追筆である(よく見ると，この3人だけが他の蒙古兵とくら
べて輪郭線，身なり，表情などの筆使いが異なることがわかる)。繪7Ⅰの
右側にある繪6は，右側に季長の姉聟三井資長がいて馬上から矢を蒙古兵
に射かけ，左側に蒙古兵が10人(うちひとりは騎馬)，資長に背をむけて逃
げている。これを繪7Ⅰと繪7Ⅱの間に移すと，　右から左へ蒙古兵が退却
するようすが自然につながる(ただし間に若干の欠落がある)。繪7Ⅰと
つながることになった繪5には，馬を射られて徒立ちになった季長の旗指の

うしろを，乗馬の旗指に先導された白石通泰の軍団が懸けるようすが描か
れ，詞書 c にある通泰が季長の急場を救った状況が明瞭になる。いっぽう
繪7Ⅱの左に續く繪八では，網代や格子の楯を並べたうしろに蒙古兵が陣
を布いており，これは詞書 a を描いたものである。

　この復原案では，詞書 c に對応する繪が詞書 a に對応する繪よりも前
（右）に來て，詞書と繪が時間的に逆轉する。それを必然としたのは，右端
に白石通泰の騎馬軍団，左端に蒙古軍の陣というマッスを配し，中央右側
で季長主従の孤軍奮闘，左側でそれに追われる蒙古兵を描くという，畫面
構成の論理である。これはまさしく「先懸けの功」の繪解きである。

　日本側の戦法は，あくまで單獨のリーダーに率いられた軍団が獨自の
意志で動く。軍団は大きいもので菊池武房や白石通泰の100余騎，小さい
ものでは季長のように數騎である。詞書 b によれば，従者すけみつに味
方の到着を待ち証人を立てて戦うよう勧められた季長は，先懸けこそが弓
箭の道だと言い捨てて，敵陣に突入した。ここにはふたつの戦い方が示さ
れているが，どちらも個人中心である点で共通している。先懸けのような
冒険的行動は，戦闘全体の歸趨にとってはマイナスになりなねないが，当
時の日本軍はそれを「賞」する以外の論理をもちあわせていなかった。
しかしいっぽうで通泰軍団は，騎馬武者たちがおなじ姿と向きをもつ塊とし
て描かれ，統一的な意志を表象する。軍団の規模が大きくなれば，その内
部で集団戦法の比重が大きくなるようである。さらに，すけみつが勧めた
戦法には，個々の武士団を越えた集団戦につながる要素があり，だからこ
そ季長の「弓箭の道，先をもて賞とす」が際だつのである。

2) 海　戰

　『繪詞』下卷はほとんどが弘安の役の海戦場面で占められる。中世の
海戦をこれだけ克明に描いた繪は，國内の合戦についてもない。まずは

船の描寫から見よう。

　日本側の兵船には大小の2種類がある。小は，草野・大矢野・秋月らの惣領が率い，おのおの10名未滿を乘せる，刳船に毛が生えた程度の船，大は，季長をふくむ肥後勢混成隊や少貳経資の手の者が乗る，やや大型の構造船である。後者の1艘の船尾には，敵船に乗り移る際に使う小さな「端船」がつないである。季長が蒙古兵の首を掻き切る有名なシーンでは，そのやや大型のものを，季長の從者が敵船に熊手で引き寄せている。

　對する蒙古軍の兵船も大小の2種類がある。小は「走舸」で，輕快な操船が可能なタイプ，いわば上陸用の船である。船上に居室をもたず，舷側に楯をならべて防御する。數隻が描かれており，そのひとつには舳先や楯に日本軍の放った矢が無數に突き立っている。日本側の大船と同程度か，それよりやや大きいように見える。大は「鬭艦」で，甲板があり船倉にも多くの人がはいれる。大きいものは船尾にも1室を設ける。舷上には網代の垣があり，甲板にいても半身をかくせるようになっている。舷側の孔からオールを突きだして漕ぐ。季長の乗り移った1隻やその左側に描かれた3隻がこれにあたり，ある船上では，兵士が太鼓を叩き銅鑼を鳴らしている。

　日本軍は，船いくさも騎馬戰同様個人中心だった。弘安役の終盤，季長は蒙古の敗殘兵のいる鷹島へ向かおうとするが，自分の兵船が回漕されてこず途方にくれていた。そこへ通りかかったたかまさという武士の船に，「守護のお召しがあります」と嘘をついて乗せてもらおうとするが，たかまさにたちまち見破られてしまう。拝みたおしてやっと季長本人だけ乗せてもらったが，兜は若党に預けたままになってしまう。季長が兜がわりに脛当を額に当てているのを見たたかまさは，かたわらにいた若党の兜を貸そうとするが，季長は「ありがたいおことばですが，兜をお着けにならずに討たれなさっては，季長のせいでこうなったと，妻子がお歎きになりましょう。そうなっては身の痛みですから，いただくわけにはまいりません。」と斷る。事實『繪詞』には，激しい動きで季長の額から飛んだ脛当がしっかり描かれている[藤本2003]。

　季長の例で注意すべき点がふたつある。第1に，各御家人は自前で船を用意しなければならなかった。第2に，どんな手段を使ってでも，身ひとつになってでも，がむしゃらに前進することこそ正義だった。合戦の翌朝，季長から戦功報告を受けた關東の使者は，「自船候はで，一度ならずかり事(虚言)のみ仰せ候て，船々に召され候て，御大事に會はせ給候御事は，大猛惡の人に候と，上の見參に入まいらせ候べく候」と約束している。「大猛惡」はあまりの勇猛ぶりにあきれた氣もちをあらわす。また，若党をおきざりにたかまさの船に乗ったとき，季長はまたも「弓箭の道，進むをもて賞とす」と言っている。

　以上のような日本側の攻撃を迎える蒙古軍の戦法は，これまたあくまで組織的だった。草野次郎の夜襲で被害を被ったあと，彼らは「用心シテ船ヲ鑷合押廻シテ守護シ，寄スル者在レバ，大船ヨリ石弓ヲ下スニ，日本ノ船小クテ不被打破云事ナシ」という戦法をとった(『愚童訓』)。蒙古軍が船上で用いる楯は數種類あるが，船ごとには統一されており，軍団組織のあり方を示す。第1は，焦茶色の長方形の板で，上部に1隻は白丸，1隻は黒丸，1隻は黒い帳のような模様が描かれる。第2は，上辺が雲形で「卍」の模様が描かれ，裏には可動式のつっかい棒が付く。卍模様は漢人の間で用いられたもので，『武経總要』という本によると，「皮漫」という生牛皮でつくる兵器の表面にもこの形が描かれていたという。第3は，外形は卍をあしらった楯とおなじだが，卍の部分が四角い窪みになっている。第4は，一枚板ではなく網代や簀子を長方形に編んだ楯である。

　弘安の役の江南軍は，職業軍人だけでなく，『愚童訓』が「今度ハ一定可勝，可居住料トテ世路ノ具足，耕作ノ爲トテ鋤鍬マデモ持セタリケリ」と述べるように，移民船団の性格ももっていた。大多數がそんな一般民衆から構成される14万人は，大半が鷹島周辺の海に沈み，「海ノ面ハ算ヲ散スニ不異，死人多重テ如嶋タリ」という情景を呈した（『愚童訓』）。

4. 佛教と貿易

　　蒙古襲來史料の多くは，仏教色の濃い日本中世の文化状況からして，僧侶の殘したテキストになる。とくに日蓮の場合，『立正安國論』の「予言」以來，對蒙古關係の推移がストレートに宗教的言説に反映したため，おびただしく殘る消息類が，多くの情報をもたらしてくれる。それだけでなく，彼の對外的反応は他の僧侶や一般人とは對照的で，それ自体が異文化接触の特異なケースといえる。前近代の戦争においては，近現代とはちがって國家間の緊張が文化的・経済的交流の断絶にかならずしも直結せず，戦争状態と貿易とはかならずしも相いれぬものではなかった。文永・弘安兩役にはさまれた1278年，フビライが「日本國人市舶」に貿易を許可したのは，その1例である（『元史』世祖本紀）。また，1276年の南宋首都臨安（杭州）陥落という大事件が，臨安をふくむ江南地域に根本的な社會変動をもたらしたようには見えない。さすがに弘安の役後には空白があるが，それをすぎると，戦争状態の継續にもかかわらず，日本・江南間の貿易船の往來は，開戦前よりさかんになる。以上のような觀点から，仏教と貿易をとりあげてみたい。

1）　日蓮のユニークさ

　　日蓮にはいるまえに，蒙古襲來に際だった反応を示したもうひとりの僧，東巖慧安にふれておこう。洛外の臨濟宗正伝寺住持だった東巖が，1271年9月15日に「八幡大士六十余州一切神等」に捧げた願文（「正伝寺文書」）は，奥に「すへのよの末の末までわが國はよろづのくにゝすぐれたる國」という和歌がしるされていて，敗戰前は皇國精神の發露としてもてはやされた。

　しかしこの願文の　「高麗は半ば蒙古に違背し本朝に隨順す」という一節から，彼が三別抄の牒狀を見ており，その反蒙行動に氣づいていたことがわかる。ただせっかくの氣づきも，　神功皇后とその子八幡神への熱烈な祈りを介して，「二國和合し，衣冠一致す，兩度の牒使は高麗人なり，顯然として疑ひ無し」というように，高麗を蒙古とひとしなみの敵と見る伝統的な觀点に流しこまれてしまう。こうした傾向は当時の知識階層に通有のもので，　中國とのつきあいが深い臨濟僧東巖の嗣法師は渡來僧兀庵普寧であるも例外ではなかった。9月21日に朝廷で議論された口宣案にも　「西番（高麗）の使介有りて，　北狄（蒙古）の陰謀を告ぐ」　の文字があったが（『吉續記』），その認識が外交判斷に反映したようすはない。

　日蓮は，1260年に『立正安國論』を幕府に呈示して，法華経にひとえに歸依しなければ「他國侵逼難」が生起すると予言していたが，はやくも5年後にそれが蒙古の脅威として現實化したことで，　いっそう自己の使命に確信をもった。「経文の如くんば，彼の國より此の國を責めん事必定也。而して日本國中日蓮一人，まさに彼の西戎を調伏を爲すべき人と，兼ねて之を知る。」と豪語している。

　彼には幕府內に親しい情報提供者（おそらく信者）がいたらしく，民間の宗教者ではあるが敏速に蒙古關係の情報に接することができた。しかし幕府は，天台以外の諸宗派を過激に排擊する日蓮一派を，　對外的脅威のさなかに結束を攪亂する不穩分子とみなし，その主張に耳を貸さないばかりか，かえって彈壓を加えた。三別抄の牒狀に接した幕府は，1271年9月13日，九州に所領をもつ御家人に自身または代官の下向を命じ，異國の防禦と領內惡党の鎭壓を命じたが，有名な「龍口法難」が起きたのはその前日だった。日蓮一派の言動は惡党に準ずるものと見なされたのである[川添2008]。

　日蓮はこうした幕府の「謗法」が續くかぎり蒙古の侵略は不可避と考え，そのことを「蒙古國は … 天の御使として法華経の行者（日蓮自身のこと）をあたむ人人を罰せらるゝか」と解釋した（「異体同心事」）。幕府が蒙古の使者を斬ったことについても，「日本國の敵にて候念仏・眞言・禪・律等の法師は切れすして，科なき蒙古の使の頸を刎られ候ける事こそ，不便に候へ」と，きびしく批判している（「蒙古使御書」）。

　「蒙古」の意味をこのように理解した日蓮は，神の与えた試練に苦しむ人びとの姿をとらえた貴重なテキストを殘した。

　　去文永十一年〈太歳甲戌〉十月に，蒙古國より筑紫によせて有しに，對馬の者かためて有しに，摠馬尉(宗助國)逃けれは，百姓等は，男をは或は殺し，或は生取にし，女をは或は取集て，手をとをして船に結付，或は生取にす。一人も助かる者なし。壹岐によせても又如是(「一谷入道殿御書」)。
　　当時つくしへむかへハ，とゝまるめこゆくをとこ，はなるゝときハかわをはくかことく，かをとかをとをとりあわせ，目と目とをあわせてなけきしか，次第にはなれて，ゆいのはま，いなふら，こしこへ，さかわ，はこねさか，一日二日すくるほとに，あゆみくとをさかるあゆみを，かわも山もへたて，雲もへたつれハ，うちそうものハなみたなり，ともなうものハなけきなり，いかにかなしかるらんかとなけかんほとに，もうこのつわものせめきたらハ，山か海もいけとりか，ふねの内かかうらいかにて，うきめにあハん(「富木尼御前御書」)。

　日蓮の眼には，「謗法」に与する日本の神祇はまったく無力であった。文永の役で筥崎八幡宮が燒けたことを「彼國の大王は此國の神に勝たる事あきらけし」と斷じ，努めを果たせなかった八幡神を「大科の神」だとまでいう[川添2008]。先述した禪宗の東巖や，もっと有名な律宗の叡尊が，日本國の守護神である八幡神に熱誠を獻げ，法力で蒙古に立ちむかおうとしたのに對して，日蓮は國家的正統派とは對蹠的な場所に立っていた。それだけに弘安の役の結末は彼にとって意外なものだったろう。不安に駆られた弟子からその意味を問われて，　「此別一門大事也，　惣日本國凶事也。…いつもの事なれは，　秋風に纜水，　敵船賊船なんとの破損仕て候を，大將軍生取たりなんと申，　祈成就の由を申候けに候也。又蒙古の大王の頸の參て候かと問給へし。」と答えたが，　やはり強弁にすぎよう。これを最後に消息から蒙古への言及は消え，1282年の死にいたる。

2）最後の遺使と五山文化の黎明

　弘安の役後もフビライは日本征討をあきらめず，くりかえし戦争準備を命じたが，國內外に惡條件が重なって實行にはいたらなかった。しかし，働きかけの方法は戦争一辺倒ではなく，弘安役後まもない1283年，國信使愚溪如智・王君治に持たせた日本國あての詔(『善隣國宝記』巻上)には，「和好の外に余善無く，戦爭の外に余惡無し」とある。「かつて日本が使節を捕えて返さなかったので，　問罪のため海軍を送った。交戦の合間には使者を送ったのに，日本は一言も返答しないで，わが軍にはむかった。」という主張は道理にかなっており，和好の求めを口先だけの甘言とかたづけるわけにはいかない。むしろ，武辺一辺倒の日本外交の硬直ぶりが浮き彫りになる。しかし，この年と翌年の2度試みられた交渉は，日本の中央まで達することなく終わった。

　1294年にフビライが死に，跡を嗣いだ孫のテムルが98年國交樹立を求める使節を日本へ送ったのは，フビライの硬軟両様のうち和好路線に則ったものといえる。このとき指名されたのが，舟山列島にある宝陀寺(普陀山)住持一山一寧で，發遣にさきだって「妙慈弘濟禪師・江浙釋敎總統」という肩書が付与された。使節の送達はたまたま慶元(寧波)に入港した商船に託された。普陀山は慶元から日本へ向かう航路上にあり，開山の惠萼は9世紀中葉に活動した日本人である。仏教と民間貿易に支えられた國家外交だったが，　これを最後に元が日本に外交使節を送ることはなかった。

　　一山は1247年の生まれで，　明州(寧波)や杭州の諸寺で天台・律・禪をはば廣く學び，　ついに禪宗五山2位の天童寺で簡翁居敬に嗣法した。仏教以外にも，文學・書・朱子學などに堪能なオールラウンドの文化人だった[西尾1999a]。1299年日本にいたった一山を，幕府では處刑せよとの論もあったが，「沙門は福田なり。有道の士は万物に心無し(何ものにもとらわれない)。元國に在りては元の福なり，我が邦に在りては我が福なり。」という觀点から，北條貞時の決斷で伊豆の修禪寺に幽閉することになった。ほどなく幽閉も解かれ，渡來僧が住するのが慣例だった建長寺の住持に据えられた。1317年に71歳で沒するまで，円覺寺・南禪寺にも住し，北條得宗家や後宇多院の崇敬を受けた。ことに後宇多院は，　1319年に一山の頂相(肖像畫)にみずから「宋地万人傑，本朝一國師」という賛を加えたという(「一山和尙行記」)。

　　一山に嗣法した日本僧に雪村友梅(1290〜1346)がいる[今谷1994]。雪村は1307年から23年間元に滯在し，　同時代の中國文化を吸収した。日本の初期五山文學を代表する作家で，在元中の詩文集に『岷峨集』，歸國後の作品集に『宝覺眞空禪師語錄』がある。一山に發する法系は大門派をなさなかったが，嗣法をともなわない場で彼の与えた文化的影響は絶大である。虎關師錬(1278〜1346)は，一山から日本の高僧の事蹟を問われて卽答できず，僧伝集の形態をとる日本仏敎史『元亨釋書』を著した。夢窓疎石(1275〜1351)は，一山を慕って京都から鎌倉へ下り，建長寺入寺を志願して偈頌(仏敎的漢詩)の試驗で好成績を收めた。その後夢窓派は室町幕府・朝廷の外護のもとに，臨濟宗の最大勢力を占めるようになる。龍山德見(1284〜1358)は，　一山が円覺寺にいたときやはり偈頌の試驗で首席をとった。1305年から45年間も元に滯在し，　歸國後多くの文筆僧を育てた。作品集に『黃龍十世錄』がある。

　一山は，みずからが住持する寺に修行僧を受けいれる際，偈頌を作らせ中國語で朗詠させた。寺內の日常生活でも一定度の中國語能力や中國文化の素養が要求された。學芸の方面で彼が日本の禪宗社會に与えた影響はきわめて大きく，「日本五山文學の祖」と評される。西尾賢隆は「わが國の禪家が幅廣く讀書人として中國の士大夫にも匹敵する素養をもつ一つのきっかけとなったのは，一山による偈頌の試驗であったといって過言ではない」と指摘している［西尾1999ａ］。

3）　倭寇事件と貿易統制

　弘安の役後，日元間の商船の往來はしばらくとだえていたが，＊＊＊＊年に復活し，以後14世紀前半には，宋代以上にさかんになった。商船を利用して渡海した禪僧たちに關わる史料から，そのようすが復元できる。この時代には集中して「寺社造營料唐船」，すなわち寺社の造營費用を貿易利潤によって稼ぎ出そうとする「勸進」の船が中國に送られたが，その實態は，日元間を往來する中國人商人経營の貿易船に對して，日本→中國→日本の一往復の航海にかぎって，日本の政治權力が付与したタイトルにすぎなかった［村井2005］。

　1309年に慶元で日本商人と役人が衝突し，城內が多く燒失するという「倭寇」事件が起きて以來，元側の「倭寇」を理由とする倭船入港規制が，斷續的に行われた［榎本2007］。この時期，経濟的には貿易擴大の要因が存在したが，政治的・軍事的には，貿易規制が強まりつつあった。そこに蒙古襲來が影をおとしている。1328年冬，福州長樂港に日本から來た貿易船がおり，翌年日本へ渡航して，翌々年「關東大仏造營料唐船」の看板を揭げることになる。福州に日本からの船が入るのは異例のことだが，その背景には，1327〜8年ころに慶元で倭寇事件が發生し，当局が日本からの船の慶元入港を禁止していた事實があった。さらに，1342年冬に慶元に入港した天龍寺船の場合からは，倭船規制の狀況がくわしくわかる。從來，天龍寺船は大きな利益を得て歸國したことのみが強調されてきたが，じつは慶元で苦難に見舞われていた。

1320年以來慶元の防衛に任じた鍾万戶は，1334～5年ころに慶元で起きた「倭寇」を鎭壓し，それ以來慶元を管轄する浙東道都元帥は，倭船の交易流通を禁止していた。鍾万戶はこの禁令に基づいて天龍寺船を扱った。貿易責任者至本は賊船ではないと弁明したが，交涉は難航した。年を越してようやく貿易は認められたが，禪僧たちの上陸はなお許されなかった。渡海僧愚中周及は，1中國商人の協力を得て，小船で慶元を素通りし，著名な禪僧のいる寺にかくまわれたが，こんな成功はむしろ例外だった。榎本渉[2007]が見いだした抄物史料「愚中周及年譜抄」から，つぎのような情報が得られる。① 天龍寺船に便乗して求法をめざした僧の數は60余人であった。② そのうち上陸に成功したのは愚中の一行11人のみであった。③ 渡來僧淸拙正澄の弟子たち17人は，密入國しようとして警備兵に捕まり，怒った鍾万戶に皆殺しにされた。④ 天龍寺船に殘留していた30余人の僧たちは，これを聞いて全員日本に歸國した。

類似の狀況は日本側の窓口においても起きていた。12世紀～13世紀前半の博多では，中國商人が「在蕃貿易」を營み，多彩な社會活動を展開していた。ところが13世紀後半になると，そうした動向が史料上からパタリと姿を消す。「在蕃」の衰退と貿易船往來の增加は正の相關關係にあるらしい。弘安の役直後，幕府は「他國より始めて來入せる異國人等の事，制止を加ふべし」という法令を發した。新來外國人の排除により，博多の中國人居留地は衰退の一途をたどり，日本居住がむずかしくなった中國商人は，つねに貿易船を動かしていなくてはならなくなったのではないか。

こうして蒙古襲來を境に，博多にはしだいに公權力の支配が浸透していった。天龍寺船の渡航にさいして，博多の「公府」「官司」が，乗船者の選定に一定の關与をしていたことが確認できる。1342年，中巖円月は再度の中國渡航をもくろんで博多に至ったが，「官司の文書下り，乗舶を禁ず，故に再出を得」なかった（「中巖月和尙自歷譜」）。1350年，博多の息浜に龍山德見以下18人の日本人僧侶と船主以下11人の中國人を乘せた「宋船」が着岸した。代官から報告を受けた九州探題一色直氏は，歸國僧の名簿を添えて室町幕府に報告した（『園太曆』）。これらの例から，探題が出入國管理機能をはたすために，都市博多への規制力を强めていったようすがうかがわれる。

5. おわりに

中世の日本人にとって，蒙古襲來はまれにみる異文化接触の経驗だった。それは日本人の對外意識に大きな痕跡を殘した。ただしそれは，〈異なるもの〉への理解という方向でなく，日本を他國にすぐれた神聖空間として，〈異なるもの〉への蔑視と排除をともなう「神國思想」の定着という方向をたどった。「神が國を守る」という言說も，「敵」に關するなにがしかの理解をふまえて自己を再認識するというのでなく，國際社會では通用しない空疎なお國自慢を述べたてたにすぎなかった。

蔑視觀の深まりについては，日本が新羅を朝貢國として從える歷史的起点とされてきた，神功皇后の三韓征伐伝說の変化からうかがうことができる。その元祖である『日本書紀』では，征伐の動機は財宝への欲望とされ，また，新羅を屈服させて馬飼とした，と書かれている。これが，蒙古襲來を経た鎌倉末の『愚童訓』になると，征伐の動機は仇討ちとなりしたがってその前段に新羅の日本侵攻が創作される，馬飼の話は，皇后が弓の弭で岩に「新羅國の大王は日本の犬なり」と書きつけた，という話に変わる［金1999］。

　『愚童訓』には，三韓征伐で皇后に付き従った者として，全國各地の神々の名がおびただしくあらわれる。彼らはみな，弓箭・甲冑を帯びて征伐に赴くつわものだった。同様に蒙古合戰も，人と人との戰いだったのと少なくとも同程度に，神と神との戰いだった。したがって，祈禱という戰鬪行爲に對して神領寄進という恩賞が求められた。對外戰爭という希有の経驗も國内合戰の論理でとらえられ，認識の変革にはつながらなかった。

　では，蒙古襲來は民衆の意識に何を殘したのか。1269年に對馬まで來てひきかえした蒙古使は，塔二郎・弥二郎というふたりの島民をつれ歸った。燕京に送られたふたりに，フビライはみずから「爾國は中國に朝覲し，其の來れるや尚し矣。今朕の，爾國の來朝を欲するは，以て汝に逼るには非ざる也。但だ名を後に垂れんと欲する耳。」と語りかけ，壯麗な宮殿を仰ぎ見たふたりは「天堂・仏刹有りと聞くは，正に是れを謂ふ也」と奏した（『高麗史』元宗世家 10年 7月 甲子條）。京・鎌倉はおろか博多さえも見たことがなかったかもしれない庶民の超絶体験は，どことなくファンスティックな趣きがある。むろんこれが日本人の意識に何らかの痕跡を殘したというわけではないが，そのような体験をした日本人がいたことは，記憶に留めておいてよいだろう。

　いっぽう，民衆が異賊の侵略から受けた恐怖は，得体の知れないものを意味する「ムクリコクリ（蒙古・高句麗）」ということばに殘った。井伏鱒二の小說「黒い雨」には，人びとが廣島の原爆雲を「ムクリコクリの雲」と呼んだという描寫がある［田中1982］。また，宮城縣仙台市には「モクリコクリの碑」と呼ばれる中世の板碑があり，これを削った粉を呑むと百日咳に効くといわれている。得体の知れない威力をもつものにすがって疫病などの脅威に對抗しようという心性は，めずらしいものではない。

<引用參照文獻>

荒木和憲, 2008, 「文永7年2月日付大宰府守護所牒の復元－日本・高麗外交文書論の一齣」『年報太宰府學』2.

伊藤幸司, 2002, 「蒙古襲來をめぐる円爾と南浦紹明」『都府樓』33.

今谷 明, 1994, 『元朝・中國渡航記 雪村友梅の數奇な運命』, 宝島社.

榎本 涉, 2007, 『東アジア海域と日中交流 9－14世紀』, 吉川弘文館.

太田 彩, 2000, 『繪卷・蒙古襲來繪詞〈日本の美術414〉』, 至文堂.

太田彌一郎, 1995, 「石刻史料,「贊皇復縣記」にみえる南宋密使瓊林について－元使趙良弼との邂逅－」『東北大學東洋史論集』6.

川添昭二, 2008, 「蒙古襲來史料としての日蓮遺文」『九州史學』150.

金光哲, 1999, 『中近世における朝鮮觀の創出』, 校倉書房.

佐伯弘次, 2003, 『日本の中世9モンゴル襲來の衝擊』, 中央公論新社.

佐藤鐵太郎, 2005, 『蒙古襲來繪詞と竹崎季長の研究』, 錦正社.

杉山正明, 2003, 「モンゴル時代のアフロ・ユーラシアと日本」; 近藤成一編, 『日本の時代史9モンゴルの襲來』, 吉川弘文館.

朱雀信城, 2008, 「至元8年9月25日付趙良弼書狀について」『年報太宰府學』2.

田中健夫, 1982, 「ムクリコクリ」; 同『對外關係と文化交流』, 思文閣出版, 初出1967.

張 東翼, 2005, 「1269年,「大蒙古國」中書省の牒と日本側の對応」『史學雜誌』114－8.

西尾賢隆, 1999a, 「元朝國信使寧一山」; 同『中世の日中交流と禪宗』, 吉川弘文館, 初出1990.

西尾賢隆, 1999b, 「モンゴル襲來前夜の日元交涉の一面－趙良弼と大応－」; 同『中世の日中交流と禪宗』, 吉川弘文館, 初出1999.

旗田 巍, 1965, 『元寇－蒙古帝國の內部事情－』, 中公新書.

藤本正行, 2003, 『鎧をまとう人びと──合戰・甲冑・繪畫の手びき』, 吉川弘文館.

村井章介, 1988, 「高麗・三別抄の內亂と蒙古襲來前夜の日本」; 同『アジアのなかの中世日本』, 校倉書房, 初出1982.

村井章介, 2001,『北條時宗と蒙古襲來－時代・世界・個人を讀む－』, NHKブッ
　　　クス.

村井章介, 2003,『分裂する王權と社會』, 中央公論新社.

村井章介, 2005a,『東アジアのなかの日本文化』, 放送大學敎育振興會.

村井章介, 2005b,「寺社造營料唐船を見直す－貿易・文化交流・沈船－」; 歷史
　　　學研究會編,『港町の世界史1 港町と海域世界』, 靑木書店.

山本光朗, 2001,「元使趙良弼について」, 北海道學芸大學史學會『史流』40.

吉田光邦, 1975,「蒙古襲來繪詞に於ける武器について」『新修日本繪卷物全集』
　　　10, 角川書店.

李　　領, 1999,「[元寇]と日本・高麗關係」: 同『倭寇と日麗關係史』, 東京大學出
　　　版會。

주제발표

13世紀 以前의 麗日關係

李在範(경기대학교)

1. 緒論
2. 國家와 國家의 關係
3. 交易關係
4. 文化的 交流
5. 軍事的 葛藤
6. 漂流民의 送還 및 訪問
7. 結論

1. 緒 論

13世紀 以前의 麗日關係를 전체적으로 어떤 特徵的 상황으로 말하기는 쉽지 않다. 그렇다고 하여 時期別로 差別化하여 말하기도 어렵다.[1] 그 까닭은 이 時期에 관한 研究도 不進했지만, 實際로 交流關係를 밝힐

---

[1] 森克己는 10世紀는 8-9世紀의 '政治中心적인 對外關係'에서 '經濟中心의 對外關係'로 변하기 시작하는 대전환기로 보고, 이 時期의 對外關係를 '消極的 孤立主義' 또는 '閉鎖主義'로 보고 있다. 80年代 後半부터는 石上英一을 中心으로 한 學者들은 이 時期를 '積極的 孤立主義'로 보는 등 一連의 試圖가 이루어졌다. 李炳魯는 이러한 變換의 時期를 9세기로 앞당겨 보기도 한다(李炳魯, 11世紀 韓日 兩國의 對外交涉에 關한 一考察, 大丘史學 제59집, 1~2쪽).

만한 資料가 充分하지 않다고 하여야 할 것이다. 어떻게 보면 實際로 交流關係가 活潑하지 않았기 때문에 傳해지는 資料가 그것 밖에 남아 있지 않다는 主張이 妥當하게 들릴 그런 分野이다.

이 時期에 兩國間의 關係가 疎遠할 수밖에 없었던 理由는 여럿 있겠으나, 우선 當時의 東아시아 國際環境과 關聯이 있다고 할 것이다. 高麗가 建國되던 918年頃의 國際情勢는 東아시아 各國이 對外的인 問題보다는 自國의 混亂 收拾에 優先的으로 置重할 수밖에 없었던 處地였다. 高麗로서는 後三國의 分裂을 一旦 統一하여 急한 狀態는 마무리하였다고 하지만 地方에서 勃發하는 豪族들의 反撥과 王室內에서 展開되는 王位爭奪戰은 國家를 安定이라고 할 수 만은 없게 만들었다. 이어서 高麗의 門閥貴族들간의 勢力 다툼도 高麗의 總力을 國際的으로 돌리기에는 適合하지 않는 與件이었다.

한편 高麗의 周邊國에서 가장 많은 影響을 주었던 中國의 狀態도 그다지 有利하게 돌아가지는 않았다. 高麗 建國期의 中國의 사정은 이른바 唐末五代의 時期로 여러 王朝가 交替되고 있었던 混亂期였다. 이 時期에 高麗는 日本보다도 中國의 여러 나라와의 關係에 힘쓰면서 한편으로는 宋을 무시할 수도 없었으므로 다각적인 國際 關係를 摸索할 수 밖에 없었다. 相對的으로 日本과는 커다란 戰爭 등의 國際 威脅이 없었으므로 疎忽할 수밖에 없었을 것이다.

그리고 高麗로서는 中國이 契丹族에 의하여 遼가 성립되면서, 大規模의 高麗 侵入을 敢行해 오자 이에 대한 對備로 다른 나라와의 關係에 신경을 쓸 틈이 없었다고 하여야 할 것이다. 實際로 13世紀 以前까지 高麗의 對中國關係는 상당히 不安한 形便이었다. 契丹族의 遼가 세차례의 大規模 侵略戰爭을 敢行하였고, 그 뒤를 이어 女眞族이 金을 세워 高麗에 壓迫을 可하기도 하였다. 이러한 東아시아 國際情勢 속에서 高麗는 大陸과의 關係 改善에 많은 努力을 기울일 수밖에 없는 處地였다.

그것은 어떻든 高麗前期의 麗日關係에 관한 硏究는 日本의 硏究가 주를 이루었다. 最近에 國內에서 日本史料가 紹介되면서 一連의 硏究들이 나타나고 있지만, 아직 滿足할만한 狀態는 아니다. 그나마 多幸인 것은 日本에 있는 資料들이 國內에 紹介되었다는 점을 꼽을 수 있을 程度이다. 勿論 資料集이라는 性格 自體가 限界가 있는 것은 分明하지만, 그렇더라도 全體를 涉獵할 수 있는 機會를 갖게 된 것은 매우 多幸스러운 일이다.2)

本考는 이러한 國內에서의 資料集 刊行과 關聯하여 高麗前期의 對日關係를 全體的으로 眺望해 본 結果이다. 지금까지 韓國에서의 高麗史 關係者들이 主로 利用하였던 것은 『高麗史』를 비롯한 韓國의 文獻들이었다. 그러다보니 自然스럽게 韓日關係史는 自國史 中心으로 흐를 수밖에 없었다. 따라서 韓日關係史의 主流는 倭寇가 되고 이를 討伐한 民族抗爭이 한동안 浮刻된 論點이었다. 그러므로 高麗와 日本은 倭寇로 象徵되는 關係가 될 수밖에 없었다.

그러나 倭寇 以前의 韓日關係史는 다른 모습으로 나타난다. 그리고 日本 資料를 取하게 되면 또 다른 眼目에서의 韓日關係史를 眺望할 수 있게 된다. 본고에서는 旣 刊行된 日本 文獻 속의 韓日關係史 資料를 包含하고 旣 發表된 硏究成果를 涉獵하여 13世紀 以前의 麗日關係史의 全貌를 살펴보려고 한다.

關係史를 說明하는데 時期的으로 區分하는 것도 하나의 方法이

---

2) 본고의 高麗 前期 韓日關係에 관해서 기존의 많은 硏究자들의 도움을 많이 받을 수밖에 없었다. 여기서 일일이 列擧하기에는 紙面이 너무 不足하다. 必要한 경우에는 각주나 본문에서 인용하는 정도에서 감사를 표할 수밖에 없었다. 특히 張東翼교수의 노고에 감사를 드린다. 張東翼교수의 『日本古中世高麗資料硏究』(서울대학교 출판부, 2004)는 原文資料의 꼼꼼한 소개는 물론, 資料內容 까지 전달하여 이 分野에 큰 업적을 쌓았음은 물론 필자에게 엄청난 도움을 주었다. 그리고 『日本古中世文獻속의 韓日關係史料集成』(김기섭 등, 혜안, 2005)도 커다란 參考가 되었다.

될 것이지만, 본고에서는 高麗와 日本과의 關係를 類型別로 分類하여 살펴보고자 한다. 예컨대 國家와 國家間의 關係, 民間과의 交易關係, 文化的 交流 등으로 區分하여 13世紀以前 麗韓關係의 大綱을 살펴보고자 한다.

2. 國家對 國家의 關係

13世紀 以前의 高麗와 日本과의 關係를 한마디로 整理하기는 어렵다. 먼저 史料上의 問題가 있고, 다음으로 解釋上의 問題가 있다.『高麗史』는 高麗의 사정에 유리하게, 日本은 日本의 事情에 有利하게 敍述하였기 때문이다. 본 장에서는 史料에 나타난 高麗와 日本과의 關係를 類型別로 분류하여 보고, 그 內容을 근거로 13世紀 以前의 高麗와 日本과의 關係를 설정해 보고자 한다.

가장 먼저 高麗해 보아야 할 事項이 國家對 國家의 關係인 外交關係이다. 즉 使臣의 交換을 通하여 麗日間의 公式的인 交流가 어떻게 전개되었는지에 대하여 살펴보고자 한다.3)

---

3) 南基鶴은 고려와 일본 사이에는 중앙 정부 차원의 국가적 관계는 없었던
   것으로 보고 있다. 단지 국경을 접한 지역 간의 교류가 활발했고, 특히 민간
   수준의 경제적·문화적 교류가 꾸준히 전개되고 있었다고 지적한다(「10-13
   세기의 동아시아와 고려·일본」,『인문학연구』제9집, 한림대학교, 2002,
   137쪽). 그리고 중앙정부와의 관련만을 중요시하여 양국간의 관심의 대상
   이 되지 않았다고 암묵적으로 받아 들이는 한국학계의 경향에 대하여 일정
   한 주장을 펴기도 하였다(「고려와 일본의 상호 인식」,『일본역사연구』11,
   2000). 그의 주장대로 국가간 외의 관계에서도 일정한 교류가 있었음을 주
   목해야 할 것이다. 그러나 한편 양국이 중앙정부에서 서로 첩장을 전달하였
   다는 것은 나름대로 양국 간의 관계를 인정하였던 것으로 보아야 할 것으
   로 여겨진다. 한편 표류민의 송환 등도 국가와 국가 간의 차원에서 이루어
   진 행위이지만, 여기에서는 공식적인 사절관계에 의한 것만을 다루었다. 표

　　國家대 國家間의 公的 關係인 使臣의 交換은 關係史에서 가장 重要한 內容이 될 것이다. 國家間의 位相, 그리고 國家間의 交流의 內譯 등은 關係史의 核心的인 要所라고 할 수 있다. 高麗와 日本의 關係資料를 살펴보면 다음의 〈表 1〉과 같다.[4]

〈표 1〉 高麗와 日本의 國家間의 공식關係

連番	年度	關聯事實	典據
1	922年(景明王 6, 延喜 22)	−6月5日, 日本朝廷이 對馬島에 到着한 後百濟王 甄萱의 使臣 輝巖을 돌려보내라는 命令書(관부)를 大宰府에 내림.	/ 扶桑略記, 延喜 22年 6月 5日, 延長 7年 5月 21日 /『本朝文粹』 12, 大宰府答新羅返牒
2	929年(敬順王 3, 延長7)	−1月 13日, 耽羅島를 往來하던 新羅 선박이 對馬島 下縣郡에 漂着, 島守 坂上經國이 擬通事 長岑望通・檢非違使 秦滋景 등으로 하여금 後百濟 全州로 送還시킴.	/ 扶桑略記, 延長 7年 5月 17日.
		−3月 25日, 檢非違使 秦滋景이 對馬島 도착. 全州王(後百濟王) 甄萱이 日本과 通交를 希望하였으나 挫折된 事實을 알리다. 甄萱이 長岑望通을 남겨두고 秦滋景만 돌아와 通交의 뜻을 전하다.	/ 扶桑略記 延長7年 5月 17日
		−5月 17日, 全州王의 使臣 張彦澄 등 20인이 對馬島에 도착. 對馬島司가 이들을 구류하고 太政官에게 보고함	/ 扶桑略記 延長 7年 5月 17日
		−5月 21日, 太政官이 大宰府에 관부를 내려 張彦澄 등을 歸還시킴. 甄萱은 新羅의 부하이므로 外交 인정하지 않음.	/ 扶桑略記 延長 7年 5月 21日 / 異國牒狀記
3	937年(太祖 20, 承平7)	−8月 5日, 高麗가 보낸 牒을 日本의 左右大臣 이하 열람.	/『日本紀略』承平 7年8月 5日

　　류민의 송환은 공식적인 관계라기보다 돌발적인 사태에 해당하는 것이므로 별 항에서 취급하였다.

4) 본고에 수록된 <표>의 內容은 張東翼 교수가 전게 資料集에서 韓日 兩國의 交流關係를 整理해 놓은 內容(15〜47쪽)을 간략하게 다시 정리한 것이다.

4	939年(太祖 22, 天慶2)	－2月 15日 攝政 藤原忠平이 高麗의 牒을 左少辨藏人 大江朝綱에게 보냄.	/ 貞信公記抄 天慶 2年 2月 15日
		－3月 11日 大宰府가 高麗의 廣評省에 보내는 答書[返牒]와 함께 使臣團을 돌려 보냄.	/ 『日本紀略』 天慶 2年 3月 11日 / 帥記 承曆 4年 閏8月 5日, 25日
5	940年(太祖 23, 天慶 3)	－6月 21日 이래 日本 朝廷에서 高麗의 牒을 檢討하고 이에 대해 의논함.	/ 貞信公記抄 天慶3年 6月 21日, 23日, 24日 / 帥記 承曆 4年 閏8月 5日, 25日
6	972年(光宗 23, 天祿 3)	－9月 23日, 大宰府가 高麗의 南京(原)府使 咸吉兢이 牒을 가지고 對馬島에 도착한 것을 日本 朝廷에 報告, 다음달 7日 日本 朝廷에 전달.	/ 『日本紀略』 天祿 3年 9月 23日 ; 親信卿記 天祿 3年 10月 7日
		－10月 15日, 大宰府가 高麗의 金海府使 李淳達이 牒을 가지고 對馬島에 도착한 것을 日本 朝廷에 報告.	/ 親信卿記 天祿 3年 10月 15日
		－10月 20日, 日本 朝廷에서 高麗의 牒에 대해 의논함.	/ 百練抄 天祿 3年 10月 20日.
7	974年(光宗 25, 天延 2)	－閏10月 30日, 日本 朝廷의 高麗國交易使(高麗貨物使)가 對馬島에 派遣되어 高麗의 産物을 購入해 감.	/ 『日本紀略』 天延 2年 閏10月 30日 ; 親信卿記 天延 2年 閏10月 30日.
8	997年(成宗 16, 長德 3)	－5月, 高麗의 牒 3通(受信處는 日本國·對馬島司·對馬島) 日本에 도착함.	/ 異國牒狀記 長德 3年.
		－6月 12日－13日, 日本의 公卿들이 高麗의 牒에 日本을 侮辱하는 文句가 있다고 하여 答書를 보내지 않고, 要害地를 警戒하게 함.	/ 小右記 長德 3年 6月 12日, 13日 ; 百練抄 長德 3年 6月 13日 ; 水左記 承曆 4年 9月 4日 ; 帥記 承曆 4年 9月 2日, 3日 ; 師帥記 貞治 6年 5月 9日.
9	1019年(顯宗 10, 寬仁 3)	－4月 29日, 高麗의 鎭溟船兵都府署가 海賊船을 捕獲하여 日本人 259人을 救出함.	
		－9月 19日 이래 日本 朝廷이 高麗가 女眞族에게 피로된 日本人 送還과 함께 派遣한 鄭子良이 가져 온 牒을 의논.	/ 小右記 寬仁 3年 9月 19日, 22日 23日 ; 左經記 寬仁 3年 9月 22日 / 異國牒狀記
		－12月 30日, 大宰府가 日本 朝廷에 高麗의 使臣에 관한 일기를 바침. 高麗人 30人이 乘船한 船泊 2척이 對馬島에서 출발하여 筑前國에 표착하였다고 함.	/ 小右記 寬仁 3年 12月 30日.
10	1020年(顯宗 11, 寬仁 4)	－2月 이래 女眞族에 의해 披露된 日本人을 送還하기 위해 來日한 高麗의	/ 左經記 寬仁 4年 11日, 8月 25日 ; 『日本紀略』 寬仁 4

		使臣인 鄭子良의 待接과 答書 作成에 대한 의논을 함.	年 2月 16日, 4月 11日 ; 百練抄 寬仁 4年 2月 16日.
11	1051年(文宗 5, 永承 6)	－7月 10日 日本 朝廷이 高麗 金州가 商船을 통해 牒을 보낸 것을 의논 함.	/ 百練抄 永承 6年 7月 10日 ; 異國牒狀記 ; 水左記 承曆 4年 9月 4日 ; 帥記 承曆 4年 閏 8月 25日, 9月 2日.
12	1056年(文宗 10, 천희 4)	－10月 1日, 日本국의 使臣 藤原賴忠 등 30인이 金州에 도착함.	/ 高麗史 文宗 10年 10月 己酉.
13	1080年(文宗 34, 承曆 4)	－2月 5日 大宰府가 이미 받아 있던 高麗 禮賓省의 牒을 解狀과 함께 太政官에게 보냄.	/朝野群載 20, 太宰府解.
		－4月 19日 日本 朝廷에서 禮賓省의 牒에 대한 議論이 이루어져 醫師를 派遣하는 것으로 의견이 모아짐.	/水左記 承曆 4年 4月 19日.
		－10月 2日 대정관의 명령서[관부]를 大宰府에 내려서 高麗가 要請한 醫師를 派遣하지 않는 것, 高麗의 예물을 돌려 보내는 것, 大宰府의 答書[반첩]는 사자를 선발하여 보낼 것, 그리고 王則貞을 법에 회부하여 처벌하는 것 등을 전함.	/ 師帥記 貞治 6年 5月 9日.
		－11月 3日 大江朝綱이 源俊房과 의논하여 答書의 자구를 수정하고 關白 藤原師實에게 보고하여 최종본을 완성한 후 이것을 大宰府에 보냄.	/ 水左記 承曆 4年 11月 3日 ; 朝野群載 20 太宰府牒 ; 本朝續文粹 11 太宰府牒.
14	1081年(文宗 35, 永保 1)	－5月 2日 日本 朝廷이 大宰府가 高麗에 보낼 答書[반첩]에 대해 신청한 것을 의논함.	/帥記 永保 1年 5月 2日 ; 本朝續文粹 11 太宰府解.
15	1147年(毅宗 1, 久安 3)	－8月13日 日本都綱 黃仲文 등 21인 高麗에 도착함.	/ 高麗史 毅宗 1年 8月 甲辰.
16	1156年 －1165年(毅宗 19, 永萬 1)	－對馬島의 寬仁이 牒을 동남해도부서에 보내옴에 따라 도부서가 이를 朝廷에 보고하자, 도부서의 이름으로 答書[공문]를 보내게 함.	/ 高麗墓誌銘集成 李文鐸墓誌銘.

〈表 1〉의 內容은 몇 가지 類型으로 區分해 볼 수 있다. 高麗의 使臣이 日本에 간 境遇와 日本의 使臣이 高麗에 온 境遇이다. 그리고 高麗의 國家的 使節이 直接 朝廷에 간 境遇와 高麗의 牒을 對馬島에 전하고 對

馬島에서 다시 朝廷에 전한 方法 등이다. 그리고 高麗의 地方官의 이름으로 보내진 첩의 주체에 대한 것도 밝혀져야 할 것이다. 또한 高麗에서 日本조정으로의 傳達過程 등도 밝혀져야 할 것이다.

먼저 위의 〈표 1〉을 통하여 알 수 있는 것은 高麗와 日本과의 正式通交가 高麗의 後三國統一 以後부터라는 事實이며, 그리고 상당한 시간의 간격은 있지만 高麗와 日本의 공식적인 外交關係는 계속되고 있었다는 것이다.

高麗가 후삼국을 통일하기 以前에는 단독으로 직접 日本과 통교하기는 어려웠을 것이다. 高麗의 建國이 918年이지만, 936年 高麗가 後三國을 統一하기 前까지는 高麗의 使節은 日本에 갈 수가 없었고, 南海岸 一帶를 掌握했던 後百濟의 使節이 日本과 往來하였던 事實을 알 수 있다.(1과 2) 그러면 高麗는 동해를 이용하여 日本과 통교할 수는 없었을까? 이 부분은 高麗의 도읍인 송악과 동해안의 지리적인 조건이 고려되어야 함은 물론이며, 또 당시에 동해안을 이용한 渤海와 日本의 使節交換이 活潑했던 것도 이유의 하나가 될 것으로 여겨진다.5)

高麗의 公式使節에 의한 牒이 傳達되고 使臣團이 처음 派遣된 것은 937年, 939年, 940年의 순으로 보이고 있다. 그러나 이 使節의 派遣은 日本측에서 拒絕한 것으로 알려져 있다.6) 그러나 그 뒤로도 政府 次元의 正常的인 通交關係는 계속하여 이루어져 왔다. 使臣이 직접 조정에 들어갔었는지에 대한 것은 알 수가 없다. 그러나 高麗에서 첩이 조정에

---

5) 이 무렵 日本과 渤海와의 公式使節 交換은 상당히 자주 施行되었다. 앞으로의 硏究의 하나로서 渤海와 日本, 그리고 韓半島와의 關係를 單位로 하는 硏究도 必要할 것이다.

6) 拒絕의 理由에 대하여 한국과 日本의 견해가 다르다. 日本側은 後百濟와 高麗를 藩國으로 보고 있었기 때문이라고 한다. 그러나 우리나라의 硏究에서는 後百濟가 日本에 보낸 使節은 日本과 新羅의 聯合을 막게 하려는 意圖였으며, 高麗 使臣을 보낸 것은 韓半島의 統一을 과시하기 위한 것이라고 한다(李炳魯, 「11世紀 韓日 兩國의 對外交涉에 關한 一考察」 『大丘史學』 59집, 94쪽).

보고된 예는 적지 않다.

이 時期에 문제가 되는 것은 高麗初의 公式使節을 日本에서 거절하였다는 점이다. 이 사실을 두고 대체로 日本의 平安時代 外交의 閉鎖性과 硬直性에서 원인을 찾았던 것이 일반적인 日本학계의 분위기였다. 그러나 石上英一[7]은 그러한 現象의 이유를 한반도의 주변사정에서 찾고자 하였다. 그는 日本이 周邊世界에 대하여 無知하였거나, 無關心에서 비롯된 것이 아니라 당시 韓半島의 混亂과 動搖가 日本에까지 미칠지도 모른다는 憂慮에서 이를 避하기 위한 日本의 意圖的인 '積極的 孤立政策'이라고 하였다.

그 뒤 石上의 主張은 渡邊誠에 의해 日本이 周邊國을 無視하지 않으면서도 適切하게 對應한 것이라는 主張[8]이 더해지면서 硏究의 방향을 상당히 바꾸어 놓았다. 그러나 南基鶴은 日本학계의 主張과는 다르게 高麗가 日本에 使臣을 보낸 것은 高麗가 上國이라는 大國意識의 發露라고 推定하였다. 그리고 '朝貢'이나 이것과 비슷한 史料的 表現은 日本의 意圖的인 造作이라고 主張하였다.[9] 또한 李炳魯도 高麗의 국서에 聖旨와 같은 單語를 使用하여 日本의 비위를 거스른 것은 高麗가 自身의 正體性을 誇示하려 한 것이라고 主張하였다.[10]

이와 같이 國家대 國家間의 交流에 대해서 兩國의 學者들은 自己式의 主張을 하고 있다. 事件의 역사적 배경이나 의미는 차이가 있다고 하여도 麗日關係에서 國家間 공식적 關係가 단절 없이 지속되고 있었다는 증거는 972年에 高麗에서 使臣을 보낸 것으로 알 수 있다. 이해에

---

7) 石上英一, 『日本古代10世紀の外交』『東アジアにおける日本古代史講座 7』學生社, 1982.

8) 「平安貴族の對外意識と異國牒狀問題」『歷史學研究』823, 2007.

9) 「高麗と日本の相互認識」『グローバリゼーションの歴史的前提に關する學際的研究』, 荒野泰典(研究代表) 平成 12-14年 科學研究費補助金成果報告書. 森平雅彦의 原稿에서 引用, 2003.

10) 이병로, 앞의 논문.

두 번의 牒이 高麗에서 對馬島로 전해지고 있다. 그런데 이때 高麗에서 牒을 가지고 간 사람은 地方官인 南京(原)府使와 金海府使이다.[11] 이들은 日本의 朝廷에까지 가지는 못한듯 하다. 그러나 이 牒이 日本의 朝廷에 傳達되었던 것은 分明하다.[12]

그런데 여기에서 문제가 되는 것은 高麗의 첩을 보낸 인물이나 기구이다. 高麗의 첩이 日本에 전달되는 경우 남경 부사나 김해 부사가 발송자로 되어 있거나, 지방의 도부서가 발송자로 되어 있는 경우도 있다. 그것은 어떻든 13世紀以前의 高麗와 日本의 공식적인 國家 交流는 그 방법이 使臣이었거나, 아니면 첩을 보냈거나 수단의 차이는 있었지만 계속하여 지속되고 있었다. 交流의 방식이나 內容에 대해서는 여러 見解가 있을 수 있으나, 비록 回數는 많지 않다고 하여도 高麗와 日本의 國家間 공식적 관계는 그 密度에 있어서는 상당히 깊은 關係에 있었다고 할 수 있을 것이다.

한때 이 地方官의 性格에 대해서도 주목되었다. 이들은 지방관이 아닌 지방호족으로 보는 경향도 있다. 신라 말의 일부 豪族의 경우는 獨自的으로 中國과 연결하였던 적도 있었다. 그러므로 이 時期에 남원이나 김해와 같은 중앙에서는 비교적 원거리인 지방 대호족 세력 가운데는 獨自的으로 對外活動을 行할 可能性도 남아 있었다. 그러나 이들의 직함이 공통적으로 '府使'라는 점에서 국가의 공식적 交流임에는 틀림이 없다. 974年에 日本 朝廷에서 高麗國交易使가 對馬島에 派遣되어 高麗의 物品을 購入해 간 事實도 상설인가 아닌가하는 점은 고려의 여지로 남겨 두더라도 國家的 공적 交流의 사례로 볼 수 있을 것이다.

그 밖에도 이러한 高麗와 日本간의 公式的인 交易에 관한 內容은 여

---

11) 張東翼은 南京으로, 다른 硏究者들은 대체로 南原으로 보고 있다. 지금까지 소개된 모양은 '南凉'으로 되어 있다.

12) 森平雅彦, 日麗貿易, 大庭康時·佐伯弘次 菅波正人 田上勇一郎 編,『中世都市博多を掘る』, 海鳥社.

러 곳에서 찾아 볼 수 있다. 그런데 兩國간의 國家的 公式的 關係에서 가장 신경을 쓰게 되는 점은 兩國간의 國家的 위상의 문제였던 것 같다. 그리하여 자주 거론되는 것이 첩의 內容과 격식의 문제이다. 997年의 高麗에서 보낸 첩의 內容과 격식도 그 가운데 하나이다. 이 첩이 문제가 되어 高麗人들이 日本에서 추방 당한 事件이 일어났던 것이다. 日本에서는 高麗의 牒狀에 日本을 無視하는 內容이 있다고 하여, 日本朝廷이 高麗의 國書에 答을 하지 않을 정도로 兩國關係가 惡化된 적도 있었다. 이 997年의 高麗 牒狀 事件의 狀況解釋에 대해서는 여러 견해가 제시되어 있다.

한편 1019年에는 高麗에 의해 女眞의 海賊船에 披露된 日本人을 救出하여 日本에 送還한 事件이 발생하였다. 이때 정자량이 女眞 海賊에게 붙잡힌 日本人을 送還시킨 이 事件은 高麗와 日本의 關係가 결코 악화된 상태만은 아니었던 것을 의미하기도 한다. 당시 동해안 일대를 위협하던 공동의 적인 여진 해적에 대해서는 동병상련하는 협조關係가 이루어졌던 것으로 여겨지기도 한다.

이 事件은 高麗와 日本 兩國 關係에 일대 전환기가 되었던 것으로 파악하는 경향도 있다. 森克己는 高麗측의 호의적인 對應이 日本의 對高麗姿勢를 유연하게 바꾸었고, 그 후 잦은 漂流民 送還의 계기가 되었다고 하였다. 그러나 村井章介는 이 事件을 둘러싼 日本측의 高麗 軍事力에 대한 關心이 높아지는 데 注目하여 高麗에 대해 여전히 시의심, '적국' 新羅와 연결 짓는 인식, 平安貴族의 國際感覺의 退嬰性과 閉鎖性을 强調하고 있다. 石井正敏도 刀伊 事件 後에도 高麗에 대한 日本의 敵國視는 큰 변화 없이 中央 地方을 묻지 않고 귀족층의 기본적인 인식이었다고 서술하였다. 또 高麗側의 友好姿勢도 南基鶴이 指摘하였듯이 契丹과의 항쟁을 배경으로 하는 방편이었을 可能性이 있었을 것이다.13)

---

13) 「高麗と日本の相互認識」『グローバリゼーションの歴史的前提に關する學際的

단 山內晉次가 指摘한 것처럼 日本측의 優位意識과 警戒感이 사라진 것
은 아니지만, 新羅의 境遇와 같이 극단적인 적대시나 분쟁사항은 생기
지 않았다고 할 수 있다.14) 그런데 특기할 것은 이때 日本에 송환할 때
도 高麗에서 첩을 보낸 공식적인 使節이었다는 점이다. 이러한 사실을
보면 高麗와 日本과는 기본적으로 공동의 위협에는 國家間의 연대를 꾀
하고 있었다고 할 수 있을 것이다.

이와 함께 國家의 공식적 關係에서 크게 주목을 끄는 事件이 高麗에
서 國王인 文宗의 병을 치료할 醫師를 日本에서 구하였다는 것이
다.(13) 이 高麗의 醫師초청은 日本에서 보내지 않기로 함으로써 끝내
불발되고 말았지만, 日本에서 決定을 내릴 때까지의 과정을 보면 상당
히 심각하게 논의를 하였던 것으로 보인다. 처음에는 의사를 보내야 한
다는 決定을 내리고, 보내야 할 의사를 구체적으로 거명하기에 이를 정
도로 日本에서 진지한 姿勢로 임하고 있었다.15) 兩國간의 關係를 어느

研究』, 荒野泰典(研究代表) 平成12-14年科學研究費補助金成果報告書, 2003 ;
森平雅彦의 원고에서 인용.
14) 「朝鮮半島漂流民の送還をめぐって」『歷史科學』122, 1990.
15) 이와 관련된 과정을 보면 다음과 같다.

-2月 5日 大宰府가 이미 받아 있던 高麗 禮賓省의 牒을 解狀과 함께 太政官에게 보냄.	/ 朝野群載 20, 太宰府解
-2月 16日 大宰帥 藤原資仲이 報告한 高麗國皇帝의 牒이 日本 朝廷에 傳達된 것이 알려짐.	/ 水左記 承曆 4年 4月 19日
-4月 19日 日本 朝廷에서 禮賓省의 牒에 대한 論議 結果 醫師를 派遣하는 것으로 意見이 모아짐.	/ 水左記 承曆 4年 4月 19日
-8月 7日 藏人辨(右少辨) 藤原伊家가 禮賓省의 牒에 대해 議論하도록 命한 宣旨를 大納言 源俊房에게 傳함.	/ 水左記 承曆 4年 8月 7日
-閏 8月 2日 大納言 源俊房이 朝廷에서 高麗가 醫師를 要請한 것을 言及함.	/ 水左記 承曆 4年 閏8月 2日
-閏 8月 5日 日本 朝廷에서 高麗의 牒에 대해 의논하고 醫師를 派遣할 것인가, 派遣한다면 누구로 할 것인가, 答書는 어떻게 할 것인가 등을 논의함.	/ 水左記 承曆 4年 閏8月 5日 ; 帥記 承曆 4年 閏8月 5日 ; 百練抄 承曆 4年 閏8月 5日
-閏 8月 8日 大納言 源俊房이 高麗가 醫師를 요청한 것에 대한	/ 水左記 承曆

정도 짐작할 수 있게 하는 事件이라고 여겨진다. 이 무렵 中國의 醫官들도 高麗에 오고 있지만,16) 國王의 生命을 擔當할 醫師를 日本에도 의뢰

公卿들의 평의의 결과를 藏人辨 藤原伊家에게 전함.	4年 閏8月 8日
-閏8月 11日 藤原伊家가 大納言 源俊房에게 王則正을 심문했던 記錄을 전함.	/ 水左記 承曆 4年 閏8月 13日
-閏8月 14日 日本 朝廷에서 宋 황제가 보낸 예물에 대한 대처 및 高麗의 醫師 要請에 대해 의논하였는데, 후자의 境遇는 丹波雅忠과 의논하는 것이 어떨까 하는 의견이 제시됨.	/ 水左記 承曆 4年 閏8月 14日 ; 帥記 承曆 4年 閏8月 14日
-閏8月 22日 關白 藤原師實이 사람을 보내어 丹波雅忠에게 자문을 구하니, 丹波雅忠이 醫師를 派遣한다면 惟宗俊通이 적합할 것이라고 회답함.	/ 水左記 承曆 4年 閏8月 23日 ; 帥記 承曆 4年 閏8月 22日
-閏8月 24日 藤原師實이 醫師를 派遣하지 않을 것을 決定하고, 이에 대한 答狀을 大江匡房으로 하여금 起草하게 함.	/ 水左記 承曆 4年 閏8月 24日 ; 帥記 承曆 4年 閏8月 25日
-9月 2日 藤原師實이 源經信을 불러 大江匡房이 지은 答書를 보여 줌.	/ 帥記 承曆 4年 9月 2日
-9月 3日 藤原師實이 源經信·大江匡房을 불러 答書를 檢討함.	/ 水左記 承曆 4年 9月 3日 ; 帥記 ; 承曆 4年 9月 3日
-9月 4日 公卿들이 藤原師實의 집에 모여 答書에 대해 논의함.	/ 水左記 承曆 4年 9月 4日 ; 帥記 承曆 4年 9月 4日
-9月 6日 大江匡房이 源俊房에게 高麗 牒의 전례와 다른 점을 전함.	/ 水左記 承曆 4年 9月 6日
-9月 12日 大江匡房이 源俊房에게 答書의 초안을 보고하고, 源俊房의 지시에 따라 內容 중의 殊俗을 蕃王으로 고침.	/ 水左記 承曆 4年 9月 12日
-9月 17日 藤原師實이 公卿들을 초청하여 答書를 보여 줌.	/ 水左記 承曆 4年 9月 17日
-9月 18日 大江匡房이 源俊房에게 答書를 전하고, 源俊房이 이를 前筑後守 俊光으로 하여금 청서케 함.	/ 水左記 承曆 4年 9月 18日
-10月 2日 太政官의 명령서[관부]를 大宰府에 내려서 高麗가 要請한 醫師를 派遣하지 않는 것, 高麗의 禮物을 돌려 보내는 것, 大宰府의 答書[반첩]는 사자를 선발하여 보낼 것, 그리고 王則貞을 법에 회부하여 처벌하는 것 등을 전함.	/ 師帥記 貞治 6年 5月 9日
-11月 3日 大江匡房이 源俊房과 의논하여 答書의 자구를 수정하고 關白 藤原師實에게 보고하여 최종본을 완성한 후 이것을 大宰府에 보냄.	/ 水左記 承曆 4年 11月 3日 ; 朝野群載 20 太宰府牒 ; 本朝續文粹 11 太宰府牒

16) 宋에서 醫官 王愉·徐先을 보냄(『高麗史』 卷9 文宗世家 26年 6月 庚戌).

하여 구하였다는 것은 단순한 의학기술의 問題가 아니라 國家間의 우호의 關係를 가늠해 볼 수 있는 事件으로 특기할만하다. 이 醫師초청事件의 거절에 대하여 日本에서는 日本의 의사가 文宗의 병을 고치지 못하면 수치라는 의견도 있었으나, 高麗의 첩에 '聖旨'와 같은 단어가 사용되는 등 高麗의 大國意識이 文書의 形式과 內容에서 보인다는 것이 직접적인 의사 파견 거부의 이유였다. 그리고 이 첩을 가져온 왕즉정에 대해서 처벌을 하기까지 한다. 결국 이 事件은 高麗와 日本과의 國家間 자존심 내지는 우위 關係에 대한 지나친 의식이 초래한 결과였다. 高麗의 醫師초청은 실패로 끝나게 되어 日本은 그 뒤 高麗의 八關會 朝賀禮의 참가자로서 초청되지 않았을 것이라는 主張도 나왔을 정도로 이 事件은 國家의 공식적 事件으로서 의미가 큰 것이었다.[17) 그 밖에도 이 事件과 관련하여 日本에서의 거절 이유로 여러 見解가 나왔으나,[18) 日本에서의 거절 자체가 그 以後의 麗日關係에 直接的으로 어떤 影響을 미쳤는지 구체적으로 알 수 있는 資料는 없다.[19)

日本에서 高麗로 牒이 온 境遇는 1156年에 보인다. 이때 高麗에 牒을 가져온 사람은 對馬島의 寬仁이었다. 이때 이 牒을 수령한 것은 高麗의 東南海都府署였다. 이 牒은 高麗 朝廷에 보고되었고, 高麗 朝廷에서는 都府署에서 答書를 보내도록 措處하고 있다. 그 절차는 日本朝廷 →

---

17) 奧村周司, 「醫師要請事件にみる高麗文宗朝の對日姿勢」 『朝鮮學報』 117, 1986.
18) 渡邊誠, 「平安貴族の對外意識と異國牒狀問題」 『歷史學研究』 823, 2007.
19) 高麗史에서는 日本에 의사를 요청한 사실을 찾을 수가 없다. 文宗32年 (1078)에 '왕이 돌아가는 使節을 통하여 글월로써 감사의 뜻을 표하는 동시에 자기가 風痺症으로 앓는다는 것을 말하고 의사와 약재를 보내달라고 하였다.'는 內容이 있는데, 日本에 첩을 보냈다는 內容은 보이지 않는다. 혹 王則貞 개인과 관련된 어떤 일을 모사한 것은 아닌지 의심스러운 부분이 있다. 高麗史에는 日本에 첩이 도착하던 해에 薩摩州에서 方物을 바쳤다는 기록이 있는 것을 보면 王則貞의 실력도 실력이지만, 高麗에서 日本에 의료진을 요청하였을까하는 의문이 들기도 한다. 중국에서는 1079年에 이미 약재 1백종과 합문통사사인 王舜封 등 88인을 보내왔다.

對馬 → 東南海都府署 → 高麗朝廷의 순이었을 것이다. 高麗와 日本의 공식적 交流였다고 하겠다.

지금까지 高麗와 日本의 13世紀 以前의 國家대 國家間의 關係를 살펴보았다. 兩國간의 공식적 交流는 그다지 活潑하였다고 할 수는 없다. 高麗에서 女眞人 海賊에게 포로가 되었던 日本人을 送還한 예나, 高麗에서 醫師초청事件 등이 있지만 兩國간의 關係는 결코 긴밀하였다고 할 수는 없다. 그러나 완전히 단절된 상태로 있었던 적도 없었다. 물론 지금까지 남아있는 史料를 근거로 했을 때만 그러하다.

3. 交易關係

高麗와 日本과의 關係에서 注目해야 할 分野가 交易關係이다. 본고에서는 交易의 범위를 공식적인 國家間의 關係를 제외한 모든 상업적 關係를 말하고자 한다. 물론 이 關係에서도 使臣을 보내거나 첩을 가진다면 交易關係와 달리 취급하여야 하겠지만, 그러한 조건이 갖추어지지 않았을 경우에는 交易關係로 취급하고자 한다. 交易關係에 관한 內容을 살펴보면 다음의 〈표 2〉와 같다.

〈표 2〉 高麗와 日本간의 交易關係

연번	年度	관련事實	전거
1	1073年 (文宗 27, 延久 5)	－7月 5日, 日本人 王則貞·松永年 등 42인 高麗 도착, 각종 토산물을 바침. 壹岐島勾當官 藤井安國 等 33인 派遣하여 方物 바침.	/ 高麗史 文宗 27年 7月 丙午.
		－11月 12日, 日本人이 宋·黑水·耽羅人 등과 함께 八關會에 참석하여 예물 바침.	/高麗史 文宗 27年 11月 辛亥.
2	1074年 (文宗 28, 延久 6)	－2月 2日 日本國船頭 重利 등 39인이 高麗에 도착, 토산물 바침.	/ 高麗史 文宗 28年 2月 庚午.

3	1075年 (文宗 29, 承保2)	一閏4月 5日 日本商人 大江 등 18인이 高麗에 도착, 토산물 바침.	/ 高麗史 文宗 29年 閏4月 丙申.
		一6月 22日 日本人 朝元·時經 등 12인이 高麗에 도착, 토산물 바침.	/高麗史 文宗 29年 6月 壬子.
		一7月 10日 日本商人 59인이 高麗에 도착함.	/高麗史 文宗 29年 7月 庚午.
4	1076年 (文宗 30, 承保 3)	一10月 15日 日本國 僧俗 25인이 高麗 靈光郡에 도착하여 상경하기를 요청하여 허락받음.	/ 高麗史 文宗 30年 10月 戊戌.
5	1079年 (文宗 33, 承曆 3)	一11月 5日 日本 商客 藤原 등이 高麗의 興王寺에 法螺·海藻 등을 시납함.	/ 高麗史 文宗 33年 11月 己巳.
	1080年	一閏9月 11日 日本國 薩摩州가 使臣을 高麗에 派遣하여 方物을 바침.	/ 高麗史 文宗 34年 閏9月 庚子 ; 文宗 高麗 使節遼 34年 閏 9月.
6	1082年 (文宗 36, 永保 2)	一11月 19日 對馬島가 使臣을 高麗에 派遣하여 方物 바침.	/ 高麗史 文宗 36年 1月 丙戌.
7	1084年 (宣宗 1, 應德 1)	一6月 20日 日本 筑前州의 商客 信通 등이 수은 250근을 바침.	/ 高麗史 宣宗 1年 6月 戊子.
8	1085年 (宣宗 2, 應德 2)	一2月 13日 對馬島 勾當官이 使臣을 高麗에 派遣하여 柑橘 바침.	/ 高麗史 宣宗 2年 2月 丁丑.
9	1086年 (宣宗 3, 應德 3)	一3月 22日 對馬島 勾當官이 使臣을 高麗에 派遣하여 方物 바침.	/ 高麗史 宣宗 3年 3月 己卯.
10	1087年 (宣宗 4, 應德 4 ; 寬治 1)	一3月 20日 日本商人 重元·親宗 등 32인 高麗에 方物 바침.	/ 高麗史 宣宗 4年 3月 壬申.
		一7月 21日 對馬島 元平 等 40인 高麗에 각종 토산물 바침.	/ 高麗史 宣宗 4年 7月 庚午.
11	1089年 (宣宗 6, 寬治 3)	一8月 19日 日本 大宰府 商人 高麗에 각종 토산물 바침.	/ 高麗史 宣宗 6年 8月 丙辰.
12	1116年 (睿宗 11, 永久 4)	一2月 2日 日本이 柑子를 바침.	/ 高麗史 睿宗 11年 2月 丙寅.

13	1159年 (毅宗 13, 平治 1)	－8月 2日 日本 朝廷이 高麗 商人에 대해서 의논함.	/ 百練抄 平治 1年 8月 2日.
14	1243年 (高宗 30, 寬元1)	－9月 29日 金州防禦官이 日本國人이 方物을 바치고 高麗의 표풍인을 쇄환한 것을 보고함.	/ 高麗史 高宗 30年 9月 壬申.
15	1244年 (高宗 31, 寬元 2)	－2月 2日 이 時期 以前에 前濟州副使 盧孝貞·判官 李珏이 표류해 온 日本 商船의 화물을 압수했다가 이 때 발각되어 유배됨.	/ 高麗史 高宗 31年 2月 癸酉.

　위의 內容을 보면 高麗와 日本과의 交易關係가 매우 다양했음을 알 수 있다. 비록 사례는 많지 않지만, 계층적으로나 形態에 있어서 여러 모양이 나타난다. 위의 예를 보면 高麗에 오는 日本人들 交易者만 수록되어 있다. 그리고 根據가 되는 出典이 『高麗史』이다. 왜 이 時期에 갑자기 『高麗史』에만 日本에서 오는 通交者들이 많아지게 되었는지는 잘 說明할 수가 없다.

　이 時期의 交易의 유형을 보면 商人이 바치는 경우, 對馬島나 壹岐島의 구당관이 와서 바치는 경우, 日本이 바치는 경우 등이 있다. 日本인들 가운데는 對馬島나 壹岐島의 구당관, 商人 등이 보이며, 高麗에서는 日本에 보냈다는 記錄은 잘 보이지 않는다. 日本의 史料 가운데에는 高麗와의 關係를 남기고 있는 유형이 일기류가 많은 데 비하여, 高麗에서는 관찬사서에서 內容들을 찾을 수 있다. 그런데 이 交易關係 통교자들은 갑자기 11世紀부터 『高麗史』에 집중되어 나타나고 있다. 위의 〈표 2〉에서 보면 高麗商人들에 대하여 日本 조정에서 의논했다고 하는 사실은 高麗 商人도 日本에 간다는 의미일 것이다. 그런데 高麗商人의 존재를 日本의 資料에서 찾기는 쉽지가 않다.

　이처럼 交易의 擔當者들이 11世紀 후반에 갑자기 표면화되고, 12世紀에 들어서면 다시 급속히 자취를 감추는 현상에 대해 日本 商人들이 당시에는 自力으로 中國에 도항하는 데에는 기술적으로 곤란하였기 때문에 우선 高麗로 진출한 것으로 보았는데, 이것은 12世紀 以後가 되면 中國史料에 '日本商人'이 나타나는 것을 염두에 둔 것이라고 할 수 있다. 그런데 이러한 발상은 마치 倭寇의 이동이 前期에는 高麗를 침범하다가, 후기에는 명나라로 진출하고 더 나아가 동아시아의 해양민족이 되었다는 식과 아주 흡사하다. 이러한 발상은 조선은 대륙 진출을 위한 하나의 교두보라고 하는 비하의식에서 비롯된 것은 아닌지 궁금하다.

한편 高麗에 渡航한 日本人의 출신에 대해서는 여러 설이 있다. 大宰府의 貿易管理體制가 瓦解되어 莊園에서 密貿易이 이루어지게 되었다는 持論을 前提로 하고, 구주의 장원영주, 혹은 성장해 온 博多의 商人이 해외貿易에 착수한 것이며, 개개에 의한 사적인 物品헌상(私獻)의 形式을 취하였다고 파악하였다.[20] 그리고 日本에서 高麗측에 바란 것은 中國산품이며,[21] 日本의 수은·나전·유황 등이 高麗에 의해 宋으로 유입되고, 宋의 물품이 高麗를 경유하여 日本으로 건너오고, 日本의 水銀이 宋에서 高麗로 들어간다고 하는 물류의 三國連鎖關係를 指摘하기도 한다. 그러나 森克己의 見解에 對해서는 疑問도 提示되고 있다. 우선 莊園內 密貿易說에 對해서는 11世紀 段階에서는 大宰府의 貿易管理가 기능을 하고 있었다는 指摘이 있고,[22] 莊園의 對外交易主體로서의 力量, 특히 스스로 海外에 進出하는 能力에 대해서 愼重하게 評價할 必要가 있다는 지적도 하고 있다.[23]

무역의 형식에 대하여 山內晉次는 奧村周司가 指摘한 '八關會的 秩

---

20) 森克己, 「日·宋と高麗との私獻貿易」『朝鮮學報』34, 1959.
21) 森克己, 「日本·高麗內港の宋商人」『朝鮮學報』9, 1956.
22) 山內晉次, 『奈良平安期の 日本とアジア』, 吉川弘文館, 2003.
23) 또 당시의 日宋貿易은 宋의 海上에 의해 主導되고 있었고, 그 때문에 12世紀 以後의 中國史料에 '日本商人'이 나타난 것은 힘 關係의 變化를 나타내는 것으로써 注目되었으나, 榎木涉은 이 '日本商人'의 實體는 宋商이며, 宋商이 日宋貿易을 主導하는 狀況은 12世紀에도 變하지 않는다고 하였다. 榎木涉, 「宋代の日本商人の再檢討」『史學雜誌』110-2, 2001.

序'와24) 연결시켜 이해하고자 한다.高麗의 國家的 제례인 八關會에서의 國王조하례에는 宋商 女眞 耽羅 등 이역사람들이 참례하고 있고, 高麗王을 中心으로 하는 王權秩序가 表現되었는데, 11世紀後半에는 그곳에서 日本으로부터의 通交者가 참가했던 境遇도 있었다. 高麗의 입장에서는 日本도 이러한 政治秩序에 포섭되는 존재였을 것으로 생각하였던 것 같다. 醫師招請事件은 日本에 대한 高麗의 大國意識이 文書 形式에 반영된 것으로 보기도 한다. 그리고 이 對日通交가 실패함에 따라 日本政府와의 關係가 재인식되고 그 以後에 성립하였다고 보여지는 八關會에 日本이 참가자로써 등록되지 않았을 可能性이 指摘되기도 하였다.

麗日通交의 經路에 대해서 山內晉次는 貿易의 盛行과 相反되게 官廳을 通한 漂流民의 積極的인 送還이 이루어진 것에 注目하여, 大宰府-對馬라인이 창구가 되어 金州로의 送還이 이루어졌고, 高麗에서는 金州의 東南海船兵都府署에 의해 中央으로 보내졌다고 하였다. 향후 日本과의 交易이나 外交절충에 있어 金州나 東南海船兵都府署의 性格에 대해서는 조선 前期의 三浦形成의 前史라고 하는 점을 강조하면서 本格的인 檢討를 追加할 必要가 있을 것으로 展望하고 있다.25)

12世紀에 들어서면 高麗-日本간의 通交와 관련된 史料는 현저히 줄어든다. 이러한 關係記事의 變化는 事實의 有無 그 自體를 意味하는 것은 아니나 傾向性을 反映한다고 評價되고 있다. 日本측의 要因에 대해서는 日本商人이 高麗의 政治混亂에 따른 危險을 받아, 技術的으로 可能해진 對宋 進出로 轉換한 것으로 보았다. 高麗內外의 動搖를 중요하게 여기는 研究者도 있다.26) 元來 高麗貿易이 薄利였기 때문이라는

---

24) 奧村周司, 1979, 「高麗における八關會的秩序と國際關係」『朝鮮史研究會論文集』 16과 「高麗の外交姿勢と國家意識 - 仲冬八關會儀および迎北朝詔使儀1을 中心として」『歷史學研究 別册特輯』, 1982.
25) 山內晉次, 「朝鮮半島漂流民の送還をめぐって」『歷史科學』 122, 1990.
26) 田村洋行, 「高麗における倭寇濫觴期以前の日麗通交」『經濟經營論集』 28-1, 1993.

설도 있고, 日宋貿易의 發展에 의한 利潤 밸런스의 變化때문이라고 하기도 한다.27) 또 高麗측 要因에 대해서도 雙方의 經濟隔差를 念慮한 高麗政府가 對日貿易을 축소하였다는 見解가 있다.28) 이에 대한 반론으로는 高麗의 혼란이나 經濟隔差가 貿易衰退의 直接적 要因이 아니라 高麗 北方情勢가 不安定해지고(女眞의 대두), 日遼貿易船으로 推定되는 日本의 괴선박이 王都 근해에 출현하자 이를 경계하여 日本 상객의 상경을 금하였고, 또 醫師초청교섭이 악화되고부터 日本에 대한 응대가 중시되지 않게 되었기 때문에 對日政策이 금주에서의 래항자 접대에 머무르는 소극 방향으로 전환하였던 것이라는 主張이 있다.29) 이와 같이 民間의 交易에 대해서도 兩國의 研究成果는 많은 차이를 가지고 있다. 특기할만한 것은 日本의 麗日關係 研究는 여·일·송 등 다양한 國家와 다각적인 분석을 하고 있다는 점이다. 그만큼 많은 연구성과와 역사를 가지고 있다는 의미일 것이다.

이러한 民間의 交易 및 交流關係에서 흥미 있는 사실은 12세기말 源平抗爭중에 藤原親光이 對馬에서 高麗로 망명하였다고 하는 일화에 관한 것이다. 川添昭一30)은 11世紀 이래 계속된 高麗와의 밀접한 關係가 배경에 있다고 파악하였다. 13世紀 전반의 史料에는 韓半島 남안지역에서 對馬島인이 高麗의 통제의 틀 밖에서 活潑히 活動하고 있었던 점이 엿보이는 內容도 주목되며, 政府記錄에는 보이지 않지만 地方·民間에서는 그 以前부터 통교가 계속되어 왔을 것으로 추정하기도 한다.

---

27) 三浦圭一, 「十世紀－十三世紀の東アジア」 『講座日本史』 2, 東京大學出版會 1970.

28) 大山喬平, 「中世の日本と東アジア」 『講座日本史3－中世』 1, 東京大學出版會, 1984.

29) 李領, 院政期の日本·高麗交流に關する一考察, 1999 이에 대하여 濱中昇(書評 : 李領著, 倭寇と日麗關係史, 歷史評論603, 2000)와 橋本雄,(書評 : 倭寇と日麗 關係史, 歷史學研究758, 2008)의 史料 讀解 批判과 反論이 있었다.

30) 川添昭一, 「鎌倉初期の對外關係と博多」 『箭內健次編 鎖國日本と國際交流』 上, 吉川弘文館, 1988.

係는 資料의 出處가 『高麗史』였는데, 佛敎關係는 日本史料 일색으로 보인다. 그런데 日本 史料임에도 불구하고 그다지 偏頗的으로 記述하였을 可能性이 있어 보이지는 않는다. 위의 內容으로 兩國의 문화 交流를 보면 몇 가지 흥미로운 점이 발견된다. 兩國의 關係에 송이 개입한다는 것이다. 그리고 어느 한쪽이 일방적으로 문화를 보급하는 상황이라기보다는 우호적 關係에서 交流가 이루어졌다고 보인다. 高麗에서 日本에 불법을 구하러 가기도 하고, 日本에서 高麗에 불서를 요청하기도 한다. 때로 송을 거쳐 高麗와 日本의 佛敎에 관한 정보를 얻는 사례가 보이기도 한다. 高麗와 日本의 승려가 함께 日本을 여행하는 것도 흥미롭다.

위의 內容 가운데 興味로운 것이 990年의 內容이다. 이 內容은 10世紀에 송을 매개로 한 高麗와 佛敎의 關係를 알려 주고 있다. 이는 '攝津 勝尾寺緣起'의 정력원년(990) 內容이다. 이에 따르면 '百濟國皇后'가 송의 商人 周文德・楊仁紹를 통해 涉津國의 勝尾寺에 觀世音菩薩像・金鼓・金鐘 等을 寄贈하였다고 한다. 이것이 事實이라면 宋商을 두고 麗日通交가 10世紀에 행하여졌던 것을 알게 된다. 그러나 原美和子[31]는 이 說話에 보이는 宋商은 실재 인물이라고 할 수 있지만, 說話 自體는 周邊 住民과의 摩擦을 收拾하는 方便으로써 長谷寺의 觀音靈驗談(異域에서 온 佛像이 靈力을 發揮한다는 說)을 基礎로 13世紀 中伴에 創出된 虛構라고 한다. 그렇다면 高麗와 日本의 思想的 交流가 12世紀부터 본격화하였다고 하여야 할 것이다. 그러나 1247年의 高麗의 僧侶 了然法明이 宋의 徑山 無準師範을 찾아 갔다가, 상선을 따라 日本으로 건너간 事例가 있다. 이를 보면 비교적 자유롭게 승려의 日本 출입이 묘사되고 있다. 이런 境遇 밀입국으로 처리되지 않을 정도로 사상계에서는 交流가 비교적 원활하였던 것으로 여겨진다. 그리고, 實際로 民間에서의 交流가 活潑하였던 점을 보면 이보다 앞서 記錄에 나타나는 것보다 훨씬

---

31) 原美和子, 『勝尾寺緣起に見える宋海商について』『學習院史學』40, 2002.

넓은 범위에서 사상적 交流가 이루어졌다고 하여도 무리가 없을 것 같다. '백제국황후'의 사실은 믿을 수 없지만, 이를 근거로 高麗 等 異域의 珍寶를 宋商이 가져왔다고 하는 實際 歷史狀況을 背景으로 하고 있을 可能性도 排除할 수 없다고 하였다.

5. 軍事的 葛藤

高麗와 日本과의 關係를 가늠해 볼 수 있는 기준의 하나가 되는 것이 무력적 충돌이다. 다시 말하면 國家勸力의 물리적 충돌인 군사적 關係를 찾아 볼 수 있다. 현전하는 史料에 보이는 13世紀以前의 高麗와 日本과의 군사적 關係는 그다지 많지 않다. 그리고 그 충돌의 정도도 심하다고 볼 수는 없다. 關係 史料들을 살펴보면 다음과 같다.

연번	年度	관련事實	전거
1	954年 (光宗 5, 天曆 8)	−1月 25日 新羅(高麗)가 日本을 攻擊하려 한다는 風聞이 있어 藤原朝忠을 大宰大貳로 任命함	/ 길기 승치 5年(양화 1) 3月 6日.
2	1014年 (顯宗 5, 長和3)	−3月 12日 日本이 新羅(高麗)와 전투를 행함.	/ 신황정통록 중, 장화 3年 3月 12日)
3	1019年 (顯宗 10, 寬仁 3)	−3月 28日 이래 女眞族인 刀伊가 對馬島·壹岐島·筑前國·怡土郡 等의 地域을 攻擊하였다고 한다. 이들의 侵入에 關聯되었던 高麗 關係 記事도 收錄되어 있음.	/ 小右記 寬仁 3年 4月 17日, 18日, 20日, 21日, 24日, 25日, 26日, 27日, 5月 1日, 3日, 4日, 24日, 6月 29日, 8月 3日 등 ; 扶桑略記 寬仁 3年 4月 8日, 18日 ; 『日本紀略』 寬仁 3年 4月 17日, 18日, 21日, 25日, 27日, 5月 26日 ; 百練抄 寬仁 3年 4月 18日

4	1152年 (毅宗 6, 仁平 2)	—이 해에 日本 肥前國 宇野廚內 小値賀 嶋의 辨濟使인 是包가 高麗의 船舶을 攻擊함.	/ 靑方文書 安定 이년삼월십삼일부관동재어장안.
5	1223年 (高宗 10, 貞應2)	—5月 22日 倭人이 金州를 侵犯함.	/ 高麗史 高宗 10年 5月 甲子
6	1225年 (高宗12, 元仁2)	—4月8日 왜선 2수가 경상도 연해지역을 침구하다가 高麗軍에 의해 나포됨.	/ 高麗史 高宗 12年 4月 戊戌
7	1226年 (高宗 13, 嘉祿2)	—1月 27日 왜인이 경상도 연해지역을 침구하다가 거제현령 陳龍甲에 의해 격파당함.	/ 高麗史 高宗13年 1月 癸未
		—6月 1日 왜인이 金州에 침구함.	/ 高麗史 高宗 13年 6月 甲申
		—10月 16日 對馬島와 高麗가 싸웠다는 풍문이 있음.	/ 明月記 嘉祿 2年 10月 16日
		—10月 17日 宋浦黨이 10여 척의 병선을 이끌고 高麗의 별도를 공격하여 민가를 약탈하였다는 풍문이 있음.	/ 明月記 嘉祿 2年 10月 17日
		—12月 7日 藤原定家가 九條教實로부터 高麗의 공격이 있을 것이라는 풍문을 전해 들음.	/ 明月記 嘉祿 2年 12月 7日
		—12月 27日 肥後 壹岐의 民들이 高麗에 침입했다는 풍문이 있음.	/ 民經記 嘉祿 2年 12月 27日
8	1227年 (高宗14, 嘉祿3)	—2月 전라주도안찰사가 承存 등 20인을 派遣하여 大宰府에 牒을 보내 지난해 6月에 있었던 倭寇의 침입을 힐난함.	/ 五妻鏡 嘉祿 3年 5月 14日
		—2月 18日 이래 日本 朝廷에서 高麗의 牒에 대한 의논이 이루어짐.	/ 明月記 嘉祿 3年 2月 18日, 4月 13日
		—5月 1日 이時期 以前에 高麗의 전라주도 안찰사가 使臣을 派遣하여 大宰府 총관에게 牒을 보내 倭寇의 침입에 대해 항의함. 이에 對應하여 大宰少貳 武藤資賴가 使臣團의 면전에서 惡徒 90인을 처형하고 가만히 答書를 보내는 동시에 牒의 정본을 관동에 보내고, 사본을 關白 藤原(九條)家實에게 보냄.	/ 民經記 嘉祿 3年 5月 1日, 15日 ; 百練抄 嘉祿 3年 7月 21日
		—5月 14日 高麗의 牒이 鎌倉幕府에 도착함.	/ 五妻鏡 嘉祿 3年 5月 14日 ; 鎌倉年代記 嘉祿 3年 5月 14日

		一7月 18日, 21日 日本 朝廷에서 高麗의 牒에 대해 의논함.	/ 民經記 嘉祿 3年 7月 18日, 21日 ; 百練抄 嘉祿 3年 7月 21日
		一8月 12日 高麗가 재차 牒을 보낸다는 항설이 있음.	/ 明月記 嘉祿 3年 8月 12日

高麗와 日本의 13世紀 以前까지의 軍事的 긴장은 거의 없었다고 하여도 좋을 것 같다. 韓半島와 日本과의 軍事的 긴장은 역사적으로 볼 때 크게 두 類型으로 나타날 수밖에 없다. 대륙에서 열도로의 침공이거나, 열도에서 대륙으로의 침공이다. 그 가운데서도 역사적으로(이 時期뿐만이 아니라) 한국과 日本의 군사적 갈등의 원인 가운데 하나는 日本의 膨脹主義에 있었다. 日本이 팽창하게 되면 거의 中國을 영토화하려는 政策으로 표현되었다. 그런데 13世紀의 日本에서는 그러한 팽창주의가 나타나고 있었던 것 같지는 않다.

위의 內容에서도 13世紀에 들어서 高麗와 日本간의 緊張關係가 발생하는 것은 이른바 初期倭寇라고 하는 性格의 침구 집단의 발생과 관련이 있는 것이다. 위의 사례에서 보다시피 군사적 갈등이라고 할 만한 사례가 적기도 하거니와 1223年 5月의 왜인이 금주를 침범한 事件이 발생하기 以前까지는 물리적 충돌이라고 할 만한 것이 전혀 보이지 않는다고 하여도 좋을 것 같다. 그리고 1223年 이후부터의 군사적 갈등은 이른바 초기倭寇의 활동이므로 13기 以前의 일반적인 麗日關係의 현상으로는 보기 어렵다.

그러므로 이러한 초기倭寇적 性格의 관련기사를 배제한다면 13世紀 以前의 高麗와 日本과의 군사적 갈등은 거의 없었다고 하여도 무방할 것이다. 위에서 1019年의 刀伊와 관련된 內容은 오히려 高麗에서 女眞의 해적으로부터 日本人을 구하여 송환한 사실이 있게 되어, 이를 계기로 兩國간의 關係는 더욱 돈독해졌을 것으로 생각이 된다. 이 事件에 대해서는 國家間의 交流 分野에서 이미 약간의 언급을 하였다.

6. 漂流民의 送還 및 방문(民間人의 交流)

　　13世紀 以前 高麗와 日本과의 關係에서 가장 잦은 記錄이 나타나는 것은 民間에서의 交流이다. 民間에서의 交流라고 하면 여러 形態가 있겠으나, 그 가운데 漂流民의 送還이 가장 많다. 漂流民의 送還은 그 자체가 國家勸力이나 地方의 행정단위부서에서 이루어지고 있지만, 표류 그 자체는 公式的인 事件이 아니라 民間에서의 活動에서 부차적으로 수행된 일이므로 이 事實을 통하여 民間에서의 活動이 어떠한 形態로 이루어졌는지를 알 수가 있게 된다. 그리고 한편으로는 漂流民에 대한 처우를 통하여 兩國의 友好關係가 어떠했는지를 가늠해 볼 수가 있을 것이다. 漂流民의 送還과 관련된 內容들은 대개 다음의 〈표〉와 같이 정리할 수 있다.

연번	年度	관련事實	전거
1	942年 (太祖25, 天慶 5)	−11月 15日 出雲國司가 新羅舟 7척이 隱岐國에 寄着했다는 것을 日本 朝廷에 보고함.	/『『日本紀略』』天慶 5年 11月 15日
2	984年 (成宗 3, 永觀 2)	−4月 3日 高麗船이 筑前國 早良郡에 도착함.	/ 小右記 目錄, 永觀 2年 4月 3日, 21日
3	996年 (成宗5, 長德2)	−5月 19日 日本 朝廷이 石見國에 도착한 高麗 國人에게 식량을 주어 귀국시키도록 함.	小右記 長德 2年 5月 19日
4	998年 (穆宗 1, 長德 4)	−2月 大宰府가 高麗國人을 내쫓았다고 하는데, 이는 南蠻人의 착오로 판단됨.	/ 百練抄 長德 4年 2月
5	999年 (穆宗 2, 長保 1)	−10月 日本國人 道要·彌刀 等 20호가 高麗에 내투해 옴.	/ 高麗史 穆宗 2年 10月
6	1002年 (穆宗 5, 長保 4)	−6月 27日 日本 朝廷이 가혹한 政治를 피해 日本으로 건너와 살기를 要請한 高麗人에 대해 의논함.	/ 小右記 目錄, 長保 4年 6月 27日 ; 百練抄 長保 4年 6月 27日
		−7月 16日 大宰府에 도착한 高麗 표류인 4인 및 이주를 희망한 高麗人[參來高麗人] 20인에 대해	/ 權記 長保 4年 7月 16日

		日本國王이 2통의 文書[宣旨]를 내림.	
7	1004年 (穆宗 7, 長保 6)	-3月 7日 日本 朝廷이 因幡國에 도착한 于陵嶋 人 折嵬悅 등 11인에 대해 의논함.	/ 權記 長保 6年 3 月 7日 ; 本朝麗藻 下 ; 千載和歌集 11
8	1012年 (顯宗 3, 寬弘 9)	-8月 3日 日本國人 潘多 等 35인이 高麗에 내투 해 옴.	/ 高麗史 顯宗 3年 8月 戊戌
9	1019年 (顯宗 10, 寬仁 3)	-5月 29日 高麗의 康州人 未斤達이 筑前國 志 摩郡에 표착하여 온 것을 구금하고 신문함.	/ 小右記 寬仁 3年 6月 21日
10	1029年 (顯宗 20, 長元 2)	-7月 28日 日本에 표류했던 耽羅人 貞一 등 7인 이 귀환함.	/ 高麗史 顯宗 20年 7月 乙酉
11	1031年 (顯宗 22, 長元 4)	-2月 19日 이래 1年 전 日本에 표류해 온 耽羅 人 8인을 귀화시킴.	/ 小右記 長元 4年 2月 19日, 24 日, 26日
12	1034年 (靖宗 3, 長元 7)	-3月 對馬島가 大隅國에 표착했던 高麗人을 귀 國시킨 것을 日本 朝廷에 보고함.	/『『日本紀略』』長 元 7年 3月 某日
13	1036年 (靖宗 2, 長元 9)	-7月 16日 日本이 표류한 高麗人 謙俊 등 11인 을 귀환시킴.	/ 高麗史 靖宗 2年 7月 壬辰
14	1039年 (靖宗 5, 長曆 30)	-5月 10日 日本人 남녀 26인이 내투해 옴.	/ 高麗史 靖宗 5年 5月 庚子
15	1048年 (文宗 2, 永承 3)	-3月 1日 高麗人을 아버지로 하는 大宰府의 舞 師 우두머리[舞師首]인 滋井好行(貊好行, 959- 1048)이 죽음.	/ 貊氏系圖
		-5月 2日 大宰府가 日本 朝廷에 新羅曆(高麗曆) 을 구하여 바침.	/ 百練抄 永承 3年 5月 2日 ; 扶桑略記 永承 3年 5月 2日
16	1049年 (文宗 3, 永承 4)	-11月 29日 對馬島官이 首領 明任으로 하여금 표류한 金孝 等 20인을 金州로 送還함.	/ 高麗史 文宗 3年 11月 戊午
17	1051年 (文宗 5, 永承 6)	-7月 11日 對馬島가 使臣을 派遣하여 도망한 죄인 良漢 등 3인을 送還해 옴.	/ 高麗史 文宗 5年 7月 己未
18	1056年 (文宗 10, 天喜 4)	-10月 1日 日本국의 使臣 藤原賴忠 等 30인이 金州에 도착함.	/ 高麗史 文宗 10年 10月 己酉

연번	연도	내용	출전
19	1060年 (文宗 14, 康平 3)	－7月 27日 對馬島가 표류한 位孝男을 送還해 옴.	/ 高麗史 文宗 14年 7月 癸丑.
20	1072年 (文宗 26, 延久 4)	－3月 20日 求法僧 成尋 일행의 선박이 耽羅島 부근을 통과함.	/ 參天台五臺山記1
21	1076年 (文宗 30, 承保 3)	－10月 15日 日本국 僧俗 25인이 高麗 영광군에 도착하여 상경하기를 요청하여 허락받음.	/ 高麗史 文宗 30年 10月 戊戌.
22	1078年 (文宗 32, 承曆 2)	－9月 1日 日本국이 표류한 耽羅인 高礪 등 18인을 送還해 옴.	/ 高麗史 文宗 32年 9月 癸酉
23	1082年 (文宗 36, 永保 2)	－9月 14日 延曆使의 僧侶 戒覺이 宋商 劉琨의 배를 타고 耽羅島 부근을 통과함.	/戒覺, 渡宋記
24	1093年 (宣宗 10, 寬治 7)	－7月 8日 高麗의 연평도 巡檢軍이 海賊船 1척을 나포하였는데, 이에는 宋人 12명, 倭人 19명이 승선하고 있었으며 각종 화물이 실려 있었음.	/ 高麗史 宣宗 10 年 7月 癸未.
25	1108年 (睿宗 3, 嘉承 3)	－2月 9日 日本 朝廷에서 唐人·高麗人이 日本에 도착하는 일에 대해 의논함.	/ 中右記 嘉承 3年 2月 9日
26	1160年 (毅宗 14, 永曆 1)	－4月 28日 日本 朝廷이 對馬島司를 통해 高麗의 김해부가 對馬島民을 구금하였다는 事實을 보고 받고서 여러 分野의 전문가[諸道, 諸道博士]로 하여금 의견을 개진[勘申]케 함.	/ 百練抄 永曆 1年 4月 28日
		－12月 17日 日本 朝廷이 高麗가 對馬島의 商人을 구류한 것을 의논함.	/ 山槐記 永曆 1年 12月 17日 ;百練抄 永曆 1年 12月 17日
27	1185年 (明宗 15, 元曆2)	－3月 4日 對馬守 藤原親光이 平氏의 난을 피해 가족 및 부하를 이끌고 高麗에 망명함.	/ 玉葉 文治 2年 2 月 24日 ; 五妻鏡 元曆 2年 5月 23日, 6月 14日
		－6月 14日 對馬守 藤原親光이 高麗로부터 對馬島에 귀환함.	/ 玉葉 文治 2年 2 月 24日 ; 五妻鏡 元曆 2年 6 月 14日
28	1223年 (高宗 10, 貞應2)	－겨울 高麗人이 越後國 寺泊浦에 표착함.	/五妻鏡 貞應 3年 2月 29日 ;百練抄 貞應 3年 4月 11日
29	1224年	－2月 29日 3개월전 越後國에 표착한 高麗人이	/ 五妻鏡 貞應

	(高宗11, 貞應3)	소지했던 弓箭을 비롯한 각종 물건들을 越後守護 北條朝時가 압수하여 幕府將軍 源賴經에게 보냄.	3年 2月 29日
30	1232年 (高宗 19, 貞永 1)	一閏9月 17日 이 以前에 肥前國 唐津에 위치한 鏡神寺의 住人이 高麗 건너가 노략질한 事件이 있었는데, 이날 幕府가 범인의 구류 및 승선 장물 등의 처리에 대해 守護所에 명령을 내림.	/ 五妻鏡 貞永 1年 閏9月 17日
31	1243年 (高宗 30, 寬元1)	一9月 29日 金州防禦官이 日本國人이 方物을 바치고 高麗의 표풍인을 쇄환한 것을 보고함.	/ 高麗史 高宗 30年 9月 壬申
32	1244年 (高宗 31, 寬元 2)	一2月 2日 이 時期 以前에 前濟州副使 盧孝貞·判官 李珏이 표류해 온 日本 상선의 화물을 압수했다가 이 때 발각되어 유배됨.	/ 高麗史 高宗 31年 2月 癸酉
33	1263年 (元宗4, 弘長3)	一6月 이 달에 日本의 官船大使 如眞 등이 宋에 들어가려다가 開也召島, 群山島 楸子島 등에 표류해 왔고, 大宰府 少卿 殿白의 商船이 宋에서 日本으로 귀국하다가 宣州 加次島에 표착하였는데, 이들 모두를 귀국시킴.	/ 高麗史 元宗 4年 6月
		一7月 27日 日本 상선이 龜州 艾島에 표착하자 귀국시킴.	/ 高麗史 元宗 4年 7月 乙巳

高麗와 日本의 民間간의 交流라고 하였으나, 여기에는 兩國이 民間人을 어떻게 취급하였는가 하는 점도 포함하였다. 때로는 극히 드물지만 조정 당국이 처리하는 경우도 있었다. 그러나 대부분은 지방관들에 의하여 표착민들이 자기들의 나라로 돌아가고 있다. 이러한 표착민에 대하여 兩國이 일정하게 어떤 조례나 규약을 가지고 있었는지에 대해서는 잘 알 수 없다.

그런데 漂流民 送還이나 交易을 둘러싼 접점으로써 부상한 것이 對馬島이다. 山內晉次[32)]는 對馬와 高麗와의 사이에서 빈번 밀접한 人的 交流가 이루어졌다는 것에 주목하고 있는데, 日本側 史料에는 당시 高麗와 交易한 것은 오로지 對馬島인이었다고 하는 記錄도 있다. 거기에서 佐伯弘次[33)]는 麗日貿易의 주요한 擔當者로써 對馬島에 注目하여 土

---

32) 山內晉次, 『奈良平安期の日本とアジア』, 吉川弘文館, 2003.

地의 生產을 中心으로 한 交易形態를 指摘하고 있으나, 對馬의 銀 採掘에 高麗 人夫가 關與하였을 可能性도 考慮하고 있다. 그만큼 대마도와의 관계가 밀접하였다는 의미일 것이다.

7. 進奉關係

高麗와 日本과의 公式的인 關係로 進奉關係가 나온다. 많은 기사가 나오는 것은 아니지만 13世紀가 되면 高麗와 對馬島와의 關係에서 進奉의 關係가 나타나고 있다. 이와 관련된 內容을 보면 아래의 〈표〉와 같다.

連番	年度	關聯事實	典據
	1206年 (熙宗 2, 元久3)	−1月 14日 對馬島의 使臣 明賴 등 40인이 金州 南浦에 도착하여 圓鮑 2,000牒, 黑鮑 2,000果, 鹿皮 30매를 進奉함.	/ 平戶記 延應 2年 4月 17日
		−2月 高麗의 금주방어사가 日本의 對馬島에 牒을 보내 明賴 등이 바친 牒이 進奉의 예를 갖추지 못했음을 꾸짖고, 이를 돌려 보냄.	/平戶記 延應 2年 4月 17日
	1227年 (高宗14, 嘉祿3)	−2月 전라주도안찰사가 承存 등 20인을 派遣하여 大宰府에 牒을 보내 지난해 6月에 있었던 倭寇의 침입을 힐난함.	/ 五妻鏡 嘉祿 3年 5月 14日
		−2月 18日 이래 日本 朝廷에서 高麗의 牒에 대한 의논이 이루어짐.	/ 明月記 嘉祿 3年 2月 18日, 4月 13日
		−5月 1日 이 時期 以前에 高麗의 전라주도 안찰사가 使臣을 派遣하여 大宰府 총관에게 牒을 보내 倭寇의 침입에 대해 항의함. 이에 對應하여 大宰少貳 武藤資賴가 使臣團의 면전에서 惡徒 90인을 처형하고 가만히 答書를 보내는 동시에 牒의 정본을 관동에 보내고, 사본을 關白 藤原(九條)家實에게 보냄.	/ 民經記 嘉祿 3 年 5月 1日, 15日; 百練抄 嘉祿 3年 7月 21日
		−5月 14日 高麗의 牒이 鎌倉幕府에 도착함. 進奉.	/ 五妻鏡 嘉祿 3 年 5月 14日 ;

___

33) 佐伯弘次, 『國境の中世交渉史」『海と列島文化3 玄界灘の島』, 小學館, 1990.

			鎌倉年代記 嘉祿 3年 5月 14日
		−7月 18日, 21日 日本 朝廷에서 高麗의 牒에 대해 의논함.	/ 民經記 嘉祿 3年 7月 18日, 21日 ; 百練抄 嘉祿 3年 7月 21日
		−8月 12日 高麗가 재차 牒을 보낸다는 항설이 있음.	/ 明月記 嘉祿 3年 8月 12日
2	1259年 (元宗 卽位年, 正元1)	−7月 28日 監門衛錄事 韓景允·權知直史館 洪貯를 日本에 派遣하여 倭寇의 禁止를 要請함.	/ 高麗史 元宗 卽位年 7月 庚午
	1263年 (元宗4, 弘長3)	−4月 5日 大官署丞 洪貯·詹事府錄事 郭王府를 日本에 派遣하여 倭寇가 金州 熊神縣의 勿島에 침입하여 공선을 노략질한 것을 힐문함.	/ 高麗史 元宗 4年 2月 癸酉
		−6月 이 달에 日本의 官船大使 如眞 등이 宋에 들어가려다가 開也召島, 群山島 楸子島 등에 표류해 왔고, 大宰府 少卿 殿白의 商船이 宋에서 日本으로 귀국하다가 宣州 加次島에 표착하였는데, 이들 모두를 귀국시킴.	/ 高麗史 元宗 4年 6月
		−7月 27日 日本 상선이 龜州 艾島에 표착하자 귀국시킴.	/ 高麗史 元宗 4年 7月 乙巳
		−8月 1日 洪貯·郭王府 등이 對馬島로부터 배상을 받아 귀국함.	/ 高麗史 元宗 4年 8月 戊申
		−9月 高麗의 使臣團이 牒을 가지고 하카타[博多]에 도착함.	/ 靑方文書, 肥前國在聽 解案

13世紀 전반에는 日本에서 高麗로의 '進奉'이 史料에서 확인되는 時期이다. 그리고 초기倭寇가 麗日關係에서 나타나는 時期이기도 하다.

이 '進奉'에 관해서는 朝貢과 동일한 것으로 일시적인 것이 아니라 日本의 高麗通交 전반에 걸친 것으로 파악하였던 적이 있다. 그리고 13世紀에 進奉이 史料에 나타난 것은 高麗가 交易을 축소하는 태도를 보였기 때문이며, 그 처사에 반대하여 日本에서 나타난 대응이 倭寇[34]의

---

34) 13世紀전반부에 倭寇의 존재가 보인다. 倭寇는 일반적으로 14世紀후반부에 일어난 역사적 事件 내지 행위로 이해하고 있다. 그러나 한국의 資料에서는 이미 廣開土王陵碑文에 고유명사화한 '倭寇'라는 단어가 있다. 이러한 적대

발생이라고 연결하기도 하였다. 그러나 이러한 견해에 대하여 進奉은 鎌倉幕府가 民間의 自由貿易을 허락한 결과로 나타난 것이라는 견해가 제시되었다. 進奉은 그 以前 時期부터의 私獻貿易의 계승으로 對馬에 의해 행해진 것이며, 倭寇의 발생은 이때 日本商人이 철수하면서 나타 난 현상이라는 지적도 있다.[35]

現在 進奉에 대해서는 進奉의 日本측의 주체, 전대 貿易과의 연속성, 제도, 관례 등의 性格을 어떻게 보아야 하는가에 따라 설이 나뉜다. 근 년에는 주체를 對馬島로 보는 傾向이 강하며, 大宰府의 관여나 인지도 추정되고 있다. 기본적인 논점은 進奉이 어떤 특정 시점의 狀況을 일반 화한 한 것이냐, 아니면 통상적인 의례였느냐에 쟁점이 있다. '進奉'이라 는 용어는 '아래'에서 '위'에 대한 진헌을 意味하는 일반적인 용어이다. 그런데 이 용어가 13世紀의 麗日關係에서 高麗 資料에서만 확인되고 있 다. 그리하여 이데 대한 일정한 정론에 이르기에는 다소 시간이 必要한 시점이라고 하겠다. 단지 進奉이 13世紀以前 麗日關係 전반을 대변할 수 있는 關係가 아니라는 점만은 분명하다고 할 것이다.

8. 結　論

13世紀 以前의 麗日關係에 대해서는 불분명한 점이 많다. 關聯資料 도 소략할뿐만 아니라 研究者도 많지 않다. 단지 그나마 일부 研究者들

적 의미의 용어가 상당히 이른 時期에 생성되었다는 사실은 그만큼 日本과 고구려 사이에 적대적 關係가 있었다는 또 다른 의미의 하나이기도 할 것 이다. 최근에 廣開土王陵碑文에 나오는 왜나 倭寇의 표현에 대하여 다각적 으로 해석을 시도하고 있지만, 그 용어들이 상징하는 일종의 거부반응은 인정하지 않을 수 없을 것이다. 본고에서는 倭寇의 문제는 다루지 않고 '進 奉'과의 관련된 內容만 간략히 취급하겠다.

35) 森克己, 1969, 「海路による東方貿易の展開」『東洋學術研究』8-3.

이 없는 資料나마 치밀한 분석과 解釋을 유도하여 現在에 이르고 있다. 麗日關係사에 있어서 研究者의 수나 研究성과는 日本이 韓國에 비해 압도적이다. 따라서 關聯資料에 대한 解釋도 日本의 것에 있어서 훨씬 더 치밀하게 이루여지고 있다.

韓日關係史뿐만이 아니라 다른 나라에서와의 關係史에서 警戒視되는 점은 자국사적 관점에서의 접근이다.36) 그러나 한편으로는 關係사는 가장 자국사의 입장에서 다가가야 하는 分野일 수도 있다. 韓日關係史도 마찬가지이다. 한국에서도 脫民族主義 歷史觀을 主張하며, 동아시아사로의 지향을 강하게 主張하는 예가 있다. 그러나 한편으로는 주변국의 民族主義化를 가벼이 해서는 안된다는 지적도 나온다. 中國의 東北工程 등은 역사의 문제에 있어서도 정도 깊은 걱정거리를 제공한다.

역사학의 만남이 바로 政治, 經濟, 군사 등의 현실문제를 풀어내는 촉매제로 바뀌어가면 더 바랄 것이 없을 것이다. 다시 말하자면, 생각이나 관심이 물질세계를 바로 변화시킬 수 있으면 좋을 것이다. 그러나 생각이나 무형의 요소들은 물질세계를 바꾸기에는 매우 많은 시간을 必要로 한다. 그보다는 당장의 經濟的 利害關係, 領土의 紛爭과 같은 要所들이 오히려 當代 歷史觀의 變化에 큰 影響을 미친다. 따라서 많은 歷史的 苦悶들이 時時刻刻 變하는 國際情勢 속에서 얼마나 오랫동안 자신들의 기조를 유지할 수 있을까하는 데에는 많은 아쉬움이 있다.

이러한 생각을 하면서 지금까지 논의한 13世紀以前의 麗日關係를 정리하면서 본 발표를 마치고자 한다. 13世紀以前의 麗日關係는 文獻에 나타난 史料上으로 볼 때 全分野에 걸쳐서 交流가 活潑했다고 할 수는

---

36) 大國意識이라는 주제가 나오게 된 것도 이러한 경향에서일 것이다. 李炳魯는 日本측에서 後百濟와 高麗에서 보낸 蕃國으로 인식하고 있었던 데에 강하게 반론을 제기하고 있다.

없다. 政治的으로도 냉랭하다고 표현할 정도였다. 우호적인 사례라고 한다면, 高麗가 여진의 해적에게 억류된 日本인을 송환해 보낸 정도였을 것이다. 그리고 비록 불발에 그쳤지만, 高麗에서 日本에 의사를 초청한 정도의 일은 그나마 우호적 關係라고 설정해 볼 수 있을 것이다. 그렇다고 하여 무력적으로 대립했던 적도 없다. 高麗가 침공한다든지, 兩國이 접전을 했다든지 하는 기사들이 극히 드물게 나타나고 있다. 단지 13世紀후반으로 가면서 몽골의 日本침공 의도가 표면화되면서는 분위기가 달라진다. 물론 이보다 앞서 對馬島와의 進奉關係가 어지러워지면서 초기倭寇가 발생하지만, 본격적인 敵對關係는 몽골이 개입한 이후부터라고 할 수 있을 것이다.

그런 한편 사상적인 關係에서는 상당한 交流가 있었던 것으로 보아도 좋을 것이다. 高麗의 승려가 상선을 타고 와서 日本의 中心地를 유유히 둘러보았다는 記錄은 兩國의 이 分野의 關係가 상당히 우호적이었던 것을 意味하는 것으로 볼 수 있다. 또 中國에서 만났던 高麗의 승려를 記錄한 日本 승려의 일기에서도 이들 간의 交流는 일단 원만히 이루어지고 있었던 것임을 알 수 있다. 그리고 兩國이 民間에 대한 處遇도 일단은 自國으로 돌려보내고 있는 것도 알 수 있다.

그러나 여전히 이 時期의 研究에 커다란 어려움이 있는 것은 史料의 문제이다. 이 時期의 史料가 특정한 資料에서 특정한 時期에 集中되어 나타나기 때문에 신뢰도가 減少한다는 것이다. 예컨대 日本에서 高麗에 많은 方物을 가져오는 時期는 高麗 文宗때에 集中的으로 나오는 史料에 의하여 알 수 있다. 다른 文獻에서는 쉽게 찾아지지 않는다. 이를 高麗의 八關會的 秩序에 포함시켜 理解하려는 傾向도 있지만, 그나마도 충분한 설명은 아닌 것 같다. 또 日本에 佛敎가 전래된 경위는 日本의 資料를 통해서 만이다. 그러므로 현존하는 史料가 얼마나 보편적인 것인가 하는데 대하여 아쉬움이 있다.

이러한 資料와 研究成果의 열악함 속에서도 韓日關係史의 次元에서 13世紀以前의 麗日關係를 딱이 特徵 짓자면, 兩國은 독자적인 세계에서 자신들의 正體性을 摸索하는 가운데 서로 일정한 관계를 持續的으로 이루어 나가려고 했던 時期라고 할 수 있다.[37]

---

37) 본고 작성에 森平雅彦教授의 論考를 참고 할 수 있었던 것은 큰 행운이었다. 2008년도 6월6일부터 8일까지 東京에서 가졌던 韓日歷史共同研究委員會에서 發表한 森平雅彦교수의 '10-13世紀 前半에 있어서의 日麗關係史의 諸問題－研究動向을 中心으로－'에서 많은 部分의 情報를 취하였고, 本考의 內容의 一部는 森平雅彦교수의 見解나 整理를 옮겨 왔다. 그러나 앞의 論考를 森平雅彦教授가 '未定原稿이므로 轉載 引用 再配布를 嚴禁'한다고 하여 本考에서 脚註 處理하지를 못한 點이 遺憾이다.

〈토론문〉

「13세기 이전의 麗日關係」에 대한 토론문

에노모토 와타루(榎本涉, 日本 中央大學)

李在範씨의 논문은 전기 麗日關係史의 토픽을 국가간의 관계·교역 관계·문화적 교류·군사적 갈등·표류민 송환·進奉 관계의 여섯 가지로 나누어서 개관한 것인데, 한국·일본 양국의 사료와 연구사를 폭 넓은 시야로 정리했으며, 見識이 적은 당해 분야에서 어떠한 문제가 있는지 잘 정리되어 있다는 인상을 받았습니다. 저는 이 논문에 관해서 세 가지 정도로 느낀 점을 말씀드리고 싶습니다.

① 이재범씨가 정리한 여섯 항목은 이재범씨의 麗日關係史에 대한 이해를 반영한 것인데, 상호간에 관계가 깊은 항목도 있다. 예를 들어서 표류민·도망인·전쟁포로의 송환은 종종 국가와 지방관 사이에서 종종 행해지고 있는데, 인민을 그가 속하는 국가로 돌려보내든가 귀화인으로 받아들이는가는 원래 국가적인 통치권·지배권에 속하는 사항이며(10세기 이후의 일본에서는 실태가 반드시 그렇게 이행되지는 않았지만), 그와 같은 송환은 종종 국가적인 차원에서 행해졌다. 따라서 표류민 송환은 국가 간의 교섭의 기회가 되었다.

실제로 이재범씨가 국가 간의 관계로 열거한 것으로는 표류민 송환을 목적으로 한 것이 눈에 띈다. 예를 들면 997년에 고려에서 보낸 牒狀 송부에 관해서, 「무릇 고려의 사자는 大宰府의 사람이다(抑高麗使,

大宰人也)」라고 했고(≪小右記≫ 長德 3/6/13), 이때 일본에서 보낸 太政官符에는 「오로지 國信에 따라서 大宰府에 전해야 할 일이다. 어째서 표류한 손님을 위협하여 사자로 삼았는가? (須專國信, 先達大府. 何脅斷綆漂流之客, 以爲行李)」라고 했다(≪水左記≫ 承曆 4/9/4). 여기서 고려가 大宰府의 표류민을 일본으로 송환할 때 함께 보낸 牒狀임을 알 수 있다. 또 1051년의 高麗牒狀에 대하여는 「고려국의 牒狀에 대한 심의. 日向國의 여인을 돌려보낸 일에 관하여 (高麗國牒狀定. 返上日向國女事)」(≪百鍊抄≫ 永承 6/7/10)라고 했으며, 휴가국(日向國)의 여성을 일본으로 송환했을 때 牒狀도 보냈던 것이다.

이와 같은 사실에 입각할 때, 성과를 내지 못했던 고려 건국 당시의 외교교섭(937~940년)과, 국왕의 질병 치료를 위하여 의사 파견을 요청했던 특수한 사례(1080년)를 제외하고, 이재범씨가 麗日 간의 국가 간 관계로 다룬 것은 모두 표류민·전쟁포로의 송환으로 한정된다.[1]

---

1) 이재범씨가 작성한 표에 따라 다른 사례를 보도록 하자.

972년에 金海府·南原府가 파견했던 使者에 대하여 森平雅彦씨는 이 시점에서 지방관의 파견이 시작된 것이 아니며, 조정의 뜻을 받은 것이 아니라 지방호족이 자주적인 통교를 시도했을 가능성을 지적했고(森平 2008 「日麗貿易」 ≪中世都市·博多を掘る≫ 海鳥社), 一考를 요한다.

1056년 「日本國使正上位權隷滕原朝臣賴忠」의 金州來航에 관하여, 그 官位를 「正七位權掾」으로 정정할 수 있다면 滕原(藤原)賴忠은 對馬 등 지방관아의 在廳官人일 가능성이 높고, 「日本國使」로 기록되어 있어도 京都의 조정에서 파견한 使者는 아닌 것이 된다(掾은 지방관인 國司의 判官에 해당하며, 大國의 大掾에 상당하는 관위는 正7位, 大國의 少掾과 上國의 掾에 상당하는 관위는 從7位이다. 職員令의 규정에서 下國인 對馬·壹岐 등에는 원래 掾을 두지 않지만, 對馬의 多久頭魂神社 梵鐘銘 등에 의하면 11세기의 對馬에는 사실상 大掾·掾이 있었다).

1156~65년의 사례로 되어 있는 李文鐸墓誌銘의 기사는 對馬가 「辺事」에 관하여 東南海都部署에 牒을 보냈다는 것이다. 東南海都部署는 開城에 이 문제를 전달했는데, 「辺事」의 일로 尙書省에서 返牒을 보낼 수는 없다고 하여 東南海都部署에서 返牒을 보내게 되었다. 이런 흐름에서 보는 한 對馬의 牒에서 취급한 「辺事」는 麗日間의 국가적인 안건은 아니며, 對馬에 관한 안

의도하지 않은 인민의 이동이 양국 간에 일어났을 때, 그 해결 과정에서 국가 간의 관계가 문제가 된 것이며, 환언하면 그와 같은 우발적인 사건 이외에 국가 차원에서 교섭이 행해지는 일은 없었다는 의미이기도 하다. 표류민 송환은 일본과 접촉하는 명분이며, 그 배후에 모종의 외교적 의도를 가진 경우가 있었을 기능성도 있지만(예를 들면 遼의 압력이 높아지던 시기에 일본에 표류민을 보내는 것 등), 그렇다 해도 이재범씨가 언급한 여섯 가지 항목 중에서 국가 간의 관계와 표류민 송환은, 특히 11세기까지는 매우 밀접한 관계를 가졌다. 또한 일반적으로 국가가 표류민을 관리하는 경우, 자국민으로 받아들이거나 신병을 구속하는 방법도 있으며, (국가 간의 관계를 수반하는) 송환은 표류문제를 해결하는 방법 중 하나에 불과하다. 그렇다면 이재범씨가 국가 간의 관계를 나타내는 것으로 취급한 표류민 송환 사례는 표류민 문제의 한 토픽으로 정리하는 것도 가능할 것이다.

나는 국가 간의 관계를 표류민 문제의 일부로 해소하여 이해해야 한다고 주장하려는 것은 아니며, 또한 이재범씨의 분류에 이의를 제기하려는 것도 아니다. 여기서 말하고 싶은 것은, 분류는 어떻게 하든 원래부터 한계가 있는 작업이라는 것이다. 이재범씨의 논문은 관계자료의 분류를 주된 목적으로 하는 것이며, 어떤 문제가 있는지는 알기 쉽게 되었지만, 분류작업은 각 토픽을 동일하게 나란히 제시함으로써 상호관계를 알아보기 어렵게 만드는 측면도 있다(국가 간의 관계와 표류문제 외에는 進奉관계와 군사적 갈등, 교역관계와 문화적 교류·進奉관계 등이 그러하다). 그 선행 작업으로서 이번에는 분류한 각 토픽을 유기적

───────────────────────────

건이었을 가능성이 높다.

이상은 지방관 차원에서의 교섭이었을 가능성이 높으며, 공적인 성격을 띠었다 해도 「국가 간의 관계」로 다루지 않는 편이 좋을 것이다. 또한 1147년 高麗에 來航했던 日本都綱黃仲文이 일본의 使者라는 것은 확인할 수 없으며, 現狀으로는 일개 상인의 來航으로 보아야 할 것이다.

으로 연결해 가는 일이 필요할 것이다. 그렇게 함으로써 이재범씨의 논문 앞머리에서 곤란하다고 한 「13세기 이전의 麗日관계를 전체적으로 어떤 특징적인 상황으로 이야기하는 것」도 일정하게 논리가 서는 것이라고 생각한다.

② 제3장의 교역관계에 관해서는, 주로 일본 상인의 내항에 관한 ≪高麗史≫의 기사를 거론하고 있다. 그러나 이것과는 별도로 제4장의 문화적 교류 부분에서 1095~1120년에 宋商人이 고려에서 佛典을 구입하여 일본으로 가져간 몇몇 기록을 언급하고 있다. 이러한 것들도 고려와 일본 간의 물건의 이동이라는 의미에서는 명백히 麗日貿易의 사례가 된다.

宋商人으로 보이는 黃仲文이 1147년 고려에 내항하여 「日本都綱」으로 호칭되고 있는 것(제2장 표 참조)도 포함해서 생각하면, 일본인의 이름을 가진 상인과 使者 외에 宋商人도 麗日貿易에 관여했다는 것은 의심할 여지가 없으며, 이 점은 麗日貿易을 아시아사의 중앙에 위치시키기 위해서도 강조해 둘 필요가 있다고 생각한다. 아울러서 검증하기는 어렵지만, ≪高麗史≫에 등장하는 宋商人 중에 사실은 일본을 경유하여 내항했던 자가 포함되었을 가능성도 있을 것이다.

일본상인의 활동장소가 고려에서부터 宋으로 확대되어 갔다고 보는 森克己의 발상이 조선을 대륙진출의 발판으로 보는 卑下의식에서 나왔다고 하는 이재범씨의 의견은 경청할 가치가 있다고 느꼈다. 이 森克己의 견해를 극복하기 위해서는 아시아에서 무역의 동향과 그 담당자 문제를 고려·일본 간으로 시야를 한정하지 말고 추급해 갈 필요가 있을 것이다.

③ 일본의 불교 사료에는 高麗의 佛典을 구입했던 사실을 전하는 기록 외에도 고려에 관한 기록이 산견된다. 예를 들면 日宋 교통로 상의

표지·표착지로서 고려가 등장하는 경우가 있다[2]. 1072년의 成尋, 1082년의 戒覺의 사례에 대하여는 이재범씨도 언급하고 있는데(제5장 표), 13세기 중엽까지의 다른 사례를 보면, 円爾가 1241년 宋의 慶元에서 출항한 도중에 高麗國 耽沒羅阿私山 아래 표착했던 사례(≪聖一國師年譜≫), 文榮房(13세기 전반의 入宋 승려 湛海 ?)가 入宋할 때 악풍을 만나 고려에 표착했던 사례[3], 無本覺心이 1254년 宋에서 귀국했을 때 배가 표류하여 아마도 그때 고려에 들렀다는 사례(≪明極和尙語錄≫)를 들 수 있다.

宋에서 일본으로 향하던 배가 고려에 표착하는 일이 많았던 것은 京都의 藤原定家가 1226년에 왜구의 활동을 들었을 때 언급하고 있으며[4], 고려를 적으로 돌리는 일이 日宋 간의 왕래 단절로 이어지는 것을 염려하고 있다. 한편에서 고려와의 통교단절에 대한 위구감에 관하여는 언급하지 않았다. 이 시대의 (적어도 중앙의) 일본인에게 있어서 고려의 중요성은 日宋 간의 교통로상이라는 지리적인 위치 관계에 있었다고 할 수 있다. 그런 의미에서 실제로 표류했던 사람에 가까운 입장에서 기록된 것으로, 일본의 불교사료는 귀중하다.

다만 불교사료를 취급할 때는 다른 사료와 마찬가지로 그 성격을 고

---

2) 拙稿, 「日宋·日元交通における高麗 －佛教史料を素材として－」≪中世港湾都市遺跡の立地·環境に關する日韓比較研究≫ 平成15～19年度科學研究費補助金研究成果報告書, 2008.

3) 高橋秀榮, 「泉涌寺出身の律僧たち －金澤文庫の聖教を手がかりに－」≪戒律文化≫ 5, 2007.

4) ≪明月記≫ 嘉祿 2년 10월 16일조.
午時法眼來談. … 高麗合戰一定云々. 鎭西凶党号松浦党, 構數十艘兵船, 行彼國之別嶋合戰, 滅亡民家, 掠收資財所行向, 半分許被殺害, 其殘盜取銀器等歸來云々. 爲朝廷太奇怪事歟. 依此事擧國興兵. 又我朝渡唐之船, 向西之時, 必到着彼國, 歸朝之時, 多隨風寄高麗, 流例也. 彼國已爲怨敵者, 宋朝之往反不可輒. 当時唐船一艘寄高麗, 被付火, 不殘一人燒死云々. 末世之狂亂至極, 滅亡之時歟. 甚奇怪事也.

려할 필요가 있다. 예를 들면 이재범씨가 일본에서 자유롭게 활동했던 고려 승려의 구체적인 사례로 평가하는 了然法明이 그러한데, 16세기까지의 사료에서 그를 고려 승려로 다룬 것은 존재하지 않는다. 그가 고려 승려가 된 것은 ≪日本洞上聯灯錄≫에 수록된 伝에 「高麗國人」이라고 되어 있는 것에 근거하는데, 이 책은 1727년에 성립했으며 충분한 믿음을 갖기에는 주저된다. 한편에서 1808년 序의 ≪宗門略列祖伝≫처럼 ≪日本洞上聯灯錄≫ 이후에도 了然을 일본인으로 명기한 것도 있으며, 후세에도 반드시 了然이 고려인이라는 학설이 통용되고 있었던 것은 아닌 듯하다.

高麗人說의 근거는 아마도 1645년에 성립된 ≪玉泉寺緣起≫인데, 了然이 개창했던 出羽 玉泉寺의 由緒書이다. 이것도 성립 년대·사료의 성격에서 볼 때 역시 믿음을 갖기는 곤란하다. 여기서 了然은 고려인이 아니라 「百濟國僧也」라고 하며, 齊明天皇 시대에 일본에 왔고(655-61), 玉泉寺 개창은 663년이라고 한다. 모델은 명백히 ≪元亨釋書≫에 보이는 백제인 法明尼(656년에 中臣鎌足의 병을 치료한 비구니)이며, 了然法明과 法明尼의 法諱가 일치하므로 동일인물로 오해했을 것이다. 그렇다면 了然이 고려 승려로 된 것도 「百濟國僧」이라는 誤伝의 다른 표현에 지나지 않을 가능성이 높다.

이처럼 了然法明의 평가에 대하여는 유보의 필요를 느끼지만, 종래에 불교사료는 충분히 활용되지 못했고, 고려관계 사료도 여전히 발굴될 가능성은 있다. 麗日關係 사료집의 발간은 이후의 연구 진전에 환영할만한 일이지만, 한편에서는 사료 탐방의 의의도 여전히 저하하지 않는다는 것을 마지막으로 부언해 두고 싶다.

13세기 전반에 있어서 麗蒙交涉의
한 단면
－ 몽골 官人과의 왕복문서를 중심으로 －

모리히라 마사히코(森平雅彦, 九州大學)

1. 머리말

고려가 1231년부터 본격화된 몽골제국의 침략에 대하여 30년 가까이 끈질기게 저항을 계속했다는 것은 잘 알려진 사실이다.[1] 그러나 교전과 함께 다른 한편에서 외교노력에 의한 사태의 타개를 모색하고 있었던 것은, 같은 몽골에 대하여 강경자세 일변도였던 일본 등과 비교하여[2] 매우 흥미있는 대조를 이룬다. 이러한 사실 자체가 그다지 새로운

---

[1] 전투의 추이에 관한 대표적인 논문으로는 池內 1963, 김 1963, Henthorn 1963, 姜 1974, 柳 / 蔡 1988, 尹 1991, 윤 1994 등을 참조.

것은 아니지만, 그 내용과 역사적 의의를 정면에서 추구했던 연구는 고
려의 대몽골 강화론의 발생과 강화교섭 과정을 추적했던 李益柱의 논
문3)을 제외하면 예가 거의 없는 듯하다.

　이 문제에 대하여는 다양한 접근법을 생각할 수 있는데, 이 글에서
는 먼저 양국 간에 교환했던 문서에 주목하고, 그 중에서도 고려가 몽
골의 官人(군사지휘관과 서기관 외에 편의상 몽골의 여러 왕도 포함한
다)과 교환했던 문서의 형식에 대하여 고찰한다. 이들 문서는 몽골 황
제와 주고받았던 國書에 비하여 정치적인 상징성과 중요성은 떨어지지
만, 그 전제가 되는 최전선의 교섭상황을 생생하게 전하는 사료이며, 수
량적인 비중은 오히려 크다.

　이 글에서는 종래에 주목하지 않았던 여몽 교섭의 사실관계와 역사
적인 문맥을 검토함으로써 元과의 강화 이전에 있었던 여몽교섭의 일단
을 살펴보려 한다. 다만 고려측 문서와 몽골측 문서 사이에는 관련 사
료의 잔존 상황에 커다란 질적 차이가 있기 때문에, 문서 형식에 대하
여 어느 정도 체계적인 검토가 가능한 것은 기본적으로 고려측 문서로
한정한다. 몽골측 문서에 관하여는 문체와 冒頭句, 그밖에 약간의 용어
에 대하여 단편적인 사료에서 알 수 있는 범위 안에서 언급하는 것으로
그치겠다는 것을 미리 양해를 구하고 싶다.

2. 고려측 문서의 발신 명의와 형식

　동시대의 고려정부 고관이었던 李奎報(1168~1241)의 문집 ≪東國

---

2) 다만 최전선의 대응 책임자의 동향에 관해서는 별도의 검토가 필요한 과제이
　다. 至元 8년(1271)에 元使 趙良弼이 일본에 왔을 때 이들을 맞이했던 太宰府
　西守護所는 使者 26명을 元으로 보냈다고 한다(≪元史≫ 권208·日本傳).
3) 李 1996.

李相國集≫과, 조선 전기에 편찬된 역대 명문집인 ≪東文選≫ 및 고려의 正史인 ≪高麗史≫, ≪高麗史節要≫에는 對元 강화 이전에 고려가 몽골의 군사지휘관과 서기관 또는 여러 왕에게 송부했던 문서에 관한 기록이 다수 수록되어 있다(【표】 참조. 이하 관계문서를 정리번호에 따라 "문서01"과 같이 부르겠다.)

이들 문서의 과반수는 李奎報가 작성한 것이며, 나머지 절반가량은 1232년이라는 특정한 해에 작성된 것인데, 그밖에도 몽골군이 처음으로 고려에 모습을 드러내고 상호 교섭이 시작된 1210~20년대의 문서와, 1231년 이후 교전의 여러 단계의 문서가 1256년 문서까지 기록되어 있다. 먼저 문서의 발신 명의와 문서 형식에 대하여 확인하겠다.

1) 발신 명의

문서01·02는 느닷없이 고려에 쳐들어 온 거란 집단을 쫓아서 1218년에 처음으로 모습을 드러냈던 몽골군 지휘관에게 보낸 문서이며, 錄文의 타이틀과 附記에 의하면 〈尙書省(尙書都省)〉이 발신 명의이다. 1811년에 사망한 李文鐸의 墓誌銘에는 〈對馬島官人〉에게서 보내 온 「牒」에 尙書省이 答信을 보내려고 했을 때, 「邊吏」에 대하여 파격적이라는 비판을 받고 중지했다는 사건이 기록되어 있다. 필요에 따라 尙書省이 외국에 문서를 보내는 사태는 원래부터 상정되어 있었던 모양이다. 그러나 문서01·02 이외에 실례는 확인할 수 없다. 고려의 관청이 외국의 관청·관리와 문서를 주고받을 때는 중앙의 禮賓省과 按察使·防禦使 등의 地方駐在官을 발신 명의로 하는 牒(統屬關係가 없는 관청 사이에 사용)을 이용하는 것이 일반적이었다.4) 對馬의 관리에 관한 상기 사안에서도 알 수 있듯이, 중앙의 상급관청인 尙書省이 직접 문서를 발행하는 일은 그만큼 안건과 교섭 상대의 중요성을 의미한다. 첫 대면하

---

4) 森平 2007, 106~108쪽 참조.

는 몽골군 지휘관에게 尙書省 명의의 문서로 응대했던 것은 미지의 교섭상대를 중시하는 이례적인 표현이며, 환언하면 신중한 경계자세라고 할 수도 있을 것이다.

문서07·11은 왕족인 淮安公 侹을 발신 명의인으로 한다는 것이 錄文의 타이틀에 기록되어 있다. 전자는 淮安公이 몽골에 파견되었을 때 道中 보호에 대한 禮狀이며, 후자는 몽골의 장수 唐古가 「令公」 앞으로 보낸 금줄(金線)을 당사자인 權臣 崔怡가 수령하지 않고 淮安公 명의로 감사장을 보내기로 하여 작성된 문서이다.[5] 이들 경우는 모두 사적인 성격이 강한 書狀이라고 생각할 수 있다.

이에 비하여 다음 문서는 발신 명의가 고려왕(당시는 高宗)이라는 사실을 비교적 명료하게 알 수 있는 사례이다.

먼저 문서06은 「國銜行」(국가로서의 입장에 따른 발행) 문서가 「나」라는 1인칭으로 기록되어 있으며, 구체적으로는 왕조를 대표하는 국왕 명의였던 것으로 보인다. 동일한 「國銜行」인 문서05도 몽골 관리의 「起居萬順」은 「내가 언제나 祈福하는 바(吾常所禱祝)」라고 이야기하면서, 몽골로부터 송환을 요구받은 高麗로 도망해 온 「契丹·漢兒」에 관하여, 「내가 키워 준 은혜를 배신(負我豢養之恩)」한 까닭에 이미 주륙했다고 하므로 역시 국왕 명의로 적혀 있는 것으로 생각된다.

문서17에는 「所論予及崔令公出來事」([몽골측이] 거론하는 나와 崔令公의 출두에 관한 문제)라고 되어 있다. 이것은 본 문서(12월)보다 앞서 발행된 문서14에 몽골측의 요구 내용이 「국왕이 나오지 않으면 崔令公을 출두시키라」(國王不出, 交崔令公出來)고 인용한 것에 대응하는 것이며, 「나」란 다름 아닌 국왕 高宗이다. 문서21도 「나」라는 1인칭

---

5) 그 경위에 관해서는 ≪高麗史≫ 권129·崔忠獻傳附 崔怡傳과, ≪高麗史節要≫ 권16·高宗19년(1232) 5월에 「明年, 蒙古河西元帥, 遣使寄書, 送金線二匹. 其書称令公.蓋指怡也. 怡不受曰, 我非令公. 以歸淮安公. 侹亦不受. 往復久之, 怡竟使學士李奎報, 製侹荅書以還」이라고 되어 있다.

으로 기록되는 한편, 「遺親弟新安公代我身」(친동생 新安公을 보내 나를 대신한다)고 서술하고 있으며, 왕의 동생 新安公의 형인 高宗 명의로 작성되었음을 알 수 있다. 동일하게 「나」라는 1인칭으로 기록되었고, 「我親弟新安公」이라는 문장이 보이는 문서22도 마찬가지일 것이다.

문서13에서는 몽골의 공격에 대한 고려 백성의 동요를 설명하고, 「予亦不能無懼」(나 또한 두렵지 않을 리가 없다)고 했으며, 고려 각지로 파견된 達魯花赤(몽골의 감시관)의 접촉 상황에 관한 힐문에 대하여 「予亦一一不能知之」(나도 [자세한 상황을] 모두 알지 못한다)고 회답하고 있다. 또 문서18에서는 「나」라는 1인칭으로 「遺以大官人, 奉書于皇帝闕下」(大官人을 보내 皇帝闕下에게 글을 올린다」고 적었고, 문서20에서도 역시 「나」라는 1인칭으로 「以土地輕薄所産, 遺使介奉進于皇帝闕下)(사신을 보내 이곳의 사소한 물산을 皇帝闕下에게 바친다)고 적었다.

이들 「나」는 왕조의 통치에 책임을 지고, 국가를 대표하여 몽골과 교섭하며, 遺使·進獻을 행하는 주체인 국왕 자신이다. 문서12에서 몽골의 지시를 「有司에 명하여 西北面兵馬使를 지휘하여(命有司指揮西北面兵馬)」 실시했다고 언급한 것도 국왕의 행위일 것이다. 문서15·16·19도 「나」라는 1인칭으로 기록되어 있지만, 발신 명의는 국왕이었다고 이해하여도 좋을 것으로 생각한다.

문서24·27·28은 국왕문서였다는 것이 ≪高麗史≫ 世家의 地의 글에 명기되어 있다. 또한 문서25는 글 중에 몽골측이 철병하면 「내년에는 몸소 신하를 이끌고 황제의 명을 맞아들이겠다(當明年躬率臣僚出迎帝命)」라고 적혀 있으므로 국왕의 명의로 작성되었다는 것을 확인할 수 있다.

이와 같이 발신 명의가 錄文의 타이틀과 附記에 명시되지 않은 문서는 실제로는 국왕 명의의 문서였다는 것이 확인 내지 추정되는 케이스가 많으며, 거꾸로 국왕 명의가 아닌 것이 확인 내지 추정되는 것은 없다. 문서01·02·07·11처럼 국왕 이외의 명의로 외교문서를 옮겨 적는 경우, 통상은 발신 명의가 錄文의 타이틀과 注記의 형태로 명시되는 것으로 보인다. 따라서 발신 명의가 附記되지 않고, 또한 문서 안의 문언으로 그 판단재료가 발견되지 않는 문서03·04·08～10·14·23·24·26·29도 국왕 명의일 가능성이 높다고 생각할 수 있다.

2) 文書形式

문서01에 관해서는 「尙書省牒」이라는 기재가 있으며, 統屬關係가 없는 관청 사이에 이용하는 牒이 사용된 것으로도 볼 수 있다. 그러나 이것은 편찬사료인 ≪高麗史≫와 ≪高麗史節要≫ 地의 글에서 표기한 것이며, 牒이란 官文書를 나타내는 일반명사에 불과할 가능성도 있다. 한편 문서02에서는 「右謹致書于某官人幕下」라는 서두의 문장에서 敵禮關係의 書簡 형식인 致書6)(서두가 「甲謹致書[于]乙이 된다)가 사용되고 있음을 알 수 있다. 문서01의 「牒」도 실체는 致書였을 가능성이 있지만, 이 단계에서는 牒 또는 별도의 서식을 사용하면서, 나중에 致書로 변경했다는 것도 추측할 수 없는 것은 아니다.

칭기스 칸(Činggis Qan)의 동생인 카사르(Qasar)의 아들 예그(Yegü)대왕에게 국왕 명의로 보낸 (내지는 보낸 것으로 보이는) 문서24～26(26에서는 몽골 왕족 이외의 官人도 포함)은 문서의 주요부분만을 발췌한 錄文에서는 직접적으로 서식을 판명할 수 없지만, ≪高麗史≫ 地의 글에서는 이들 문서의 발송을 「致書」로 서술하고 있다. 그러나 고려왕에 대한 金나라 황제의 「詔諭」와,7) 서두 부분에 「高麗國王旺謹奉書

---

6) 致書에 관해서는 中村 1991, 299～330쪽, 中村 1996, 153～162쪽, 中西 2005 참조.
7) ≪高麗史≫ 권14·睿宗世家·14년(1119) 2월 丁酉.

于日本國王殿下」라고 적은 1292년 고려의 對日國書[8]처럼 명백히 致書가 아닌 문서의 발송에 관하여 ≪高麗史≫ 地의 글에서는 「致書」로 표현한 케이스가 있다.[9] 편찬사료의 地의 문언 형식으로 서식을 판단하는 것은 위험이 따른다. ≪高麗史≫에 보이는 다른 문서의 사례(27~29)는 地에 단순히 「書」라고 되어 있을 뿐이며, 書狀 일반을 지칭하는 경우와 구별이 곤란하며, 역시 문서형식을 뜻하는 術語라고 단정할 수는 없다.

한편, 전체의 절반에 가까운 문서04·08~18에 관해서는 「右啓」 내지 「某啓」(淮安公 명의의 문서07·11)라고 서두를 달고, 「謹啓」 「不宣謹啓」 「再拜謹啓」 「不宣再拜謹啓」 등으로 끝을 맺는[10] 서식이 사용되고 있다. 이것은 중국에서 啓라고 부르는 형식에 해당한다. 고려가 참고했던 唐의 제도에서 啓는 황태자(실제로는 황태자 이외의 왕도 포함)와 관청의 長에 대한 上申文으로 규정되어 있지만,[11] 일반 官人들끼리의 上行文書로서, 또한 私人 간에 공손한 뜻을 표시하는 길흉의 인사와 일상의 안부를 묻는 경우, 기타의 서간문으로 널리 사용되고 있었다.[12] 외교에서의 사용은 隋나라 말기에 唐 高祖 李淵이 처음 자립하던 무렵에 突厥의 可汗에 대하여 사용했던 사례와 발해왕이 일본에 대하여 사용했던 예가 알려져 있다. 특히 발해에서는 공손한 뜻을 표시하는 개인 간의 통신문으로서 啓의 성격을 응용했던 것으로 생각할 수 있다. 일본에 대하여 臣禮를 피하면서도 辭를 천하게 여기고 우호관계를 맺으려는 의도를 지적할 수 있다.[13]

---

8) 일본의 金澤文庫와 東京大學史料編纂所에 복사본이 남아 있다(錄文에 관해서는 竹內 1982, 298~300쪽 참조).
9) 金國 황제의 「詔諭」에 관해서는 註7 전게사료, 1292년 고려의 對日國書에 관해서는 ≪高麗史≫ 권30·忠烈王世家·18년 10월 庚寅條에 기록이 있다.
10) 다만 관계 錄文의 과반수에서는 끝맺는 文言이 생략되어 있다.
11) 조선왕조에서 국왕에 대한 上申文을 啓라고 하는 것은 이러한 흐름을 계승한 것이다.
12) 堀 1998, 243~246쪽 참조.

宋 司馬光의 ≪溫公書儀≫ 권1·私書에서는 私文書에 있어서 啓事 (사물을 진술할 때 쓰는 글)의 서식으로서 啓의 한 형식이 다음과 같이 기록되어 있다([ ]는 割註).

　　具位姓　某
　　　右某啓 [述事云云] 謹奉啓事陳聞 [陳賀陳謝隨時] 伏惟
　　　尊慈俯賜　鑑念不宣謹啓
　　　月　　　日具位姓　　某　　啓上

또한 元代의 ≪新編事文類聚翰墨全集≫ 甲集卷4·諸式門·文類· 啓箚·啓事에도 上官員賀啓(관리에게 올리는 賀狀)의 首末式으로서 「具位姓某 / 右某啓」(/는 改行. 이하 동일함)라고 적고, 「謹啓 / 年月 日具位姓某啓」로 끝맺는 서식을 들고 있다.

　【表】의 문서 錄文에서 「右啓」라고 쓴 것은 아마도 이들 문서의 冒頭에서 「具位姓 某」가 빠진 것으로 보인다. 다음 행의 「右某啓」에서 「某」도 빠진 것이 되지만, 후술하는 고려의 1267년 啓式 對日國書에서 는 冒頭에 「高麗國王王 禃」으로 되어 있으며, 다음 행에 「右啓」로 적었 다. 교전기의 대몽골 문서 중에 「右啓」라고 쓴 것은 모두 國王文書로 특정 내지 추정되므로, 1267년의 케이스와 마찬가지로 「高麗國王王 諱 / 右啓」로 적었던 것으로 생각된다.

　한편, 冒頭를 「某啓」로 기록한 것은 淮安公 명의의 문서뿐이지만, 唐 代의 啓에서는 일반적인 표기법이며, 渤海의 對日國書 속에서도 「武藝 啓」 등으로 적고 있다.14) 전술한 ≪溫公書儀≫ 私書에서는 時候啓狀 (時候의 인사장)과 別簡(첨부장)·手簡(일반적인 서간)에서 「某啓」로 적는 형식을 취하고 있으며, 平交(동격)와 稍卑(약간 아랫사람)에 대한 사용법도 보인다. ≪翰墨全書≫甲集 권3·諸式門·書記·小簡에서도

───────────────

13) 堀 1998, 246~250쪽. 또한 石井 2001a, 石井 2001b, 551~556쪽 참조.
14) ≪續日本記≫ 권10·神龜5년(728) 정월 甲寅.

平交小簡(동격의 간단한 서간)으로 「某啓 述事云云 不宣 某頓首 某人 稱呼」와 같은 서식을 취하고 있다.

국왕의 啓와 왕족의 啓에서 冒頭가 다른 것은 발신 명의인의 신분상의 차이와, 국왕의 啓가 왕조를 대표하는 國書임에 비하여[15] 淮安公의 啓는 사적인 禮狀이라는 입장 차이와 관계가 있는 것인지도 모르겠으며, 어쩌면 위와 같은 書儀類에 있어서 「具位姓　某 / 右某啓」 형식과 「某啓」 형식의 용도 구분과 대응하는 것인지도 모르지만 정확하게는 알 수 없다. 다만 「具位姓　某 / 右[某]啓」 형식의 啓의 실례는 현재까지 唐代에는 확인할 수 없는 모양이다.

3. 고려측 문서의 역사적 문맥

啓라는 문서 형식은 ≪東文選≫과 ≪東國李相國集≫에 수록된 錄文을 통하여 고려 국내에서도 사용되고 있었음을 알 수 있다.[16] 현시점에서는 「具位姓　某 / 右啓」 형식의 문서를 확인할 수 없지만, 용법에 관하여 중국과 큰 차이를 보이지는 않는다. 그러나 고려 전기에는 宋·

---

15) 國書란 반드시 군주 간에 교환하는 문서만은 아니다. ≪高麗史≫ 권7·文宗世家·9년 7월 정사조에 의하면, 거란의 東京留守에 대한 고려왕의 친서도 「國書」로 부르고 있다.

16) 특히 ≪東文選≫에서는 권45와 권46의 編目名을 啓로 하고, 9세기의 崔致遠에서부터 14세기의 李穀에 이르는 文例를 수록하였다. 다만 고려 중기까지의 사례로서 首末의 文言이 기록되어 啓式임을 확인할 수 있는 문서는 아래와 같다. 林椿 「代李湛之寄權御史敦礼書」 「荅朴仁碩書」(≪東文選≫ 권58), 同 「与皇甫若水書」 2종, 「答靈師書」 「与趙亦樂書」 「同前書」 「与洪校書書」(同書 권59), 李奎報 「与金秀才懷英書」(≪東國李相國集≫ 권26) ; ≪東文選≫ 卷59), 同 「軍中荅安處士置民手書」 「又寄安處士」 「荅全朴兩友生自京師致問手書」 「軍還後寄兵馬留後朴郎中仁碩手書」 「荅朴雜端仁碩手簡」 「寄妙嚴禪老手書」 「荅李允甫手書」 「与全履之手書」(≪東國李相國集≫ 권27 ; ≪東文選≫ 권60).

遼·金 등 대륙왕조의 황제 이외에는 외국 정부의 관계자에 대하여 국왕이 친서를 보내는 행위 자체가 극히 드문 현상이다.[17]

또한 실제로 외교에 있어서 啓의 사용은 동아시아 전체를 살펴봐도 일반적인 것은 아니다. 隋唐대부터 동아시아에서는 어떤 군주가 군신관계에 있지 않은 외국 군주 등에게 문서를 보내는 경우 致書를 사용하는 케이스가 눈에 띈다.[18] 몽골 교전기의 고려왕도 遼東에 독자 정권을 구축하고 있던 蒲鮮萬奴에게 「高麗國王某謹廻書于東夏國王殿下」라는 머리말이 붙은 書狀을 보내고 있다.[19] 이것은 蒲鮮萬奴가 보낸 書狀에 대한 회답이기 때문에 「謹廻書」가 된 것이지만 사실은 致書이다. 더군다나 종래의 이해로는 외교의 장에서 이용되는 啓는 그 자체가 기본적으로 상대방을 위에 두는 정중한 문서 형식이며, 敵禮關係에 있어서 사용하는 致書와는 성격이 다르다. 이것은 渤海와 唐 高祖 이외의 사례에서도 해당하는 것으로 보이며, 南宋의 高宗은 공격해 들어오는 金軍의 元帥에게 처음에는 「大宋皇帝」를 칭하면서 致書를 사용하여 교섭에 임했지만, 열세에 놓여 「宋康王趙構」라는 호칭을 쓰게 되자 마침내 啓를 사용하기에 이르렀다.[20]

전술한 것처럼 ≪溫公書儀≫와 ≪翰墨全書≫에는 동격과 아랫사람에 대하여 啓를 사용한 용법이 보이고 있으며, 고려 국내에서 사용된 啓에서도 그와 같은 사례를 확인할 수 있다.[21] 그러나 고려가 몽골에게

---

17) 宋·强至 ≪祠部集≫ 권28에 수록된 「代史館王相公答高麗王王徽書」과 「又代參政馮諫議答高麗王書」는 宋의 고관에게 고려왕이 친서를 보냈음을 알 수 있는 드문 예이다(張 2000, 217~218쪽 참조). 또 정확한 서식은 알 수 없지만, 전술한 것처럼 거란의 東京留守에 대하여 「致書」(書式 不明)한 예도 있다(≪高麗史≫ 권7·文宗世家·9년 7월 丁巳條).

18) 中西 2005, 참조3.

19) ≪東文選≫ 권61·回東夏國書.

20) 井黑 2008, 참조.

21) 林椿「与皇甫若水書」2種「与趙亦樂書」,「同前書」(≪東文選≫ 권59), 李奎報「与金秀才懷英書」(≪東國李相國集≫ 권26 ; ≪東文選≫ 권59), 同「荅全朴

보낸 啓에서는 몽골 관리에 대한 尊官·貴人에 대한 존칭인 「閣下」를 사용하고(문서10·15·17), 그 지시·명령에 대해서도 尊官·貴人의 말씀을 의미하는 「鈞旨」(문서04·13·14·16)를 사용하는 한편, 자국에 관한 일은 「小國」(문서10·13·14·15·16·18), 「小邦」(문서15·16), 「弊邦」(문서13·14·15)으로 낮추어 부르고 있다. 따라서 기본적으로는 上行文書로 작성된 것으로 보아도 큰 잘못은 아닐 것이다22).

1218년 몽골군이 처음으로 고려에 들어왔을 때, 고려정부는 몽골 지휘관에게 尙書都省 명의의 致書를 사용했다. 그런데 그 후 동일한 몽골의 군사지휘관에게 국왕 명의의 啓를 사용하게 된 것이다. 고려의 관청이 敵禮文書를 사용했던 대상에 대하여 군주가 上行文書를 사용한 것이 되는데, 이것은 양국 관계의 변화에 기인하는 것으로 보인다. 1218년 단계에서 고려는 거란 집단을 공동 토벌하는 우군으로서 몽골과 접촉했지만, 1231년 이후는 몽골의 대규모 침공을 당하는 와중에서의 절충이었다. 즉 南宋의 高宗이 金에게 행했던 것처럼, 위급 존망의 시기를 맞이했던 고려는 국왕 자신이 스스로 문서의 격을 낮추어 교섭에 임하는 형식을 취함으로써 사태의 타개를 도모하려고 했던 것이다. 그와 같은 고려의 위기의식이 이례적이라고도 할 수 있는 啓의 사용에도 나타나는 것으로 볼 수 있다.

한편 문서04에서 고려왕은 칭기즈 칸(Činggis Qan)의 막내동생 테무게 오치긴(Temüge Otčigin)에게도 啓를 사용했던 것으로 보인다. 동일한 오치긴에 대한 문서03에서 어떤 書式이 사용되었는지는 알 수

兩友生自京師致問手書」, 「荅李允甫手書」, 「与全履之手書」(≪東國李相國集≫ 권27 ; ≪東文選≫ 권60). 2人의 「友生」(친구)에 대한 것 이외에는 상대방에 대하여 「足下」라는 동격에 대한 경칭이 사용되고 있다.
22) 敵禮關係에서 사용되는 致書에 있어서 「閣下」, 「小國」 등의 용어로 상대방에 대하여 경의를 표시하는 일도 있다(예를 들면 문서02). 그러나 동격과 아랫사람에 대한 문서로 작성된 啓에서 그러한 용어를 사용하면 결국 체재 상 上行文書로서의 啓와 구별하기 어렵게 될 것이다.

없지만 몽골과의 개전 이전부터 啓를 사용했다는 것을 알 수 있다. 칭기스 근친의 황족이므로 몽골 官人에 대하여 啓를 사용하는 것보다 부자연스럽지는 않지만, 동격의 「왕」이라는 입장에서는 致書를 사용해도 이상하지는 않다. 그러나 당시 오치긴은 중앙아시아 원정 중인 칭기스의 대리인으로서 몽골고원을 총괄하는 최고책임자였다. 그를 「皇大弟(皇太弟)」(문서03)로 부르는 고려측도 그 위세를 충분히 알고 있었던 셈이다. 더구나 몽골고원 동부에 근거지를 가지고 있고, 다시 동방으로 세력 확대를 꾀하고 있던 오치긴은23) 그 무렵 과중한 공물요구를 반복해서 고려 정부를 곤혹스럽게 만들고 있었다.24) 1225년에 고려의 북쪽 국경에서 조난을 당하여 양국 관계가 결렬되는 직접적인 계기를 만들었던 著古与는 오치긴의 휘하에서 여러 번 고려에 파견되었던 인물이다. 그와 같은 고압적인 「皇大弟」와의 절충에 임하여 신중하게 문서의 격을 낮춘 국왕문서를 사용했던 것은 고려 나름으로는 유연한 대응이라고 생각한다. 그렇다면 문서24~26의 예그대왕에 대한 「致書」와 「書」에 대해서도 좀 더 추론이 가능해질 것이다. 이것이 ≪高麗史≫의 用字 그대로 致書라면, 과거에 몽골 관리에 대하여 啓를 사용하면서, 그보다 격이 높은 몽골 皇族에 대하여는 거꾸로 敵禮文書를 사용했다는 것이 된다. 그러나 고통스런 전황이 계속되던 당시의 상황에서는 생각하기 어려운 일이다. 역시 여기서 말하는 「致書」는 문서 형식을 뜻하는 術語가

---

23) 堀江 1982 참조.
24) 堀江 1985, 229~230쪽 참조. 그리고 이 시기의 고려에 대한 몽골의 공물요구는 오치긴 한 명의 행위에 그치지 않고 몽골의 여러 왕과 관리들이 개별적으로 사자를 보내 고려측을 곤혹스럽게 만들고 있었다. 각기 다른 몽골의 권력자들이 차례로 貢物과 선물을 요구하는 것에 대해서는 1253년에 憲宗 몽케(Möngke)의 宮廷을 방문했던 기독교 修道士 기욤므 드 뤼브뤼크(Guillaume de Rubruquis)도 불만을 토로하고 있는데(카르피니 / 뤼브뤼크 1993 참조), 일면으로는 사회 관습의 차이가 야기한 문화마찰이라고 할 수도 있다.

아니며, 실제로는 모종의 上行文書가 사용되었을 공산이 크다고 생각한다. 오치긴의 예에서 유추하자면 그것은 啓였을지도 모른다. 명백히 啓인 문서09의 발송에 관하여 ≪高麗史≫ 권23·高宗世家·19년(1232) 4월 임술조의 地文에서는 「致書」로 서술하기도 한다. 몽골 관리에 대한 국왕문서(추정 포함) 중에 문서형식을 알 수 없는 05·06·19~23·26·28·29도 어쩌면 모두 啓였는지도 모른다. 적어도 남겨진 文面의 경의표현 등을 보는 한도에서는 그와 같이 생각해도 모순은 없을 것이다. 다만 「書」의 형식에도 「奉書」와 「獻書」 등 보다 정중한 서식이 있으므로 그런 형식이 사용됐을 가능성도 전혀 없지는 않을 것이다. 이 부분은 사료가 부족하기 때문에 단정적인 결론을 말하는 것은 삼가겠다.

고려에 있어서 啓式 외교문서는 의외로 이른 시기부터 존재했을 가능성도 전혀 없지는 않다. 일본의 平安貴族 藤原實資의 일기 ≪小右記≫ 長德 3년(997) 6월 12·13일에 의하면 이 해에 「高麗國牒三通」이 일본에 왔고, 각각 日本國·對馬島司·對馬島가 수신인이며, 이들 문서는 「高麗國啓牒」으로 총칭되기도 한다. 「啓牒」이 문서와 書狀을 뜻하는 일반명사라고 생각하기는 어렵고, 일본의 ≪六國史≫중에 渤海의 「啓牒」으로 기록된 것은25) 渤海王이 천황 앞으로 보냈던 啓와 渤海의 中臺省이 太政官 앞으로 보냈던 牒이 각각 문서형식을 뜻하는 술어였다면, 적어도 「日本國」이 수신인인 문서 등은 啓였을 가능성이 높다. 이 사건은 일본쪽이 宋의 모략을 의심하는 등 발신인의 정체에 수상한 점을 남겼지만, 실제로 고려 정부에서 문서를 발송했을 가능성은 있다. 그렇다면 외교에 啓를 사용하는 선례는 이미 고려 초기에 존재했고, 그것은 국왕 명의의 문서였을지도 모르는 일이다. 이때 주의해야 할 것은, 10세기의 고려에는 渤海 멸망 전후를 중심으로 세자 大光

---

25) ≪續日本後紀≫ 권19·嘉祥 2年(849) 3월 戊辰, ≪日本三代實錄≫ 권2·貞觀 원년(859) 5월 10일 乙丑.

顯을 비롯한 다수의 유민이 유입되었던 일이다. 唐代에 啓式 외교문서의 사용을 확인할 수 있는 것은 현재로서는 渤海 뿐이다. 渤海에서 축적되어 온 대일외교의 노하우가 고려에 전해졌을 가능성도 무시할 수 없을 것이다. 997년에 고려가 일본에 대하여 上行 형식의 國書를 보냈다면, 그 배경으로 상상할 수 있는 것은 발송 직전인 993년에 고려가 처음으로 거란의 대규모 침략을 받았던 일이다. 북으로부터 위협을 받은 고려 정부가 대일관계의 호전을 도모하려고 했다면 굳이 啓를 사용한 것도 그다지 부자연스런 일은 아니다.26) 마치 黑水靺鞨의 귀속을 둘러싸고 唐과 긴장관계에 있던 渤海의 武王 大武藝가 일본에 啓를 보내고 통교를 구하던 때와 비슷한 상황이 있었던 것이 된다. 하지만 그 후 13세기 전반까지 200년 이상 고려의 啓式 외교문서는 사용 예를 확인할 수 없다. 10세기에 있어서 啓式 國書의 存否는 별론으로 하고, 몽골 관리에 대한 啓의 사용에 제도상의 연속성이 있는지 여부는 가볍게 판단하기 어려운 부분이다.

고려의 啓式 외교문서를 최후로 확인할 수 있는 것은 1274·81년에 원·고려군이 일본을 침략했던 甲戌·辛巳의 役(일본사에서 이른바 文永·弘安의 役)27)에 앞서서, 일본에 대하여 원과의 통교를 권고할 목적으로 작성된 至元 4년(1267) 일자의 일본국왕 앞으로 보낸 元宗國書이다. 원본은 없지만 일본 東大寺 소장의 ≪調伏異朝怨敵抄≫에 그 당

---

26) 997년 고려에서 보낸 문서에 대하여 일본 측이 경계심을 보인 것에 관하여, 南 2003, 312쪽에서는 문서 내용에 고려의 大國意識이 드러났을 가능성을 지적하고 있다. 그러나 만일 國書에 啓를 사용했다면 적어도 서식의 측면에서는 다른 것이 된다.

27) 종래 한국 사학계에서는 1274·81년의 전쟁에 대하여 특별히 고유한 명칭을 마련하지 않고, 일본사에서 부르는 호칭인 "文永·弘安의 役"을 그대로 쓰는 일마저 있었다. 그래서 필자는 ≪高麗史≫ 권31·忠烈王世家·20년 (1294) 정월 癸酉에 「甲戌辛巳兩年之役」으로 기록되어 있는 것에 기초하여 "甲戌·辛巳의 役"으로 부르기로 하였다.

시 元 世祖 쿠빌라이(Qubilai)의 國書와 高麗使 潘阜 일행의 書狀과 함께 복사본이 남아 있다.[28] 주요부의 텍스트는 ≪高麗史≫, ≪高麗史節要≫에도 전하며, 2차적인 錄文은 江戶時代의 일본에서 편찬된 외교문서집 ≪異國出契≫(內閣文庫 소장)에도 수록되지만, 同時代性이 높고, 首末을 비롯한 서식이 보다 원형에 가깝다고 생각되는 ≪調伏異朝怨敵抄≫의 복사본이 높은 사료적 가치를 지니고 있다. 이 문서는 冒頭에 「高麗國王王 禃 / 右啓」 云云으로 되어 있으며, 結辭에는 「拜覆 / 日本國王左右 / 至元四年九月日 啓」라고 기록되어 있는데 틀림없는 啓式文書이다. 다만 고려왕이 동일한 「王」인 일본 군주에 대하여 上行文書를 사용한 것은 당연하다고 보기는 어려우며, 차라리 蒲鮮万奴와 마찬가지로 致書를 사용하는 것이 자연스럽다고 생각된다. 전술한 것처럼 10세기에 전례가 있고, 그것을 모방했을 뿐인지도 모르지만, 두 개의 사건에 250년 이상의 시간차가 있다는 것, 10세기 이후 양국 정부의 관계가 매우 소원하다는 것, 또한 고려가 국가체제를 정비해 가는 과정에서 「海東天子」[29]와 「八關會的 질서」[30]로 불려지는 自尊의 자세를 형성해 갔다는 점을 고려하면 당장에 수긍하기는 어렵다. 이 문제에 대하여는 함께 일본에 보냈던 元의 國書 형식과의 균형과, 元의 對日招諭에 대한 高麗의 태도를 아울러서 생각할 필요가 있으며, 다른 기회에 고찰하려고 생각한다.

4. 高麗史料로 본 몽골 관리의 문서

몽골 관리가 고려에 보냈던 문서에 관해서는 사료가 극히 한정되어

---

28) ≪調伏異朝怨敵抄≫의 텍스트에 관해서는 平岡 1959 所載의 影印 참조.
29) 盧明鎬 1997・盧明鎬 1999 참조.
30) 奧村 1979 참조.

있으며, 거의 전문이 전하는 문서는 1231년에 제1차 침략군을 지휘했던
撒禮塔이 보낸 2통의 書狀 뿐이다.31) 이 문서는 몽골제국에서 편찬한
白話風의 漢語를 사용하여 몽골文을 直譯調로 옮긴 특수문체, 소위 몽
골文 直譯體 白話風 한문32)으로 기록되어 있다. 이런 종류의 명령문은
후대, 특히 원대에 서식의 정형화가 이루어지지만,33) 상기 문서는 그
이전인 초기의 사례이며, 달리 유례를 찾아보기 어려운 독특한 문장으
로 구성되어 있다. 그 문서학적 성격에 대해서는 전문가의 연구에 맡기
지 않으면 안 되겠지만, 적어도 이들 문서 첫머리의「天底氣力. 天道將
來底言語. 所得不秋底人, 有眼瞎了, 有手沒了, 有脚子瘸了」(하늘의 힘.
하늘이 한 말. 받아들이고 따르지 않는 자는 눈이 있다면 멀 것이며, 손
이 있다면 없어질 것이며, 다리가 있다면 병에 걸릴지어다),「蒙古大朝
國皇帝聖旨」(몽골대조국황제의 성지[에 따라]) 등은 몽골 명령문 특유
의「권한 부여」와「威嚇文言」의 요소에 해당한다.34) 특히 威嚇文言의
文面에 관해서는 기욤므 드 뤼브뤼크의 기록으로 전하며, 1254년의 프

---

31) ≪高麗史≫ 권23·高宗世家·18년(1231) 12월 壬子 / 甲戌. 이 문서의 試釋
　　에 村上 1960과 Ledyard 1963이 있다.
32) 몽골문 直譯體의 성립에 관한 최신의 연구성과로서 船田 2007 참조.
33) 松川 1995 참조.
34) 元大에 정형화된 서식에서 冒頭 문구에 하늘의 권위를 언급할 수 있는 것은
　　다음과 같이 황제와 황족에 한하며, 그 이외에는 皇帝의 聖旨를 근거로 삼
　　게 된다.
　　<皇帝의 聖旨>「長生天氣力, 大福蔭護助裏 möngke tengri-yin küčün-dür.
　　yeke suu =ali-yin ibegen-dür」
　　<皇族의 令旨·懿旨>「長生天氣力, 皇帝福蔭裏 möngke tengri-yin küčün-dür.
　　qagan-u suu-dur」
　　<기타 명령문>「皇帝聖旨裏 qagan-u =arlig-iyar」
　　또한 威嚇文言은 指令 내용을 기록한 후 문서 말미에 연월일과 발령지를
　　기재하기 직전에 쓰는 것이 보통이지만, 禁止·不正事項에 관하여 예를 들
　　면「做呵, 他每不怕那甚麼 üiledü'esü ülü'ü ayuqun müd (行하면 그들은 두렵
　　지 않은가?)」등 추상적으로 표현하는 경우가 많다.

랑스 국왕 루이9세 LouisⅨ 앞으로 보낸 憲宗 몽케 Möngke 國書의 다음과 같은 문언과 잘 대응하고 있으며, 주목된다.

> 나의 命을 들어서 알고 있으면서 믿으려 하지 않고, 우리에게 군대를 보내려 한다면, 이후 눈이 있어도 보이지 않고, 무언가를 가지려 해도 손이 없고, 걷고자 해도 다리가 없어진다는데, 너희들은 들어서 알고 있을 것이다.[35]

또한 1247년에 로마교황의 사절이 이란 지역에서 몽골 장수 바이쥬(Bai =u)가 교황 앞으로 보내는 국서와 함께 입수했던 定宗 구유크(Güyüg)가 바이쥬에게 보내는 문서(라틴어 번역이 전한다)에도 다음과 같이 동일한 내용이 보인다.

> 너에게 확실히 말한다. 나의 명령에 귀를 기울이지 않는 자는 누구든 귀가 들리지 않게 되고, 나의 명령을 믿으면서 실행에 옮기지 않는 자는 누구든 눈이 보이지 않게 되고, 평화를 믿고 나의 견해에 따르려 하면서 평화를 실행하지 않는 자는 누구든 절름발이가 될 것이다.[36]

이처럼 하늘과 황제의 권위를 주장하는 것과 "협박 문구"는 몽골에서는 원래 일종의 상투적인 문구이며, 몽골제국 초기의 國情을 기록한 彭大雅의 《黑韃史略》에는 「其常談必日, 托着長生天底氣力, 皇帝底福蔭 …… 白韃主至於民, 無不然」(일상의 대화에서도 반드시 「영원한 하늘의 힘, 황제의 威福으로」라고 하며, …… 몽골의 군주에서부터 백성에 이르기까지 그렇지 않은 것이 없다)고 되어 있다. 또 《몽골秘史 Monggol-un niuča tobča'an》 제37절에는 징기스칸 휘하로 子弟를 出仕시킨 인물의 이야기가 기록되어 있는데, 자제에게 직무태만이 있으면 「복사뼈의 힘줄(踝腱)을 자르라」, 「목을 잘라 버려라」, 「간을 갈라

---

35) 海老澤 1979, 732~733쪽·736~737쪽, 海老澤 1987, 91~95쪽, 카르피니 / 뤼브뤼크 1993, 287~289쪽 참조.
36) 海老澤 1987, 91~92쪽 참조.

버려라」, 「명치(鳩尾)를 걷어차라」고 하며, 현대인의 감각으로 보자면 다소 격렬한 선언이 열거되어 있다.[37]

그러나 전술한 쿠빌라이(Qubilai)의 對日國書에 기재된 「至用兵, 夫孰所好」(兵을 쓰기에 이르면 누가 좋아할 것인가?)라는 문구에 대한 일본 쪽의 반응에서도 볼 수 있는 것처럼, 이러한 표현이 문화가 다른 외국에 대하여 행해진 경우에는 매우 심각한 통고로 받아들이고 중대한 마찰을 일으키기 쉽다.[38] 위의 文言에 대한 고려 쪽의 수용 자세는 기록에 없지만, 큰 충격을 받았다는 것도 충분히 상상할 수 있다.

그밖에 몽골 관리의 문서가 전문에 가까운 형태로 기록된 예는 없다. 고려 측 문서에 부분적으로 인용됨으로써 비로소 존재가 알려지는 것도 많기 때문에 건수를 세는 것도 용이한 일은 아니다. 하지만 그러한 인용부분의 문체를 보면, 예를 들어서 다음과 같이 역시 몽골문 직역체 白話風 漢文으로 기록된 사례를 확인할 수 있다.

문서03 「不曾發遣女孩兒及會漢兒言語人, 亦不進奉諸般要底物」
문서08 「你國選揀人戶, 赴開州館及宣城山脚底, 住坐種田」
문서13 「你者巧言語, 說得我出去後, 却行返變了, 入海裏住去. 不中的人宋立
　　　　章·許公才, 那兩箇來的說謊, 走得來. 你每信那人言語呵, 返了也」
　　　　「達魯花赤交死, 則死. 留下來, 如今你每拿縛者」
　　　　「你本心投拜, 出來迎我, 不投拜, 軍馬出來, 与我厮殺者」

무엇보다 이들 문서는 발신 주체가 몽골인 이었던 경우라고 생각된다. 실례는 확인할 수 없지만, 耶律楚材(문서15·20의 「晋卿丞相에 해당)와 같은 漢文化人이 發한 문서가 있었다면 통상의 아취 있는 한문이 사용되었을 것으로 생각할 수 있다. 또한 문서08에서는 다른 문서와 비

---

37) 小澤 1997, 147~148쪽 참조.
38) 1269년 元中書省의 牒에 대한 文永 7년(1270) 정월의 太政官返牒案(≪本朝
　　文集≫ 권67)에 이 文言에 대한 비난으로 보이는 기록이 있다. 佐伯 2003,
　　71~72쪽 참조.

교하여 白話的·直譯的인 요소가 희박하듯이, 白話調·直譯調의 濃淡
은 문서마다 차이가 있었던 것으로 생각된다. 고려에게 보낸 몽골 황제
의 詔旨가 그렇듯이,39) 몽골인 관리의 書狀이 아취 있는 한문으로 기록
되는 케이스도 생각할 수 없는 것은 아닐 것이다.40)

　이상은 문서의 文體에 관한 문제이지만, 冒頭 형식에 관해서는 문서
22의 錄文 注記에 「來書云, 福蔭裏, 統領蒙古糺漢大軍征討高麗唐古拔都
魯言語, 道与高麗王」([몽골측이] 보내온 書狀에는 다음과 같이 되어 있
다. 福廕 아래로. 統領蒙古糺漢大軍征討高麗唐古拔都魯의 말. 高麗王에
게 말한다. 云云)라고 기록된 사례가 있다. 「甲의 말. 乙에게 道与한다」
는 표현은 몽골제국 초기의 명령문에서 흔히 볼 수 있는 형태이지만, 「福
廕裏」라는 冒頭 문구는 해석이 불가능하다. 「福廕」에 관하여 언급하자면
어떤 「福廕」인지를 보여주지 않으며 안 된다.

　이것과 관련하여 주목되는 것은 고려 측의 문서에 보이는 다음과 같
은 문구이다.

> 문서21 「孟夏漸熱, 伏惟, 長生天氣力　蒙古大朝國四海皇帝福蔭裏　大官人閣
> 　　　下, 起居千福…」
> 문서22 「夏序方廻, 伏惟, 長生天氣力　蒙古大朝國皇帝福蔭裏　帥府大官人閣
> 　　　下, 茂膺千福…」

　두 문서 모두 문서의 冒頭에서 送付處를 문안하는 인사말인데, 송부
처를 적는 곳에 밑줄을 친 부분처럼 「長生天氣力. 蒙古大朝國皇帝福蔭

---

39) ≪高麗史≫ 권23·高宗世家·20년(1233) 4월, 동권24·高宗世家·40년 8월
　　戊午.
40) ≪高麗史≫ 권24·高宗世家·41년(1254) 7월 戊午에 보이는 몽골 사자 多
　　可 일행이 가져온 雅文調의 「文牒」은 발신 명의를 알 수 없지만 官人文書일
　　가능성도 있다.

裏」(영원한 하늘의 힘 아래로. 蒙古大朝國皇帝의 威福 아래로)라는 문구가 포함되어 있는 것이다. 원래 이것은 몽골 명령문에서 「권한부여」를 의미하는 문장 첫머리의 상투적인 표현이다.[41] 아마도 1240년의 문서21·22의 작성에 앞서서 고려에 보낸 몽골 측의 문서 첫머리에는 「長生天氣力. 蒙古大朝國 [四海] 皇帝福蔭裏. 某言語」로 적었을 것이다. 그리고 고려측이 그 의미를 오해하여 「長生天氣力. 蒙古大朝國 [四海] 皇帝福蔭裏」를 발령자인 관리를 수식하는 어구로 간주했던 것이 아닐까?[42] (그렇다면 위와 같은 후대의 定型에 가까운 冒頭 문구를 갖춘 몽골 명령문은 이 무렵에 비로소 고려에 대하여 사용되었을 가능성을 생각할 수 있다). 하지만 그 후 「來書」의 텍스트에 관한 정보는 ≪東文選≫에 수록되기까지의 과정에서 문서 원본 내지 錄問이 결손과 복사 실수 등의 이유로 인하여 「福蔭裏」 이전 부분이 탈락한 상태로 전해지게 되었을 것이다.

몽골제국의 직접통치 아래에 있었다면 이러한 문서에 國號를 붙일 필요는 없었으며, 「蒙古大朝國皇帝」라는 호칭은 외국에 대하여 보내는 문서이기 때문에 붙인 용어임을 알 수 있다. 또한 최근에 몽골제국에 관하여 「大朝」라는 칭호의 존재에 주목하여 「大朝」, 「大朝國」, 「大朝蒙古國」으로 표기한 중국 사료에서의 용례가 소개되었는데,[43] 「蒙古大朝國」이라는 표현은 고려 사료에서 새롭게 판명한 지식이다.[44] 또 문서

---

41) 몽골어 möngke tengri-yin küčün-dur. yeke monggol ulus-un qagan-u suu-dur 의 직역이다.

42) 전술한 것처럼, 나중에는 하늘의 권위를 발령의 근거로 할 수 있는 것은 황제·황족으로 한정하게 된다.

43) 于 2006 참조.

44) 「蒙古大朝國」이라는 표현은 ≪高麗史≫ 권23·高宗世家·18년(1231) 12월 갑술조에 수록된 문서에도 보인다. 또 전술한 1267년 쿠빌라이의 對日文書 에는 「蒙古大朝」로 기록되어 있다.

21에서 보이는 「蒙古大朝國四海皇帝」라는 칭호도 주목된다. 1246년에 로마 교황 인노센트 4세(Innocentius Ⅳ) 앞으로 보낸 定宗 구유크(Güyüg)의 國書 印璽銘에는 황제의 호칭이 「yeke monggol ulus-un dalay-in qan」(몽골국의 바다의 황제)로 기록되었다.[45] 이 「dalay-in」의 漢譯이 다름 아닌 「四海」이다. 문서21은 太宗 오고데이(Ögödei) 때의 문서인데, 「四海皇帝 dalay-in qan(qagan)」라는 칭호가 적어도 오고데이 때로 소급하여 확인할 수 있다는 것이 된다.[46]

전술한 威嚇文言도 그렇지만, 이것 역시 몽골제국에 관하여 그 직접 통치 아래 있었던 지역의 사료에는 보이지 않는 사실이, 유라시아의 극동(朝鮮)과 극서(유럽)에 남아 있는 사료에서 훌륭하게 부합하는 한 가지 사례이다.[47]

高麗에 보낸 문서에 대해서는 몽골문 正本이 존재했을 가능성도 지적되고 있으며,[48] 고려가 몽골에 보냈던 國書에 몽골 측에서 보냈던 문서에 관하여 「以文字之各殊, 憑譯解而乃識」(문자가 서로 다르기 때문에 번역으로 이해했다)[49]고 되어 있는 것이 한 가지 근거가 된다. 다만 앞에서 나온 ≪黑韃事略≫에는 「行於漢人·契丹·女眞諸亡國者, 只用漢字」(漢人·契丹·女眞 모든 망국으로 보내는 문서는 한자만을 사용한다)라고도 했기 때문에, 직역체 한문으로 기록된 모든 외교문서에 몽골어 정본이 있었다고 보는 것도 경솔한 생각일 것이다.

---

45) pelliot 1923, p.22, pl.Ⅱ 참조. 페르시아어로 기록된 이 문서는 冒頭의 문구만이 터키어로 기록되었으며, 그곳에도 「영원한 하늘의 힘으로, 거대한 나라 전체의, 바다 안의 칸, 우리들의 聖旨」(海老譯 2004, 62쪽)로 되어 있다.

46) 몽골황제 중에서는 칭기스와 구유크만이 **qagan**이 아니라 **qan**으로 부른다.

47) 그밖에도 李承休의 ≪賓王錄≫에 묘사된 원의 궁중 향연 모습이 마르코 폴로 Marco Polo의 ≪東方見聞錄≫의 기록과 일치하는 예가 있다(森平 2004, 78~79쪽 참조).

48) 宮 2006, 204~205쪽.

49) ≪東國李相國集≫ 권28·蒙古國使賚上皇帝表, ≪東文選≫ 권39·蒙古國使賚回上皇帝表..

5. 맺음말

이 글에서는 여몽 교전기에 고려가 몽골 관리에 대하여 사용했던 문서 형식에 관하여 검토하고, 그 역사적 성격을 고찰하였다. 아울러서 고려 측의 기록에서 알 수 있는 몽골측 문서의 서식에 관해서도 약간 언급하였다.

1218년 몽골군이 처음으로 고려에 들어왔을 때 고려는 尚書省 명의로 문서를 보냈고, 그 문서에서는 敵禮關係의 서간인 致書를 이용했던 케이스가 확인되었다. 하지만 그 후 貢納의 압력을 가해 온 「皇大帝」 테무게＝오치긴과, 침략이 본격화되었던 1231년 이후의 몽골 관리에 대하여는 上行 서간형식인 啓를 국왕 명의로 보내는 사례가 다수 발견되었으며, 이것이 사용문서의 주요한 형식이 되었을 가능성을 추측할 수 있다. 이처럼 외국의 관리에 대하여 국왕의 이름으로, 게다가 上行 형식의 문서를 사용하는 것은 고려사에 있어서 매우 이례적인 사태이며, 왕조의 위기를 회피하려는 고려정부의 고육책이기는 하지만, 냉엄한 현실에 대한 유연한 대응으로 파악할 수도 있을 것이다. 이 일은 그 후 1267년의 對日國書에 외교문서, 특히 對日文書로서 이례적으로 국왕 명의의 啓가 사용된 경우의 역사적 연원의 하나가 된다고 생각한다.

한편, 몽골 측에서 보낸 문서에 대하여는, 몽골 관리의 문서에 이른바 몽골문 직역체의 白話風 한문 문장이 확인된 것, 「長生天底氣力. 蒙古大朝國皇帝福蔭裏. 甲言語. 道与乙」이라는 冒頭 표현을 이용한 케이스가 있었던 것으로 보인다는 것, 그리고 「蒙古大朝國」「四海皇帝」라고 한 문서 속의 용어의 사료적 가치에 대하여 언급하였다.

본고에서는 사료의 절대적인 부족 때문에 단편적인 문구를 기초로 추측을 누적한 부분이 많으며, 어디까지나 하나의 試論에 불과하다는 것은 말할 필요도 없다. 그리고 필자는 對元 강화 후 고려왕과 원의 관청·관리와 주고받은 문서에 관하여, 中書省 수준의 최고위 관청 사이에 있어서 牒式文書의 사용에서 咨式文書의 사용으로 변화한 과정을 이미 논했던 적이 있다.[50] 본고에서 다룬 내용은 그 역사적 전제이므로 아울러서 참조하기 바란다.

【표】 고려에서 몽골 官人에게 발송한 문서

번호	錄文에 표시된 名義	錄文에 표시된 발송처	年次	起草者	首末書式 내지 문서형식에 관계된 문구	出典
01	尙書省	哈眞	1218		※「牒」	KR 趙沖伝; KS 高宗 5/12
02	[尙書]都省	蒙古兵馬元帥	1219	李奎報	某月日右謹致書于某官幕下…惶恐惶恐	蒙古兵馬元帥幕送酒菓書 (L28;T61)
03		蒙古皇太弟 (오치긴)	1219·25	李奎報		蒙古國使齎上皇大弟書 (L28;T61)
04		大王 (오치긴)	1221	俞升旦	右啓…謹啓	同前書(T61) ※回東夏國書에 附記
05	國銜行	閣下 (사르타크)	1232	李奎報		國銜行答蒙古書 (L28; T61)
06	國銜行	荅兒只元帥 (탕구트)	1232	李奎報		同前荅兒只元帥狀(L28)
07	淮安公	荅兒只元帥 (탕구트)	1232	李奎報		淮安公荅同前元帥狀 (L28)
08		蒙古國元帥	1232	李奎報	右啓…	送蒙古國元帥書 (L28;T61;KK19/3/甲午)
09		撒里打官人 (사르타크)	1232	李奎報	右啓… ※「致書」	送撒里打官人書 (L28;T61;KK19/4/壬戌)
10		河西元帥 (탕구트)	1232	李奎報	右啓…	送河西元帥書(L28; T61)
11	淮安公	某官	1232	李奎報	右啓…再拜謹啓	淮安公荅河西元帥書 (李28; 東61)
12		河西元帥 (탕구트)	1232	李奎報	右啓…不宣謹啓	送某官狀 (L28)
13		蒙古官人	1232	李奎報	右啓…	荅蒙古官人書 (L28; T61;KK19/9)

---

50) 森平 2007.

14		沙打官人 (사르타크)	1232	李奎報	右啓…	荅沙打官人書 (L28;T61;KK19/11)
15		晋卿丞相 (耶律楚材)	1232	李奎報	右啓…	送晋卿丞相書(L28; K61)
16		沙打里 (사르타크)	1232	李奎報	右啓…不宣再 拜謹啓	荅沙打里書 (L28; K61; KK19/11)
17		蒙古大官人	1232	李奎報	右啓…不宣再 拜謹啓	送蒙古大官人書 (L28;T61;KK19/12)
18		蒙古大官人	1232	李奎報	右啓…	荅蒙古大官人書 (L28;T61;KK19/12)
19		唐古官人 (탕구트)	1238	李奎報		送唐古官人書(L28; T61)
20		晋卿丞相 (耶律楚材)	1238	李奎報		送晋卿丞相書(L28; T61)
21		中山·称海 (粘合重山· 칭카이)	1240	金敞		与中山称海兩官人書 (T61)
22		唐古官人 (탕구트)	1240	朴暄		荅唐古官人書(T62)
23		吳悅官人	1240	李藏用		与吳悅官人書(T62)
24	王	也窟(예그)	1253		※「致書」	KK40/8/己未
25		也窟(예그)	1253		※「致書」	KK40/9/戊寅
26		也窟·阿母侃 ·吳悅·王万 戶·洪福源	1253		※「致書」	KK40/11/戊寅
27	王	也窟(예그)	1253		※「書」	KK40/11/戊戌
28	王	胡花官人	1253		※「書」	KK40/11/戊戌
29		車羅大(쟈라 이르타이)	1256		※「書」	KK43/4/乙亥

凡例) L: ≪東國李相國集≫(숫자는 권수), T: ≪東文選≫(숫자는 권수), KK: ≪高麗史≫
　　　(숫자는 연월일), KR; ≪高麗史≫列傳, KS; ≪高麗史節要≫(숫자는 연월일)
※「　」는 編纂史料의 地文에서 당해 문서에 관한 표현.

<참고문헌>

井墨忍, 2008,「金初の外交文書樣式と國際關係－≪大金弔伐錄≫の檢討を中心に」
　　　　國際シンポジウム「10~14世紀東アジアの外交交流史料」, 予稿集.

池內宏, 1963,「蒙古の高麗征伐」同著『滿鮮史硏究』中世　第3册, 吉川弘文館.

石井正敏, 2001a,「神龜四年, 渤海の日本通交開始とその事情－第一回渤海國書
　　　　の檢討」同著『日本渤海關係史の研究』, 吉川弘文館.

石井正敏, 2001b,「古代東アジアの外交と文書－日本と新羅・渤海の例を中心に」
　　　　同著『日本渤海關係史の研究』, 吉川弘文館.

海老澤哲雄, 1979,「モンゴル帝國の對外文書をめぐって」『加賀博士退官記念中
　　　　國文史哲學論集』, 講談社.

海老澤哲雄, 1987,「モンゴル帝國對外文書管見」『東洋學』74.

海老澤哲雄, 2004,「グユクの敎皇あてラテン語譯返書について」『帝京史學』19.

奧村周司, 1979,「高麗における八關會的秩序と國際環境」『朝鮮史研究論文集』16.

小澤重南(譯), 2007,『元朝秘史(上)』, 岩波書店.

カルピニ / ルブルク, 1993,『中央アジア・蒙古旅行記－遊牧民族の實情の記錄』
　　　　護雅夫譯, 光風社出刊.

佐伯弘次, 2003,『日本の中世9　モンゴル襲來の衝擊』, 中央公論新社.

竹內理三(編), 1982,『鎌倉遺文』古文書編23, 東京堂出判.

中西朝美, 2005,「五代北宋における國書の形式について－「致書」文書の使用狀
　　　　況を中心に」『九州大學東洋史論集』33.

中村裕一, 1991,『唐代制勅研究』, 汲古書院.

中村裕一, 1996,『唐代公文書研究』, 汲古書院.

平岡定海, 1959,『東大寺宗性上人の研究幷史料(中)』, 日本學術振興會.

船田善之, 2007,「蒙文直譯體の成立をめぐって－モンゴル政權における公文書
　　　　飜譯システムの端緒」『大東文化フォーラム』13.

堀敏一, 1998,「渤海・日本間の國書をめぐって」同著『東アジアのなかの古代日
　　　　本』, 研文出版.

堀江雅明, 1982,「モンゴル＝元朝時代の東方三ウルス研究序說」『小野勝年博士

訟壽記念東方學論集』, 龍谷大學東洋史學研究會.

堀江雅明, 1985, 「テムゲ＝オッチギンとその子孫」『東洋史苑』24·25.

松川節, 1995, 「大元ウルス命令文の書式」『待兼山論叢(史學篇)』29.

宮紀子, 2006, 「モンゴルが遺した「飜譯」言語－舊本 ≪老乞大≫の發見によせて」
　　　　同著『モンゴル時代の出版文化』, 名古屋大學出版會.

森平雅彦, 2004, 「≪賓王錄≫にみる至元十年の遺元高麗使」『東洋史研究』63-2.

森平雅彦, 2007, 「牒と咨のあいだ－高麗王と元中書章の往復文書」『史淵』144.

村上正二, 1960, 「蒙古來牒の飜譯」『朝鮮學報』17.

姜晋哲, 1964, 「蒙古의 侵入에 대한 抗爭」『한국사7－武臣政權과 對蒙抗爭』,
　　　　국사편찬위원회.

김재홍, 1963, 『원 침략자를 반대한 고려 인민의 투쟁』, 과학원출판사.

南基鶴, 2003, 「高麗と日本の相互認識」『グローバリゼーションの歷史的前提に
　　　　關する學際的研究』 平成12～14年度科研費補助金(基盤研究A2) 研究
　　　　成果報告書, 村井章介譯(原載：≪日本歷史研究≫ 11, 2000年).

盧明鎬, 1997, 「東明王篇과 李奎報의 多元的 天下觀」『震檀學報』83.

盧明鎬, 1999, 「高麗時代의 多元的 天下觀 과 海東天子」『韓國史研究』105.

柳在城(執筆)·蔡漢國(主幹), 1988, 『對蒙抗爭史』, 國防部戰史編纂委員會.

尹龍爀, 1991, 『高麗對蒙抗爭史研究』, 一志社.

윤용혁, 1994, 「몽고 침입에 대한 항쟁」『한국사20－고려 후기의 사회와 대외
　　　　관계』, 국사편찬위원회.

李益柱, 1996, 「高麗 對蒙抗爭期 講和論의 研究」『歷史學報』151.

張東翼, 2000, 『宋代麗史資料集錄』, 서울대학교출판부.

于采芑, 2006, 「蒙古汗國國號 "大朝"考」 赫時遠·羅賢佑·烏蘭編 『天驕偉業
　　　　－ 成吉思汗与蒙古汗國研究紀念文集』, 社會科學文獻出版社.

Henthorn, W.E. 1963 Korea: The Mongol Invasions, E.J.Brill.

Ledyard, G. 1963 Two Mongol Documents from The Koryo sa, Journal of the
　　　　American Oriental Society 83-2.

pelliot, p. 1923 Les Mongols et la papauté, Revue de l'Orient Chrétien, 3esérie.

【附記】 本稿는 文部科學省科學研究費補助金에 의한 研究成果의 一部이다.

〈토론문〉

「13世紀前半における麗蒙交涉の一斷面」에 대한 토론

이 훈(동북아역사재단)

1. 본 논문의 의의

본 논문은 13세기 고려·몽고 교섭의 추이를 외교문서의 양식적 측면에서 검토한 것으로 려·일간의 외교문서 등과 비교를 통해 고려시대 對蒙古, 對日本 외교문서가 「啓式(외교)문서」였음을 조심스레 주장하는 것으로 이해하였다. 특히 원본의 부재는 물론, 사본이라 해도 원본의 형태를 그대로 보존하지 못한 채 남아있는 불충분한 상태에서의 문서학적 연구는 방법론적인 측면에서 한국의 연구자들에게 새로운 자극이 될 것 같다.

2. 질 문

- 사료적 문제

우선 제목의 부제를 보면 고려 측(국왕, 상서성 등)과 몽고 관인과의 왕복문서가 검토대상으로 되어 있다. 왕복문서라면 보낸 문서에 대해 받은 문서를 1대1로 대응시켜서 상호 검토하는 것이 이해하기 쉬울 것 같다. 〈표〉를 보면 고려측 문서만 제시되어 있는데, 각 문서에 대응하는 몽고측의 외교문서는 없는지? 본 논문에 제시된 사료가 현재 알 수 있는 고려시대 외교문서의 전부인가?

- 방법론적 문제

고려측의 외교문서에 대해서는 발신인의 명기 방식, 문서를 보낼 때 사용하는 문언, 말미에 사용하는 문언, 연기기재 등이 서식적 측면에서 검토되고 있다. 그런데 몽고 측의 실제 외교문서로는 1231년 살례탑이 보낸 '書狀'이 유일하다고 하면서, 문체(몽골文 直譯體 白話風 한문)만 이 소개되어 있을 뿐 서식은 언급하지 않고 있다. 서식은 알 수 없는지? 동일한 방법으로 검토가 되어야 할 것 같으며, 이때 '서장'이라면 동등한 입장에서 주고받는 '書'를 의미하는 것인지 궁금하다. 〈표〉의 1232년의 고려측 문서가 「啓」인데 몽고 측 문서가 「書」라면 이러한 외교관계는 어떻게 이해해야 할지?

- 평가의 문제

「啓」를 상행문서, 「書」를 평행문서 등, 어떤 書式으로 보는 것 및 외교관계를 반영하는 것으로 보는 것에 대해서는 발표자도 주저했듯이 조심해야 할 것 같다.

조선시대 조일관계에서 주고받은 문서(서계)를 예로 들면, 동일한 외교상대에게 주는 문서라 해도 그때그때 상황에 따라서 다양한 문언을 사용하고 있었다. 17세기 초 조일관계가 안정되지 않은 상황에서 대마번주가 예조참의에 대해 문서를 보낸다는 뜻의 문언으로 '謹啓'·'奉啓'·'奉書'·'啓書'·'贈書'·'致書'·'啓達'의 7가지를 사용하고 있었으며, 이중에 어떤 것을 선택하느냐는 상대방에 대한 존경의 정도에 따른 차이였다.

즉 13세기 고려몽고 관계에서 외교문서로서 「啓」를 선택하느냐, 「書」

를 선택하느냐는 그때그때 외교적 자세나 태도를 반영하는 것이기는 해
도 외교관계(시스템)을 반영하는 것은 아니지 않을까?

왜냐하면, 외교문서의 서식으로 정착되기 위해서는 양자의 합의에
이르기까지 많은 마찰과 교섭이 예상되는데, 그러한 기록이 남아 있는
지?

- 「啓」식 문서라 해도 문장의 말미에는 「不宣」이라 하여「書」에 보
  이는 문언 사용.
  「啓」를 강조하려면 「書」의 특징에 대해서 더 소개가 필요한 것
  은 아닌지?
- 상행문서로서 「啓」식 문서와 「咨」식 문서의 차이는?

13世紀前半における麗蒙交涉の一斷面
－モンゴル官人との往復文書をめぐって－

森平雅彦(九州大学)

1. はじめに

　高麗が1231年より本格化したモンゴル帝國の侵略に對し，約30年にわたり粘り強く抵抗し續けたことは周知の事實である[1]。しかし交戰の一方で，外交による事態の打開を模索していたことは，同じモンゴルに對して強硬姿勢一辺倒となった日本などと比べた場合[2]，對照的な特徴といえよう。かかる事實そのものは特に目新しいことでもないが，その內容と歴史的意義を正面か

---

1) 戰鬪の推移に關する代表的な論考としては，池內1963, 김1963, Henthorn1963, 姜1974, 柳／蔡1988, 尹 1991, 윤1994などを參照。
2) ただし最前線の對応責任者の動向については，別途檢討を要する課題である至元8年(1271)に元使趙良弼が來日した際，これを迎えた大宰府西守護所は，元に使者26名を送ったという(『元史』卷208・日本伝)。

ら掘り下げた研究は，　高麗における對モンゴル講和論の生起と講和交渉の
過程を追跡した李益柱の論考[3]を除き，ほとんど例がないようである。

　　この問題に對しては様々な接近方法が考えられるが，　本稿ではひとま
ず兩國間で交わされた文書に着目し，なかでも高麗がモンゴルの官人（軍
事指揮官と書記官のほか便宜的にモンゴル諸王も含める）と交わした文書
の形式について考察する。これらの文書は，モンゴル皇帝との間で交わさ
れた國書に比べ政治的な象徴性や重要性は劣るが，その前提となる最前線
の交渉模様を生々しく伝える史料であり，数量的な比重はむしろ大きい。

　　本稿では從來注目されてこなかったその事實關係と歴史的な文脈を檢
討することで，　對元講和以前における麗蒙交涉の性格の一端を探ってみた
い。ただし高麗側文書とモンゴル側文書とでは關係史料の殘存狀況に大き
な質的差異があるため，文書形式についてある程度体系的な檢討が可能に
なるのは，基本的に高麗側文書に限られる。モンゴル側の文書に關しては，
文体と冒頭句，その他若干の用語について，斷片的な史料からわかる範囲
で言及するにとどまるむね，あらかじめ諒解いただきたい。

2. 高麗側文書の差出名義と形式

　　同時代の高麗政府高官であった李奎報（1168〜1241）の文集『東國李
相國集』や，朝鮮前期に編まれた歴代名文集である『東文選』，および高麗
正史である『高麗史』『高麗史節要』には，　對元講和以前において高麗がモ
ンゴルの軍事指揮官や書記官，あるいは諸王に對して送付した文書に關す
る記録が多数收載されている（【表】參照。以下，　關係文書を整理番号に
より“文書01”のごとく呼ぶ）。

---

3) 李1996。

　それらの過半數は李奎報の撰にかかり，また半數近くが1232年という特定の年內に書かれたものだが，それ以外にも，モンゴル軍が初めて高麗に姿を現して相互の交渉が始まった1210·20年代の文書や，1231年以降の交戰の諸段階における文書が1256年のものまで記録されている。まずはその差出名義と文書の形式について確認していくことにしよう。

1）差出名義

　文書01·02は，高麗に闖入した契丹集団を追って1218年に初めて姿を現したモンゴル軍の指揮官に送られた文書であり，錄文のタイトルや注記によれば「尙書省（尙書都省）」を差出名義とする。1181年に死亡した李文鐸の墓誌銘には，「對馬島官人」から送られてきた「牒」に尙書省が返信しようとした際，「辺吏」に對して破格であるとの批判をうけて中止されたという事件が記されている。必要に応じて尙書省が外國に文書を出す事態はもともと想定されてはいたようである。しかし文書01·02以外に實例は確認されない。高麗の官府が外國の官府·官人と文書を交わす際には，中央の礼賓省や，按察使·防禦使などの地方駐在官を差出名義とする牒（統屬關係にない官廳間で使用）を用いるのが一般的だった4)。對馬の官人に關する上記の事案からも窺われるように，中央の上級官府である尙書省が直接文書を發行することは，それだけ案件や交渉相手の重要性を意味する。初顔合わせのモンゴル軍指揮官に對して尙書省名義の文書で応對したことは，未知の交渉相手に對する異例な重視の表れであり，裏を返せば，愼重な警戒姿勢ともいえるだろう。

　文書07·11は，王族の淮安公侹を差出名義とすることが錄文のタイトルに明記されている。前者は淮安公がモンゴルに派遣された際の道中保護

---

4)　森平2007, pp.106～108, 參照。

に對する礼狀であり，後者は，モンゴルの將帥唐古から「令公」宛てに送られた金線を，当の令公である權臣崔怡が受領せず，淮安公名義により謝狀を作成することになったものである[5]。これらの場合，いずれも私的性格の強い書狀と考えられる。

これに對し，以下の文書は，差出名義が高麗王（当時は高宗。在位1213～59）であることが比較的明瞭にわかる事例である。

まず文書06は，「國銜行」（國家としての立場による發行）の文書が「予」という一人称により記されており，　具体的には王朝を代表する國王の名義であったとみられる。同じく「國銜行」である文書05も，モンゴル官人の「起居萬順」は「私がいつも祈福するところ（吾常所禱祝）」にかなうといい，モンゴルから送還が要求された高麗逃入の「契丹・漢兒」について，「私の養育の恩に背いた（負我豢養之恩）」ためにすでに誅戮したとあることから，同様に國王名義として書かれているものと考えられる。

文書17には「所論予及崔令公出來事」（［モンゴル側が］論じる所の予と崔令公の出頭の事）とある。これは本文書（12月）に先だって發行された文書14（11月）に，モンゴル側の要求內容が，「國王が出てこないならば崔令公を出頭させよ」（國王不出，交崔令公出來）と引かれていることに對応するものであり，「予」とは國王高宗にほかならない。文書21も「予」という一人称によって記される一方，「遣親弟新安公代我身」（親弟の新安公を遣わして我が身に代える）と述べており，王弟新安公の兄である高宗の名義で書かれていることが判明する。同じく「予」という一人称で書かれ，「我親弟新安公」の文言が現れる文書22も同様であろう。

文書13では，モンゴルの攻擊に對する高麗の百姓の動搖を說明し，「予

---

5) その経緯については『高麗史』巻129・崔忠獻伝附 崔怡伝と『高麗史節要』巻16・高宗 19年（1232）5月に「明年，蒙古河西元帥，遣使寄書，送金線二匹。其書称令公。蓋指怡也。怡不受曰，我非令公。以歸淮安公。公亦不受。往復久之，怡竟使學士李奎報，製公荅書以還」とある。

亦不能無懼」（予もまた恐れないわけにはいかない）と述べ，また高麗各地に
送りこまれた達魯花赤（モンゴルの監視官）の接遇狀況に關する詰問に對し，
「予亦一一不能知之」（予もまた［詳細を］逐一承知しているわけではない）と
回答している。また文書18では，「予」という一人稱により「遣以大官人，奉
書于皇帝闕下」（大官人を遣わして書を皇帝闕下に奉る）と記し，文書20でも
また，「予」という一人稱により，「以土地輕薄所産，遣使介奉進皇帝闕下」（使
者を遣わして土地の些少の産物を皇帝闕下に奉進する）と記している。

　これらの「予」は，王朝の統治に責任を負い，國家を代表してモンゴルと
交涉し，遣使・進獻を行う主體であり，國王にほかならない。文書12にお
いて，モンゴルの指示を「有司に命じて西北面兵馬使に指示させて（命有
司指揮西北面兵馬）」實施したと述べるのも，國王の行爲であろう。文書15・
16・19も「予」という一人稱によって書かれているが，差出名義は國王だった
と理解してよいとおもう。

　文書24・27・28については，國王の文書であることが『高麗史』世家の
地の文に明記されている。また文書25については，文中に，モンゴル側が
撤兵すれば，「來年には自ら臣僚を率いて帝命を出迎えるつもりである（当
明年躬率臣僚出迎帝命）」と記しているので，國王の名義で書かれてい
ることが確認される。

　このように，差出名義が錄文のタイトルや注記に明示されない文書に
ついては，實際には國王名義の文書だったことが確認，ないし推定される
ケースが多く，逆に國王名義ではないことが確認，ないし推定されるもの
はない。文書01・02・07・11のごとく，國王以外の名義による外交文書を移
錄する場合，通常は差出名義が錄文のタイトルや注記という形で明示され
るのであろう。したがって，差出名義が附記されず，かつ文書內の文言
にその判斷材料がみあたらない文書03・04・08～10・14・23・26・29も，國
王名義である可能性が高いと考えられる。

2) 文書形式

　　文書01に關しては 「尙書省牒」という記載があり，統屬關係のない官廳間で用いる牒が用いられたようにもみえる。しかしこれは編纂史料である『高麗史』や『高麗史節要』の地の文における表記であり，牒とは官文書を表す一般名詞にすぎない可能性もある。一方，文書02では，「右謹致書于某官人幕下」という冒頭の文言により，敵礼關係の書簡形式である致書6)（冒頭句が「甲謹致書[于]乙」となる）が使用されていることがわかる。文書01の「牒」も實体は致書であった可能性があるが，この段階では牒，もしくは別の形式を使用しながら，後に致書に変更したことも考えられないわけではない。

　　チンギス・カンČinggis Qanの弟カサルQasarの子である也窟（イェグウYegü）大王に對して國王名義で出された（ないし出されたとみられる）文書24〜26（26では宛先にモンゴル王族以外の官人も含む）は，文書の主要部分のみを拔き出した錄文からでは直接に形式が判明しないが，『高麗史』の地の文ではこれらの送付を「致書」と述べている。しかし高麗王に對する金朝皇帝の「詔諭」や7)，冒頭に 「高麗國王旺謹奉書于日本國王殿下」と記す1292年の高麗の對日國書8)のごとく，明らかに致書ではない文書の送付について，『高麗史』の地の文では「致書」と表現するケースがある9)。編纂史料の地の文における表現で文書形式を判斷するのは危險をともなう。『高麗史』にみえる他の文書例（27〜29）にいたっては，地の文に單に

---

6) 致書については中村 1991, pp.299〜330, 中村1996, pp.153〜162, 中西 2005, 参照。

7)『高麗史』卷14・睿宗世家・14年(1119) 2月　丁酉。

8) 日本の金澤文庫と東京大學史料編纂所に寫しが殘される(錄文については竹, 1982, pp.298〜300 を参照)。

9) 金朝皇帝の「詔諭」については註7前掲史料, 1292年の高麗の對日國書について　ては『高麗史』卷30・忠烈王世家・18年(1292)10月庚寅に記錄がある。

「書」とあるのみで，書状一般をさす場合と區別がつかず，やはり文書形式を表す術語とは斷定できない。

　一方，全体の半數に近い文書04・08～18に關しては，「右啓」ないし「某啓」(淮安公名義の文書07・11)と書き出し，「謹啓」「不宣謹啓」「再拝謹啓」「不宣再拝謹啓」などと結ぶ[10]書式が用いられている。これは中國において啓とよばれる形式に相当する。高麗が參酌した唐制において，啓は皇太子(實際には皇太子以外の王も含む)や官府の長に對する上申文と規定されているが[11]，一般官人同士の上行文書として，また私人間において丁寧の意を表し吉凶の挨拶や起居を通じる場合その他の書簡文として，ひろく用いられていた[12]。外交での使用は，隋末，唐の高祖李淵が自立当初に突厥可汗に對して使用した例や，渤海王が日本に對して用いた例が知られている。　特に渤海での使用は，丁寧の意を表す個人間の通信文としての啓の性格を応用したものと考えられ，日本に對して臣礼を避けつつも辭を卑くして友好關係を結ぼうという意図が指摘されている[13]。

　宋の司馬光の『溫公書儀』卷1・私書では，私文書における啓事(物事を言上する際の書狀)の書式として，啓の一例が次のように記されている([　]は割註)。

　　　具位姓　某
　　　　右某啓[述事云々]謹奉啓事陳聞[陳賀陳謝隨時]伏惟
　　　　尊慈俯賜　鑑念不宣謹啓
　　　　　月　　日具位姓　　某　　啓上

　また元代の『新編事文類聚翰墨全書』甲集卷4・諸式門・文類・啓箚・

---

10) ただし關係錄文の過半數では結びの文言が省略されている。

11) 朝鮮王朝で國王に對する上申文を啓というのは，この流れをひくものである。

12) 堀1998, pp.243～246, 參照。

13) 堀1998, pp.246～250。　また石井2001a, 石井2001b, pp.551～556, 參照。

啓事にも，上官員賀啓(官員に上呈する賀狀)の首末式として，「具位姓某／右某啓」(／は改行。以下同じ)と書き出し，「謹啓／年月日具位姓某啓」と結ぶ書式を掲げている。

　【表】の文書錄文で「右啓」と書き出しているものは，おそらく，これらの冒頭の「具位姓　某」が欠けているのであろう。次行の「右某啓」の「某」も欠けていることになるが，後述する高麗の1267年の啓式對日國書では冒頭に「高麗國王王　禃」とあり，次行に「右啓」と書き出している。交戰期の對モンゴル文書のうち「右啓」とあるものは，いずれも國王文書と特定ないし推定されるから，1267年のケースと同様に「高麗國王王　諱／右啓」云々と書き出していたとおもわれる。なお『溫公書儀』私書では，「与平交平狀」(同輩に對する問候賀謝狀)についても，「具位姓　某／右某啓」とはじまる書式をあげている。

　一方，冒頭を「某啓」と記すのは淮安公名義の文書のみだが，唐代の啓では一般的な書法であり，渤海の對日國書でも「武芸啓」などと書き出している14)。前述した『溫公書儀』私書では，時候啓狀(時候の挨拶狀)や別簡(添え狀)・手簡(書簡)において「某啓」と書き出す形式をあげており，平交(同輩)や稍卑(やや目下)に對する使用法もみえる。『翰墨全書』甲集卷3・諸式門・書記・小簡でも，平交小簡(同輩間の簡易な書簡)として「某啓　述事云云　不宣　某頓首　某人稱呼」という書式をあげている。

　國王の啓と王族の啓の冒頭が異なるのは，差出名義の身分の違いや，國王の啓が王朝を代表する國書であるのに對し15)，淮安公の啓は私的な礼狀であるという立場の違いに關係するのかもしれず，あるいは如上の書儀類における「具位姓　某／右某啓」形式と「某啓」形式の用途區分にも對応

---

14)『續日本紀』卷10・神龜5年(728)　正月甲寅。

15)　國書とは，必ずしも君主間で交わされる文書のことだけではない。『高麗史』卷7・文宗世家・9年(1055)7月丁巳によると，契丹の東京留守に對する高麗王の親書も「國書」と呼ばれている。

するのかもしれないが，正確にはわからない。ただ「具位姓　某 / 右[某]啓」形式の啓の實例は，今のところ唐代には確認できないようである。

3. 高麗側文書の歷史的文脈

　　啓という文書形式は，『東文選』や『東國李相國集』に收められた錄文を通じて，高麗國內でも個人間で使用されていたことが窺われる[16]。　現時点では「具位姓　某 / 右啓」形式のものは確認できないが，用法に關して中國との大きな違いは看取されない。　しかし高麗前期には，宋・遼・金など大陸王朝の皇帝以外では，外國政府の關係者に對して國王が親書を送るという行爲自体，ごくまれな現象である[17]。

　　また實のところ，外交における啓の使用は東アジア全体を見渡しても一般的とはいえない。隋唐代より東アジアでは，ある君主が君臣關係のない外國君主等に文書を送る場合，致書を用いるケースが目につく[18]。モンゴ

---

16) 特に『東文選』では卷45と　卷46の編目名を啓として，9世紀の崔致遠から14世紀の李穀にいたる文例を收める。ただし高麗中期までの事例で，首末の文言が錄され，　啓式であることが確認できる文書は以下のとおりである。林椿「代李湛之寄權御史敦礼書」「苔朴仁碩書」(『東文選』卷58)，同「与皇甫若水書」2種「苔靈師書」「与趙亦樂書」「同前書」「与洪校書書」(同書　卷59)，李奎報「与金秀才懷英書」(『東國李相國集』卷26 ；『東文選』卷59)，同「軍中苔安處士置民手書」「又寄安處士手書」「苔全朴兩友生自京師致問手書」「軍還後寄兵馬留後朴郎中仁碩手書」「苔朴雜端仁碩手簡」「寄妙嚴禪老手書」「苔李允甫手書」「与全履之手書」(『東國李相國集』卷27 ；『東文選』卷60)。

17) 宋・強至『祠部集』卷28 に收める「代史館王相公答高麗王王徽書」と「又代參政馮諫議答高麗王書」は，宋の高官に對して高麗王の親書が送られたことを窺わせる數少ない例である(張2000，pp.217～218　參照)。また正確な書式は不明だが，前述のごとく契丹の東京留守に對して「致書」した例もある(『高麗史』　卷7・文宗世家・9年7月丁巳)。

18) 中西2005，參照。

ル交戰期の高麗王も，遼東に獨自政權を築いていた蒲鮮萬奴に對し，「高麗國王某謹廻書于東夏國王殿下」という冒頭句の書狀を送っている[19]。これは蒲鮮萬奴から送られた書狀に對する返書であるため「謹廻書」となっているが，事實上，致書である。

しかも從來の理解では，外交の場で用いられる啓は，それ自體，基本的に相手を上にたてた丁重な文書形式であり，敵礼關係において用いる致書とは性格が異なる。それは渤海や唐高祖以外の事例についても該当するようで，南宋の高宗は，攻勢をかけてくる金軍の元帥に對し，当初は「大宋皇帝」と名乘り致書を使用して交渉にあたったが，劣勢に立たされて「宋康王趙構」を名乘るようになると，やがて啓を用いるにいたった[20]。

前述のごとく『温公書儀』や『翰墨全書』には，同輩や目下に對する啓の用法もみえており，高麗國內で使用された啓にもそのような事例が確認される[21]。しかし高麗がモンゴルに送った啓では，モンゴル官人に對して尊官・貴人に對する尊称である「閣下」を用い（文書10・15・17），その指示・命令についても，尊官・貴人のおおせを意味する「鈞旨」（文書04・13・14・16）を用いる一方，自國のことは「小國」（文書10・13・14・15・16・18）・「小邦」（文書15・16）・「弊邑」（文書13・14・15）と卑称している。したがって，基本的には上行文書として書かれたものとみて大過ないであろう[22]。

---

19)『東文選』卷61・回東夏國書。

20) 井黑2008，參照。

21) 林椿「与皇甫若水書」2種「与趙亦樂書」「同前書」(『東文選』卷59)，李奎報「与金秀才懷英書」(『東國李相國集』卷26 ；『東文選』卷59)，同「苔全朴兩友生自京師致問手書」「苔李允甫手書」「与全履之手書」(『東國李相國集』卷27 ；『東文選』卷60)。2人の「友生」(友人) に對するもの以外では，相手方に對して「足下」という同輩に對する敬称が用いられている。

22) 敵礼關係で用いられる致書において，「閣下」「小國」等の用語により相手方に對して敬意を表すこともある(例えば文書02)。しかし同輩や目下に對する文書として作成された啓でそれらの語を用いたならば，結局，體裁上，上行文書としての啓と區別できなくなってしまうであろう。

　1218年にモンゴル軍が初めて高麗に入った際，高麗政府はその指揮官に對し，尙書都省名義の致書を用いた。ところがその後，同じようなモンゴルの軍事指揮官に對して國王名義の啓を使用するようになったわけである。高麗の官廳が敵礼の文書を用いた對象に對し，君主が上行文書を用いたことになるのだが，これは兩國關係の変化に起因しよう。1218年の段階では，高麗は契丹集団を共同討滅する友軍としてモンゴルに接触したのだが，1231年以降はモンゴルの大規模侵攻を被るなかでの折衝であった。すなわち南宋の高宗が金に對して行ったように，危急存亡の秋を迎えた高麗は，國王自ら辭を卑くして交渉にあたる形をとることで，事態の打開をはかろうとしたのであろう。そのような高麗の危機意識が，異例ともいうべき啓の使用にも表れているとみられる。

　ところで，文書04において，高麗王は，チンギス・カンČinggis Qanの末弟テムゲ・オッチギンTemüge Otčiginに對しても啓を用いたとみられる。同じオッチギンに對する文書03においてどのような形式が用いられたかは不明だが，モンゴルとの開戦以前から啓を用いたことがわかる。チンギス近親の皇族であるから，モンゴル官人に對して啓を使用するよりは不自然ではないが，同格の王という立場であれば，致書を使用してもおかしくないところである。しかし当時，オッチギンは中央アジア遠征中のチンギスの名代としてモンゴル高原を統括する最高責任者であった。彼を「皇大弟（皇太弟）」（文書03）と呼ぶ高麗側も，その勢威を承知していたはずである。加えて，モンゴル高原東部に本領を有し，さらに東方に勢力を擴大させつつあったオッチギンは[23]，当時は過重な貢物要求をくりかえして高麗政府を困惑させていた[24]。1225年に高麗の北境で遭難して兩國決裂の

---

23) 堀江1982，參照。

24) 堀江1985，pp.229～230，參照。なお，この時期の高麗に對するモンゴルの貢物要求は，オッチギン一人の行爲にとどまらず，複數のモンゴル諸王・官人が個別に遣使しては高麗側を困惑させていた。異なるモンゴル權力者から次々に貢

直接契機をつくった著古与は，　オッチギンのもとから繰り返し高麗に派遣されていた人物である。そのような高壓的な「皇大弟」との折衝にあたり，愼重に辭を卑くした國王文書を用いたのは，高麗ならではの柔軟な對応であるとおもう。

そうすると，文書24～27のイェグウ大王に對する「致書」や「書」についても，もう少し推論が可能になるだろう。これが『高麗史』の用字そのままに「致書」であるとすると，過去にモンゴル官人に對して啓を用いながら，それより格上のモンゴル皇族に對しては逆に敵礼の文書を用いたことになる。しかし苦しい戰況が續く当時の狀況では考えにくいことである。やはり，ここでいう「致書」は文書形式を表す術語ではなく，實際には何らかの上行文書が用いられた公算が大きいとおもう。

オッチギンの例から類推すれば，それは啓だったかもしれない。明らかに啓である文書09の送付について，『高麗史』卷23・高宗世家・19年(1232)4月壬戌の地の文では「致書」と述べてもいる。モンゴル官人に對する國王文書(推定を含む)のうち，文書形式の窺えない05・06・19～23・26・28・29も，あるいはすべて啓だったのかもしれない。少なくとも殘された文面の敬意表現などをみるかぎりでは，そのように考えても矛盾はなさそうである。ただし「書」形式にも，「奉書」や「獻書」など，より丁重な書式があるので，それらが使用された可能性も皆無ではないだろう。このあたりは史料不足のため斷定的な結論を述べることは控えておきたい。

なお，高麗における啓式外交文書は，意外に早くから存在した可能性も皆無ではない。日本の平安貴族藤原實資の日記『小右記』長德3年(997)6月12・13日條によると，この年「高麗國牒三通」が日本にもたらされ，それぞれ

物・贈物を要求されることについては，1253年に憲宗モンケMöngkeの宮廷を訪れたキリスト教修道士ギョーム・ド・ルブルクGuillaume de Rubruquisも不滿を吐露しているが(カルピニ／ルブルク1993 參照)，一面においては，社會習慣の違いが引き起こした文化摩擦といえよう。

日本國・對馬島司・對馬島に宛てられていたというが，これらの文書は「高麗國啓牒」と總称されてもいる。「啓牒」が文書や書狀を示す一般名詞であるとは考えにくく，日本の『六國史』中に渤海の「啓牒」と記されるものは[25]，渤海王が天皇に宛てた啓と同國の中臺省が太政官に宛てた牒のことを指す。したがって，實資がいう高麗の「啓牒」についても，「啓」と「牒」がそれぞれ文書形式を表す術語だったならば，少なくとも「日本國」宛ての文書などは啓だった可能性が高い。この事件は，日本側が宋の謀略を疑うなど差出人の正体に不審点をのこすが，實際に高麗政府から文書が送られた可能性はある。そうだとすれば，外交に啓を用いる先例はすでに高麗初期にあり，それは國王名義のものだったかもしれないのである。

　その際に注意されるのは，10世紀，高麗には渤海の滅亡前後を中心に世子大光顯をはじめとするその遺民が數多く流入していたことである。唐代に啓式外交文書の使用が確認されるのは，今のところ渤海のみである。渤海に蓄積されてきた對日外交のノウハウが高麗に伝わっていた可能性も無視できないであろう。997年に高麗が日本に對して上行形式の國書を送ったとすれば，その背景として想像されるのは，この直前の993年に高麗が契丹から最初の大規模侵攻をうけたことである。北からの脅威を迎えた高麗政府が對日關係の好轉をはかろうとしたのであれば，あえて啓を用いたこともさほど不自然ではない[26]。まさしく，黑水靺鞨の歸屬をめぐって唐と緊張關係にあった渤海の武王大武芸が日本に啓を送り通好を求めてきた時と同じような狀況があったことになる。

　しかしその後，13世紀前半まで200年以上にわたり，高麗の啓式外交文

---

25)　『續日本後紀』 卷19・嘉祥2年(849)3月戊辰，『日本三代實錄』 卷2・貞觀元 (859)5月10日乙丑。

26)　997年の高麗からの文書に對して日本側が警戒感を示したことについて，南2003, p.312では，文書內容に高麗の大國意識が表れていた可能性を指摘している。しかし，もし國書に啓を用いたとすれば，少なくとも書式の面では異なることになる。

書は使用例を確認できない。10世紀における啓式國書の存否は別として，モンゴル官人に對する啓の使用に制度上の連續性があるか否かは，輕々に判斷しかねるところである。

　高麗の啓式外交文書が最後に確認されるのは，1274·81年に元・高麗軍が日本を侵略した甲戌・辛巳の役（日本史上のいわゆる文永・弘安の役）27)に先だち，日本に對して對元通好を勸告する目的で作成された至元4年（1267）付け日本國王宛ての元宗國書である。原本は失われているが，日本・東大寺の『調伏異朝怨敵抄』に，この時の元・世祖クビライQubilaiの國書や高麗使潘阜らの書狀とともに寫しが殘されている28)。　主要部のテキストは『高麗史』『高麗史節要』にも伝えられ，二次的な錄文は江戶時代の日本で編まれた外交文書集『異國出契』にも收められるが，同時代性が高く，首末をはじめとする書式が原型により近いと考えられる『調伏異朝怨敵抄』の寫しが高い史料的価値を有している。この文書は，冒頭に「高麗國王王　禃／右啓」云々とあり，結辭には「拜覆／日本國王左右／至元四年九月日　啓」と記されており，まさしく啓式文書にほかならない。

　ただし，高麗王が同じ「王」である日本の君主に對して上行文書を用いたのは，必ずしも当然とはいえず，むしろ蒲鮮萬奴と同樣に致書を用いるのが自然ともおもえる。前述のごとく10世紀に前例があり，それに倣っただけなのかもしれないが，2つの出來事に250年以上の時代差があること。10世紀以降の兩國政府の關係が非常に疎遠であること。また高麗が國家体制を整えてゆく過程で「海東天子」29)や「八關會的秩序」30)といわれる自尊

---

27) 從來，韓國史學界では，1274·81年の戰役について特段の固有名稱を用意せず，日本史上の呼称である"文永・弘安の役"を借用することすらあった。そこで筆者は，『高麗史』卷31・忠烈王世家・20年(1294)正月癸酉に「甲戌辛巳兩年之役」と記されていることにもとづいて，"甲戌・辛巳の役"と呼ぶことにしている。
28) 『調伏異朝怨敵抄』のテキストについては，平岡1959所載の影印を參照。
29) 盧明鎬1997, 盧明鎬1999, 參照。
30) 奧村1979, 參照。

の姿勢を形成してきたことを考慮すれば, ただちには首肯しがたい。この
ことについては, 一緒に日本に送られた元の國書の形式との兼ね合いや,
元の對日招諭に對する高麗側の態度をあわせて考える必要があり, 別の機
會に考察することにしたい。

4. 高麗史料からみたモンゴル官人の文書

　モンゴル官人から高麗に送られた文書については, 史料がごく限られ
ており, ほぼ全文が伝えられるのは, 1231年に第1次侵攻軍を指揮する撒
礼塔より送られた2通の書狀のみである[31]。これはモンゴル帝國で編み
出された白話風の漢語を用いてモンゴル文を直譯調に譯した特殊文体, い
わゆるモンゴル文直譯体白話風漢文[32]により記されている。この種の命
令文は, 後代, とりわけ元代に書式の定型化が進むが[33], 上記の文書はそ
れ以前の最初期の事例であり, 他に類例を見出しがたい獨特な文章構成と
なっている。その文書學的性格については専門家の研究にまたねばなら
ないが, 少なくともそれらの冒頭の「天底氣力。天道將來底言語。所得不
秋底人, 有眼瞎了, 有手沒了, 有脚子瘸了」(天の力。天の言ってきた言
葉。受け取って受け入れない者は, 目があればつぶれろ, 手があれば
なくなれ, 足があれば病んでしまえ), 「蒙古大朝國皇帝聖旨」(蒙古大朝國
皇帝の聖旨[により]) などは, モンゴル命令文特有の「權限付与」や「威嚇
文言」の要素に相当する[34]。

---

31) 『高麗史』 卷23・高宗世家・18年(1231)12月壬子 / 甲戌。なお本文書の試釋
　　に村上1960とLedyard1963がある。
32) モンゴル文直譯体の成立に關する最新の研究成果として船田2007を参照。
33) 松川1995, 参照。
34) 元代に定型化された書式では, 冒頭句に天の權威を揭げることができるのは, 次

　特に威嚇文言の文面については，ギョーム・ド・ルブルクGuillaume de Rubruquis の記録により伝わる，1254年のフランス國王ルイ9世Louis Ⅸ宛て憲宗モンケMöngke國書の次のような文言とよく對応しており，注目される。

　我が命を聽き知りながら，信じようとせず，我らに軍隊を差し向けようとしたならば，以後，目があってもものが見えず，何かをもとうとしても手がなく，歩こうとしても足がなくなる由，汝等は聽き知るであろう。35)

　また1247年にローマ教皇の使節がイランの地でモンゴルの將帥バイジュBai＝uより教皇宛ての國書とともに入手した定宗グユクGüyügのバイジュ宛て文書(ラテン語譯が伝わる)にも，次のように同様な內容がみえている。

　汝に確言する，この我が命に耳を傾けない者は，何人であろうと耳が聞こえなくなり，この我が命を認めながら實行に移さない者は，何人であろうと目が見えなくなり，講和を認めて我が見解に從おうとしながら，講和を實行しない者は，何人であろうと跛となろう。36)

　こうした天や皇帝の權威の主張や"脅し文句"は，モンゴルでは本來ある種の常套句であり，モンゴル帝國初期の國情を記錄した彭大雅の『黑韃事略』には，「其常談必曰，托着長生天底氣力，皇帝底福蔭……自韃主至於民，無不然」(日常の會話でも必ず「とこしえの天の力，皇帝の威福により」と

のように皇帝と皇族に限られ，それ以外は皇帝聖旨を據り所とすることになる。
　〈皇帝の聖旨〉「長生天氣力，大福蔭護助裏möngke　tengri-yin　küčün-dür.　yeke suu　＝ali-yin　ibegen-dür」
　〈皇族の令旨・懿旨〉「長生天氣力，皇帝福蔭裏möngke tengri-yin küčün-dür. qaŋan u suu-dur」
　〈それ以外の命令文〉「皇帝聖旨裏qaŋan u ＝arliŋ iyar」
　また威嚇文言は，指令內容を記した後，文書末尾に年月日や發令地を記載する直前に記すのが普通だが，禁止・不正事項について，例えば「做呵，他每不怕那甚麼üiledü'esü ülü'ü ayuqun müd(行えば，彼らは恐れないのか)」などと抽象的に表現する場合が多い。
35) 海老澤. 1979, pp.732〜733・736〜737, 海老澤1987, pp.91・95, カルピニ／ルブルク1993, pp.287〜289, 參照。
36) 海老澤1987, pp.91〜92, 參照。

いい，……モンゴルの君主から民にいたるまで，そうでないものはない）と
ある。また『モンゴル秘史Mongɣol－un niuča tobča’an』の第137節に
は，チンギス・カンのもとに子弟を出仕させた人物の言上が記されるが，そ
こには，子弟に職務怠慢があれば，「踝の腱を切れ」「命を斷ち棄てよ」「肝
を割き棄てよ」「鳩尾を蹴り棄てよ」といった，現代人の感覺からみるといささ
か激烈な誓言が並んでいる[37]。

　しかし，前述したクビライの對日國書に記された「至用兵，夫孰所好」（兵
を用いるに至っては，　だれが好むであろうか）という文言に對する日本側
の反応にもみられるように，こうした表現が文化の異なる外國に對してむけ
られた場合には，きわめて深刻な通告と受け止められ，重大な摩擦を引き
起こしかねない[38]。上記の文言に對する高麗側の受けとめ方は記録され
ていないが，大きな衝撃をうけたことも充分に想像される。

　その他にモンゴル官人の文書が全面的に近い形で著録された例はな
い。高麗側文書で部分的に引用されることで初めて存在が知られるものも
多いため，　件數を數えるのも容易ではない。しかしそうした引用部分の文
体をみると，　例えば次のように，　やはりモンゴル文直譯体白話風漢文で書
かれた事例が確認される。

　　　文書03「不曾發遣女孩兒及會漢兒文字言語人，亦不進奉諸般要底物」
　　　文書08「你國選揀人戶，赴開州館及宣城山脚底，住坐種田」
　　　文書13「你者巧言語，說得我出去後，却行返変了，入海裏住去。　不中的人宋
　　　　　　立章・許公才，那兩箇來的說謊走得來。　你每信那人言語呵，返了也」
　　　　　　「達魯花赤交死，則死，留下來，如今你每拿縛者」
　　　　　　「你本心投拝，出來迎我者。　本心不投拝，軍馬出來，与我廝殺者」

---

37)　小澤1997, pp.147～148, 參照。
38)　1269年の元中書省の牒に對する文永7年(1270)正月付け太政官返牒案（『本朝文集』
　　卷67)に，この文言に對する非難とみられる記載がある。佐伯2003, pp.71～72,
　　參照。

　もっとも, これらは差出主体がモンゴル人だった場合と考えられる。 實例
は確認されないが, 耶律楚材(文書15・20の「晋卿丞相」に該当)のような漢
文化人が發した文書があったとすれば, 通常の雅文漢文が使用されたこと
が考えられる。また文書08では他に比べて白話的・直譯的要素が薄いよ
うに, 白話調・直譯調の濃淡は文書によって異なったと考えられる。高麗に
對して送られたモンゴル皇帝の詔旨がそうであるように39), モンゴル人官人
の書狀が雅文調の漢文で記されるケースも考えられなくはないだろう40)。

　以上は文書の文体に關する問題だが, 冒頭形式については, 文書22の
錄文の注記に「來書云, 福裏, 統領蒙古紇漢大軍征討高麗唐古拔都魯言語,
道与高麗王云云」([モンゴル側が]よこした書狀には次のようにある。福
廕のもとに。統領蒙古紇漢大軍征討高麗唐古拔都魯の言葉。高麗王に言う
云々)と記された事例がある。「甲の言語。乙に道与する」という表現は,
モンゴル帝國初期の命令文によくみられる形だが, 「福裏」という冒頭句は
不可解である。「福廕」に言及するならば, 何の「福廕」であるかを示さね
ばならない。

　これに關連して注目されるのは高麗側の文書內にみえる次のような文
言である。

　　文書21「孟夏漸熱, 伏惟, 長生天氣力　蒙古大朝國四海皇帝福裏　大官人閣下,
　　　　　起居千福…」
　　文書22「夏序方廻, 伏惟, 長生天氣力　蒙古大朝國皇帝福裏　帥府大官人閣下,
　　　　　茂膺千福…」

　いずれも文書の冒頭で送付先を問安する挨拶句だが, 送付先を記す個
所に下線部のごとく「長生天氣力。蒙古大朝國皇帝福廕裏」(とこしえの天

---

39)『高麗史』卷23・高宗世家・20年(1233)4月, 同 卷24・高宗世家・40年8月戊午。
40)『高麗史』卷24・高宗世家・41年(1254)7月戊午にみえる, モンゴルの使者多可ら
　　がもたらした雅文調の「文牒」は, 差出名義が不明だが, 官人文書の可能性もある。

の力のもとに。蒙古大朝國皇帝の威福のもとに)という文言が含まれているのである。本來，これはモンゴル命令文において「權限付与」を意味する冒頭定型句である41)。

　おそらく1240年の文書21·22の作成に先だって高麗に送付されてきたモンゴル側の文書の冒頭には，「長生天氣力。蒙古大朝國[四海]皇帝福廕裏。某言語」と記されていたのであろう。そして高麗側がその意味を正確に理解できず，「長生天氣力。蒙古大朝國[四海]皇帝福廕裏」を，發令者たる官人のことを修飾する語句とみなしたのではないだろうか42)(そうだとすると，上記のような後代の定型に近い冒頭句を具備したモンゴル命令文は，このころ初めて高麗に對して使用された可能性が考えられる)。しかしその後，「來書」のテキストに關する情報は，『東文選』に收められるまでの過程で，文書原本ないし錄文の欠損や，書寫のミスといった理由により，「福裏」以前の部分が脱落した狀態で傳わることになったのであろう。

　なおモンゴル帝國の直接統治下であれば，こうした文書に國号を冠する必要はないわけで，「蒙古大朝國皇帝」という名乘りは外國に對して送られる文書であるがゆえの表現であることがわかる。さらに近年，モンゴル帝國に關して「大朝」という称謂の存在が注目され，「大朝」「大朝國」「大朝蒙古國」といった中國史料での用例が紹介されているが43)，「蒙古大朝國」という表現は，高麗史料より判明した新たな知見となる44)。

　また文書21にみえる「蒙古大朝國四海皇帝」という称謂も注意される。

---

41) モンゴル語の"möngke tengri-yin küčün-dür。　yeke mongɣol ulus-un qaɣan-u suu-dur"の直譯である。

42) 前述のごとく，後には，天の權威を發令の據り所とできるのは皇帝·皇族に限られることになる。

43) 于2006，參照。

44) 「蒙古大朝國」という表現は『高麗史』卷23·高宗世家·18年(1231)12月甲戌に收められた文書にもみえる。また前述した1267年のクビライの對日國書には「蒙古大朝」と記されている。

1246年のローマ教皇インノケンティウス4世Innocentius Ⅳ宛て定宗グユ
ク國書の印璽銘には，皇帝の稱謂が「yeke mongγol ulus un dalay
in qan」(モンゴルの國の海の皇帝)と記される[45]。この「dalay in」の
漢譯が「四海」にほかならない。文書21は太宗オゴデイÖgödei期のもの
なので，「四海皇帝dalay in qan (qaγan)」という稱謂が少なくともオゴ
デイ期にさかのぼって確認できることになる[46]。

　前述した威嚇文言もそうであるが，これもまた，モンゴル帝國に關して，
その直接統治下におかれた地域の史料にはみえない事實が，ユーラシア
の極東(韓國)と極西(ヨーロッパ)に殘された史料において見事に符合す
る一例である[47]。

　高麗への送付文書については，モンゴル文正本が存在した可能性も指
摘されており[48]，高麗がモンゴルに送った國書に，モンゴル側から送られ
た文書に關して「以文字之各殊，憑譯解而乃識」(文字が互いに異なるので，
翻譯によって理解した)とある[49]ことが根據のひとつとなる。ただし前出の
『黑韃事略』には，「行於漢人・契丹・女眞諸亡國者，只用漢字」(漢人・契
丹・女眞諸亡國に送る文書は漢字のみ用いる)ともあるので，直譯体漢文
で記された外交文書のすべてにモンゴル文正本があったとみなすのも早
計であろう。

---

45) Pelliot1923, p.22, pl. Ⅱ，參照。ペルシア語で記された本文書は，冒頭句のみ
　　がトルコ語で記されるが，そこにも「とこしえの天の力により，大いなる國全体の，
　　海內のカン，私たちの聖旨」(海老澤2004, p.62)とある。
46) モンゴル皇帝のなかではチンギスとグユクのみがqaγan ではなくqanと呼ばれる。
47) このほかにも，李承休の『賓王錄』に描寫された元の宮廷饗宴の模様が，マルコ・
　　ポーロMarco Poloの『東方見聞錄』の記載に一致するという例がある(森平2004,
　　pp.78〜79，參照)。
48) 宮2006, pp.204〜205。
49) 東國李相國集』卷28・蒙古國使賷上皇帝表,『東文選』卷39・蒙古國使賷回上
　　皇帝表。

5. むすび

　本稿では, 麗蒙交戰期において高麗がモンゴル官人に對して用いた文書形式について檢討し, その歷史的性格を考察した。あわせて高麗側の記錄から窺えるモンゴル側の文書の書式についても若干の論及を行った。

　1218年にモンゴル軍がはじめて高麗に入った際, 高麗は尙書省の名義で文書を送り, そこでは敵礼關係の書簡である致書を用いたケースが確認された。しかしその後, 貢納の壓力を加えてきた「皇大弟」テムゲ＝オッチギンや, そして侵攻が本格化した1231年以降のモンゴル官人に對しては, 上行の書簡形式である啓を國王の名義により送る事例が多數みられるようになり, これが使用文書の主要な形式となった可能性が推測される。このように外國の官人に對し, 國王の名義により, しかも上行形式の文書を使用することは, 高麗史上きわめて異例な事態であり, 王朝の危機を回避しようとする高麗政府の, 苦肉ではあるが, しかし嚴しい現實に對する柔軟な對応と捉えることができよう。

　このことは, この後, 1267年の對日國書に, 外交文書, とりわけ對日文書として異例な國王名義の啓が用いられたことの, 歷史的淵源のひとつになっていると考えられる。

　一方, モンゴル側から送られてきた文書については, モンゴル人官人の文書にいわゆるモンゴル文直譯体白話風漢文の文章が確認されること。「長生天底氣力。蒙古大朝國皇帝福廕裏。甲言語。道与乙」という冒頭表現を用いるケースがあったとみられること。また「蒙古大朝國」「四海皇帝」といった文書中の用語の史料的価値について言及した。

　本稿では, 史料の絶對的な不足のため, 斷片的な文言をもとに推測を積み重ねた部分が多く, あくまでひとつの試論にすぎないことはいうまでもない。なお筆者は，對元講和後における高麗王と元の官府・官人との往復文書について，中書省クラスの最高級官府との間における牒式文書の使用から咨式文書の使用へという変化過程をすでに論じたことがある[50]。本稿でとりあげた內容はその史的前提であるので，あわせて參照されたい。

【表】高麗からモンゴル官人に対して送られた文書

番号	名義	送付先	年次	起草者	書式	出典
01	尙書省	哈眞	1218		※「牒」	KR 趙沖伝; KS 高宗 5/12
02	[尙書]都省	蒙古兵馬元帥	1219	李奎報	某月日右謹致書于某官幕下…惶恐惶恐	蒙古兵馬元帥幕送酒菓書 (L28;T61)
03		蒙古皇太弟(オッチギン)	1219·25	李奎報		蒙古國使齎上皇大弟書 (L28;T61)
04		大王(オッチギン)	1221	兪升旦	右啓…謹啓	同前書(T61) ※回東夏國書에 附記
05	國銜行	閣下(サルタク)	1232	李奎報		國銜行答蒙古書(L28; T61)
06	國銜行	苔兒巨元帥(タングト)	1232	李奎報		同前苔兒巨元帥狀(L28)
07	淮安公	苔兒巨元帥(タングト)	1232	李奎報		淮安公答同前元帥狀(L28)
08		蒙古國元帥	1232	李奎報	右啓…	送蒙古國元帥書(L28;T61;KK19/3/甲午)
09		撒里打官人(サルタク)	1232	李奎報	右啓…　※「致書」	送撒里打官人書(L28;T61;KK19/4/壬戌)
10		河西元帥(タングト)	1232	李奎報	右啓…	送河西元帥書(L28; T61)
11	淮安公	某官	1232	李奎報	右啓…再拜謹啓	淮安公答河西元帥書(李28; 東61)
12		河西元帥(タングト)	1232	李奎報	右啓…不宣謹啓	送某官狀 (L28)
13		蒙古官人	1232	李奎報	右啓…	答蒙古官人書

---

50) 森平2007。

						(L28; T61;KK19/9)
14		沙打官人 (サルタク)	1232	李奎報	右啓…	苔沙打官人書 (L28;T61;KK19/11)
15		晋卿丞相 (耶律楚材)	1232	李奎報	右啓…	送晋卿丞相書(L28; K61)
16		沙打里 (サルタク)	1232	李奎報	右啓…不宣再 拜謹啓	苔沙打里書 (L28; K61; KK19/11)
17		蒙古大官人	1232	李奎報	右啓…不宣再 拜謹啓	送蒙古大官人書 (L28;T61;KK19/12)
18		蒙古大官人	1232	李奎報	右啓…	苔蒙古大官人書 (L28;T61;KK19/12)
19		唐古官人 (タングト)	1238	李奎報		送唐古官人書(L28; T61)
20		晋卿丞相 (耶律楚材)	1238	李奎報		送晋卿丞相書(L28; T61)
21		中山·称海 (粘合重山· チンカイ)	1240	金敞		与中山称海兩官人書 (T61)
22		唐古官人 (タングト)	1240	朴暄		苔唐古官人書(T62)
23		吳悦官人	1240	李藏用		与吳悦官人書(T62)
24	王	也窟(イエグゥ)	1253		※「致書」	KK40/8/己未
25		也窟(イエグゥ)	1253		※「致書」	KK40/9/戊寅
26		也窟·阿毋 侃·吳悦·王 万戸·洪福源	1253		※「致書」	KK40/11/戊寅
27	王	也窟(イエグゥ)	1253		※「書」	KK40/11/戊戌
28	王	胡花官人	1253		※「書」	KK40/11/戊戌
29		車羅大(ジャラ イルタイ)	1256		※「書」	KK43/4/乙亥

凡例) L: ≪東國李相國集≫(數=卷數), T: ≪東文選≫(數=卷數), KK: ≪高麗史≫(數=年
　　　月日), KR;≪高麗史≫列傳, KS;≪高麗史節要≫(數=年月日)
※「　　」は、編纂史料の地の文における当該文書に關する表現。

<引用參照文獻>

井黑忍, 2008, 「金初の外交文書樣式と國際關係－『大金弔伐錄』の檢討を中心に」
國際シンポジウム「10～14世紀東アジアの外交交流史料」(主催：文部
科學省科研費特定領域研究「東アジアの海域交流と日本伝統文化の形
成－寧波を焦点とする學際的創生」文獻資料研究部門・日記班・黑潮
班), 予稿集。

池內宏, 1963, 「蒙古の高麗征伐」同著『滿鮮史研究』中世第3冊, 吉川弘文館。

石井正敏, 2001a, 「神龜四年, 渤海の日本通交開始とその事情－第一回渤海國書
の檢討」同著『日本渤海關係史の研究』, 吉川弘文館。

石井正敏, 2001b, 「古代東アジアの外交と文書－日本と新羅・渤海の例を中心に」
同著『日本渤海關係史の研究』, 吉川弘文館。

海老澤哲雄, 1979, 「モンゴル帝國の對外文書をめぐって」『加賀博士退官記念中
國文史哲學論集』, 講談社。

海老澤哲雄, 1987, 「モンゴル帝國對外文書管見」『東方學』74。

海老澤哲雄, 2004, 「グユクの敎皇あてラテン語譯返書について」『帝京史學』19。

奧村周司, 1979, 「高麗における八關會的秩序と國際環境」『朝鮮史研究會論文
集』16。

小澤重男(譯), 2007, 『元朝秘史(上)』岩波書店。

カルピニ／ルブルク, 1993, 『中央アジア・蒙古旅行記－遊牧民族の實情の記錄』
護雅夫譯, 光風社出版。

佐伯弘次, 2003, 『日本の中世9　モンゴル襲來の衝擊』, 中央公論新社。

竹內理三(編), 1982, 『鎌倉遺文』古文書編23, 東京堂出版。

中西朝美, 2005, 「五代北宋における國書の形式について－「致書」文書の使用狀
況を中心に」『九州大學東洋史論集』33。

中村裕一, 1991, 『唐代制敕研究』, 汲古書院。

中村裕一, 1996, 『唐代公文書研究』, 汲古書院。

平岡定海, 1959, 『東大寺宗性上人の研究並史料(中)』, 日本學術振興會。

船田善之, 2007, 「蒙文直譯体の成立をめぐって－モンゴル政權における公文書

翻譯システムの端緒」『大東文化大學フォーラム』13。

堀敏一, 1998, 「渤海・日本間の國書をめぐって」同著『東アジアのなかの古代日本』, 研文出版。

堀江雅明, 1982, 「モンゴル＝元朝時代の東方三ウルス研究序説」『小野勝年博士頌壽記念東方學論集』, 龍谷大學東洋史學研究會。

堀江雅明, 1985, 「テムゲ＝オッチギンとその子孫」『東洋史苑』24·25。

松川節, 1995, 「大元ウルス命令文の書式」『待兼山論叢(史學篇)』29。

宮紀子, 2006, 「モンゴルが遺した「翻譯」言語－旧本『老乞大』の發見によせて」同著『モンゴル時代の出版文化』, 名古屋大學出版會。

森平雅彦, 2004, 「『賓王錄』にみる至元十年の遣元高麗使」『東洋史研究』63 2。

森平雅彦, 2007, 「牒と咨のあいだ－高麗王と元中書章の往復文書」『史淵』144。

村上正二, 1960, 「蒙古來牒の飜譯」『朝鮮學報』17。

姜晋哲, 1964, 「蒙古의 侵入에 대한 抗爭」『한국사7－武臣政權과 對蒙抗爭』, 국사편찬위원회.

김재홍, 1963, 『원 침략자를 반대한 고려 인민의 투쟁』, 과학원출판사.

南基鶴, 2003, 「高麗と日本の相互認識」『グローバリゼーションの歴史的前提に關する學際的研究』平成12～14年度科學研究費補助金(基盤研究A2)研究成果報告書, 村井章介譯(原載『日本歷史研究』11, 2000年).

盧明鎬, 1997, 「東明王篇과 李奎報의 多元的 天下觀」『震檀學報』83.

盧明鎬, 1999, 「高麗時代의 多元的 天下觀과 海東天子」『韓國史研究』105.

柳在城(執筆) / 蔡漢國(主幹), 1988, 『對蒙抗爭史』, 國防部戰史編纂委員會.

尹龍爀, 1991, 『高麗對蒙抗爭史研究』, 一志社.

윤용혁, 1994, 「몽고 침입에 대한 항쟁」『한국사20－고려 후기의 사회와 대외관계』, 국사편찬위원회.

李益柱, 1996, 「高麗 對蒙抗爭期 講和論의 研究」『歷史學報』151.

張東翼, 2000, 『宋代麗史資料集錄』, 서울대학교출판부.

于采芑, 2006, 「蒙古汗國國号"大朝"考」赫時遠・羅賢佑・烏蘭編『天驕偉業－成吉思汗与蒙古汗國研究紀念文集』, 社會科學文獻出版社.

Henthorn, W.E. 1963 Korea: The Mongol Invasions, E.J.Brill.

Ledyard, G. 1963 Two Mongol Documents from The Kory＝ sa, Journal of the

American Oriental Society 83－2.

Pelliot, P. 1923 Les Mongols et la papauté, Revue de l'Orient chrétien XXIII.

【附記】本稿は文部科學省科學研究費補助金による研究成果の一部である.

삼별초와 여일관계

尹龍爀(공주대학교)

1. 머리말

고려시대 국가적 차원에서의 일본과의 관계는 다른 시대에 비할 때 전반적으로 소원한 관계가 유지되던 시기이다. 이것은 이 시기 정치적 외교적 측면에서 정부 차원 상호간의 필요성이 그만큼 높지 않았던 것을 의미한다. 더욱이 13세기에는 몽고의 전란으로 고려의 영토는 피폐되고 정권과 왕조의 명운이 걸린 절대 절명의 조건 가운데 씨름하고 있었지만, 전란에 처한 대륙의 정세 속에서 일본은 봉건적 체제 가운데 안주함으로써 동아시아 교류의 환경은 활발하지 않았던 것이 사실이다. 13세기 일본의 고려에 대한 국가적 관심이 제기된 것은 몽고의 압박에 의한 새로운 정세의 조성 때문이었다. 장기적인 침략전 끝에 일단 복속을 표방한 고려를 앞세워 몽고는 일본에 대한 압박을 가하였고 이 같은 몽고의 대일 '招諭' 작업에 고려는 그 嚮導로 동원되었다.

본고에서는 1270년부터 1273년까지 진도와 제주도를 거점으로 몽고·고려 연합세력에 저항하였던 삼별초와 일본과의 관계를 고찰하는 것이다. 물론 실제 삼별초와 일본이 상호 어떤 구체적인 외교적 관계를 형성한 것은 아니다. 1271년 일본에 파견된 삼별초의 사신도 일본 조정의 적극적인 주목을 받지 못한 채 거점으로 삼았던 진도가 함락되고 말았기 때문이다. 그러나 반몽의 전선을 새로 형성한 삼별초 세력이 반몽 항전의 새로운 돌파구로서 일본과의 연합전선 구축을 도모하였다는 점, 특히 진도의 함락에도 불구하고 제주도에 있어서도 삼별초의 외교적 전략이 포기되지 않고 일정하게 견지되었다는 점은 주목할 만한 일이다. 그리고 이러한 삼별초의 외교적 전략이 대일 연합전선의 관계에 그치지 않고 남송까지를 시야에 넣은 것이었다는 점을 본고에서 지적하고자 한다.

4년에 걸치는 삼별초의 봉기와 항전은 실패로 결말 되었지만, 몽고의 대일 征役에 일정한 차질을 빚었고 결과적으로 일본에 대한 몽고군의 공격은 순조롭지 않은 경과를 보이게 되었다. 이러한 점에서 삼별초와 일본과의 외교적 관계 이외에 삼별초의 항전이 야기한 정세의 변수를 주목하는 것도 필요한 일일 것이다. 본고에서는 이러한 관점에서 우선 삼별초 항전이 갖는 동아시아 戰局에의 영향 및 대일 관계의 측면을 검토하고, 나아가 삼별초의 대일 외교 관련 문서인 '高麗牒狀不審條々'의 문건을 대일관계의 측면에서 분석하고자 한다. 나아가 삼별초의 외교적 전략이 제주 거점시기에도 일정하게 견지되었다는 점을 정리하고, 한편 최근 오키나와 출토의 고려기와와 삼별초 세력과의 관련성에 대한 논의에 대해서도 본고에서 함께 언급하고자 한다.

2. 삼별초, 그리고 몽고의 對日本 招諭

고려에서 삼별초 봉기가 야기된 시점은 1170년(원종 11) 6월 1일이다. 몽고군이 고려에 침입을 개시하고 최씨정권이 이에 불복하여 저항을 시작한 1231년(고종 18)으로부터 40년만의 일이다. 이 40년 기간 고려는 최씨정권의 집정자 崔瑀·崔沆·崔竩를 거쳐, 金俊과 林衍, 林惟茂에 이르기까지 여러 차례 내부의 정치적 변동이 있었다. 그러나 집정자의 교체에도 불구하고 몽고에 대하여 항전을 고수하는 정책노선은 변하지 않았다. 그것은 무인집정자의 교체가 정권의 성격에 큰 변화를 수반하지 않았기 때문이다. 무인정권은 효과적인 저항을 위하여 침략 이듬해인 1232년 왕도 개경에 가까운 도서인 강화도로 수도를 옮김으로써, 결과적으로 고려는 1231년부터 1259년까지 몽고군에 의하여 6차(11회)에 걸친 침략을 되풀이 받으면서 장기적인 저항전을 지속할 수 있었다. 1270년 삼별초의 봉기는 원종의 개경 환도 결정 및 무인정권의 붕괴라는 정치적 변동 상황에서 야기된 것이다.

잘 알려져 있는 바와 같이 삼별초는 고려 무인정권하 집정자 최우에 의하여 야별초라는 이름으로 조직된 고려의 군사조직이다. 그 시기는 몽고군의 침입 직전인 1230년(고종 17)[1] 경이다. '별초'라는 말에서 나타난 것처럼 이들은 정예군으로 선발된 조직이었으며, 무인정권이라는 정치적 상황 하에서 만들어진 조직이었던 만큼 친정권적 성격과 기반을 갖게 되었다. 때마침 몽고군의 대대적 침략이 시작되자 삼별초는 고려의 가장 강력한 군사집단으로 부각되었으며, 전쟁의 장기화에 따라 그 규모 역시 확장되었다. 야별초가 '삼별초'라는 조직으로 바뀌는 것 또한

---

1) 야별초의 성립 시기에 대해서는 김당택, 「최씨정권과 그 군사적 기반」『고려무인정권연구』새문사, 1987, 186~187쪽 ; 윤용혁, 「삼별초의 봉기와 남천에 관하여」『고려 삼별초의 대몽항쟁』일지사, 2000, 131쪽.

이러한 조직 확대의 결과였다고 할 수 있다. 삼별초는 몽고군의 침입 직전에 무인정권에 의하여 설치되고 1270년 무인정권의 붕괴와 동시에 정부에 의하여 해산 조치가 내려진 무력 집단이라는 점에서 대몽항쟁기 무인정권과 관련한 가장 상징적인 조직이라고 해도 과언이 아니다.

삼별초의 이 같은 성격으로 말미암아 무인정권이 붕괴하고 고려정부가 몽고에 복속한 여건 속에서 삼별초 존립의 근거는 완전히 상실된 셈이었다. 그러나 강력한 군사력의 보유가 문제였다. 개경정부가 삼별초의 해체를 명하고 나선 것은 당연한 수순이었지만, 삼별초가 보유하고 있는 군사력은 몽고에 대한 완전한 굴복을 허용하지 않았다. 이점에서 본다면 1270년 삼별초의 봉기는 고려정부가 몽고에 대한 저항으로부터 복속으로 전환함에 따른 필연적으로 맞게 된 정치적 과정이었다고 할 수 있다. 이제 삼별초는 몽고에 대한 복속이라는 변화된 상황에 대항하는 고려 최후의 세력으로 남게 되는 것이다.

삼별초에 대해서 몇 가지 언급을 먼저 하고자 한다. 첫째는 삼별초에 대한 역사적 평가 문제이다. 삼별초 항전은 근대사학의 관점에 의하여 민족 항전의 대표적 사례라는 평가를 받아 왔다.[2] 그러나 다른 한편

---

2) 왕조체제에 대한 단순한 반란으로 인식되어온 삼별초의 항전을 외세에 대한 자주적 반몽항전의 사례로서 그 의미를 적극 부여한 것은 일제하 김상기의 공헌이었다.(김상기, 「삼별초와 그의 란에 就하야」 『진단학보』 9, 10, 13, 1938~1941 ; 1948, 『동방문화교류사논고』 을유문화사) 이후 삼별초는 대외항전의 대표적 사건 혹은 고려 대몽항쟁의 하이라이트로서 그 의미가 강조되었다. 한편으로 1970년대 군사정권에 뿌리를 둔 정치현실의 맥락에서 삼별초의 항전은 '국난 극복'의 대표적 사례로서 강조되기도 하였다. 정도의 차이는 있지만 민족주의의 맥락에서 구성된 해방 이후의 한국 역사에서 삼별초의 항전이 일정한 역사적 의미를 차지하고 있었던 것은 공통적이었다. 필자 역시 이러한 기왕의 관점에 기초하면서도, 객관적의 사실의 파악이라는 점에 초점을 맞추어 삼별초 항전의 발발과 전개과정 전반을 논문으로 정리한 바 있다. 『고려 삼별초의 대몽항쟁』(일지사, 2000)에 수록되어 있는 「삼별초의 봉기와 남천에 관하여」 「삼별초 진도정부의 수립과 전개」

으로 근년 이 같은 '민족항전'으로서의 평가가 논란의 대상이 되고 있다. 한국역사에서의 민족주의적 관점에 대한 비판과 함께 삼별초 항전의 역사적 의의를 '민족항전'이 아닌 '민의 항쟁'에서 찾아야 한다는 견해가 제기되었다.[3] 그리고 이에서 더 나아가 삼별초에 대한 비판적, 부정적 시각도 제기되었다. '삼별초'는 특정 정권의 정치적 목적에 의하여 조작된 이미지에 불과하다는 것이다. 도리어 이들이 반민족적 집단이었고 그리고 그 행동은 '민족'이 아닌 정권을 '보위'하려는 행동이었다는 견해가 이에 속한다.[4] 삼별초에 대한 이 같은 양극적 평가는 역사적 사건을 과거로서 보다는 지나치게 현재적 상황에 대입하여 해석한데서 오는 시각이라고 생각된다. 특히 삼별초가 고려 장기 항전의 오랜 정치적 기반이었고 봉기시 '반몽구국'을 직접적으로 주창한 점에서, '민족항전'으로서의 역사적 의미를 부정할 이유는 없을 것이다.[5]

　삼별초 항전을 일방적으로 미화하는 것은 문제이다. 그러나 동시에 이 사건이 갖는 역사적 의미를 의도적으로, 혹은 감정적으로 폄하하는 것도 문제가 아닐 수 없다. 최소한 삼별초에 의한 반몽 항전의 역사적

　「삼별초의 진도항전」「삼별초의 제주항전」 등이 그것이다.

3) '삼별초의 항전'이 갖는 의미는 삼별초의 '강인한 민족정신' 등으로 설명될 것이 아니라, 고려 지배층과 몽골의 결탁에 반대하는 일반민의 저항이 폭발적으로 일어난 데 있다고 하였다. 이익주, 「고려후기 몽골침입과 민중항쟁의 성격」『역사비평』 24, 1994, 269쪽.

4) "1970년대 군사 독재정권 아래에서 어용학자들은 무신정권을 민족적이고 진취적인 정치세력으로 높이 평가하고, 삼별초군의 활동을 '국난극복'의 사례로 꼽았다. 군사독재정권의 민족주의적인 정통성을 확보하려는 역사조작의 한 예였다." 이이화, 『몽골의 침략과 30년 항쟁』(한국사 이야기 7), 한길사, 1999, 104쪽, 115쪽.

5) 삼별초의 민족사적 의미에 대해서는 일찍이 村井 교수에 의해서도 주목된 바 있다. '반몽보국'이라는 삼별초의 격문은 삼별초의 강한 민족의식을 집약적으로 표현한 것이라 하였다. 이에 대해서는 村井章介, 「高麗 三別抄の 叛亂と蒙古襲來前夜の日本」『アジアのなかの中世日本』 校倉書房, 1988, 171~172쪽 참조.

사실과 그 의의를 인정할 필요가 있다고 할 것이다. 삼별초의 역사적 의의를 '민의 항전'에서 추구하는 것은 의미 있는 견해이지만, 그것을 반드시 '민족항전'과 배치되는 영역으로 축소 해석할 필요는 없다는 생각이다. 6)

이제 삼별초의 여일 관계와 관련하여 우선 몽고의 고려에 대한 助軍 요구와 몽고측 사신의 일본 파견을 살펴보려고 한다. 그것은 몽고의 일본 침입에 대한 설명이기 때문이다. 몽고의 조군 요구는 처음부터 명확히 일본을 겨냥한 것은 아니었지만 몽사의 일본 파견 추이에 상응하여 일본에의 군사적 공격으로 진전되어간 사안이었다. 몽고의 대일 견사는 1266년에 처음 시도된 이후, 2차 1267년, 3차 1268년, 4차 1269년, 5차 1271년, 6차 1272년, 7차 1273년 등, 여원 연합군의 일본침입(1274)에 이르기 까지 거의 해마다 이루어졌다.7) 1266년 1273년까지의 추이를 간략히 정리하면 다음 〈표〉와 같다.8)

---

6) 삼별초의 역사적 평가 문제에 대해서는 기왕에 발표된 필자의 「삼별초 대몽항전을 보는 여러 시각」(『고려 삼별초의 대몽항쟁』 일지사, 2000)을 함께 참조 요망. 또 김일우·이정란은 「삼별초 대몽항쟁의 주도층과 그 의미」(『제주도사연구』 11, 2002, 25~27쪽)에서, 삼별초 항쟁이 갖는 역사적 성격을 민중적 성격과 항몽적 성격의 양면에서 평가해야 하고 삼별초를 포함한 고려의 장기항전이, 원의 간섭기에도 불구하고 고려의 독립성 유지에 기여하였다는 의견을 제시하였다. 한편 필자는 근년 삼별초에 대한 평가 문제를 포함하여 고려 장기항전의 요인, 전쟁시의 강화도 문제, 대몽항전 유적에 관한 문제 등 고려 대몽항전 전반과 관련한 논의점을 추출하여 정리한 바 있다. Yoon Yong-hyuk, The Focal Issues in the Historical Study of the Koryo's Resistance against Mongol, *International Journal of Korean History 10*, 2006 참고.

7) 원의 견사는 大德 3년(1299) 11차까지 진행되었다. 이에 대한 전반적 설명은 김위현, 「여·원 일본 정벌군의 출정과 여원관계」『국사관논총』 9, 1989, 4~10쪽.

8) 『고려사』『원고려기사』『원사』 등 참고. 일본측 자료는 장동익, 『일본 고중세 고려자료 연구』, 서울대출판부, 2004를 참고함.

〈표〉 몽고의 對日 招諭 견사(1266~1273)

次數	연도	遣使 명단	견사의 경과	국서의 내용	결 과
1	1266	<몽고>黑的(병부시랑), 殷弘(예부시랑) <고려>宋君斐(추밀원부사), 金贊(시어사)	11월 파견, 거제도에서 출항 직전 기상을 핑계로 포기		거제도에서 포기
2	1267	<고려>潘阜(기거사인), 李挺(서장관)	몽고와 고려 국서 전달, 태재부에서 5개월 대기, 경도에는 가지 못함	<몽고국서> 일본의 복속을 권유하며 用兵의 가능성도 간접적으로 암시 <고려국서> 몽고의 의도가 우호관계 수립이라는 것으로 일본 설득	국서에 대한 회답을 받지 못함. 몽고 및 고려의 국서를 동대사에 전함
3	1268	<몽고> 黑的, 殷弘 외 6인 <고려>申思佺(지문하성사), 陳子厚(예부시랑), 潘阜 외 1인 도합 70여 명	12월 파견, 1269년 3월 귀국시 대마도의 일본 포로 2명(塔二郎, 彌二郎) 대동		대일본 군사력 투입 가능성 시사(10월)
4	1269	<고려> 金有成, 高柔	7월 왜 포로를 송환한다는 명분으로 파견. 대마도에서 보낸 편지는 태재부, 막부를 거쳐 경도에 보냄. 대마도를 거쳐 태재부에서 체재	<원 중서성의 첩장>일본의 내속 요구 및 무력 사용 가능성도 언급	일본은 거절의 답장을 작성 하였으나 보내지는 않음.
5	1271	<몽고> 趙良弼 <고려>徐稱(별장) 일행 100여 명	9월, 대마도 거치지 않고 19일 규슈 今津 도착, 태재부로 직행. 국서를 직접 전달하고자 하였으나 실패하고, 국서 사본만을 경도로 보냄. 1272년 1월까지 체재		일본사신 12명을 원에 들여보냈으나 원 세조가 접견 거부(조작된 사신) 조양필이 휴대한 서장이 남아 있음

| 6 | 1272 | 고려 사신 | 2월 13일 원종이 일본 국왕에게 서신을 보내 초유함
4월 일본 파견 원에 보낸 사신단 호송 귀국케 함 | | 내용 불명확 |
| 7 | 1272 | (몽고) 趙良弼 | 4월 일본 파견, 1273년 3월까지 체재. 태재부에서 경도에는 들어가지 못하고 돌아옴. | | |

　　1268년 고려 반부를 통하여 일본에 전달한 국서가 무위로 끝나자 몽고는 고려에 요구하였던 송 정벌에 대한 助軍 요구, 군사 1만, 선박 1천 척의 조성 작업을 감독하는 한편, 경우에 따라서는 이를 일본에 투입할 것도 고려하게 된다.

　　몽고의 고려에 대한 조군 요구는 처음에는 일본보다 대남송전을 전제로 추진되었다. 1268년(원종 9) 3월 于也孫脫 등이 전한 세조 쿠빌라이의 조서에서 대송전을 앞두고 고려에 대해 군사와 병선 조달에 대한 준비, 군량의 저축을 주문한 것이 그것이다. 그해(1268) 6월(을사) 몽고는 㖫都止를 파견하여 병선의 수와 군대 인원수를 점검하고 8월 대장군 崔東秀는 몽고에 입조하여 助軍을 위한 군사 1만의 확보 및 병선 1천 척 건조를 시작했다고 보고하였다. 10월에는 위 사항을 점검하기 위해 몽고로부터 脫朶兒·王國昌·劉傑 등 14명이 입국하였는데 휴대한 蒙帝의 조서에는 이들 사신의 지시에 의하여 배를 건조할 것이며, 군대와 선박을 잘 정돈하여 남송이든 일본이든 사용할 수 있도록 대비할 것, 흑산도와 일본 간의 길을 탐색하도록 지시하는 내용 등이 포함되어 있다. 왕국창, 유걸 등은 고려 도착 즉시 흑산도 현지를 점검하였고, 흑산도에서 돌아온 유걸은 다시 造船 상황을 점검하기 위해 서해도로 나갔다고 한다.[9]

---

9)『고려사』26, 원종세가 8년.

이 무렵 몽고는 남송에 대한 공격이 우선적 과제였기 때문에 고려의 助軍 문제는 일본보다 남송에 대하여 초점이 맞추어져 있었다. 1268년 (원종 9) 10월 쿠빌라이는 도원수 阿朮(아출), 劉整 등에 7만의 군으로 漢水 북안의 요새 襄陽을 포위 공격케 함으로써 남송에 대한 본격적인 작전에 돌입하였다.[10] 그러나 남송 공격을 위한 고려의 조군은 실행되지 않았다. 아마 고려에서의 발진과 대남송전에의 투입이 실제 효율성이 크지 않다는 판단이 전제 되었을 수 있지만, 무엇보다 1270년 삼별초의 봉기는 고려의 대송 조군을 현실적으로 불가능하게 하였다. 고려정부가 개경으로 환도하고 삼별초가 진도에 대치하고 있던 1270년 12월 원 세조의 조서는 고려가 造船 및 징병 명령을 승낙하고서도 성과가 없는 것을 질책하면서, "남송이건 일본이건 유사시에 대비하여 병마와 군선, 식량을 빨리 준비하도록" 다시 지시하고 있는 것을 보면[11] 군선의 조선 문제는 여전히 미완의 단계에 있었으며, 고려군을 남송으로 보낼지 일본으로 보낼지도 결정되어 있지 않는 단계에 있었음을 알 수 있다. 이로써 보면 고려의 대규모 군선 조성과 1274년 일본침략에의 참여는 이미 예견된 것이었던 것이며, 다만 1270년 삼별초의 반몽 봉기와 저항이라는 새로운 상황 전개로 인하여 그 일정이 일단 지체되었던 셈이다.

고려의 조선작업과 관련하여 이 시기 주목되는 사실의 하나는 1272년 3월 전함병량도감의 설치이다. 명칭상 이것은 대규모 군선과 군량을 확보하려는 기구의 신설인데, 단기적으로는 제주 삼별초에 대한 대공세를 위한 준비였겠지만 동시에 그것은 일본정벌까지를 염두에 둔 기구였다고 생각된다. 이 무렵 일본 招諭에 대한 문제가 점차 구체화되고 있었고 이 도감의 설치가 여원관계의 일환으로 제기되고 있기 때문이다.[12] 특히 1271년 9월 일본에 파견되었던 몽고의 國信使 趙良弼은

---

10) ドーソン 『蒙古史』, 三田史學會, 1933, 538~539쪽.
11) 『고려사』 27, 원종세가 11년 12월.
12) 戰艦兵糧都監과 함께 鈿函造成都監이 설치되었는데 후자는 원 황후의 대장경

"11월을 기한으로 여전히 회답이 없으면 병선을 보내겠다"는 통첩을 보내기까지 하였다.[13] 이때에 이미 몽고군은 금주(김해)에 주둔하여 일본에 대한 군사적 압박을 시작한 상태였다. 일본에서 귀환한 조양필이 일본을 자극하지 않기 위하여 금주 주둔 원 군사의 이동 배치를 요청하고 있는 점에서 전년 조양필 파견 당시 일본에 대한 압박책으로 원군이 금주에 이미 주둔해 있었음을 짐작할 수 있다.[14] 이 같은 추이는 고려를 앞세운 차후의 군사적 행보가 이제 남송이 아닌 일본을 향하고 있음을 확인하는 것이며, 특히 조양필의 제5차 견사를 계기로 일본에 대한 군사적 조치가 불가피하게 될 것임을 예고하는 것이었다. 다만 진도 함몰 이후 제주도를 거점으로 여전히 서남해 연안에 대한 장악력을 상실하지 않은 삼별초의 존재로 인하여 일본에 대한 군사적 조치 시기는 더 늦추어질 수밖에 없는 실정이었다.

이상에서 보는 것처럼 대외정벌을 위한 고려의 助軍 및 造船에 관한 문제는 삼별초 봉기 이전부터 제기되었으나 삼별초의 봉기라는 고려의 정치 상황으로 인하여 지연되었다. 1266년부터 개시된 몽고의 대일 초유, 1268년 남송전의 본격적 재개 등의 진전을 감안하면. 1270년 삼별초의 봉기가 없었을 경우라면 대략 1271년 경에는 대일 무력 공격이 시도 되었을 가능성이 높다. 따라서 삼별초 봉기에 의하여 대략 2년 정도 연합군의 대일 공격 시점이 지연된 것이라고 필자는 생각한다. 1270년 삼별초 봉기의 해에 대일 초유의 견사가 1년을 거르게 되었던 것에서도 그러한 결론을 유추할 수 있다.[15] 이에 대해 村井 교수는 삼별초의 봉

보관을 위한 용품 제작을 위한 것이었다(『고려사』 27, 원종세가 13년 갑진).

13) "此上以來十一月可爲期 猶爲無音者 可艤兵船云云"(『吉續記』 문영 8년 10월 24일).

14) 『원사』7, 지원 9년 3월 을축. 조양필은 이들 금주의 원군이 제주 삼별초를 치기 위한 것이지 일본에 대한 것이 아니라고 변명하고 있다. 이에 대해서는 山本光朗, 「元使趙良弼について」 『史流』 40, 北海道敎育大學 史學會, 2001, 39쪽 참조.

기로 인한 대일 征役 저지 요인을 다음 몇 가지로 나누어 설명한 바 있다. 몽고의 둔전군 및 일본 원정에 사용할 함선에 대한 삼별초의 공격, 몽고(원) 둔전군에 공급될 貢賦가 경상, 전라지역에서 정상적으로 공급되지 못한 점, 일본원정에 투입하려던 둔전군을 삼별초 진압에 轉用하지 않을 수 없었던 점 등이 그것이다.[16] 그러나 다른 한편 진도와 제주도에서의 삼별초와의 해전 경험은 그 다음해 일본침입과 관련하여 몽고군에게는 하나의 '좋은 연습 기회'를 제공한 셈이라는 평가도 있다.

대일 초유 과정에서는 제1차 여원군의 일본침입 전년인 1273년까지 4회에 걸쳐 매년 초유 사절이 파견되었다. 앞의 표에서 보는 것처럼 그 가운데 1270년 한 해만 사절 파견이 거르고 다시 속개되고 있는데, 이 같은 1년의 休止는 삼별초의 봉기로 인하여 남부 연안 일대가 진도 거점 삼별초의 세력권에 포함된 복잡한 상황 때문이었을 것이다. 삼별초의 대일 연합전선 추구는 기본적으로는 여원관계의 역사성과 지리적 인접성에 의하여 제안될 수 있었던 것이기는 하다. 그러나 동시에 이처럼 수년 전부터 추진해온 일본에의 초유, 그리고 대일 정역을 염두에 둔 군선의 준비 등 일련의 상황이 삼별초로 하여금 여원연합세력에 대한 열세를 보완하기 위한 방안으로서 일본과의 연대를 구체적으로 모색하게 되는 계기를 자연스럽게 조성한 것이라고 할 수 있을 것이다.

고려의 대일본 초유 과정 및 이후의 사태 진전에서 확인되는 사실의 하나는 고려와 몽고를 하나의 동일범주로 파악하는 일본의 입장이다.

---

15) 삼별초 봉기가 여몽군의 일본 침입을 지연 시켰다는 것에 대해서는 많은 동의가 전제되어 있다. 일찍이 旗田 巍는 이점을 지적하여 "이 항전이 없었다면 몽고는 더 일찍 일본을 습격했을 것이다. 일본원정을 위한 둔전군은 삼별초 때문에 움직이지 못하게 되어 삼별초 토벌에 轉用될 수 밖에 없었다. (중략) 객관적으로 보면 삼별초의 란은 몽고의 일본 침입을 지연시키고 방위 준비를 갖출 시간을 준 것"이라고 단정 하였다(旗田 巍 『元寇』 中央公論社, 106쪽).

16) 村井章介, 「高麗 三別抄の叛亂と蒙古襲來前夜の日本」 『アジアのなかの中世日本』, 校倉書房, 1988, pp.160~161.

심지어 개경정부와 삼별초에 대해서도 이를 구분하는 의식이 없었다는 점을 주목하게 된다.[17]

3. 삼별초의 대일첩장에 대한 검토

1270년 6월 1일, 강화도의 삼별초는 몽고에 복속하여 개경으로 환도한 원종의 고려정부에 반기를 들고 봉기하였다. 이들은 몽고에 복속한 개경정부를 전면 부정하고, 새로 조직한 그들의 정부야말로 고려의 정통정부라는 인식이었다. 이들은 봉기 직후 강화도로부터 진도로 이동, 용장성을 구심점으로 독자적인 세력을 구축하면서 개경정부와 대결하였다. 구 후백제 지역과 남부 해안지역을 아우르는 연안 해양세력권을 기반으로 하여 개경정부에 대항하는 한편 몽고의 압력에 대응하는 방편으로 일본과의 공동전선을 구축하려 했다는 것은 잘 알려져 있는 사실이다.

삼별초의 대일 교섭에 대해서 그 가능성을 가장 먼저 논의한 것은 根本 誠씨이다.[18] 『吉續記』의 문영 8년 9월의 '고려첩장'에 대한 해석이 그것이다.[19] 그리고 이것은 '고려첩장 불심조조' 문서의 발견에 의하여 사실로서 확인되었다. 이에 의하면 진도정부가 일본에 사신을 파

---

17) 남기학, 「몽고침입과 중세 일본의 대외관계」 『아시아문화』 12, 한림대 아시아문화연구소, 1996, 474쪽.
18) 根本 誠, 「文永の役までの日蒙外交 —特に蒙古の遣使と日本の態度」 『軍事史學』 5, 1966, pp.58~60.
19) 일본에 전해진 '고려첩장'에 대한 논의는 『吉續記』의 문영 8년(1271) 9월 2일부터 시작되고 있다. 관련 기록은 장동익, 『일본 고중세 고려자료 연구』, 139~143쪽에서 볼 수 있다. 『吉續記』는 가마쿠라 시기의 인물인 藤原經長 (1143~1200)에 의한 1167년부터 1302년까지의 일기체의 기록으로서 여원 연합군의 일본정벌 관련 기록 9건이 포함되어 있다(張東翼, 『일본 고중세 고려자료 연구』, 143쪽).

견, 대몽항전에 있어 공동의 보조와 협조를 타진하게 된 것은 원종 12년(1271)의 일이다. 진도에서 보낸 편지는 진도정부가 몽고군에 의해 무너진 한참 뒤인 9월 초에야 鎌倉 막부를 거쳐 京都의 조정에 전달되었다. 이 서신을 가져온 사신은 아마 7월 말 이전에 하카다 부근에 도착했을 것이라 추측되고 있는데, 진도에서의 출발을 진도에 대한 대공세가 이루어진 5월 15일 이전으로 본다고 한다면 하카타(博多) 혹은 다자이후(太宰府) 도착은 대략 5, 6월경의 일이어야 한다.

진도정부가 일본에 보낸 편지 내용에 대해서는 『吉續記』의 동년 9월 4일조에 몽고가 일본을 치게 될 것임을 먼저 경고하고 아울러 식량과 병력으로 협조해 줄 것을 구체적으로 요청하는 내용이 있다.[20] 잘 알려진 바와 같이, 동경대학 사료편찬소의 보관문서인 「高麗牒狀不審條條」는 이때 진도정부에서 보낸 편지의 내용에 대하여 좀더 구체적인 지식을 전하고 있다. 이 문서가 진도의 삼별초가 보낸 편지 그 자체는 아니지만, 편지의 주요 내용을 조목조목 언급하고 있어 삼별초의 일본에 대한 기대와 당시 진도정부의 내부사정에 대하여 귀중한 정보를 얻을 수 있다는 점에서 매우 중요한 자료이다. 그 전문은 다음과 같다.

高麗牒狀不審條條

一. 以前狀(文永五年) 揚蒙古之德 今度狀(文永八年) 韋毳者無遠慮 云云 如何

一. 文永五年狀 書年號 今度不書年號事

一. 以前狀 歸蒙古之德 成君臣之禮云云 今狀 遷宅江華近四十年 被髮左衽

　　聖賢所惡 仍又遷都珍島事

一. 今度狀 端二ハ 不從成戰之思也 奥二ハ 爲蒙被使云云 前後相違 如何

---

20) "件牒狀趣 蒙古兵可來責日本 又乞糧 此外乞救兵歟 就狀了見區分"(『吉續記』 문영8년 9월 5일) 장동익, 『일본 고중세 고려자료 연구』, 139쪽.

一. 漂風人護送事
一. 屯金海府之兵　先二十許人　送日本國事
一. 我本朝統合三韓事
一. 安寧社稷待天時事
一. 請胡騎數萬兵事
一. 達冤旒許垂寬宥事
一. 奉贄事
一. 貴朝遣使問訊事

　　진도 삼별초정부가 보낸 편지에는 첫째, 몽고에 대한 비난, 반몽 의지가 명백히 나타나 있다. 가령 제1조에서 몽고를 '韋毳(위취)'(짐승의 가죽)라는 말로, 3조에서 몽고풍속(문화)을 '被髮左衽'(오랑캐의 습속)이라는 문자로 지칭한 것 등은 공식적 외교문서로서는 매우 강렬한 반몽 의지의 표현들이다.

　　둘째, 당시 삼별초 정부는 진도정부야말로 정통의 '고려'정부임을 표방하고 있다는 점이 주목된다. 이 때문에 본 문서의 제목은 '高麗牒狀'이며, 강화도에서의 40년 항전이후 항몽 전통을 계승하여 진도로 천도하였음을 제3조에서 밝히고 있다.

　　셋째, 진도정부와 일본과의 공동적 운명 내지 진도정부의 일본에 대한 배려가 강조되고 있다. 이 같은 내용은 특별히 몽고 침략의 위기적 상황을 일본과 공동으로 타개해 나갈 것을 소망하는 삼별초정부의 기대가 표현된 것이라 하겠다. "情況을 직접 보게 하기 위하여" 사절의 파견을 일본에 요청한 것으로 보아, 진도정부는 일본과의 반몽 항전을 위한 일종의 공동전선을 희망하였던 것임을 알 수 있다.[21]

　　고려첩장 문서의 이상과 같은 맥락은 일본과의 공동운명을 강조함으

---

21) 石井正敏, 「文永八年來日の高麗使について」『東京大學史料編纂所報』 12, 1978 ; 柳永哲, 「高麗牒狀不審條條의 재검토」『한국중세사연구』 1, 1994. 石井의 논문은 필자가 「삼별초의 대일 통교사료」라는 제목으로 번역 소개한 바 있다(『史鄕』 2, 공주사대 역사교육과, 1985).

로써 진도정부가 일본의 구체적 지원 가능성을 타진하게 된 것이라 하
겠다. 삼별초 진도정부의 對日 사신 파견은 공동 대처를 주장하는 입장
으로서 군량, 병력 등의 실질적인 문제를　타개하기 위한 일정한 목적
이 있었다. 실제 진도정부가 식량의 결핍을 우려하고 있었던 사실은 원
종 12년 몽고측의 진도에 대한 첩보에 의하여 확인되는 사실이다. 진도
정부는 몽고군의 대규모 공세를 목전에 두고 병력면에서도 상대적인 열
세에 있었던 것으로 보이며 이 때문에 일본과의 연대를 타개책으로 시
도하였던 것이라 하겠다.[22]

　　문제의 삼별초 첩장 관련 자료에 대해서는 石井 씨의 소개와 해석
이래 여러 번의 검토가 있었지만, 삼별초의 대일관계를 엿볼 수 있는
기본 자료라는 점에서 지금까지의 자료에 대한 논의를 정리할 필요가
있다. 문건 중 특히 당시의 대일관계상 직접 연관되는 것은 4, 5, 6번째
의 문구이기 때문에 여기에 한정하여 검토하고자 한다. 4번째 문구에서
부터 보기로 한다.

　　　一. 今度狀　端ニハ　不從成戰之思也　奧ニハ　爲蒙被使云云　前後相違
　　　　如何

　　우선 문자 판독의 면에서는 '思'를 '由'로 보는 의견과[23] '被'를 '所'
로 보는 의견이[24] 제기되었다. 문건의 해석에서는 '不從成戰之思也'에
대하여 "따르지 않으면 싸움이 일어난다" 또는 "몽고의 일본 공격에 따
르지 않겠다는 뜻을 나타낸 것으로 이해하는 것도 가능"하다는 해석된

---

22) 삼별초 문서를 포함한 진도 삼별초 전반에 대해서는 윤용혁, 「삼별초 진도
　　정부의 수립과 전개」「삼별초의 진도항전」(『고려 삼별초의 대몽항쟁』, 일
　　지사, 2000) 참고.
23) 柳永哲, 「'고려첩장불심조조'의 재검토」『한국중세사연구』, 1994, 163~164쪽.
24) 이기백 편, 『한국 상대 고문서 자료 집성』, 일지사, 306쪽 1987 ; 한편 村井
　　章介 교수는 본고에 대한 토론에서 '被'를 '彼'로 보는 견해를 조심스럽게
　　제시한 바 있다. 필자로서는 이 글자의 실체를 판단하기 어렵다.

바 있다. 그러나 '爲蒙被使'에 대해서는 앞의 문장과 그 내용이 어떻게 연결되어 '前後가 相違'한 것인지 잘 파악되지 않는다고 하였다.[25] 그 후 김윤곤은 위 문장의 내용을 "삼별초 정부에 일본이 군량과 원병을 보내라, 이 명령에 쫓지 않으면 일본과 몽고의 싸움이 벌어지게 될 것이고, 일본은 '몽고에 부림을 당하게 될 것'이다."[26]라고 정리하였다. 여기에서는 '不從'의 주체를 일본으로 설정하고 그 내용은 삼별초에 대한 일본의 '不從'을 가정하고, '爲蒙被使'의 주체 역사 일본으로 설정한 것이다. 이에 대하여 류영철은 '부종성전'의 주체는 삼별초, '위몽피사'의 주체는 개경정부라는 전제하에서 위의 문건을 "(항복 출륙환도 등 몽고의 요구를) 따르지 않은 것이 (삼별초와 몽고·개경정부 간) 전쟁이 이루어진 이유이다", 그리고 '爲蒙被使'는 "(개경정부가) 몽고의 부림 당하는 바 되었다"고 해석하였다. 일본 입장에서는 고려가 항복하였다고도 하고 몽고와 一戰을 決하게 되었다고도 하니 혼동을 일으킬 수밖에 없었다는 것이다.[27] 한편 이영 씨도 류영철과 유사한 의견을 제시한 바 있다.[28]

'불심조조'의 문서 내용은 대체로 원래 첩장 내용의 순서에 따라 메모된 것으로 보인다. 위의 문건은 앞부분에 위치한 것으로서, 대략 지금까지의 경과 설명과 관련한 부분이라 할 수 있다. 따라서 미래형의 요구보다는 과거형의 설명 내용일 것으로 생각된다. 이러한 관점에서 보면 몽고의 요구에 응하지 않아서 우리(삼별초)는 전쟁에 들어가게 되었고, 반면 개경측은 몽고에 복속되어 부림을 당하게 되었다는 류영철의 설명이 설득력이 있다. 이것은 첩장 가운데 1270년을 전후한 고려에

---

25) 石井正敏, 「文永八年來日の高麗使について」, p.5.

26) 김윤곤, 「삼별초의 대몽항전과 지방 군현민」 『동양문화』 21·22합, 1981, 4~5쪽.

27) 류영철, 「'고려첩장불심조조'의 재검토」 『한국중세사연구』, 1994.

28) 李領, 「'元寇'と日本·高麗關係」 『倭寇日麗關係史』, 東京大學出版會, 1999, 103쪽.

서의 정세 변동에 대한 간략한 언급이 포함되어 있었음을 의미한다. 다만 이에 대하여 일본 측에서는 개경정부에 대한 삼별초의 신정부 수립 등 당시 고려의 정세 변화에 대한 사전 지식이 전무 했던 탓으로 그 의미를 파악하지 못한 것으로 생각된다. 이 때문에 전쟁을 하게 되었다는 것은 무엇이고, 복속되어 부림당하게 되었다는 것은 무엇인지 전후가 맞지 않다는 혼동을 야기한 것이다. 이 같은 일본 측의 혼선과 불명확한 인식은 '불심조조'에서만이 아니라 한편으로『吉續記』기록 가운데서도 나타나 있다.29) 고려에서 야기된 일련의 정세 변화를 일본에서는 전혀 인지하지 못하고 있었고, 따라서의 첩장의 文面 내용을 이해하지 못하였던 것이다.

一. 漂風人護送事

일본측의 표풍인을 삼별초가 호송했다는 내용인데, 해석상으로는 별문제가 없어 보인다. 원종 년간(1263년, 원종 4년 6, 7월) 고려 연해에서 일본측의 선박이 조난을 당하고 漂風人들이 고려측에 의하여 본국에 호송된 사례들이 다음과 같이 보고 되고 있다.30)

○ 6월, 일본 官船大使 如眞 등이 불법을 배우려 송으로 가던 중 바람을 만나 승, 속 합하여 230인이 開也召島에 닿고, 265인은 군산도와 추자도에 머물렀다.
○ 太宰府 少卿殿의 상선에 탔던 78명이 송에서 일본으로 귀국하다가 바람을

---

29) "당시의 조정에서는 외교문서를 정확히 읽고 상대측의 입장과 의도를 정확히 파악할 능력을 가진 사람이 없었던 것이다. 그 결과 評定은 일본의 국가로서의 외교적 대응을 策定하는 중요한 회의라기보다는 高辻長成, 日野資宣, 藤原茂範 등 儒者들이 한문 독해 능력을 다투는 場이 되어버리고 있다." (村井章介,「高麗 三別抄の叛亂と蒙古襲來前夜の日本」『アジアのなかの中世日本』, 校倉書房, 1988, p.167).
30)『고려사』원종세가 6월, 7월.

> 만나 배를 잃고 小船으로 宣州 加次島에 정박하게 되었으므로, 전라도 안
> 찰사에게 명하여 식량과 배를 주고 본국에 호송해 주었다.(6월)
> ○ 7월(을사) 일본상선 30인이 바람으로 표류하여 龜州의 艾島에 머무르므로
> 식량을 주어 (본국으로) 호송하였다.

이에 의하여 당시 고려 연안 해로에서 일본 선박의 해난사고가 종종
발생하고 이에 따른 표풍인의 호송이 이루어지고 있었음을 알 수 있다.
위의 선박들은 모두 남송과 왕래하던 일본의 선박이며, 표류 혹은 정박
지점이 개야소도(서천, 현재는 군산시 개야도), 군산도(군산 선유도),
추자도, 가차도(평북 선천), 애도(평북 구성, 현재는 정주) 등 거의 서
해 연안 남북 전역에 걸치고 있어 당시 일본의 대송 왕래가 강남으로의
직항로와 함께 한반도 연해를 북상하여 중국 연해를 돌아 남하하는 연
안 항로가 여전히 이용되고 있었음을 말해준다. 그 과정에서 종종의 해
난사고가 서해 연안에서 야기되었고, 이들 표풍인을 돌려보내는 일이
있었음을 말해준다.[31) 1270년 삼별초 봉기 이후 서남해 연안을 삼별초
가 장악하고 있었기 때문에, 이 시기 서해 연안 표풍인 문제가 삼별초
의 관할 하에 들어가게 된 것이다. 류영철은 이 표풍인의 호송이 구태
여 '불심조조'에서 언급되었던 이유는, 당시 삼별초에 의한 '표풍인 호
송사'에 대한 사실을 막부에서 알지 못하고 있었기 때문일 것이라고 추
측 하였다.[32) 太宰府의 少卿殿 상선의 경우처럼, 당시 일본은 지방 영
주, 혹은 사원이 주체가 되어 직접 상선을 파견하고 교역을 하고 있었
기 때문에 이 같은 제반의 사실을 일본 정부 혹은 업무 담당자가 상세
히 파악하고 있지는 못하였을 것으로 생각된다.

다만 '불심조조'에서 '표풍인'이라 한, 이 표풍인의 성격에 대한 문제

---

31) 60년 후인 1323년 寧波(明州)를 출발하여 博多를 향하던 무역선이 전남 신
　　안 앞바다에서 침몰한 것도, 혹시는 이 선박이 강남과 일본열도의 직항로
　　가 아닌 고려 서해 연안해로를 이용 중이었던 것인지 모른다.
32) 류영철, 앞의 「'고려첩장불심조조'의 재검토」, 168~169쪽.

가 남는다. 1270년 삼별초 봉기 이후는 서해 연안이 일종의 전시 상태에 놓여져 있었기 때문에, 문제의 '표풍인'은 순수한 표풍인이었다기 보다는 남해와 서해 연안을 장악하고 있던 삼별초에 의하여 항해도중 구류된 집단일 가능성이 많은 것으로 생각된다. 삼별초는 잠재적 연합세력인 일본과의 通好를 여는 방안으로 이들을 본국에 호송하였고, 따라서 일본측에의 첩장에서도 이 점을 특히 강조하여 언급하였을 것이다. '불심조조'에서 '표풍인 호송사'라고 언급한 부분은 이러한 맥락에서 읽는 것이 이해에 도움이 된다.

一. 屯金海府之兵 先二十許人 送日本國事

"김해부에 주둔하고 있던 군사중 먼저 20여 명을 일본에 보냈다"는 내용이다. 여기에서 무엇보다 문제가 되는 것은 '屯金海府之兵'의 정체에 관한 문제이다. 이에 대해 石井 씨는 이들이 몽고군 병사로서, 일본으로 가는 조양필 일행의 정보를 전하기 위하여 일본에 보내진 병사라고 해석하였다. 1271년 9월 19일 큐슈의 今津에 도착한 당시 원사 趙良弼 일행의 사신단의 규모는 '100여 인'에 이르는 것으로 되어 있는데,[33] 이 문서에서 100명이 아닌 '20여 명'이라 한 것은 그만큼 삼별초 측의 부정확한 정보를 반영하는 것이라는 것이다.[34] 元使 조양필 일행이 고려에 당도한 것은 같은 해(1271) 정월(기묘일)의 일이었다. 忽林赤·王國昌·洪茶丘 등이 동행하였는데, 조양필 이외의 이들 휘하 군사는 조양필이 일본에서 돌아올 때까지 금주(김해) 등지의 해변에서 대기하도록 조치하였다.[35] 이는 원사 일행에 대하여 야기될 수 있는 만일의 사태를 대비함과 동시에 이를 예방하기 위한 압력 조치였다고 할 수 있다.

---

33) 『五代帝王物語』(續群書類從完成會本 3) 石井 논문에서 재인용.
34) 石井正敏 앞의 「文永八年來日の高麗使について」.
35) 『고려사』 27, 원종세가 12년 정월 기묘.

그러나 일본에 파견되는 몽고 사신 조양필 선발대로서의 몽고병사가 금번 삼별초의 사행과 어떤 연관이 있는 것인지는 잘 이해되지 않는다. 이 때문에 김윤곤은 이 김해부의 병사를 몽고병이라 한 해석을 반대하고, 이 20명 군사가 '포로된 왜구'일 것으로 해석하였다. 이에 대해 류영철도 일본에 보내진 이 20명 병사가 김해를 침입했다가 포로된 왜구이며, 원종 12년(1271) 4월 삼별초가 금주를 습격했을 때 탈취한 것으로, 이들 탈취한 왜구를 삼별초가 일본 본국에 돌려보낸 것이라고 설명하였다. 이 경우 '屯金海府之兵'의 '屯'의 의미가 문제인데, 여기에서의 '둔'은 억류의 의미이며, "일본에 대한 외교적 의례로서 김해에 억류되어 있던 왜구들을 김해부의 둔병으로 표현한 것"이라는 것이다.[36]

이영 씨는 이 문제와 관련하여 1271년 3, 4월의 금주 일대에 대한 삼별초의 대대적 공략을 주목하고 있다. 즉 이 시기가 대일본 첩장의 작성 및 발송시기에 해당한다는 점 때문인데, 그는 첩장의 작성 시기를 원 세조의 조서를 진도에 가져온 박천주의 귀경 이후로부터 삼별초가 장흥부 등을 공격함으로써 남해 연안에 대한 공세를 본격화하는 2월 계묘일 사이로 추정하였다.[37] 아울러 삼별초의 첩장이 보내진 후라고 할 수 있는 1271년 5월 조양필은 아직 개경에 머물러 있고, 조양필이 일본을 다녀올 동안 금주에 대기해 있어야 할 홍다구는 삼별초의 거점 진도 공격전에 투입되어 있는 사실을 지적하였다.[38] 조양필이 개경을 출발하는 것이 8월, 이들이 今津에 도착한 것이 9월 19일이라는 점에서 문제의 기록을 원사 조양필과 직접 연관시키는 것은 아무래도 어려운 일이 된다.

---

36) 류영철, 「'고려첩장불심조조'의 재검토」, 169~170쪽.
37) 李領, 「여몽 연합군의 일본침공과 여일관계」『일본역사연구』 9, 1999, 65~67쪽.
38) 『고려사』 27, 원종세가 12년 5월 정축 및 경인의 기록에서 확인된다. 李領, 위의 「여몽 연합군의 일본침공과 여일관계」, 70~71쪽.

문자적으로 보아 김해부의 군사는 '김해부에 주둔하고 있던 군사'이다. 류영철 등은 '둔'을 '억류하고 있었다'는 의미로 해석하였으나 이는 역시 무리한 감이 있다. 이 때문에 '김해부의 군사'는 금주 주둔의 몽고군으로 처음 해석되었던 것이다. 이에 대해 이영은 1271년 4, 5월 금주 일대에서의 왕성한 삼별초의 군사 활동이 남해도에 거점을 둔 유존혁 부대에 의한 것이었다고 추정하였다. 유존혁의 부대는 전통적인 고려·일본의 우호관계에 근거하여 일본과의 연대를 도모하기 위하여 김해 일대에 진출하였으나, 여몽연합군의 대공세를 앞둔 시점에서의 삼별초의 이같은 병력 분산이 진도 삼별초의 실패에 한 원인을 제공한 것이라는 의견이다.[39]

그런데 이 무렵 몽고군이 김해부(금주)에 주둔하고 있었던 사실은 기록에 의하여 확인된다. 1271년 9월 일본에 도착하여 이듬해(1272) 정월 고려에 돌아온 조양필이 금주의 몽고 주둔군을 이동시킬 것을 건의하고 있는 기록이 그것이다. 몽고군의 금주(김해) 주둔에 대해 일본 측은 이것을 자국에 대한 위협으로 인식하고 있었기 때문이다. 이에 몽고는 금주 주둔의 몽고군이 일본을 치기 위한 것이 아니라 제주 삼별초를 치려는 것이었다고 말을 맞추고 있는 것이다.[40] 이로써 보면 1271

---

39) 李領, 앞의 「여몽 연합군의 일본침공과 여일관계」, 74쪽 참조. 한편 진도정부의 급속한 몰락 배경, '김해부 주둔 병사'의 유존혁과의 연관 가능성에 대해서 배상현도 이와 유사한 의견을 개진한 바 있다. 배상현, 「삼별초의 남해항쟁」『역사와 경계』 57, 2005, 105쪽 및 111쪽 참조. 그러나 진도 삼별초의 군사적 실패의 한 원인을 남해도 거점의 군사력 분산으로 돌리는 것이 합당한 것인지에 대해서는 의문이 있다. 진도 자체가 연안의 작은 섬으로서 여기에만 병력을 집중하는 것이 반드시 전략적으로 효과적인 것이라고 단정할 수 없기 때문이다. 당시 삼별초는 제주도에 배후를 설정하고 완도, 남해도 등 연안 여러 섬에 거점을 확보하고 있었는데, 오히려 이 같은 지역 거점의 설정은 전략적으로 필요한 일이었다고 생각되기 때문이다.

40) "安童言 良弼請移金州戍兵 勿使日本妄生疑懼 臣等以爲 金州戍兵 彼國所知 若復移戍 恐非所宜 但開諭來使 此戍乃爲耽羅暫設 爾等不須疑畏 帝稱善"(『원사』 7, 지원 9년 3월 을축) 이에 대해서는 山本光朗, 「元使趙良弼について」

년 원세조의 국서를 전하기 위하여 일본에 파견되었던 조양필이 일본 측으로부터 몽고군의 금주 주둔이 일본에 대한 군사적 위협 행위라는 항의를 받았다는 것을 짐작할 수 있다. 그렇다면 여기에서 말하는 금주 주둔의 몽고군은 1271년 9월, 조양필의 일본 도착 이전에 이미 주둔하고 있었다는 이야기이다. 일본에 대한 첩장을 휴대한 삼별초가 진도정부에서 파견된 시점은 5월 이전으로, 조양필의 견사 수 개월 전이기는 하지만, 첩장에 등장하는 '둔김해부지병'의 정체는 일본에 대한 압박 수단으로서 실제 몽고군이었을 가능성도 적지 않다고 생각된다.

삼별초 첩장에서 언급된 "일본에 먼저 보내진 김해부 주둔의 군사 20여 명"이 만일 몽고군이라면, 이 군사는 삼별초가 이 지역에 대한 공격으로 붙잡은 몽고군의 포로일지 모른다. 즉 삼별초는 몽고군의 일본에 대한 위협이 목전에 이른 긴급 사안임을 입증하기 위한 방법의 하나로 금주 공격에서 붙잡은 포로 일부를 일본에 송환하였을 가능성에 대한 문제이다. 조양필이 일본에서 그들로부터 '금주의 戌兵'에 대한 문제를 지적받고, 귀국 후 즉각 이에 대한 조치를 요구하고 있는 점에서 보면 당시 일본은 매우 구체적으로 조양필에 대해 이점을 압박하였던 것으로 보인다. 이같은 정보를 일본은 삼별초가 제공한 자료에 의하여 파악하게 되었을 가능성이 많고, 첩장에 등장하는 '둔김해부지병'의 존재는 바로 이같은 정보의 근거가 되었던 것은 아니었을까 생각된다.

　一. 安寧社稷待天時事

이우성 선생은 이에 대해 "天時가 돌아오면 사직이 다시 안정될 것이라는 소신을 피력"한 것이라고 하였다.[41] 즉 향후 정국에 대한 삼별

『史流』 40, 北海道教育大學 史學會, 2001, 39쪽 참조.

41) 이우성, 「삼별초의 천도 항몽운동과 대일통첩」『한국의 역사상』, 창작과비평사, 1982, 185쪽.

초의 자신감과 기대가 반영되어 있다는 의견이라 할 수 있다. 이에 대해 류영철은 "사직의 안녕이 천시를 기다릴 수밖에 없을 정도로 다급하다"고 해석 하였다.[42] 이 해석과 반드시 배치되는 것이라고 생각하지는 않지만 필자는 이 구절을 "사직을 안녕케 하는 것은 하늘의 때를 기다리고 있다", 즉 "사직의 안녕은 오직 하늘에 달려 있다"는 뜻으로 해석하고 싶다. 이것은 미래에 대한 기대 혹은 위기의식의 표현일 수도 있지만 이 보다는, 자신의 운명이 오직 하늘에 달려 있다는 것으로서, 거대한 여몽연합군과 군사적으로 대결중인 삼별초 정부의 장엄한 결의의 표명이라고 생각된다. 그리고 이 같은 삼별초의 운명이 한편으로 일본의 운명과도 연결되어 있음을 암시함으로써 삼별초와 일본이 공동 운명체임을 강조한 것이 아닐까 한다. 고려 정통정부를 자임하는 삼별초 정부의 수립을 알지 못하는 막부에서는, 이 같은 삼별초의 위기의식과 결연한 각오를 이해할 수 없었던 것이다.

一. 請胡騎數萬兵事

이에 대하여 류영철 교수는 請軍의 주체는 개경정부이고, '胡騎 數萬'은 몽고군이라 하였다. 즉 개경정부가 대규모 몽고군을 끌어들인 사실을 의미한다고 하였다.[43]

이에 대하여 배상현은 이것이 일본군 수만을 요청한 것을 말한다고 하였다.[44] 문자적으로 볼 때 역시 '호기'는 몽고군일 수밖에 없다고 생각된다. 그렇다면 류영철의 견해대로 개경정부가 청군의 주체라고 하지 않을 수 없다. 즉 고려정부와 연합한 대규모 몽고군의 진입이 예정되어

---

42) 류영철, 앞의 「'고려첩장불심조조'의 재검토」, 171쪽.
43) 류영철, 위의 논문, 171쪽.
44) '호기'의 '호'가 '오랑캐'의 지칭이 아니고 '戈戟'을 의미하기도 하다는 점에서 '호기'는 '잘 무장된 기병'을 요청한 것이라는 것이다. 배상현, 「삼별초의 남해항쟁」『역사와 경계』57, 2005, 105쪽.

있는 사정을 전하는 것이라 할 수 있다. 역시 삼별초 정부와 고려정부에 대한 혼선에서 이해의 혼란이 야기된 것이라 생각된다. 삼별초는 이같은 사태가 자신들에 대한 위기인 동시에 향후에 일본에 대한 압박으로 옮겨질 것임을 예고하였을 것이다.

4. 삼별초의 대몽 연합전선 구축 기도

이제 이상 앞에서의 검토 내용을 정리 요약하고자 한다. 삼별초의 대일첩장에서는 일본에 전달하려는 다음과 같은 몇 가지 단계의 메시지가 파악된다.

첫째 몽고에 의한 고려의 복속 및 저간의 국제 정세 변동과 관련한 상황에 대한 정보 전달

둘째, 서, 남해상에서 확보한 일본 상인 혹은 표풍인의 송환을 통하여 삼별초에 대한 우호적 관심의 도출

셋째, 일본을 겨누고 있는 몽고의 위협에 대한 명확한 증거 입증 등이 그것이다. 진도 측에서는 혹 일본 측이 제반 상황을 정확히 파악하지 못할 가능성을 상정하고, 필요하다면 진도에 대한 현지 확인도 환영한다는 입장까지 전달하였다. 그러나 당시 일본 조정은 전반적으로 동아시아 정세에 대한 지식이 명확하지 않았고 국제적 인식조차 결여되어, 첩장 문구의 정확한 의미 파악조차 하지 못한 채 이를 묻어버리고 말았다. 심지어는 개경 측의 고려정부와 삼별초 정부 간의 구분조차 명확하지 않은 상태였다. 고려와 일본의 외교적 상호 관계가 소원했던 시대적 배경이 첩장의 처리에서 반영된 셈이다. 그러나 다른 한편 이 삼별초의 첩장 접수와 몽고에 대한 정보 제공을 계기로 일본은 몽고의 위협을 현실적 상황으로 인식하는 계기가 되었고 큐슈 방어전에 대한 대

비를 구체적으로 시작하게 된다.[45]

그런데 1271년 일본에 파견된 원사 조양필 관련의 기록에서는 탐라의 삼별초가 남송과 함께 조양필의 활동을 방해하고 나섰다는 사실이 지적되고 있다. 조양필이 도착하자 "송인과 고려탐라가 함께 그 일을 방해[沮撓]하려 하였다"는 것이다.[46] 조양필이 일본에 도착한 것은 1271년(원종 12, 문영 8) 9월 19일의 일이었다. 그는 太宰府에 머물며 원세조의 국서를 일본 조정에 직접 전달하려고 백방 노력하였으나[47] 京都에는 접근하지 못한 채 고려로 돌아가고 말았다. 이듬해(1272, 원종 13년) 정월의 일이다.

여기에서 언급한 '고려의 탐라'는 삼별초를 지칭하는 것임에 틀림없다. 山本은 이것이 당시 제주도를 거점으로 하고 있던 삼별초를 지칭하는 것으로 보면서도 혹시는 "고려첩장을 가져온 삼별초의 사자가 아직 일본에 체류하고 있었는지도 모른다"고 하여, 앞서 언급된 대일첩장을 휴대하고 진도로부터 파견되었던 삼별초의 사자일 가능성도 배제하지 않았다. 일본에 체류하고 있던 삼별초의 세력이 남송 세력과 연대하여 원의 외교적 시도를 저지하고 이를 봉쇄하였다는 것은 퍽 흥미로운 자료이다.

한편 徒單公 履가 찬하였다는 石刻史料「贊皇復縣記」[48]에는 조양필

---

45) 조정에서 삼별초의 첩장에 대한 논의 직후라 할 수 있는 9월 13일 막부에서 큐슈에 영지를 가진 동국의 御家人들에게 자신이 직접 내려가든가 대관을 급히 내려 보내도록 명하고, 이듬해 문영 9년(1272) 정월에는 큐슈의 御家人으로 하여금 연안을 경비하도록 守護에게 명하고 있다. 이에 대해서는 남기학,「중세 일본의 외교와 전쟁」『동양사학연구』 80, 2002, 205쪽 참고.

46) "既至 宋人·高麗耽羅 共沮撓其事"(『元朝名臣事略』「野齋李公撰墓碑」) 인용문은 山本光朗, 위의「元使趙良弼について」, p.31에서 재인용함.

47)『원사』조양필전,『元朝名臣事略』「野齋李公撰墓碑」및 山本光朗, 위의「元使趙良弼について」, pp.29~30 참조.

48)「贊皇復縣記」는『北京圖書館藏 中國歷代石刻拓本滙編』(北京圖書館 金石組 編, 中州古籍出版社, 1990)의 제48책에 비문의 탁본이 실려 있으며 본문 21

의 공적을 언급하는 가운데 "반적 탐라가 그 길을 막았다(叛賊耽羅蔽其衝)"고 적고 있다.[49] 이것은 조양필이 일본에서 송인과 고려 탐라에 의하여 사행 업무가 방해를 받았다는 앞서 「野齋李公撰墓碑」의 비문 기록과도 일치하고 있다.[50] 조양필의 일본에 대한 외교적 작업은 제주의 삼별초에 의하여 방해를 받았고, 그리고 남송에서 파견된 승 瓊林에 의하여 외교적 시도가 성공하지 못하고 좌절되었다는 것이다.[51]

앞에서 검토한 「高麗牒狀不審條條」를 비롯한 몇 가지 자료에 의하여 삼별초가 몽고에 대항하기 위한 대일 관계 설정을 기반으로 국제적 연대 구축을 기도하였다는 것은 명확해지게 되었다. 동시에 원의 경우 역시 일본을 포함한 반몽 전선의 구축을 저지하기 위한 외교적 작업에 힘을 기울였다는 점을 확인할 수 있게 된다.

행, 1행 53자로 구성되어 있다. 徒單公 履가 찬하고 姚樞가 題額을 書한 이 자료의 석각 시기는 지원 8년(1271)으로 해설되어 있으나, 실제로는 지원 10년(1273)부터 동 13년(1276) 사이의 것임이 논증된 바 있다. 이에 대해서는 太田彌一郎, 「石刻史料 '贊皇復縣記'にみえる南宋密使瓊林について ―元使趙良弼との邂逅」『東北大學 東洋史論集』 6, 1995, pp.374~378 참조. 본고에서 이용하는 삼별초 관련 중요 자료가 소개된 2편 논문(山本光朗과 太田彌一郎의 논문)은 국내에서 아직 참고된 적이 없는 논문으로서, 村井章介·森平雅彦 교수의 후의에 의하여 이용이 가능하게 되었음을 밝혀둔다.

49) "(趙良弼) 承命東使日本 鯨海浩瀚 莫測其際 叛賊耽羅蔽其衝 公仗忠信 直抵其國 諭以天子爲德 方制數十萬里 靡不從命 東夷悅服 卽遣使詣闕"(「贊皇復縣記」) 太田彌一郎, 「石刻史料 '贊皇復縣記'にみえる南宋密使瓊林について ―元使趙良弼との邂逅」『東北大學 東洋史論集』 6, 1995, pp.378에서 재인용함.

50) 太田은 두 기록 사이의 일치감에 근거하여 이것이 동일 사실에 대한 언급일지도 모른다고 추정하였다. 이에 대해서는 太田彌一郎, 위의 「石刻史料 '贊皇復縣記'にみえる南宋密使瓊林について」, p.380 참조. 다만 산본·태전 등의 논문에서는 '宋人與高麗耽羅'를 '송인·고려·탐라'로 읽고 있으나, 이는 '송인과 고려의 탐라'로 읽어야 할 것이다.

51) "日本遂遣使介十二人入觀 上慰諭遣還 其國主擬奉表議和 會宋人使僧曰瓊林者 來渝平 以故和事不成"(『元朝名臣事略』「野齋李公撰墓碑」) 太田彌一郎, 위의 「石刻史料 '贊皇復縣記'にみえる南宋密使瓊林について」, p.380에서 재인용.

그런데 몽고에의 대항을 위한 일본과의 '국제적 연대'라는 이 같은 착안은 어디에서 가능했던 것일까. 삼별초가 강화도를 포기하고 진도로 남천 하였을 때 서남해 연안의 도서만으로 여몽연합군의 공세를 방어할 수 있으리라 기대하기는 어려운 일이었다. 일단 진도 이외의 배후기지 확보가 우선적인 관건이고, 다음으로 남송 혹은 일본과의 연결을 모색하는 것은 자연스러운 순서였다고 할 수 있다. 다른 한편으로 1266년 이래 이미 진행되고 있던 대일본 초유에 의하여 몽고의 압력 하에 놓여진 일본의 입지에 대하여 인지하고 있었다. 삼별초는 이같은 국제정세에 대한 인식을 바탕으로 일본을 축으로 엮는 대몽고 연합전선을 구축을 기도하면서 몽고의 외교적 책략에 대응하였던 것이다.[52]

마지막으로 이 문제와 관련하여 검토되어야 할 것은 앞에서 등장하는 '고려 탐라'가 과연 제주도에서 파견된 삼별초의 세력인가, 아니면 진도에서 파견된 첩장을 휴대한 사신단들의 활동이었을까 하는 문제이다. 이를 판단할 명확한 근거는 없지만, 적어도 이들이 제주 삼별초와의 일정한 연관 속에서 활동한 사실만은 분명하다. '고려 탐라'로 지칭된 것이 이를 입증한다. 설령 그 조직이 앞서 진도 삼별초에서 파견된 사신단이었다고 하더라도 이들이 제주 삼별초와의 새로운 관계의 설정 없이 독자적으로 활동하는 것은 불가능한 일이라고 보아야 한다. 따라서 원대 자료에 등장하는 이들 '고려 탐라'의 세력은 문자대로 제주 삼별초 세력의 외교적 책략으로 파악되어야 할 것으로 본다.

삼별초의 대일 첩장은 일본과의 연대에 의하여 공동 대항한다는 것이 일차적 목표였다고 할 수 있다. 다른 한편으로는 위기시의 배후 피

---

52) 삼별초가 일본과의 관계를 구상한 것은 "몽고의 난폭한 침략과 지배에 저항하는 싸움, 장기에 걸치는 억압을 견디어 온 경험에서 온 의식"과 삼별초가 남해안을 거점으로 활동하는 과정에서 "점차 일본의 존재를 발견하고 이해하게 된 것"이라 한 언급(村井章介, 「高麗 三別抄の叛亂と蒙古襲來前夜の日本」)에 대하여, 이영은 고려의 일본에 대한 '항상적 외교관계'에 기반한 것이라 하였다(pp.103~104).

란지 확보를 도모한다는 의도도 포함되어 있다고 생각된다. 당시 삼별
초는 제주를 배후기지로서 확보하고 있기는 하였지만, 제주 이후의 배
후 기지로서 일본 열도의 유용성에 대해서도 깊은 관심을 가지고 있었
을 것이다.

5. 오키나와와 삼별초

한국에서는 2007년 국립제주박물관에서의 오키나와 특별전을 계기
로 오키나와 출토의 이른바 '계유명' 기와가 삼별초와 관련이 있을 것이
라는 논의가 흥미를 끌고 있다. 특히 출품된 자료중에는 '계유명' 기와
이외에 삼별초의 거점이었던 진도 용장성 출토의 것과 매우 흡사한 연
화문 와당이 포함되어 있기 때문이다.

원래 오키나와 출토의 고려계 기와는 9종류 32형식에 이르는 매우
다양한 양태를 보이고 있다.53) 그 가운데 특별히 '癸酉年 高麗瓦匠造'
명문 기와는 제작자의 신원 및 제작 시기를 밝힌 기년명 때문에 일찍부
터 주목 되어왔다. 문제의 계유년이 구체적으로 어느 연대를 지칭한 것
인가에 대해서는 1153년, 1273년, 1333년, 1393년 등이 제시되었으나,
그동안의 논의를 통하여 대략 고려 원종 14년(1273)과 조선 태조 2년
(1393)의 두 설이 주로 논란 되어 왔다.54)

---

53) 수막새 4종, 암막새 10종, 수키와 2종, 암키와 5종, 有段式 수키와 5종, 서까
   래 기와 1종, 귀면와 1종, 마루기와 1종 등이 그것이다. 이들 고려계 기와는
   오키나와에 도래한 고려 장인에 의하여 처음 제작된 후 기술적 계승에 의
   하여 이루어진 것으로 보인다. 上原 靜, 「오키나와제도의 고려계 기와」『탐
   라와 유구왕국』, 국립제주박물관, 2007, 212쪽 참조.
54) 1153년 설은 田邊泰·嚴谷不二, 『琉球建築』, 1935, 49쪽 ; 新城德祐, 『琉球
   歷史年表』, 1960 등에 언급되어 있으나, 근년에는 거의 논의되지 않는다.
   1333년 설은 고고학적 공반유물과의 관계 등에 의하여 그 가능성이 완전히

우선 1273년 설은 浦添城을 근거로 中山에 강대한 세력을 형성한 것이 류큐왕국 英祖王의 치세라는 판단에 의거한 것이다.[55] 여기에 세키구치(關口廣次)는 계유년 명문와와 14세기 전반 카츠렌성(勝連城 本丸跡) 출토 古瓦와의 기술상의 연속성 내지 계승성을 고려하는 관점에서 영조왕의 1273년 설을 지지하였고,[56] 大川 淸 역시 1273년 제작의 이 기와가 유구왕국에 있어서 기와 제작의 시초라는 관점을 강조한 바 있다.[57]

이상과 같은 1273년 설에 대하여 1393년 설은 『고려사』에 창왕 원년(1389)에야 비로소 琉球·고려 간 교섭의 기록이 처음 등장하고 있다는 점, 『조선왕조실록』에 보여지는 琉球 왕의 고려에의 망명 등 고려 말 조선 초에 있어서 양국 교섭을 중시함으로써 문제의 계유년이 조선 건국 이듬해인 1393년이라는 입장을 취하였다.[58] 西谷 正 교수는 큐슈대 소장의 또 다른 계유년명 및 '大天' 명문와 자료를 소개하는 한편, 기와의 연대에 대해서는 1393년 설에 기울었지만, 그 이전으로 소급할 가능성도 배제하지는 않았다.[59]

한편 계묘년 고려기와에 대한 일본에서의 다양한 연대관에 비하여, 국내에서는 이형구,[60] 최규성[61]이 이 계묘년 고려기와를 삼별초와 연

배제되고 있지는 않다.

55) 松本雅明, 『沖繩の歷史と文化-國家の成立を中心として』, 近藤出版社, 1971, p.89.

56) 關口廣次, 「沖繩における造瓦技術の變遷とその間の事情 －勝連城本丸跡出土 古瓦を中心として－」 『考古學雜誌』 62-3, 1976.

57) 大川 淸, 「琉球古瓦調査抄報」, 琉球政府文化財保護委員會, 『文化財要覽』 1962年版, 1962, pp.115~120).

58) 三島格, 「琉球の高麗瓦など」 『鏡山猛先生古稀記念古文化論攷』, 1980, pp.789~795.

59) 西谷 正, 「高麗·朝鮮 兩王朝と琉球の交流－その考古學的研究序說」 『九州文化史研究所紀要』 26, 九州大, 1981. 이 논문은 필자가 전문을 번역하여 충청문화재연구원 『금강고고』 4, 2007에 게재하였다.

60) "아마 이 시기에 제주도에서 연합군에 항거하던 삼별초와 그 가솔들이 유구 쪽으로 피난해 가지 않았는가 생각된다. 이때 내류한 고려인들이 유구의 도성 조영사업에 참여하여 건축과 제와에 종사하였을 것으로 믿어진다."(이형구, 「고대 조선과 유구와의 문화교류」 『두산김택규박사 화갑기념

결하여 1273년 설을 강조한 바와 같이 거의 1273년 설이 큰 흐름을 이루고 있다는 점이 특기할 점이다. 1273년은 고려 원종 14년에 해당하는데, 이는 제주도 항파두리를 거점으로 한 삼별초가 여원연합군에 의하여 완전 진압 당한 해이다. 즉 연합군에 쫓긴 제주 삼별초의 일부가 제주를 탈출, 국내 연안 혹은 해외로 빠져나갔을 가능성을 상정할 수 있고, 그 경우 오키나와 류큐왕조로의 귀부도 충분히 가능성 있는 이야기라는 전제이다.

이러한 국내의 연대관에 비추어, 제주박물관의 특별전에 출품된 자료중 浦添城의 연화문 수막새기와는 진도 용장성에서 출토한 수막새와 매우 흡사하다는 점에서 특별한 관심을 끌었다. 은행알을 연상시키는 9잎의 연꽃잎이 중심문양으로 전개되고 중앙에는 뭉툭한 子房이 자리 잡았는데 자방과 연꽃 사이에 突線帶의 테두리를 둘렀다. 9엽의 연꽃 외곽으로는 2조의 線帶를 두르고 선대 사이에 30여 알의 珠文을 장식한 형태이다. 와당의 크기는 단축 16.0 - 장축 21.0cm이다.[62] 이 고려 와당이 국내에서 소개되는 것은 처음이거니와, 특히 그것이 삼별초의 거점이었던 진도 용장성 출토와와 흡사하다는 것은 오키나와 고려와의 1273년 제작설과 맞물려 크게 흥미를 일으킬만한 것이었다.

오키나와 浦添城 요오도레 출토의 것을 용장성 출토 와당과 세밀히 비교하면 양자가 동일한 것은 아니다. 우선 용장성의 것이 8엽인데 대하여 오키나와 기와는 연꽃이 9엽이라는 점, 꽃잎의 형태가 용장성의 것이 좀 더 둥근 느낌을 주고, 외곽의 연주문도 용장성 쪽이 좀더 정리된 느낌을 준다는 점 등의 차이점들이 관찰되기 때문이다. 그럼에도 불구하고 두 자료가 상당히 유사한 것이라는 점은 특기할만하다.

문화인류학논총』, 531쪽)

61) 최규성, 「고려기와 제작기술의 유구전래」『고문화』 52, 한국대학박물관협회, 1998.

62) 국립제주박물관, 『탐라와 유구왕국』, 2007, 134~135쪽 사진자료와 설명.

  1271년 삼별초의 잔여 세력이 진도에서 제주로 이동할 때, 잔여 세력의 일부가 제주도 이외 제3의 지역으로 분산되었을 가능성도 충분히 상정할 수 있는 일이다. 1273년 제주도에서의 경우는 진도에 비하여 보다 많은 수의 島外 분산이 불가피하였을 것이다. 제주도에서 탈주한 삼별초 잔여세력은 다시 고려의 남, 서 연안의 도서로 회귀하여 목숨을 부지한 경우도 있었겠지만, 한편으로 보다 안전이 보장될 수 있는 일본열도 방면으로의 탈주 가능성도 충분히 상정할 수 있는 일이다.

  1274년 일본이 여몽연합군의 침입을 받고난 이후 큐슈에서는 연합군의 공격 대상이 되는 하카다(후쿠오카) 해안 일대에 20km 길이의 대규모 장성, 이른바 元寇防壘를 구축하였다.[63] 해안에 석축의 장성을 쌓아 적을 막는다는 큐슈의 이 아이디어는 대체 어디에서 나온 것일까. 당시로서 이 같은 석축의 관방 시설은 일본으로서 퍽 생소한 예가 되기 때문이다. 그런데 1차 일본 원정 직전 여원군은 삼별초의 최후 거점 제주도를 함락한 바 있고, 이 제주도에는 해안을 둘러싼 장성이 삼별초의 방어 설비로서 구축되어 있었다. 제주도의 연안을 석축으로 둘러쌓았다는 이른바 '環海長城'의 존재가 그것이다.[64] 현재 남겨진 제주도의 환해장성 유적은 왜구 등에 대한 필요 때문에 후대의 보축이 끊임없이 진행된 것으로 보이기는 하지만, 그 유적의 일부가 아직 제주도에 남겨져 있다. 몽고군의 침략을 석축의 방루에 의하여 저지한다는 '원구방루'의 아이디어가 제주도 연해를 석축으로 둘러친 환해장성과 동일한 발상이라는 것은 양자의 연관관계를 암시하는 것이고, 동시에 패망한 제주도 삼별초 세력의 일부가 큐슈에 상륙함으로써 제공된 아이디어일 가능성

---

63) 원구방루의 조사와 연구에 대한 개요는 川添昭二, 『蒙古襲來研究史論』雄山閣, 1977에 시기별로 연구사가 정리되어 있고, 지구별 현장 중심의 개황은 柳田純孝등, 『元寇と博多－寫眞で讀む蒙古襲來』, 西日本新聞社, 2001, 27~52쪽이 좋은 참고가 된다.
64) 강창언, 「제주도의 환해장성 연구」『탐라문화』 11, 1991.

도 생각해볼 수 있다.

현 단계에서의 문제의 핵심은 한국과 오키나와 양 지역 고려기와에 대한 보다 광범하고 정밀한 검토를 진행하는 것이며, 특히 造瓦의 기술적 측면이 세밀히 점검될 필요가 있다. 용장성, 항파두성 등 진도와 제주도의 항몽 유적은 오키나와 고려기와 문제를 해결하는 한 가지 중요한 열쇠가 되고 있다. 이러한 점에서 이들 유적이 갖는 의미는 단순한 전쟁사 혹은 민족항쟁사의 차원을 넘어서는 중세 동아시아 교류의 국제적 측면이며, 따라서 앞으로의 지속적 검토가 중요하다는 점을 말해주는 것이다.

6. 맺는말

본고는 1270년 강화도에서 봉기하여 진도, 제주도를 전전하며 1273년까지 활동하였던 삼별초에 대하여 특히 일본과의 관계를 중심으로 고찰하였다.

삼별초의 대일 관계를 고찰하는 데 있어서 가장 중요한 자료는 1271년 진도 삼별초가 일본에 보낸 첩장관련 자료(高麗牒狀不審條條)이다. 당시는 원에 의하여 대일 초유라는 외교적 작업이 진행 중이었기 때문에, 삼별초는 이에 대응하여 반몽고 연합전선이라는 국제적 연대에 일본을 포함시키고자 하였다. 진도정부에서 보내진 첩장을 통하여 삼별초는 근년의 국제정세 변동과 관련한 정보의 전달과 함께, 일본 상인과 표풍인의 송환을 통하여 삼별초에 대한 우호적 관심을 끌어내려 하였다. 아울러 삼별초가 포로로 잡은 김해부 주둔의 몽고군(20인 규모)을 일본에 보내 몽고의 직접적 위협이 임박하였음을 입증하고자 하였던 것으로 보인다. 진도측에서는 혹 일본측이 제반 상황을 정확히 파악하지 못할 가능성을 상정하고, 필요하다면 진도에 대한 현지 확인도 환영한다는 입장이었다. 그러나 당시 일본 조정의 인식 부족과 삼별초 진도 정부의 붕괴 등으로 말미암아 삼별초가 구상한 국제적 연대는 실현되지 못하였다. 그러나 탐라 거점 시기에도 삼별초의 일본에 대한 외교적 노력은 지속되었던 것으로 보인다.

여몽연합군은 삼별초 진압 이후인 1274년에 일본에의 정역에 나섰지만, 만일 삼별초의 봉기가 없었다면 몽고는 더 일찍, 적어도 1~2년을 당겨 일본에 대해 무력적 방법에 의한 압박에 나섰을 것이다. 삼별초 봉기 이전의 대일 招諭 과정에서는 1266년부터 제1차 여원군의 일본침입 전년인 1273년까지 4회에 걸쳐 매년 사절이 파견되었다. 그 가운데 1270년 한 해만 사절 파견을 거르고 있는데, 이 같은 1년의 休止는 삼별초의 봉기로 인하여 남부 연안 일대가 진도 거점 삼별초의 세력권에 포함된 복잡한 상황 때문이었을 것이다.

본고에서는 삼별초와 관련하여, '癸酉年 高麗瓦匠造'라는 글자가 찍힌 오키나와 출토와가 삼별초와의 관련성이 있을 수 있다는 점을 마지막으로 언급하였다. 기와의 계유년이 1273년일 가능성이 있고, 특히 용장성의 것과 흡사한 와당의 존재는 이 문제의 기와가 제주도 혹은 진도 삼별초와 연결될 가능성을 높이고 있다. 다만 이 점이 사실로서 확인되기 위해서는 향후 더욱 많은 연구와 광범한 자료 검토를 필요로 한다.

<토론문>

「三別抄와 麗日關係」에 대한 토론

무라이 쇼스케 (村井章介, 東京大學)

본 논문은 크게 세 부분으로 구성되어 있다. 먼저 「1. 고려 삼별초와 대몽항쟁」과 「2. 麗日關係와 삼별초」가 제1부이며, 「삼별초 항전」을 둘러싼 국제환경을 스케치한다. 전체적으로 이전에 내가 이해한 것과 크게 차이는 없다.

1266년에서 73년까지 매년 몽골·고려로부터 일본으로 사신 파견이 계속되던 속에서 1270년만은 사신 파견이 보이지 않는 것을 삼별초의 봉기와 관련지은 점, 1272년의 戰艦兵糧都監 설치를 삼별초 정벌만이 아니라, 그 후에 예상되는 일본의 공격까지 예견한 조치로 추측한 것 등은 저자의 국제정세에 대한 뛰어난 안목을 보여주고 있다.

다만 「양자강 북쪽 요새 襄陽」이라는 서술은 襄陽이 長江 北岸에 있는 것으로 오해하기 쉽기 때문에 「長江 지류인 漢水에 임한 요새 襄陽」으로 하는 것이 좋다. 「몽골의 對日招諭遣使」 表 No.6의 遣使名簿 항목에서 '高麗使者'라고만 되어 있는데, 「(몽골)張鐸 / (고려)康之邵」로 해야 할 것이다.

제2부는 「3. 삼별초와 일본의 연대 시도」이며, 삼별초가 일본 정부에 군사원조를 요청했던 史實을 전하는 「高麗牒狀不審條々」라는 고문서를 예로 들면서 해석을 시도하였다. 大局的인 역사의식과 史實의 현대적 평가는 아니며, 이와 같은 1차사료의 해석을 둘러싸고 한일 양국의 학자가 함께 논의하는 것은 학문적으로 커다란 의의가 있으며, 축하

해 마지않는다.

12개조의 「條々」 중에서 논의를 거듭했던 것이 제4조인데, 牒狀의 앞머리에는 「不從成戰之思也」, 끝에는 「爲蒙被使」라고 하여 앞뒤가 다른 것은 무슨 까닭인가? 하는 내용이다. 저자는 유영철說에 찬성하면서, 전자는 「(몽골의 요구에)응하지 않았기 때문에 (삼별초는) 전쟁에 참가했다」, 후자는 「(고려정부 측은) 몽골에 복속되어 따르게 되었다」는 의미라고 한다. 이 조문은 매우 긴 문장으로 추정되는 牒狀의 멀리 떨어진 2개소에서 몇몇 글자를 뽑은 것으로, 올바른 해석을 이끌어내기에는 데이터가 너무 적다. 나 자신은, 전자에 관해서는 「전쟁을 일으키려는 생각에 따르지 않다(戰ひを成すの思ひに從はざるなり)」로 읽는 것이 漢文으로서 자연스럽다고 생각하며, 일본에 대하여 전쟁을 일으키려는 몽골의 의지에 삼별초가 따르지 않았다는 의미로 생각하고 있다. 후자는 더욱 난해한데, 원사료를 보면 「被」로 판독하고 있는 글자는 심하게 흘려 써서 「彼」로 읽을 수도 있다. 그렇다면 「그쪽의 사신이 왔으므로(彼の使ひを蒙らんがため)」라고 읽어서, 몽골에서 사신을 보냈기 때문에, 라는 의미가 된다(「蒙」이라는 글자는 몽골의 약자가 아니라 동사로 본다). 이럴 경우 주어는 開京의 고려정부가 되는데, 일본 측은 이것을 삼별초 세력과 혼동했기 때문에 「前後相違如何」라고 의아하게 생각했던 것으로 추측된다.

제5조 「漂風人護送事」에 관해서는, 「일본 측의 漂風人을 삼별초가 호송했다는 내용」이라고 하는데, 이 내용을 포함해서 앞으로는 漂風人을 쌍방이 함께 호송하려는 제안으로 해석하는 쪽이 외교교섭의 테마로 적당하지 않을까? 제12조의 「貴朝遣使問訊事」도 이 牒狀을 휴대한 사신에 대하여 答使 파견을 원했던 것이므로, 제5조와 함께 근대적인 외교용어를 빌리자면 「평등호혜」의 관계 체결을 원하고 있는 것으로 해석할 수 있다. 물론 단기적으로는 저자가 제5조의 「漂風人」에 대하여,

「순수한 漂風人이라기보다는 항해 도중 남해와 서해 연안을 장악하고 있던 삼별초에게 구류된 집단일 가능성」을 지적하고, 제12조의 「遣使」 요청 중에 「필요하다면 珍島에 대한 현지조사도 환영한다」는 의도를 읽어 낸듯한 시각도 유효하다.

제6조 「屯金海府之兵, 先卅許人, 送日本國事」에 관해서는, 이 「兵」을 몽골병 또는 왜구로 보는 견해를 배격하고 삼별초 병사로 보는 李領說에 찬성한다. 珍島時代의 삼별초 세력이 일본으로 건너가는 창구였던 金海府까지도 세력권으로 장악하고 있었다는 견해는 삼별초가 몽골의 일본정벌 의도에 대하여 상당한 정도로 장애가 되었다고 보는 견해로서, 당시의 동아시아 정세를 좀 더 다이내믹하게 파악하는 일과 연결된다. 최근에 일본의 동양사학자 太田彌一郎과 山本光朗이 동년(1271) 일본에 왔던 몽골 사신 趙良弼에 관한 연구 속에서 「耽羅」의 세력이 南宋과 공동으로 대재부의 관원에게 良弼을 비난하는 외교공작을 폈던 사실을 밝혀냈다. 제6조의 병사는 첩장을 휴대했던 사신의 호위를 위하여 파견된 자들로서, 진도 함락 후 「耽羅」(제주도로 옮긴 삼별초 세력)가 외교공작을 펴던 시점에도 大宰府에 체재했으며, 趙良弼에 대한 압력이 되었다고 상상할 수 있다.

제8조 「安寧社稷待天時事」에 관하여, 저자는 「사직의 안녕은 다만 하늘에 달려 있다(社稷の安寧はただ天にかかっている)」고 해석하지만, 나는 국가를 평안하게 함으로써 비로소 天時가 다가오는 것을 기다릴 수 있다는 의미라고 생각한다. 인간이 적극적인 행동으로 일어서는 것이 하늘의 의사 발동에 선행한다는 견해이며, 단지 하늘에 의지할 수밖에 없다는 소극적인 발상보다는 좀 더 삼별초의 의사표시로서 적당할 것이다. 제9조 「請胡騎數万兵事」에 관해서는, 「三別抄가 수만의 일본병을 요청했다」는 새로운 해석을 배격하고, 開京의 고려정부가 몽골병을 요청했다는 정보를 삼별초가 전한 것으로 해석하는 저자의 의견에 찬성한다.

    제3부는 「4. 沖繩와 삼별초」이며, 이전부터 알려져 있던 沖繩·浦添城에서 출토된 「癸酉年高麗瓦匠造」라는 銘文을 가진 기와에 관한 고찰이다. 이 기와가 珍島의 삼별초 거성(龍藏城)에서 출토된 기와와 유사한 문양을 가졌기 때문에 癸酉年을 1273년으로 보고, 이 해에 제주도가 함락되고 반란이 패배로 끝났을 때, 삼별초 세력에 있던 瓦匠이 琉球로 달아나서 제작한 것이라고 저자는 추리한다. 고고학자가 아닌 나에게 옳고 그름을 판정할 능력은 없지만 대단히 매력적인 가설이며, 현재 한국뿐만 아니라 沖繩에서도 安里進 같은 대표적인 고고학자가 주장하고 있다(『沖繩타임스』 2002년 8월 29일 - 9월 2일호).

    아울러서, 이와 같은 삼별초 세력에 의한 기술전파론을, 저자는 1274년에 개시된 元寇防壘의 석축에까지 적용한다. 그 근거는 「이와 같은 석축의 關防施設은 일본으로서는 매우 이례적」이라는 점과, 삼별초가 濟州島 연안에 설치했던 「環海長城」과 발상이 동일하다는 두 가지 점에서 防壘는 「제주도의 삼별초 세력 중 일부가 九州에 상륙함으로써 제공했던 아이디어일 가능성도 생각할 수 있다」고 한다. 그러나 防壘는 일본의 국가권력의 일익을 담당하는 鎌倉幕府 스스로가 발령을 내리고, 다름 아닌 몽골·고려군을 방어하기 위하여 건조한 것이다. 몽골침략 후 幕府의 지방 출장소는 「異國人」의 내항에 신경을 곤두세우고 있으며, 고려인의 모습을 한 집단이 九州에 나타났다면, 사료 상에 그 흔적이 남지 않는다고 생각하기는 어렵다.

蒙古의 日本 侵略과 日本의 對應
-高麗와 日本의 관계에 유의하여-

南基鶴(한림대학교)

1. 머리말

13세기 말 蒙古(1271년 이후 국호를 '大元'으로 바꾸지만 본고에서는 편의상 蒙古로 칭하며 필요한 경우에 한하여 '元'이라 칭함)의 日本 侵略은 동아시아의 여러 나라가 연계된 국제적 사건이었다. 이 전쟁은 蒙古・南宋・高麗・日本 각국의 국내사정과 각국을 둘러싼 국제정세의 흐름에 연동되어 발발하였고, 그에 따라 동아시아의 국제정국은 크게 요동쳤다. 남송은 바야흐로 세계제국으로 발돋움하려는 蒙古에 의해 멸망당했으며, 蒙古에 복속한 고려는 두 차례나 일본 침략에 강제 동원되었다. 일본은 역사상 未曾有의 대외적 위기를 맞이하여 국가의 존망을 걸고 그 대응에 고심하였다.

본고는 蒙古의 침략에 대하여 일본이 外交上·軍事上으로 어떻게 대응하였는가를 전반적으로 검토하려고 한다. 이를 위해서는 우선 蒙古의 의도와 정책, 蒙古에 의해 동원된(혹은 동원될 처지에 놓인) 고려의 입장과 대책, 그리고 일본의 대응방식과 그것을 규정하고 있는 국내사정을 두루 고찰해야 할 것이다. 그 중에서도 본고는 특히 고려와 일본의 관계에 유의하고자 한다.

한편의 당사자인 고려는 일본을 초유하려는 蒙古와 일본의 사이에서 어떤 입장에 놓였으며 어떻게 대응하였는가? 고려는 일본에 대하여 어떠한 태도를 취하였으며, 일본은 蒙古와 고려의 외교교섭에 대하여 어떻게 대응하였는가? 또한 蒙古의 일본 침략 전쟁과 관련하여 고려가 수행한 역할은 무엇이며, 일본은 蒙古와 고려에 대하여 어떠한 군사행동을 취했는가? 전쟁을 겪으면서 고려와 일본은 상대를 구체적으로 어떻게 인식했는가? 이러한 문제들은 蒙古의 일본 침략에 대한 일본의 대응의 성격은 물론, 이 시기의 고려와 일본의 관계를 파악하는 데 빼놓을 수 없는 분석 대상이다.

지금까지 한국 학계에서는 고려의 對蒙古抗爭에 역점을 두는 반면, 元의 干涉期 고려와 일본의 관계에는 그다지 관심을 기울이지 않았다. 한편, 근년 일본 학계에서는 蒙古의 침략에 대응한 국내 정치사 분석이 중심이고, 국제관계라고 해도 일본과 대륙의 관계에 치중하는 경향이 두드러진다. 이 시기 고려와 일본의 관계에 대한 보다 정확하고 균형 잡힌 이해는 앞으로의 과제라고 하겠다.

2. 蒙古의 日本 招諭와 日本의 對應

1) 蒙古의 日本 招諭의 전개

蒙古는 제1, 2차 일본 침략을 전후하여 지속적으로 일본과의 外交交

涉을 시도하였다. 사실, 蒙古의 일본에 대한 정책은 外交交涉(＝日本招諭)과 武力解決(＝日本遠征)의 두 축으로 전개되었다. 이 양면 정책은 상황의 전개에 따라 비중이 바뀌긴 했지만, 蒙古가 일본에 대해 함께 사용한 기본정책이었다. 蒙古는 군사적 수단 못지 않게, 아니 그것에 앞서서 가능하다면 외교적 수단으로 소기의 목적을 달성하려고 했음을 간과해서는 안 된다. 이하에서는 우선 蒙古의 對日交涉의 전개를 전체적으로 조망해 보도록 한다.

1274년 제1차 일본 침략 이전 蒙古는 모두 6회(1266.8 未到着, 1268.1, 1269.3, 1269.9, 1271.9, 1272.5)에 걸쳐 일본 초유를 시도하고 있다. 1268년 1월에 도착한 최초의 蒙古國書는 '大蒙古國皇帝'가 '日本國王' 앞으로 보내는 형식으로, 高麗가 蒙古에 '來朝'한 것을 알리고 고려와 인접한 '小國' 日本이 蒙古에 '通好'＝朝貢할 것을 요구하면서, 말미에는 "兵力을 사용하는 것을 누가 좋아할 것인가"라고 군사적 위협을 비추고 있었다.[1] 이 국서는 元代의 평가에 따르면, 일본을 臣下로서 내려다보고 있지 않으며 사뭇 정중한 표현을 사용한 것이라고 한다.[2] 國書의 문면상 蒙古는 일본과의 원만한 교섭을 바라고 있었던 것이다.

이 단계에서 蒙古의 日本 招諭의 의도에 대해서는 南宋 征伐의 일환이었다는 데에 대체로 견해가 일치되어 있다. 蒙古는 남송의 襄陽城 공격(1268~1273)을 전후하여 日本 招諭를 시도하고 있으며, 그 목적은 海上으로 연결된 남송과 일본의 통교관계를 끊어 남송을 고립시키기 위함이었다. 수 차의 사신 파견에도 불구하고 일본측의 회답이 없자 蒙古의 쿠빌라이는 1270년 11월, 일본 원정 준비에 착수하여 고려에 屯田兵

---

1) 至元3年(1266) 8月 蒙古國牒案, 『鎌倉遺文』 第13卷, 9564號.
2) 國書의 末尾에는 '不宣'으로 맺고 있는데, 元代의 『國朝文類』(卷41, 征伐, 日本)에 의하면 '不宣'은 "臣下로 여기지 않음을 말한다"고 하고, 이 國書 전반에 대해서 "文體가 정성스럽고 謙讓의 의사가 簡册에 넘친다"라고 평하고 있다.

을 파견하고 있다.[3] 하지만 마침 고려에서 일어난 三別抄의 반란(1270
~1273)으로 인해 그 실행이 불가능했으며, 1273년 4월 삼별초를 평정
함으로써 저해요인이 사라지자 전열을 정비, 그 이듬해에 일본 침략을
실행에 옮기고 있다.[4] 1274년은 5년간에 걸친 襄陽城 공략이 성공한
직후이자 바야흐로 蒙古가 남송의 본토에 본격적으로 침공하려는 시기
에 해당된다. 따라서 제1차 일본 침략은 실은 같은 해에 일제히 개시되
었던 남송에 대한 全面 進攻作戰의 일환이었다. 즉 일본의 군사적 정복
이 목적이 아니라, 남송에 대한 총공격의 측면 작전으로서 남송과 일본
의 관계를 차단하기 위한 武力示威 내지 武力偵察이었다.[5] 이때의 원
정군은 蒙古人·漢人(舊金朝人)·高麗人 등으로 구성된 3만 수 천의
병력[6]으로, 九州 博多에서의 전투 다음날 기상악화도 겹쳐 그대로 철
수하고 있다.

　　제1차 침략 이후 蒙古는 1275년 4월과 1279년 6월 2회에 걸쳐 사신
을 파견하여 일본 초유를 다시 시도하고 있다. 蒙古는 실제의 군사적
위협에 의한 일본의 태도 변화를 기대했을 것이다. 1275년의 사신은 일
본과의 전투 후 고려에 귀환한 1274년 11월에서 불과 세 달 후인 1275
년 2월에 결정되었고, 1279년의 사신으로는 蒙古에 항복한 남송의 사신
과 일본인 유학승을 함께 파견하는 등 남송과의 관계를 이용하여 일본

---

3) 旗田巍, 『元寇－蒙古帝國の內部事情』, 中央公論社, 1965, pp.90~91.

4) 村井章介, 「高麗·三別抄の叛亂と蒙古襲來前夜の日本」, 同『アジアのなかの
　　中世日本』, 校倉書房, 1988, pp.161~163.

5) 杉山正明, 『大モンゴルの世界 陸と海の巨大帝國』, 角川書店, 1992, pp.249~250.
　　石井進, 『鎌倉びとの聲を聞く』, 日本放送出版協會, 2000, pp.56~57.

6) 『元史』·『高麗史』 등의 사료와 여러 관련 연구들은 원정군의 규모에 대하
　　여 각각 상이하게 기술하고 있다. 본고에서는 전투요원만 약 2만 6천(蒙漢
　　軍 2만, 高麗軍 약 6천), 고려의 사공[梢工]·수부[水手] 6,700의 총 3만
　　2천~3만 3천이 동원되었다고 본다. 그 이외에 元으로부터 별도로 사공·
　　수부가 공급되었을 가능성도 있지만(池內宏, 『元寇の新研究』, 東京, 東洋文
　　庫, 1931, pp.126~127 참조), 현재로서는 不明이다.

측의 태도 변화를 꾀하고 있다. 蒙古는 사신 일행이 다음해 1280년 4월까지 돌아와 일본의 태도에 대한 최종 판단을 내린 후에 출병 여부를 결정할 예정이었다. 그러나 일본측은 2회의 사신 일행을 모두 참수하였고, 그 사실은 뒤늦게 蒙古側에 알려져 제2차 침략의 직접적인 계기로 작용한다.[7]

1281년 蒙古의 제2차 일본 침략은 남송 정벌이 성공한 후, 日本側의 사신 처형 소식이 전해진 가운데 추진된 것이었다. 원정군은 蒙古·漢人·高麗 이외에 항복한 南宋의 군사를 포함하여 14만이나 되는 대규모 병력[8]으로 1차에 비해 약 5배에 달했으며, 일본에 屯田軍을 설치할 계획이었음에 비추어 蒙古는 일본(적어도 그 일부 지역)에 대한 군사적 정복·지배까지 고려한 듯하다.[9] 蒙古의 쿠빌라이는 1266년 당시 일본에 대해서 '不臣'의 朝貢國으로서의 국교 개시를 요구했지만 일본의 無回答으로 인해 무력행사로 이어졌고, 사신의 처형에 의해 1279년 중국통일 후에는 정복에 의한 屬領化를 노리거나 적어도 君臣關係의 설정을 의도했다고 보인다.[10]

대대적인 제2차 일본 침략이 태풍으로 인해 실패한 이후에도 쿠빌라이가 1282년, 1284~85년, 1292~1293년에 걸쳐 제3차 일본 침략을 집요하게 기도했던 것은 잘 알려진 사실이다.[11] 그러나 쿠빌라이는 오로

---

7) 相田二郎, 『蒙古襲來の硏究 增補版』, 吉川弘文館, 1982, pp.24~27 참조.

8) 고려에서 출진한 東路軍은 약 4만(高麗軍 1만, 高麗의 水手 약 1만 7천, 蒙漢軍 1만 수 천), 중국에서 출진한 江南軍은 10만이있다. 특히 江南軍 10만을 태운 3,500척의 大艦隊는 外海를 항해한 함대로서는 인류사상 최초의 超大型 함대였다고 알려진다.

9) 일본원정군의 모습이나 당시의 전황이 상세하게 묘사된 『八幡愚童訓』(甲本)에는, "이번에는 반드시 승리할 것이다고 하여 거주에 필요한 생활용구와 경작하기 위한 쟁기·괭이까지 가지고 왔다"고 기술되어 있다(『日本思想大系』 20 『寺社緣起』, 岩波書店, 1975, p.190).

10) 中村榮孝, 「十三·四世紀の東亞情勢とモンゴル襲來」 『岩波講座 日本歷史』 6 中世2, 1963, p.42.

지 무력해결에만 의존했던 것은 아니며, 종래대로 수 차례 사신을 보내
일본의 초유를 꾀하고 있다. 제2차 일본 침략후 蒙古의 일본에 대한 사
신 파견은 1283년 8월의 如智·王君治, 1284년 5월의 如智·王積翁,
1292년 10월의 고려사신 金有成·郭麟, 1299년 3월의 禪僧 一山一寧
등 총 4회에 달한다. 또한 1292년 7월, 귀국하는 日本商船에 기탁한 燕
公楠의 첩장을 포함하면 蒙古는 모두 5회의 일본 초유를 꾀한 셈이다.
이 가운데 처음 2회는 일본에 도착하지 않았고, 燕公楠의 첩장은 무시
되었으며, 金有成은 억류되었고, 마지막 一山一寧도 마찬가지로 일본에
억류되었다고 할 수 있다.

쿠빌라이는 제3차 일본 침략의 기도가 중국 강남 각지의 반란, 베트
남의 저항, 蒙古帝國 내부의 사정으로 인해 계속 좌절되면서 일본을 군
사적으로 정복·지배하겠다는 의지를 버리고 외교교섭 쪽에 보다 중점
을 옮겨갔던 것 같다[12]. 1294년 쿠빌라이가 사망한 후에도 蒙古는
1299년, 成宗이 국서를 보내 일본 초유를 시도하고 있다. 이때의 蒙古
國書는 書式上 쿠빌라이가 최초로 보낸 국서와 유사하며, '先皇의 遺意'
를 받들어 일본에 대하여 '通問'을 요구한다는 취지이다.[13] 쿠빌라이가
처음 의도했던 것과 동일하게 성종도 일본이 '不臣'의 조공국이 되는 형
태로 원만히 국교를 맺을 것을 희망하고 있었던 것이다. 그 한 해 전인
1298년, 성종은 일본 침략의 건의에 대해서 "지금은 때가 아니다"라고
기각했었는데,[14] 실제 그 후 성종이 일본 침략을 준비한 흔적은 없다.

---

11) 旗田巍, 『元寇』, pp.147~172 참조.
12) 1292년 8월에 고려의 세자가 입조했을 때 쿠빌라이는 그 자리에서 일본 침
   략에 대해서 의견을 묻고 있으나, 이번의 침략 준비는 종전과 달리 고려에
   만 명령했을 뿐 중국 내부에서 행한 흔적이 없다(旗田巍, 『元寇』, p.167). 중
   국인의 반항을 경계한 탓도 있겠지만, 침략의 목적이 적어도 이 단계에 이
   르면 일본의 來服을 촉구하는 데 있었음을 강력히 추측케 한다.
13) 첫머리에 '大元皇帝 致書于日本國王'이라 하고 말미에 '不宣'이라 적고 있다
   (大德3年(1299) 3月 元國王書狀寫, 『鎌倉遺文』 第25卷 19324號).

　　이렇게 볼 때, 적어도 쿠빌라이의 晚年 혹은 성종 즉위 후 蒙古의 외교교섭에 대해서 일본이 냉정하고 사려 깊게 대처했더라면, 일본은 '臣事'이든 '不臣'이든 蒙古의 朝貢國이 되는 것으로 그치고, 사실상 실현될 가능성이 적었던 침략의 압박과 위기감에서 벗어날 수 있었을 것이다. 그러나 막부는 멸망에 이르기까지 외교교섭을 거부하고, 蒙古에 대한 방어체제를 고수하고 있을 뿐이었다. 일본은 그 피해가 비교적 경미했음에도 불구하고, 蒙古의 사신들을 처형하거나 억류하는 경직된 태도로 일관하고 있다.[15] 이 점은 蒙古의 침략군을 끝내 물리친 안남(安南 : 베트남 중부·북부)과 점성(占城 : 베트남 남부의 참파 champa)이 나중에는 스스로 쿠빌라이 정권에 入朝하여 종속관계를 맺은 사실[16]과 대조적이다. 그런 편이 蒙古의 끊임없는 압박에서 벗어날 수 있음은 물론, 정치적·경제적으로 이로운 점이 많았던 것이다.[17] 일단 入朝하면 쿠빌라이는 다시 군대를 보내지 않았다.

2) 高麗 朝廷과 三別抄의 對日交涉

　　1266년 11월, 쿠빌라이는 일본 초유를 위해 蒙古의 사신 黑的을 고려에 파견하면서 일본으로의 길 안내를 명하였다.[18] 이에 고려는 다음 해 1월 宋君斐·金贊 등을 黑的과 동행하도록 했는데, 그들은 巨濟島에 이르러 바람과 파도가 험한 것을 이유로 開京으로 귀환해 버린다. 그러

---

14)『元史』卷208,「外夷列傳」日本傳, 大德2年(1298).

15) 아시아의 여러 나라에서도 元의 使臣을 살해 혹은 억류하거나 모욕을 가했지만, 일본과 같이 그 후에도 스스로 외교수단을 강구하지 않는 나라는 거의 없었다고 한다(片倉穣,「蒙古の膨脹とアジアの抵抗」, 荒野泰典·石井正敏·村井章介編,『日本史』Ⅳ, 東京大學出版會, 1992, p.101).

16) 杉山正明,『大モンゴルの世界』, pp.255~256.

17) Morris Rossabi, *Khubilai Khan, His Life and Times*, University of California Press, 1988, p.218 ; 杉山正明,『大モンゴルの世界』, p.256.

18)『高麗史』卷26,「元宗世家」元宗7年(1266) 11月 癸丑條.

자 고려 국왕 元宗은 黑的이 본국에 돌아가는 길에 宋君斐를 함께 쿠빌라이에게 파견하여 "對馬島의 풍속이 頑迷하고 禮儀가 없기" 때문에 사신의 渡日이 위험한 것, 그리고 "일본은 본디 小邦과 일찍이 通交한 일이 없고, 다만 對馬島人이 때때로 무역 때문에 金州를 왕래할 뿐이다"고 보고하였다.19) 그러나 이는 쿠빌라이의 큰 노여움을 사서 고려는 이후 일본 초유의 사명을 직접 짊어지게 된다. 1267년 8월, 黑的 일행이 쿠빌라이의 명령을 담은 詔書를 가지고 재차 고려에 오자20) 宰相 李藏用은 黑的에게 서신을 보내 다음과 같이 말하고 있다.

우선 舊來의 중국과 일본의 관계에 대해서, 일본이 바다를 사이에 두고 중국에서 멀리 떨어져 있어 때때로 相通하는 일이 있더라도 일찍이 중국에 職貢한 일이 없었고, 중국도 또한 "오면 이를 慰撫하고 가면 관계를 끊었다. 이를 얻어도 王化에 이익이 없고 버려도 皇威에 손상이 없다"고 생각하여 일본을 방치해 두었다고 설명한다. 그리고 隋文帝 때의 예를 들어 일본은 "교만하고 명분을 알지 못하는" 나라이므로 일본에 국서를 송달하는 것에 대해서 "보내지 않는 것이 득책이다"고 권고한다. 결론적으로 李藏用은 '바다 멀리 있는 것'을 믿고 蒙古에 '入朝'하지 않는 일본을 내버려두고, "세월을 기약하고 일본이 하는 것을 두고 보다가, 중국에 오면 內附를 권하고 오지 않으면 度外에 두어서 일본이 어리석게 외딴 곳에서 혼자 살게 내버려 둘 것"을 제언하고 있다.21)

이것에 대해서 『高麗史』에서는 "(李)藏用은 일본이 畢竟 오지 않아 장차 우리나라에 累가 될 것으로 생각하고 은밀히 黑的을 설득하여 그 일(일본 초유)을 중단토록 한 것"이라고 평하고 있다. 고려의 '累'란 바로 蒙古의 일본 원정에 고려가 동원되는 것을 뜻하는 것으로, 그 사태를 우려하여 국서를 보내지 않는 것이 득책이라고 黑的에게 역설한 것

---

19) 同, 元宗7年(1266) 11月 丙辰條, 元宗8년(1267) 1月條..
20) 同, 元宗8年(1267) 8月 丙辰條.
21) 『高麗史』 券102, 「列傳」 15, 李藏用.

이었다. 이장용의 일본 인식은 전술한 元宗의 그것과 동일하다. 元宗은 또한 1271년 3월 쿠빌라이에게 올린 표문 속에서 "그(일본) 풍속이 頑疾하고 깊은 사려가 없다"[22)라고 말하고 있다. 고려 국왕의 일본에 대한 인식은 "일본은 한낱 島夷일 뿐이다"[23)고 한 忠烈王의 말에서도 확인된다.

고려가 당초부터 쿠빌라이에 대한 비협력적인 태도를 취한 배후에 이와 같은 고려 조정의 일본 인식이 개재해 있던 것은, 일본 초유를 위한 고려의 對日交涉 자세를 통해 반증된다. 1268년 1월, 일본에 파견된 고려 사신 潘阜는 九州의 大宰府 앞으로 서신을 보내, 고려와 일본의 관계가 예부터 敦睦했던 것을 들고 그 오랜 우호 관계를 위해 이전 蒙古 使臣(黑的)의 渡日을 막았던 것을 '貴國을 향한 我國의 뜻'의 반영이라고 강조하였다. 이어서 "그 황제 국서의 의미는 귀국과 通好하는 것 이외에 결코 다른 말이 없다"고 하고, 蒙古國書와 高麗國王書를 직접 日本國王에게 전할 것을 희망하고 있었다. 그가 지참한 高麗國王書에서는 蒙古 皇帝의 '日本 通好' 요구는 "貢獻의 이익을 위해서가 아니라 단지 無外의 이름을 天下에 드높이기 위할 따름이다"고 하면서 "一介의 使臣을 파견하여 가보게 할 것"을 권하고 있다.[24)

고려 국왕의 국서와 고려 사신의 書狀은 고려와 일본 양국의 우호 관계와 그에 입각한 일본에의 배려를 강조하고, 蒙古國書에 대해 예상되는 일본의 의혹과 반발을 무마하여 蒙古의 조공 요구에 응하도록 일

---

22) 『高麗史』 券27, 「元宗世家」 元宗12年(1271) 3月條..

23) 『高麗史』 券28, 「忠烈王世家」 忠烈王 4年(1278) 7月 甲申條..

24) [至元5年(1268)] 正月日 高麗國牒狀案, 『鎌倉遺文』 13卷 9845號, 至元4年 (1267) 9月日 高麗國書案, 同 9770號. 1292년 金有成이 일본에 가져온 고려 국서에서도 "귀국은 멀리 海外에 있으니 다만 사신을 보내 入朝만 한다면 결코 어떠한 후환도 없을 것이니 잘 참작하기 바란다"고 하여 기본적으로 동일한 취지를 담고 있다(『高麗史』 券30, 「忠烈王世家」 忠烈王 18年(1292) 10月 庚寅條).

본을 설득하는 데 진력하고 있었다. 이러한 고려의 자세는 전술한 일본 인식, 즉 "교만하고 명분을 알지 못한다" 혹은 "풍속이 완질하고 깊은 사려가 없다"는 日本＝'小夷'·'島夷'觀과 모순하는 듯이 보인다. 그러나 오히려 그러한 인식이 근저에 있었기 때문에 용어 사용에 각별한 주의를 기울이면서 일본과의 외교교섭에 심혈을 기울여 임하고 있다고 해석해야 할 것이다. 처음에는 蒙古 使臣의 渡日과 蒙古國書의 送付를 어떻게든 막으려 했지만, 쿠빌라이의 명으로 일본 초유의 사명을 짊어지게 된 고려는 전쟁의 사태를 未然에 방지하기 위해 일본에 대한 외교적 설득 내지 회유로 전환했던 것이다.

蒙古國書는 朝貢인가 아니면 戰爭인가라는 兩者擇一을 일본에 강요하고 있었고, 고려가 일본에 대해서 위와 같이 蒙古의 의도를 설명한 것은 蒙古國書에 대한 강한 반발을 우려했기 때문이었다. 고려 조정은 기본적으로 '島夷' 日本이 유연한 국제적 현실감각을 결여하고 있다고 보았고, 그 인식을 바탕으로 한 고려 나름의 외교적 노력은 결국 결실을 보지 못하고 말았다. 潘阜 일행은 大宰府의 냉담한 대우를 받고 그대로 귀국하였고,25) 日本側은 후술하듯이 蒙古國書가 "禮를 결여했다"고 하여 返牒조차 보내지 않았던 것이다.

蒙古의 일본 침략 사태를 원치 않는 고려 조정의 입장은 고려가 兵站基地로서 떠안게 될 무거운 부담이 예상되었던 것에 의한다. 그렇지만 일단 일본 원정이 불가피해지면, 고려는 가급적 부담을 경감시키려 하거나 혹은 그 부담의 대가로서 원정군 안에서 자국의 지위 향상에 힘쓰게 마련이다.

제1차 일본 침략 이듬해인 1275년, 제2차 원정에 응할 수 없는 고려의 곤궁한 상태를 호소했던 忠烈王이 1278년, 돌연 일본 원정을 자청하고,26) 1280년에는 軍糧·兵力·水手 등 軍備 부담의 한계를 역설하는

---

25) 『高麗史』 券26, 「元宗世家」 元宗9年(1268) 7月 丁卯條.

한편 고려의 장군 金方慶이 元師府에 참여하여 公事를 주관할 수 있도록 요청한 것[27]은 그 단적인 예이다. 제1차 원정 당시 소극적으로 회피하려 했던 고려가 제2차 원정에서는 元의 일본 원정 의지를 도와 일본을 元에 복종시켜 자국의 소모를 줄이려 했다는 주장이 있지만,[28] 그 배후에는 蒙古의 제2차 원정이 필연시되고 고려의 부담도 피할 수 없게 된 상황이 있었던 것이다.[29]

더욱이 이러한 고려의 태도 변화를 두고서 고려에게 심각했던 倭寇 문제를 元의 힘을 빌어 해결하려 했다는 해석이 아직도 계속되고 있지만,[30] 찬성할 수 없다. 倭寇의 피해가 한층 심각해지는 1320년대 이후, 나아가 본격적인 倭寇로 전개되는 1350년대 이후에 고려가 蒙古의 일본 원정을 바란 흔적은 전혀 없는데다가 고려는 어디까지나 和親的 입장을 취하며 외교 절충에 의한 倭寇 문제의 해결을 꾀하고 있기 때문이다. 객관적으로 보아 일본 원정의 최대 피해자는 고려였으며, 그 피해는 13세기 당시의 왜구와는 비교될 수 없을 정도의 막심한 것이었다는 사실을 인식해야 할 것이다.

한편, 고려 조정의 입장이 본래 蒙古와 일본과의 전쟁을 회피하는 데 있었다면, 그와는 반대로 일본과 연대하여 蒙古에 대한 抗戰을 기도하는 고려 국내의 움직임이 있었다. 바로 고려 武臣政權의 중추로서 對蒙古抗戰의 중심이었던 三別抄이다. 근년 일본에서 발견된 「高麗牒狀不

---

26) 『高麗史』 卷28, 「忠烈王世家」 忠烈王4年(1278) 7月 甲申條.

27) 『高麗史』 卷29, 「忠烈王世家」 忠烈王6年(1280) 11月 己酉條.

28) 中村榮孝, 「文永・弘安兩役間の國際政局 —日本・モンゴル間の高麗—」『日鮮關係史の研究』上, 東京, 吉川弘文館, 1965, p.72 이하. 川添昭二, 「中世における日本と東アジア」 (上)『福岡大學總合研究所報』 147, 1992, p.87.

29) 1278년에 충렬왕이 상주문을 올린 배경에는, 이전에 명령받았던 화살의 제조가 1277년 1월에 끝난 상태에서 2차 일본 원정을 피할 수 없다는 왕의 판단과 함께, 당시 고려의 남쪽 반을 元에 귀속시키려 하던 洪茶丘의 책동을 견제하려는 의도가 있었다(池內宏, 『元寇の新研究』, pp.200~201 참조).

30) 川添昭二, 「中世における日本と東アジア」 (上), p.87.

審條條」라는 古文書를 통해 알려지듯이, 삼별초는 1271년 5월 珍島 함락 직전, 일본에 대하여 군사 원조와 연대 투쟁을 호소하기 위해 通牒하였다.[31] 통첩에 임하여 일본에 표류민을 호송하거나 예물을 보내는 등 友好的·儀禮的 조치를 취한 것도 공통의 敵에 대한 同盟關係 결성의 한 포석이었다. 조정이 예부터의 우호관계를 내걸고 蒙古에 入朝하도록 외교적 설득에 힘썼다면, 진도의 삼별초 정부는 동일하게 일본과의 우호를 표시하면서 對蒙古抗戰을 위한 군사동맹을 기도하고 있었던 것이다.

삼별초는 조정과 다를 바 없는 고려의 정통왕조로서 자임하고 있으며, 또한 1260년대에 倭寇와 적대한 경험이 있고, 왜구의 피해가 많았던 南海地域 민간의 지지를 얻고 있던 점에 비추어 볼 때, 일본을 夷狄 혹은 寇賊으로 보는 관념에서 탈피했다고 보기는 어렵다. 삼별초는 아마도 對蒙古 連帶鬪爭을 전개하는 데 有用한 '오랑캐로서 거칠고 倭寇로서 海戰에 능숙한' 국가로서 일본을 기대했던 것이 아닐까 짐작된다.

그러나 일본에서는 고려 정부와 삼별초를 제대로 구별하지 못한 채, 고려와 蒙古를 한 통속의 적으로 간주하는 분위기가 지배적이었다.[32] 삼별초의 통첩에 대한 일본의 대응은 확인되지 않지만 아마도 정부 당국자는 이를 무시했을 것이다. 이것은 또 하나의 건전한 양국 관계 발전의 가능성이 상실된 것을 의미한다.

蒙古의 일본 침략 이전에 외교적 해결을 꾀한 조정의 시도이든, 반대로 군사적 동맹을 모색한 삼별초의 시도이든, 일본의 대응 여하에 따라서 고려와 일본 사이에 새로운 관계가 형성되고 향후 동아시아 속에서 양국관계가 상당히 진전되었을 것임은 상상하기 어렵지 않다. 그러

---

31) 石井正敏,「文永八年來日の高麗使について－三別抄の日本通交史料の紹介－」 『東京大學史料編纂所報』 12, 1978. 村井章介,「高麗·三別抄の叛亂と蒙古襲來前夜の日本」, pp.164~166.

32) 文永8年(1271) 9月 15日 祈願文,『鎌倉遺文』 第14卷 10880號.

나 일본은 고려 조정의 설득에 임할 만큼 유연한 국제적 감각을 지니고 있지 못했으며, 또한 삼별초와 함께 연대투쟁을 전개할 만큼 고려의 국내사정을 파악하지도 못했고 적극적인 방어 전략을 세울 능력도 결여하고 있었다.

3) 일본의 대응

일본은 蒙古가 두 차례 침략을 전후하여 방법을 바꾸어가면서 줄기차게 시도했던 외교교섭을 모두 무시하였고, 전쟁의 사태를 피하기 위한 고려의 권유와 설득에도 불응하였으며, 일체의 외교적 대응을 하지 않고 있었다. 蒙古에의 연대 투쟁을 호소하는 삼별초의 통첩에 대해서도 묵묵부답이었다. 일본은 외교상 '無對應'으로 일관하였던 셈이다. 그 배후에는 어떠한 국내사정이 있었던 것일까?

일본 국내에서는 蒙古의 강대한 세력과 대륙에서의 침략전쟁에 대해서 적어도 蒙古國書가 到來한 당시에는 대체로 인지하고 있었다. 그것은 蒙古國書가 도래하자 公家·武家가 보인 당혹과 위기감을 통해서 엿볼 수 있다. "이 일은 국가의 珍事이자 大事이다. 만인이 경탄할 수밖에 없다"33)든가 "이것(첩장)을 보고 公家와 武家가 크게 놀라 返牒을 보내야 할지 아닐지, 牒使를 목베어야 할지 아닐지 諸道의 의견서와 公卿의 僉議가 분분하였다"34)는 말에 단적으로 드러나 있다. 民間에서도 "당시 天下無雙의 놀라운 일은 다만 이 일뿐이다"35)라고 충격적인 일로 받아들이고 있었다. 10세기 이후 오랜 동안 주변 국가와 국교를 맺지 않고, 국제적 긴장상태에 놓인 일이 거의 없었던 일본으로서는 외교적이든 군사적이든 국가 존망의 위기에 대처해야 하는 새로운 상황에

---

33) 『深心院關白記』文永5年(1268) 2月 8日條(『大日本古記錄 深心院關白記』, 岩波書店, 1996).
34) 『八幡遇童訓』, 『伏敵編』 卷1, p.15.
35) 至元5年(1268) 正月日 高麗國牒狀案, 『鎌倉遺文』 第13卷 9845號.

직면한 것이었다.

鎌倉幕府는 九州의 大宰府로부터 보내온 蒙古國書를 高麗國書와 함께 京都 朝廷의 後嵯峨 上皇에게 올리는 동시에, 1268년 2월 蒙古에 대한 경계령을 西國地方의 御家人들에게 내리고 있다.[36] 여기에 원칙상 조정이 外交權을 장악하고 대외적으로 國王[天皇]으로서 일본을 대표하고 있던 것, 그리고 幕府가 日本國의 守護를 본래적인 職務로 하는 軍事權門[37]으로서 경계태세를 갖추고 있던 것을 엿볼 수 있다. 막부는 경계령에서 "蒙古人이 凶心을 품고 本朝를 엿보려고 牒使를 보낸 것이다"[38]고 말하고 있다. 이것에 대해 幕府가 애당초 蒙古國書의 到來를 侵略의 前兆로 받아들였다는 견해[39]가 있지만, 이런 경우 당연히 취할 수 있는 경계태세로 보는 것이 합당할 것이다.

한편, 蒙古國書에 처음 접한 公家貴族들은 後嵯峨上皇이 주재하는 院評定에서 '返牒의 有無'를 둘러싼 논의를 거듭한 끝에 "蒙古國書가 禮를 缺하고 있어서 회답하지 않는다"[40]고 결정하였다. 그런데 이러한 조정의 방침은 1269년 9월 제 4회 사신이 온 것을 계기로 바뀐다. 조정은 이번에는 返牒을 보내기로 하였는데, 그 취지는 종래 중국과의 通好가 中絶되었기 때문에 蒙古의 通好 요구에 응하기 어렵다는 것과 함께, 蒙古의 군사적 위협에 대해 그 不義를 호소한다는 것이었다.[41] 菅原長成가 기초한 文永 7년(1270) 정월 일자의 「贈蒙古國中書省牒」은 日本國太政官이 蒙古의 中書省 앞으로 보내는 형식으로, "귀국과는 일찍이

---

36) 龍肅, 『蒙古襲來』, 至文堂, 1959, pp.27~31.

37) 黑田俊雄, 「中世の國家と天皇」『岩波講座 日本歷史』6 中世2, 1963, (同, 『日本中世の國家と宗敎』, 岩波書店, 1975 수록).

38) 文永5年(1268) 2月 27日 關東御敎書, 「追加法」436(佐藤進一·池內義資編, 『中世法制史料集』第1卷, 岩波書店, 1955, p.227).

39) 川添昭二, 『蒙古襲來硏究史論』, 雄山閣出版, 1977, p.27.

40) 『深心院關白記』文永5年(1268) 2月 8日, 10日, 14日, 17日, 19日, 25日, 26日 條 및 『鎭西要略』文永5年條, 『伏敵編』卷1, p.31.

41) 蒙古來使記錄, 『鎌倉遺文』第14卷 10380號.

인물의 교통이 없었으니 본조가 어찌 好惡가 있겠는가. 由緒를 돌아보지 않고 凶器를 사용하려고 하니 和風이 다시 불어도 疑氷이 여전히 두텁다. 어찌 帝德仁義의 경지를 칭하면서 民庶殺傷의 근원을 열려고 하는가"[42]라는 道義的 비판의 색채를 띤 것도 그 때문이었다. 조정은 이러한 返牒을 작성하여 막부에 보냈으나 막부는 이것을 억류하고 보내지 않았다. 여기서 조정은 왜 返牒을 보내려 했고, 막부는 왜 그것을 억류했는가가 검토 대상이 된다.

조정의 '返牒'은 실은 어떻게든 蒙古와의 전쟁을 회피하려는 公家側 의도의 발로였다. 1271년 9월 제 5회 사신 趙良弼이 일본에 와서 회답을 요구하며 "오는 11월을 기한으로 여전히 회답이 없으면 兵船을 보내겠다"는 最後通牒을 발했을 때, 조정측은 "사태가 몹시 급하게 되었다. 일이 종국에 이르렀으니 탄식할 만하다"라고 당황해하며 막부가 억류했던 예전의 返牒 초안을 약간 수정하여 서둘러 보내려 하고 있다.[43] 1269년 말 조정이 返牒을 보내기로 한 것도 동년 2월 對馬島에 도착한 제3회 사신들과 島民과의 충돌,[44] 그때 잡아간 島民 2인을 송환하면서 회답을 요구하는 등 蒙古의 거듭된 '尋問'[45]에 따라서 對外的 危機意識이 높아졌기 때문이었다.[46] 조정은 蒙古의 통호 요구는 완곡히 거절하

---

42) 贈蒙古國中書省牒,『本朝文集』67,『伏敵編』卷1, p.39.

43)『吉續記』文永8年(1271) 10月 24日條.

44)『五代帝王物語』龜山,『新校 群書類從』第2卷.

45)『師守記』貞治6年(1367) 5月 9日條,『史料纂集 師守記』第9.

46) 최근 張東翼은『異國出契』(1680년 전후 성립)에 수록되어 있는 '大蒙古國中書省牒'과 '高麗國慶尙晋安東道按察使牒'을 학계에 처음으로 소개하였다(「一二六九年「大蒙古國」中書省の牒と日本側の對応」,『史學雜誌』114-8, 2005). 전자는 蒙古國中書省이 日本國王 앞으로 보낸 至元6年(1269) 6월자의 첩장이고, 후자는 高麗慶尙道按察使가 大宰府守護所 앞으로 보낸 至元6年 8월자의 첩장으로 모두 1269년 9월 일본에 도착했던 것임이 명확히 밝혀졌다. 그에 따르면, 蒙古의 中書省은 對馬島民 2인을 송환하면서 이듬해 봄까지 시간을 한정하여 일본의 臣屬을 요구하고, 이에 응하지 않을 경우 武力行使를 하겠다는 의지를 분명히 밝히고 있었다(同, pp.66~69). 張東翼의 지적대로, 이

면서도, 전쟁 사태를 미연에 막기 위해 외교적 수단을 강구한 것이었다.

조정은 이와 동시에 고려에 대해서도 「大宰府守護所牒」을 보내려 하였는데, 거기에서는 지난 번 사신과 對馬島民과의 충돌 사건에 대해서 오히려 정중히 사과하고, 使行의 어려움에 대해 동정을 표하며 식량을 제공하고자 한다는 등 매우 宥和的인 태도를 보이고 있었다.47) 일본 국내에서 이 返牒을 '和親'하는 것으로 받아들인 것48)은 단순한 誤傳이 아니라, 이 返牒이 외교적·평화적인 문제해결을 지향했던 것에 기인한다. 요컨대 조정측은 蒙古·고려와의 외교교섭을 통해 전쟁을 회피하려 했던 것이며, 返牒에 대한 蒙古側의 반응을 살피려 했다고 보인다.

그렇다면 막부는 왜 조정이 보내려 한 返牒을 억류했던 것일까? 조정의 返牒 방침에 대한 막부의 조치에 대해서는, 사정을 설명하지 않고 결국 "(蒙古)牒狀의 体가 無禮하므로 返牒할 필요가 없다"고 하여 사신을 그대로 돌려보냈다고 전해진다.49) 여기서 주목할 것은 막부가 '牒狀의 体'를 문제삼고 있는 점이다. 이것을 전통적인 國際意識이나 慣習에 의한 태도50)로 보는 것은, 그러한 意識의 張本인 조정이 返牒을 택한 것을 고려하면 설득력이 없다. 또한 軍事·警察을 담당하는 정권으로서의 '武斷的·劃一的' 태도51)의 반영으로 보는 것은 막부의 狀況認識을 度外視하는 武人體質論的 평가에 가깝다. 그밖에 당시 南宋側으로

첩장은 최초의 蒙古國書에 비해 보다 구체적이고 협박성이 강한 것이었다. 中書省의 첩장은 趙良弼의 最後通牒과 함께, 조정의 반첩이 危機意識의 산물로서 전쟁을 회피하려는 의도가 담겨 있었음을 엿보게 한다.

47) 贈高麗國牒, 『本朝文集』 67, 『伏敵編』 卷1, pp.39~40.

48) 조정의 '반첩'에 대해서 "이번에는 반첩을 보내며, 또한 화친을 해야 한다고 한다"(文永7年(1270) 5月 26日 東嚴慧安敬白文, 『鎌倉遺文』 第14卷 10630號)라는 巷說이 퍼진 것도, 기본적으로는 '반첩'이 외교적·평화적 지향성을 가지고 있던 것에 한 원인이 있었을 것이다.

49) 『五代帝王物語』 龜山.

50) 田中建夫, 「東アジア通交關係の形成」, 『岩波講座 世界歷史』 9, 岩波書店, 1970, p.543.

51) 村井章介, 「高麗·三別抄の叛亂と蒙古襲來前夜の日本」, p.168.

부터의 情報나 民族主義的인 중국 禪僧들의 宗敎思想의 영향을 지적하
는 견해52)도 있으나, 朝廷側도 그러한 情報와 思想을 접한 흔적이 있
다.53) 따라서 이 문제는 일본의 政治體制 즉 朝廷과 幕府의 관계 및 幕
府權力의 성격을 통해 접근할 필요가 있다고 생각된다.

蒙古國書는 어디까지나 '日本國王'인 天皇 앞으로 보내진 것이고, 막부
가 그것을 조정에 上奏하여 중대한 國際事件에 대한 대응을 (설령 형식
적이라고 해도) 맡긴 것은 朝廷(天皇)의 存在意義가 대외적 위기 속에서
확인된 것을 뜻한다. 조정의 '返牒'은 국가 통치권자로서의 당연한 권한의
발동이고, 국가의 重大事를 스스로 담당하려는 의식의 반영이라고 할 수
있다. 결과적으로는 막부에 의해 억류되었지만, 조정이 막부의 의사와는
별도로, 아니 그것에 反하면서까지 '返牒'을 보내려 한 것은 對外問題를
계기로 하여 조정의 爲政者意識이 높아진 것을 보여주는 것이다.54)

대외적 위기상황하에서의 조정의 이러한 움직임은 그 방침이 어떻든
外交面에서 막부의 主導權을 제약하지 않을 수 없다. 더욱이 만일 返牒
을 계기로 蒙古의 사신과 첩장이 도래하여 조정과 蒙古의 접촉이 활발
해지게 된다면 막부가 고립화될 우려도 있다. 그 때문에 막부는 조정의
외교권 발동을 억제하고, "牒狀이 무례하므로 返牒할 필요가 없다"는

---

52) 川添昭二, 『中世九州の政治と文化』, 文獻出版, 1981, pp.110~111.

53) 京都의 正傳禪寺 주지인 東嚴慧安은, "蒙古國은 性情이 교만합니다. (중략)
  삼가 敵國의 원래 의도를 생각컨대, 일본의 군병을 몰아 여러 나라의 국토
  를 항복시키고자 하는 것입니다"라는 의견서를 조정 관계자로 보이는 인물
  에게 제출하고 있다(東嚴慧安意見狀, 『鎌倉遺文』 第14卷 10559號).

54) 조정에 대한 막부의 힘의 우위를 결정지은 1221년 承久의 亂 이후, 특히
  1246년 宮騷動을 계기로 하여 조정은 막부의 강한 간섭 아래 놓이게 되었
  으며 그 결과 탄생한 것이 後嵯峨上皇이 주재하는 院評定制였다. 그 후 後
  嵯峨院政下의 조정은 內外의 重大事에 관해서 막부의 의향에 따랐다고 지
  적되고 있다(上橫手雅敬, 「鎌倉幕府と公家政權」, 『岩波講座 日本歷史』 5 中
  世 1, 岩波書店, 1975, pp.58~60 및 網野善彦, 『蒙古襲來』, 小學館, 1974,
  pp.48~51). 그러나 蒙古國書의 到來라는 종래에 없던 새로운 사태에 직면
  하여 조정이 나름대로 주체적인 움직임을 보인 것이 주목된다.

식의 大義名分에 입각한 강경한 정책을 택했던 것이 아닐까 한다. 이 名分論的 強硬策은 조정의 '返牒' 즉 '外交權의 發動'을 억지하는 데 정당성을 제공하고, 軍事權門인 막부가 武力에 의한 國家守護를 내세워 外交上의 주도권을 확보하는 데 유효했을 것이다. 蒙古에 대한 군사적 대응을 요구하는 입장의 논리적 귀결이, "우리나라의 크고 작은 일은 모두 武家에게 賦課하십시오. 武家는 朝家의 第一의 重寶입니다"[55]라는 말처럼, 바로 막부에 의한 國政의 主導였던 것이다.

한편, 당시 幕府權力의 최고 실력자가 北條氏의 家督인 北條時宗이었다는 사실도 이 강경책의 배경의 하나로 주목된다. 이미 時宗의 生父인 北條時賴의 시대부터 막부의 실질적 최고권력은 '執權'이라는 公職에 있는 것이 아니라, 北條氏 本家의 長인 '得宗'(도쿠소)로 옮겨지고 있었다.[56] 그러나 北條氏는 본래 막부의 御家人과 同列의 身分으로, 得宗는 將軍이 갖는 御家人 支配의 正統性을 결여하고 있었다.[57] 따라서 외국으로부터의 위협에 대하여 군사적 대결을 피하려 한다면 지배의 정통성을 결여하고 있는 자신의 권력에 대한 대항세력의 비판에 직면하게 될 것을 우려했을 것이다. 여기서 막부의 得宗權力은 大義名分에 입각한 강경한 태도를 취하지 않을 수 없었다고 생각된다.

막부가 일본과 蒙古와의 교섭 자체를 거부하고, '牒狀의 無禮'를 명목으로 蒙古에 대한 戰爭不辭라는 강경책을 택한 데에는 이상과 같은 일본 국내의 정치적 배경이 자리잡고 있었다고 보인다. 제1차 침략 이후 1275년 9월, 동년 4월에 도착한 蒙古의 사신을 막부가 참수한 것도 동일하게 이해할 수 있다. 막부의 사신 참수는 "영원히 和親하지 않고 通問하지 않는다"[58] 혹은 "일본을 엿보는 것을 막고 침략하지 못하게

---

55) 東嚴慧安意見狀, 『鎌倉遺文』 第14卷 10559號.
56) 村井章介, 「執權政治의 變質」 『日本史研究』 261, 1984, p.17.
57) 幕府體制의 頂点인 將軍이 되기 위해서는 身分的 尊貴性을 갖추어만 했지만, 北條氏는 小國 伊豆의 在廳官人 출신이라는 낮은 신분이었다(同上, pp.27~28).
58) 『關東評定傳』 建治1年(1275), 『群書類從』 第4輯 補任部.

한다"[59]는 명분에서였다. 이 조치는 막부의 得宗權力이 蒙古에 대한 단호한 태도를 國內外에 보인 것[60]인 동시에, 蒙古와의 외교교섭 자체가 불필요하다는 막부의 의사표시이기도 했다. 조정이 이때의 첩장을 상주받은 것은 그로부터 한 달이나 지난 후의 일이었다.[61] 1279년 6월, 멸망한 남송의 옛 신하 출신의 牒使가 도착했을 때에도 막부는 형식상 첩장을 조정에 상주했지만, 조정의 評定을 기다리지 않고 역시 막부 독단으로 처형하였다.[62] 조정의 외교권은 이 단계에서 사실상 부인되어 아예 외교적 대응의 기회조차 주어지지 않았던 것이다. 조정은 막부의 독단적인 조치에 무력할 뿐, 그 후 '反牒不可'라는 先例에 따라 막부의 정책에 순응하는 길밖에 다른 방도는 없었다.[63]

3. 蒙古의 日本 侵略과 高麗 · 日本

1) 고려의 군사전략적 위치

蒙古의 일본 침략은 일본의 가장 인접한 국가이자 蒙古에 복속한 고려의 軍事基地化를 초래하였다. 고려는 蒙古의 일본 원정을 위한 戰艦,

---

59) 『鎌倉年代記裏書』 建治1年(1275), 『增補 續史料大成』 51.

60) 江戶 시대의 『大日本史贊藪』에서는, 時宗가 이때의 元의 使臣을 목베어 일본의 '威武'를 선양하고 외국을 두렵게 한 것은 매우 잘한 일이었다고 평하고 있다(同, 卷4, 日本國粹全書刊行會, 1916, p.293).

61) 『師守記』 貞治 1年(1362) 5月 9日條, 『增補 續史料大成』 51.

62) 『北條九代記』 下 弘安2年(1279)條, 『續群書類從』 第29輯上. 『勘仲記』 弘安2年 7月 29日條, 『增補 史料大成』 34. 相田二郞, 『蒙古襲來の硏究 增補版』, pp.26~27.

63) 1292년 7월, 고려의 사신 金有成이 가져온 고려국서에 대하여 조정의 後深草上皇은 "실로 고려국왕의 문체가 무례하고 기괴하다"는 반응을 보이고, 대책으로서 "이전에 결정한 취지와 다를 바 없다"는 선례 중시에 머물러 있었다(正應 5年(1292) 12月 10日 後深草上皇書狀, 『鎌倉遺文』 第23卷 18066號).

軍糧, 兵力 등을 보급해야 하는 兵站基地로 전락할 수밖에 없었다. 고려가 우려했던 사태가 현실이 되어 엄청난 부담을 가져왔음은 고려측 사료 곳곳에서 확인된다.

1271년 1월, 蒙古는 일본에 사신 趙良弼을 파견할 단계부터 蒙古의 군대를 金州(金海)에 주둔시키면서 필요한 식량을 공급하고 戰艦을 金州에 집결시킬 것을 명하고 있었다.[64] 또한 같은 해 3월에는 屯田經略司를 鳳州(黃海道 鳳山)에 설치하여 군대를 주둔시키고, 農牛 3,000두와 둔전에 필요한 農具·種子·秣糧 및 가을까지의 軍糧을 보급할 것을 요구하였다.[65] 屯田軍의 설치에 이어서 1272년 2월에는 戰艦兵糧都監이 설치되어[66] 고려는 바야흐로 본격적인 보급기지 체제하에 놓이게 된다. 1273년 4월 耽羅의 삼별초가 멸망한 이듬해 고려는 1274년 1월부터 5월까지 諸道에서 造船 인원 30,500명을 징발하여 大船 300척을 포함한 총 900척을 급속히 건조, 완공하였다.[67] 제1차 원정에 동원된 고려군은 약 6,000명, 사공·수부 등은 6,700명이었으며, 고려가 그동안 부담한 군량미는 양곡이 '乏絶'[68]될 정도였다. 이 전쟁의 수행으로

---

64) 『高麗史』 卷27, 「元宗世家」 元宗12年(1271) 1月 己卯條.

65) 同3月 丙寅條.

66) 『東國通鑑』 卷36, 元宗13年(1272) 2月條.

67) 『高麗史』 卷27, 「元宗世家」 元宗15年(1274) 1月條, 同6月 辛酉條.

68) 제1차 원정군에 대하여 고려가 공급한 군량은 사료에서 확인되지 않는다. 다만 수 년에 걸친 원정 준비 기간 고려가 공급한 군량은 "庚午年(1270)부터 지금까지 5년 동안에 군량을 공급하여 왔기 때문에 벌써 양곡이 乏絶된 지 오래 되었다"는 말처럼 막대한 것이었다. 고려는 1274년 2월, "근년에 군인, 군마의 식량과 사료는 도저히 마련할 수 없어서 官員들과 백성들에게서 거둔 것은 이루 헤아릴 수 없다"고 하면서 식량 공급의 어려움을 호소하였는데, 이에 元은 同年 4月 쌀 2만석을 보내 군량에 보충하게 하고 양곡 값으로 비단을 보내도록 하였다(『高麗史』 卷27, 「元宗世家」 元宗15年(1274) 2月 甲子條, 同4月 甲子條). 太田弘毅의 지적대로, 여기서 말하는 2만석이 실제로 漕運되었다고 해도 결국 양식의 준비는 고려가 부담해야 했을 것이다(太田弘毅, 『蒙古襲來－その軍事史的研究－』, 錦正社, 1997, p.91).

고려가 겪은 부담은 1275년 1월, "만약 다시 일본 정벌을 일으킨다면 거기에 소용되는 전함들과 군량을 小邦은 공급할 능력이 없습니다. 결국 나라가 파멸되어 없어지게 될 것입니다"[69]라고 쿠빌라이에게 호소한 충렬왕의 말에 단적으로 나타나 있다.

제2차 일본 원정에 따른 보급기지로서 고려의 부담은 1차보다 더욱 막중한 것이었다. 고려는 전함 900척, 군사 10,000명, 사공·水夫 17,000명, 군량 최소 10만석 이상[70]을 공급하였다. 여기에 말의 사료, 무기, 각종 군수품까지 조달해야만 했다. 고려는 두 차례의 원정에 따른 전함의 건조로 하천과 바다 연변의 재목을 거의 다 벌채하여 더 이상 전함의 건조가 불가능한 상태였다.[71] "十八年辛巳年(1281) 官軍이 일본을 정벌할 때 모든 전함, 식량을 비롯하여 군졸과 사공·수부, 기타 일체의 물자에 이르기까지 모두 있는 힘을 다하여 공급하였다"[72]는 충렬왕의 말은 정치적 言辭임을 고려하더라도 고려가 짊어졌던 부담의 막중함을 충분히 짐작케 한다.

그 후에도 쿠빌라이의 제3차 일본 원정의 기도가 있을 때마다 고려는 전함의 수리·건조, 군량의 준비, 兵器의 제작, 軍士와 水夫의 징발 등을 요구받았음은 물론이다.[73] 蒙古는 고려 이외에 中國 江南과 東京(遼陽)에도 보급기지로서의 역할을 명하였지만, 1285년 11월 江南의 江淮米 100만석을 고려의 合浦(馬山)에까지 운반·저장하도록 명한 것[74]에 드러나듯이, 고려야말로 일본 원정을 위한 第一의 병참기지였

---

69) 『高麗史』 卷28, 「忠烈王世家」 忠烈王1年(1275) 1月 庚辰條.

70) 제2차 원정 당시 고려가 공급한 군량에 대해서는 10만석(『元史』「世祖本紀」), 11만석(『高麗史』「忠烈王世家」), 혹은 12만 3천 5백 60여석(『東國通鑑』忠烈王8年) 등 諸史料에 상이하게 기록되어 있다.

71) 『高麗史』 卷31, 「忠烈王世家」 忠烈王20年(1294) 1月 癸酉條.

72) 同, 忠烈王23年(1295) 10月 丙申條.

73) 『高麗史』 卷29, 「忠烈王世家」 忠烈王9年(1283) 3月 庚午條, 同卷30, 「忠烈王世家」 忠烈王11年(1285) 12月 辛丑條, 同12月 甲寅條·丁卯條, 『東國通鑑』 卷38, 忠烈王9年(1283) 3月條.

던 것이다.

고려는 蒙古의 일본 원정을 위한 보급기지 및 병참기지로서의 역할을 수행하게 된 한편, 역으로 일본으로부터의 침공에 대한 방어기지로서의 역할도 떠맡지 않을 수 없었다. 이미 蒙古의 일본 원정 이전부터 고려와 일본 사이에 조성된 군사적 긴장 속에서 고려는 일본의 침공에 대비하지 않으면 안 되었다. 1269년 5월, 慶尙道 按察使가 "濟州島人이 일본에 표류했다가 돌아와 말하기를 일본이 兵船을 갖추어 장차 우리를 침범하려 한다고 한다"라고 보고하자 고려 조정은 삼별초를 파견하여 연해를 경비하도록 하는 한편, 築城과 糧食의 備蓄을 명하고 일본에 가까운 彰善縣(南海)에 있던 國史를 珍島에 옮기게 하고 있다.75) 일본측의 蒙古 침입에 대한 경계태세가 잘못 전해진 것이긴 하지만, 고려로서는 세 달 전 黑的 일행이 對馬島民과 충돌하여 島民 2명을 사로잡아 귀환한 사건과 연관지어 일본의 군사 동향을 예의주시하지 않을 수 없었을 것이다. 하물며 전쟁이 실제로 발발한 이후에는 일본의 침공에 대비하여 더욱 방비를 강화하는 것이 필연적이었다.

제1차 일본 원정 직후 合浦에는 蒙古軍으로 구성된 鎭戍軍이 설치되어 1278년 고려군으로 대체될 때까지 주둔하였다. 아마도 우려되는 일본의 침공에 대비한 조치였을 것이다.76) 1280년 5월 倭賊이 固城 漆浦

---

74) 『元史』 卷13, 「世祖本紀」 至元22年(1285) 11月 癸巳條. 또한 元은 아마도 쿠빌라이의 사망 직전인 1293년, 일본 정벌을 위하여 江南米 10만석을 운반하여 江華島에 비축해 두고 있었다(『高麗史』 卷31, 「忠烈王世家」 忠烈王 20年(1294) 12月 庚寅條).

75) 『高麗史』 卷26, 「元宗世家」 元宗10年(1269) 5月 丙午條.

76) 1278년 7월, 고려의 忠烈王은 "合浦鎭戍軍은 남겨두어 倭寇에 대비하여 주기 바랍니다"라고 청하였는데, 쿠빌라이는 "구태여 남겨둘 필요가 있겠는가? 그대 백성들에게 害가 되지 않겠는가? 그대가 스스로 그대 나라 사람을 써서 鎭戍하도록 하라. 倭寇는 족히 두려워할 것이 없다."라고 답하고 있다 (『高麗史』 卷28, 「忠烈王世家」 忠烈王4年(1278) 7月 戊戌條). 후술하는 제2차 원정 직후의 동향을 함께 고려하면, 蒙古軍은 아마도 제1차 원정 직후

및 合浦에 침입하여 어부를 잡아가는 사건이 발생하자 고려는 경상도와
전라도에 군사를 보내 수비하게 하는 한편, 蒙古에 大將軍을 파견하여
이 사건을 보고하고 있다.[77] 蒙古는 이때 고려의 軍卒로써 倭賊을 방어
할 것을 명하였지만, 일본 원정에 즈음하여 1281년 6월 본국에서 騎兵
300명을 보내 合浦를 지키게 하였다.[78] 원정이 실패한 직후인 1281년
10월, 蒙古는 忠烈王과 征東行省의 요청을 받아들여 '日本과 마주보는
要衝'인 慶尙道 金州・合浦 等地와 全羅道에 鎭邊萬戶府를 설치하였
다.[79] 다음해 1282년 1월에는, 일본의 고려 연안 침구 사건과 관련한
충렬왕의 요청을 받아들여 蒙古는 본국에서 군사 500명을 金州에 파견
할 것을 결정하였다.[80] 곧이어 2월 蒙古는 蒙・漢軍 1,400명을 보내 耽
羅島의 防備를 강화하였으며,[81] 4월에는 군사 340명을 보내 合浦를 지
키게 하고 60명은 王京을 지키게 하여 '불의의 변고[不慮]'에 대비케
하였다.[82] 이러한 일련의 조치들은 蒙古와 고려가 일본으로부터의 逆
攻에 대비하여 金州・合浦 등을 비롯한 고려 要害와 首都 開京, 그리고
일본과 중국의 江南地方을 연결하는 海上 要衝인 耽羅島의 防備를 강화

요해지역 합포에 수 년간 주둔하여 일본의 침공에 대비하고 있었을 것으로
추정된다.

77) 『高麗史』 卷29, 「忠烈王世家」 忠烈王6년(1280) 5月 癸卯條.

78) 同, 忠烈王7年(1281) 6月 丙戌條..

79) 『元史』 卷99, 「兵志」, 鎭戍에는 "[至元十八年(1281)]十月, 高麗王幷行省皆
言, 金州, 合浦, 固城, 全羅州等處, 沿海上下, 與日本正當衝要, 宜設立鎭邊萬
戶府屯鎭, 從之."라고 보인다.

80) 『元史』 卷208, 「外夷列傳」 高麗傳, 至元19年(1282) 正月條. 『元高麗記事』에
는, "[至元19年 정월 15일] 蒙古軍 100명으로 高麗의 金州를 鎭戍하였다"라
고 보인다.

81) 『東國通鑑』 卷38, 忠烈王8年(1282) 2月條. 이미 蒙古는 원정 실패 직후인
1281년 9월, 耽羅의 鎭戍軍을 증원하고 고려에게 그 戰具를 공급하도록 명
하였다(『元史』 卷11, 「世祖本紀」 至元18年(1281) 9月 癸酉條). 당시 耽羅는
蒙古의 직할지로서 다루하치 總管府의 지배하에 있었다.

82) 『高麗史』 卷29, 「忠烈王世家」 忠烈王8년(1282) 4月 戊戌條..

하고 있는 것을 보여준다. 蒙古 본국도 일본의 보복을 우려하여 1281년 11월, 일본 원정에서 돌아온 군사들로 하여금 慶元(寧波)·上海·澉浦 등 江南地方의 沿海를 鎭戍하게 하고 있었다.[83]

제1, 2차 일본 원정의 發進基地가 되었던 고려의 合浦는 행정상 金州의 관할구역 안에 있는 要害地였다.[84] 금주는 늦어도 11세기 중엽부터 1266년에 폐지되기 전까지 일본인 무역상인을 접대하는 館舍가 있을 정도로 고려 내에서 일본인과의 교류가 이루어지는 對日交涉 거점이었다.[85] 금주가 平和時에 일본인의 해상 왕래가 가장 활발한 인접 지역[86]이었던 만큼 戰時에는 일본과의 군사적 대치가 가장 첨예한 지역이 될 수밖에 없었다. 蒙古와 고려가 攻守兩面의 군사 요해로서 合浦와 金州를 중시했던 까닭이다.

제2차 원정 실패 직후에 慶尙道의 合浦 等地와 全羅道에 설치된 鎭邊萬戶府는 "日本을 控制하는"[87] 것이 주요 목표였다. 1301년 7월 蒙古는 고려의 요청에 따라, 前年에 설치되었던 耽羅總管府를 폐지하고 고려에 예속시켜 萬戶府를 설치하기에 이른다.[88] 이들 세 곳의 萬戶府

---

83) 『元史』 卷99, 「兵志」. 鎭戍, [至元]十八年(1281)十一月條.

84) 『高麗史』 卷57, 志11, 地理2, 慶尙道 金州條에 의하면, 金州에는 義安郡·咸安郡의 2郡과 漆園縣·熊神縣·合浦縣의 3縣이 속해 있었다. 또한 『新增東國輿地勝覽』 卷32 「昌原都護府」에는, 合浦의 形勝에 관하여 "합포는 거진이다. 범이 웅크린 듯, 용이 도사린 듯하다(合浦巨鎭, 虎踞龍盤)"라고 기술되어 있다. 合浦는 조선시대에 慶尙右道 兵馬節度使의 本營이 있던 곳이기도 하다.

85) 南基鶴, 「고려와 일본의 상호인식」, 『日本歷史硏究』 11, 2000, pp.81~82.

86) 일본으로부터의 고려표류민 송환도 日本 各地 → 大宰府 → 對馬島 → 金州 → 東南海(船兵)都部署라는 官廳간의 루트로 처리되고 있었다(山內晉次, 「古代における朝鮮半島漂流民の送還をめぐって」 『歷史科學』 122, 1990, p.40). 13세기에 들어 金州에 倭寇가 발생한 것도 이곳이 對馬島를 비롯한 九州 지역민들이 가장 활발히 오가는 지역이었음을 반증한다.

87) 『元史』 卷208, 「外夷列傳」 高麗傳, 至元18年(1281) 11月條.

88) 『高麗史』 卷32, 「忠烈王世家」 忠烈王27年(1301) 5月 庚戌條.

는 蒙古軍의 일시적인 주둔[89]을 제외하고 평시에는 고려군으로 충당되며 征東行省의 관할 아래 놓였다. 본래 제2차 일본 원정을 위해 1280년 8월에 설치되었던 征東行省은 원정의 실패 후 몇 차례 置廢를 거듭하다가 이윽고 防倭(＝對日本防禦)機關으로서의 역할을 수행하게 되었던 것이다.[90] 征東行省이 일본 원정을 위한 군사령부 역할을 했을 초기에는 江南軍의 蒙古人 총사령관이 장관을 맡았지만 그 후에는 고려국왕이 장관이었다.

　1302년 遼東行省이 征東行省을 병합하려고 획책했을 때, 고려의 忠烈王은 "小邦은 [원나라의] 가장 먼 변강에 있는 중요한 지대이며 아직도 귀순하지 않은 日本國에 인접하고 있습니다. 至元18年(1281) 大軍이 바다를 건너 출정한 후 至元20年(1283) 世祖皇帝의 聖旨를 받들어 본인이 行征東省事의 職을 맡아 邊面을 威鎭하였고, 현재의 慶尙道 合浦 等地와 全羅道 두 곳의 鎭邊萬戶府를 管領해 왔습니다. 그리하여 本國(高麗)의 軍官・軍人을 징발해서 현재 合浦・加德・東萊・蔚州・竹林・巨濟・角山・內禮梁 등의 요해 지대와 耽羅 등지에 파견・배치하고 烽燧를 설치하고 船兵을 숨겨두고서 밤낮을 가리지 않고 감시 순찰하여 日本國 賊軍에 對備하는 일을 주관하여 왔는바 지금까지 실수한

---

89) 1287년 3월에는 合浦를 수비하던 蒙古의 군사들이 본국으로 돌아가고 있다 (『高麗史』 卷30, 「忠烈王世家」 忠烈王13年(1287) 3月 庚申條).

90) 쿠빌라이의 사망을 계기로 원정 논의가 중단된 후 征東行省은 1299년에 再設置되어 고려를 관할영역으로 하는 元의 지방기관으로 성격이 전환되며, 이후 元의 멸망에 이르기까지 고려의 내정을 감시하는 역할을 했다는 것이 일반적인 견해이다. 이에 대하여 高柄翊은 '征東' 자체가 중지된 이후에도 征東行省은 명의상・형식상으로 존재하였으며, 일시적으로 元朝의 관리를 요직에 임명하여 高麗 內政에 대한 감시와 통제를 한 적도 있지만, 기본적으로는 고려의 元帝國內에서의 1行省으로서의 지위를 확정하는 데 존재의의가 있었다고 본다. 그리고 征東行省의 군사기구로서의 주요 임무는 '征東'에서 '控制日本' 즉 防倭로 바뀌었다고 한다(高柄翊, 「麗代 征東行省의 研究」, 同 『東亞交涉史의 研究』, 서울大學校出版部, 1970, pp.222~229, pp.282~292 참조).

적이 없습니다. 일찍이 日本의 賊人을 포획한 일이 있으며, 이것을 [원나라의] 中書省과 樞密院에 공문으로 보고도 하였습니다."라고 征東行省의 임무와 일본에 대한 고려의 경비태세의 萬全을 강조한 후, "이전과 같이 行征東省事를 맡아보게 해서 東方 極邊의 未服屬國 日本 方面을 威鎭하는 일을 전담케 해주신다면 邊關事務가 크게 잘못되는 것이 없을 것입니다"라고 상주하였다.[91) 여기서 일본에 대한 '威鎭'(警戒·對備)를 主任務로 하는 軍事機關으로서의 征東行省의 존재의의를 잘 살필 수 있다. 또한 이때 고려가 병합 반대의 이유로 내세운 것이 일본에 대한 효과적인 警備였다[92)는 점에서 蒙古의 對日防禦基地로서의 고려의 위치가 잘 드러나 있다. 蒙古의 정부도 제3차 일본 원정을 기도하는 한편에서 항상 일본의 보복을 우려하고 있었던 것은, 1292년 10월 무역을 위해 慶元에 입항한 日本船으로부터 武器가 발견되자 "異圖가 있을까 두려워" 곧바로 都元帥府를 세워 海道를 防備하게 한 조치[93)에서 엿볼 수 있다.

이상과 같이 고려는 군사전략상 蒙古의 일본 원정을 위한 병참·보급기지에 그치지 않고, 蒙古의 對日防禦基地로서의 위치에도 놓이게 되었다. 고려의 입장에서는 일본 원정의 부담만이 아닌 對日防禦의 부담까지 짊어지게 되었던 것이다. 蒙古로서는 자신의 '東藩'[94)인 고려국으

---

91) 『高麗史』 卷32, 「忠烈王世家」 忠烈王 28年(1302)條.

92) 위의 上表에서는 "東京으로부터 開京까지는 1500餘里요, 開京으로부터 合浦까지는 다시 1400餘里이니 만약 海外에 약간이라도 警戒할 일이 생기면 報告往來에 1000里도 멀다하거늘 하물며 3000里 밖이 되니 어찌 되겠습니까?"라고 말하고 있다.

93) 『元史』 卷17, 「世祖本紀」 至元29年(1292) 10月 戊子條.

94) 1330년 윤7월, 고려의 忠肅王은 고려의 국가를 부정하고 元帝國의 內地로 만들려는 획책을 듣고 원나라 太師 右丞相에게 서한을 보내, "고려국은 우리의 동쪽 번병[東藩]이다"는 至元3年(1266) 일본을 초유한 蒙古國書의 문장을 인용하여 반박하고 있다(『高麗史』 卷36, 「忠肅王世家」 忠肅王17年(1330) 閏7月 庚寅條). 고려가 원나라의 '東藩'임은 세조 쿠빌라이 이래 양

로 하여금 蒙古와 대치하고 있는 일본을 '威鎭'·'控制'하도록 하였고, 고려는 일본의 침공으로부터 자국을 방위하기 위해서라도 이 역할을 스스로 떠맡지 않을 수 없었다.[95]

2) 일본의 '異國征伐' 계획

고려가 일본으로부터의 침공을 우려했던 것은 결코 杞憂가 아니었다. 이하에서는 일본 쪽에 시야를 돌려, 당시 '異國征伐'이라 불린 高麗 侵攻 계획의 경과와 배경에 대해서 살펴보고자 한다. 이것은 蒙古의 침략에 대한 일본의 군사적 대응의 특징을 잘 보여주는 사례인 동시에, 고려와 일본 양국관계의 전개를 살피는 데 간과할 수 없는 중요한 사건의 하나이다.

1274년 10월 5일, 고려의 合浦를 출발한 제1차 일본원정군은 對馬島·壹岐島를 점령하고 10월 20일 마침내 九州 博多에 상륙하였다. 일본의 무사들이 이에 응전하였지만, 결과는 일본측의 苦戰, 일본군은 大宰府 방면으로 후퇴하지 않을 수 없었다. 원정군이 蒙古人·女眞人·漢人·高麗人 등 여러 민족으로 구성된 혼성부대이면서도 통일적인 지휘체계하에 조직적인 集團戰法을 구사하고, 독을 바른 짧은 화살과 '鐵砲(뎃포)' 같은 火藥武器까지 동원하여 重裝備의 個人戰으로 맞선 일본군을 패퇴시켰음은 『八幡愚童訓』에 잘 묘사되어 있다.[96] 個人騎馬戰을 위주로 한 국내전쟁과는 다른 대규모의 대외전쟁이었다는 점에서, 개별 무사단을 집합시켜 놓은 정도의 일본군의 지휘체계의 불일치·비효율

___

국의 기본관계로서 줄곧 인정되어 온 것이었다.

95) 1332년 6월 고려의 신하들은 忠惠王의 復位 문제에 관한 상서문 속에서, "[왕이 부재한 상태에서는] 아직도 귀순하지 않은 이웃 海倭의 變을 우려하지 않을 수 없다"고 말하고 있다(『高麗史』 卷36, 「忠惠王世家」 忠惠王2年 (1332) 6月 壬辰條). 왕의 복위의 필요성을 강조하기 위한 문맥이기는 하지만, 고려가 여전히 일본에 대한 경계 태세를 유지하고 있는 것을 엿볼 수 있다.

96) 『八幡愚童訓』(甲本), 『日本思想大系』 20 『寺社緣起』, pp.184~185.

이야로 최대의 약점으로 작용하였다.[97]

기상악화도 겹쳐 다음날 원정군이 물러간 후 막부는 蒙古의 再侵에 대비하여 연안 경비를 한층 강화하였다. 이른바 ‘異國警固番役’을 정비하여 다음해 1275년 2월에는 春夏秋冬 각 3개월씩을 守護의 지휘아래 九州 各國의 御家人이 교대로 경비하는 체제를 만들었다.[98] 같은 해 4월, 蒙古의 사신 杜世忠 일행이 長門國 室津에 도착한 것을 계기로 막부는 5월 周防·安藝兩國의 御家人을 長門國 경비에 동원하고 備後의 御家人을 추가, 4개국으로 편성하여 침입에 대비케 하였다.[99] 그런데 막부는 이 사신 일행을 8월에 關東으로 소환, 9월 7일 鎌倉의 瀧の口에서 참수하고는 곧이어 ‘異國征伐’ 계획을 수립하고 있다. 이 계획은 늦어도 같은 해 11월 이전에는 세워졌던 것이 확인된다.[100] 이렇게 막부는 蒙古의 再侵에 대비하여 경비체제를 정비·강화하다가 사신의 처형이라는 강경책에 뒤이어 ‘異國’을 ‘征伐’한다는 攻勢로 선회했던 것이다. 여기서 말하는 ‘異國’은 침략의 장본인 蒙固가 아니라 침략에 동원된 인접국 高麗를 가리킨다.

이 계획의 개략적인 내용은, 다음해 1276년 3월경을 실행 시기로 하고, 鎭西(＝九州)의 군사력을 중심적으로 동원하되 부족할 경우에 山陰·山陽·南海道 등 西國 연안지대의 地頭御家人 및 本所一圓地의 사공[梶取]·수부[水手]를 징발한다는 것이었다.[101] 그리고 실제로

---

97) 南基鶴,「중세 일본의 외교와 전쟁 −몽골의 일본 침략을 소재로−」『東洋史學硏究』 80, 2002, pp.214~215.

98) 文永12年(1275) 2月 4日 少貳経資書狀案,『鎌倉遺文』第15卷 11805号.

99) 建治元年(1275) 5月 12日 關東御敎書案,『鎌倉遺文』第16卷 11910号, 建治元年(1275) 5月 20日 關東御敎書案, 同, 11913号. 또한 이 무렵 異國警固番役의 방식도 변경되어 3개월씩 연1회에서 1개월씩 연3회로 바뀌었다 (建治元年(1275) 6月 5日 豊後大守護友賴泰書下, 同, 11923号).

100)『帝王編年記』卷26, 九州探題.

101) 建治元年(1275) 12月 8日 關東御敎書案,『鎌倉遺文』第16卷 12170号. 村井章介는 安藝 1國에서 100척을 넘는 선박이 守護에 의해 징발되었던 점에

1276년 3월을 전후한 시기에 九州의 守護 또는 守護代가 총책임자 大宰少貳經資의 지휘에 따라 御家人·非御家人을 불문하고 동원을 독촉하는 등 '정벌'의 준비가 진행되고 있었다. 다만, 관련사료인『北條九代記』에서는 이것을 '警固事'의 일환으로 파악하고 있고,[102) 또 막부가 실행 시기에 맞추어 高麗를 향해 출진하는 자를 제외한 九州의 무사들에게 '異國警固石築地'를 築造하게 하고 있는 점[103]에 비추어, '異國征伐'은 원래 고려에 대한 全面 侵攻이 아니라 '異國警固'와 함께 추진된 局地的 侵攻 기도였다고 보인다. 막부는 1276년 3월 "앞으로 한 두 달은 각별히 異國警固를 태만히 해서는 안 된다"[104]라고, '異國征伐'을 준비하는 한편에서 '異國警固'를 엄중히 시행하고 있었던 것이다.

그렇다면 막부는 왜 '異國警固'에 그치지 않고 '異國征伐'까지 敢行하려고 했던 것일까? '異國征伐'에 대하여 蒙古의 일본 공략기지이자 병참기지인 고려에 대한 반격이나 보복 공격이라는 군사전략적 차원에서 이해할 수도 있고,[105] 거기에 깔린 대외태도로서 고려의 弱體를 틈탄 '冒

서 '異國征伐'을 위한 군사동원은 상당한 규모였다고 지적하고 있다(村井章介,『北條時宗と蒙古襲來 時代·世界·個人を讀む』, 日本放送出版協會, 2001, pp.121~122).

102)『北條九代記』下 建治元年條에는, "警固事에 대하여 결정하였다. 鎭西에 유능한 守護들을 임명하여 海邊 지역에 파견하였다. 京都大番役을 중지하였다. 在京人을 두었다. 公家와 武家가 국가행사의 비용을 줄이고 검약을 행하였으며 民庶를 번거롭지 않게 하였다. 이것들은 모두 軍旅의 준비를 위한 것이었다"고 기술되어 있다.

103) 建治2年(1276) 3月 5日 大友賴泰書下,『鎌倉遺文』第16卷 12252号, 建治2年 3月 11日 持蓮請文, 同, 12262号 등.

104) 建治2年(1276)3月 8日 北條宗賴書狀(川添昭二,『注解 元寇防壘編年史料－異國警固番役史料の研究－』, 福岡市敎育委員會, 1971, pp.146~147).

105) 한 예로 中村榮孝는 "적극적인 防衛政策으로서 바다를 건너 반격하는 이국정벌"계획으로 이해하고 있다(同「十三·四世紀の東亞情勢とモンゴル襲來」, p.37). 한편, 막부가 蒙古의 再侵에 대비하기 위해 西國을 중심으로 하는 광범위한 지역에 산재하는 병력을 단기간에 博多灣 주변에 동원할 필요에서 '異國征伐을 名目으로' 西國御家人에게 동원령을 내린 것으로

險的 侵略主義'106)를 지적하는 것도 가능할 것이다. 하지만 종래까지 蒙古의 사신들을 돌려보내고 방어태세를 일관해 오던 막부가 돌연 사신의 처형과 外敵에의 공격이라는 극단적인 강경책을 택한 데에는 그 나름의 국내사정이 있었다고 생각된다.

將軍과 御家人 사이의 御恩－奉公의 상호관계에 입각한 幕府主從制의 원리상, 戰後에 御家人이 恩賞地를 바라는 것은 당연한 일이었다. 특히 1272년 2월 이래 九州御家人들은 과중한 異國警固의 부담을 짊어졌기에 그 요구는 강할 수밖에 없었다. 사실 전장터에 출진한 御家人들의 궁극적인 동기는 요컨대 動功의 賞이며 자기의 領主制 지배의 확대충동이었다.107) 전쟁이 끝나고 얼마 지나지 않은 1275년 6월, 九州의 肥後國 御家人 竹崎季長가 은상의 소송을 위하여 鎌倉에 올랐던 것은 너무나 유명하다. 季長와 같은 무사들이 적지 않았음은 다음해 3월 豊後國 御家人 田原泰廣가 鎌倉에 직접 상소하려 한 것108)에서도 엿볼 수 있다. 그러나 막부는 戰後에 새롭게 획득한 영지가 없었고 蒙古의 再侵에 대비해야 하는 상황이었기 때문에 특별한 훈공자 이외는 은상 급여를 연기할 수밖에 없었다. 그로 인해 은상을 기대했던 많은 御家人들에게 불만이 생겼음은 물론이다. 이러한 御家人들의 불만과 경제적 부담은 여러 가지 분쟁·소송을 초래하는 요인이 되며, 나아가 訴訟을 관할·재판하는 鎭西守護와 御家人 사이의 不和를 양성했을 것이다. 이것은 1280년 12월, "근년에 守護와 御家人이 토지소송이나 형사소송으로 인

보는 견해도 있다(安田元久編, 『古文書の語る日本史3 鎌倉』, 筑摩書房, 1990, p.226). 이것은 '정벌'을 위한 준비로서는 지극히 소략했던 점이나 막부의 군사력의 열세에 주목한 견해로서, 鎌倉幕府가 진정으로 고려를 침공할 의사가 있었다고 보지 않는다. 그러나 현존 사료들은 고려 침공 준비가 현지에서 구체적으로 진행되고 있던 것을 전해주고 있기 때문에 본고는 이국정벌을 단순한 '명목'이었다고는 보지 않는 입장이다.

106) 村井章介, 「高麗·三別抄の叛亂と蒙古襲來前夜の日本」, p.169.

107) 黑田俊雄, 『庄園制社會』, 日本評論社, 1976, p.210.

108) 同 註)104.

해 다수가 不和하기 때문에 (鎭西警固에) 주의하지 않는다고 한다"[109] 라는 막부의 警告에서 엿볼 수 있다.

守護와 御家人의 불화는 訴訟 이외에도 戰功·軍忠의 보고를 둘러싸고 불거지고 있었다. 전술한 竹崎季長의 경우도 자신의 戰功을 누락시킨 守護에 대한 불만이 배후에 있었다. '異國警固'의 독립적 근무를 둘러싼 御家人 總領과 庶子의 대립도 軍忠을 막부에 보고할 직책인 守護와의 불화를 가져온 또 다른 요인이었다. 1276년 윤3월, 豊後國御家人 禪季는 '異國警固'에 관해서는 惣領의 지휘를 따르지 않고 守護의 지휘를 따를 것을 청하면서 그 이유로서 막부에 戰功을 보고할 경우 자신의 이름을 名簿에 직접 올리기를 바라기 때문이라고 밝히고 있었다.[110] 이러한 庶子의 행동은 惣領과의 분쟁을 가져오고 守護 자신도 양자의 대립에 끌려들어갈 수밖에 없었을 것이다.

이상과 같이 軍役 부과에 의한 경제적 부담, 恩賞의 연기에서 오는 불만, 警固番役의 근무 방식을 둘러싼 惣領·庶子間의 대립, 그리고 戰功·軍忠을 보고하는 守護에 대한 불신·불만 등이 소송의 빈발과 守護·御家人의 불화를 심화시켰을 것으로 보인다. 이러한 현상은 戰後 恩賞問題가 커다란 사회적 관심사로 대두하는 1275년 이래 나타나게 되었을 것이다. 守護와 御家人의 불화는 守護에 의한 御家人의 지휘·통제에 입각한 防禦體制의 동요를 초래한다. 막부는 이 사태를 근본적으로 해결하지 못한 채 "자신의 宿意를 품고 天下大亂을 돌보지 않는 것은 매우 不忠한 일이다"[111]고 하여 그것을 억제하려 할 뿐이었다.

1275년 9월 사신의 처형이라는 막부의 강경책은 당시의 국내사정, 특히 最重要防衛地域인 九州의 현지 사정을 고려한다면, 실은 對外危機를 스스로 釀成함으로써 防禦體制의 弛緩을 다잡으려 한 것이었다. 그에 뒤

---

109) 弘安3年(1280)12月 8日 關東御敎書, 『鎌倉遺文』 第19卷 14207号.
110) 建治2年(1276)閏3月 15日 僧禪季申狀案, 『鎌倉遺文』 第19卷 14207号.
111) 同 註)109.

이은 '異國征伐'계획도 단순한 外敵에의 공격에 그치지 않고, 그것을 축으로 하는 방어체제의 재편·강화를 꾀한 것이었다고 보인다. 막부는 동요하고 있는 방어체제로 外敵의 침략을 기다리기보다 오히려 공격을 통하여 敵軍에 타격을 가하는 동시에, 對外戰爭의 수행을 轉機로 하는 臨戰體制下에서 국내통제의 강화를 꾀하려 했던 것이 아닐까? 이 임전체제하에서 막부는 御家人에 대한 守護의 군사지휘권을 강화할 수 있었을 것이고, 종래 지배권이 미치지 않았던 本所一圓地의 무사들까지 군사지휘·통제하에 둘 수 있었다.112) 또한 막부는 국내 무사들의 통제를 위하여 得宗權力의 의사를 직접 대변, 관철하는 다수의 유력한 守護(혹은 守護代)들을 西國地方에 파견했던 것이 주목된다.113) 이 계획은 실행상의 곤란함114)에 부딪혀 오래지 않아 중지된 것 같지만, 막부에 의한 국내 무사의 통제 효과는 충분히 가져왔던 것을 부정할 수 없다.

한편, '異國征伐'이라는 大義名分 자체가 得宗權力의 對蒙古政策에 正當性을 제공한 측면도 간과할 수 없다. 종래 방어를 고수해 온 막부가 나아가 외적을 공략한다는 공세적인 자세를 명확히 드러냄으로써, 得宗權力은 막부의 유력 御家人과 조정의 公家側에 대하여 정책 주도의 정당성을 주장, 획득하려 했다고 보인다. 이러한 대의명분 아래 北條氏 일족이 대거 西國地方의 守護로 진출하고 있으며, 京都의 本所·領家側

---

112) 막부는 제1차 蒙古의 침략에 처하여 御家人이 아니더라도 군공을 세우면 은상을 수여한다는 긴급조치를 취한 바 있지만(文永11年(1274) 11月 1日 關東御教書案, 『鎌倉遺文』 第15卷 11742号), 현존 사료상 실제로 非御家人을 막부의 지휘통제하에 동원하는 것은 1276년 3월 이래의 일이다. "異國警固는 예외 없는 軍役[平均役]이다"(建治3年(1277) 9月 19日 關東御教書, 『鎌倉遺文』 第17卷 12866号)는 원칙이 성립한 시기도 전면적인 '警固事'가 정해진 1275년 말에 찾을 수 있을 것이다.

113) 村井章介, 「蒙古襲來と鎭西探題の成立」, pp.190~196.

114) 石築地 造營과의 兩立의 곤란함, 課役 부담의 경감을 바라는 御家人의 의향, 막부에 의해 처음 동원되는 本所一圓地의 무사 즉 非御家人의 非積極性 등으로 말미암아 결국 실행에 옮겨지지 않았다고 보인다.

의 支配領域에 막부의 지배권이 확대되고 있는 것이 주목된다.[115]. 이 대의명분은 北條一門 守護의 西國 進出에 대한 外樣守護의 불만이나 그 支配圈을 침해당한 本所領家側의 반발을 억압하기 위해서도 유효했을 것이다.

막부의 '異國征伐' 계획이 중지된 이후 石築地의 조영이 거의 완성된[116] 1277년 6월, 南宋의 멸망이 국내에 전해지고, 1279년 7월에는 한 달 전에 도착한 元使(舊南宋 降將의 사신)를 博多에서 처형하는 등 대외적 긴장은 더욱 높아가고 있었다. 남송의 멸망에 따른 국제상황의 변화 때문인지 이 시기에 '異國征伐'은 계획된 흔적이 없다. 그것이 나타나는 것은 제2차 일본 침략 직후의 일이다.

원정군이 태풍에 의해 괴멸적 피해를 입고 철퇴한 1281년 윤7월초부터 약 한 달 남짓한 시기에 막부는 또다시 '異國征伐'=고려 침공을 계획하였다. 大將은 少貳經資 혹은 大友賴泰이고, 그들의 관할국으로 보이는 3개국(筑前・豊後・肥前)의 御家人들뿐만 아니라, 적어도 山城・大和의 惡徒 57인을 동원한다는 내용으로, 그 악도들은 8월중에 九州에 내려가도록 명해졌다.[117] 이번의 계획은 前回에 비하여 규모가 작고, 筑前・肥前 등 전투의 중심지가 동원대상으로 되어 있다. 이것은 이번 계획이 戰勝의 여세를 몰아 侵略國에 보복을 가한다는 大義名分에 입각한 것을 시사해 준다. 아마도 해당지역 非御家人이나 九州의 타지역 등 서국지방의 무사들은 '異國警固'에 동원되고 있었을 것이다.

이 계획도 실행된 흔적은 없지만,[118] 단순한 공격에 그치지 않고 막

---

115) 村井章介,「蒙古襲來と鎭西探題の成立」, pp.190~196. 南基鶴,「蒙古襲來と鎌倉幕府の對應－對應策の性格をめぐって－」『蒙古襲來と鎌倉幕府』, 臨川書店, 1996, pp.28~31 참조.

116) 1277년 1월, 薩摩守護 島津久時는 同國御家人 比志島太郎佐範에게 筥崎役所의 石築地役 근무를 완료했다는 증명서를 발급하고 있다(建治3년(1277) 1月 27日 島津久時覆勘狀,『鎌倉遺文』第17卷 12645号).

117) 弘安4年(1281) 8月 16日 聖守書狀,『鎌倉遺文』第19卷 14422号.

부에 의한 국내통제의 강화를 기도한 점에서 前回와 기본적으로 일치하고 있다. 그것은 1282년 得宗時宗의 叔父 北條時定가 少貳經資를 대신하여 肥前國 守護에 취임하였고, 그 후 그가 北條氏의 九州支配의 강화에 橋頭堡的 역할을 했던 사실,119) 일찍이 1278년 단계부터 막부가 통제 하에 두려고 했던 大和의 惡徒120)를 '異國征伐'의 대의명분아래 거듭 동원하려 한 것에 드러나 있다.

이상에서 살핀 바와 같이 蒙古의 제1, 2차 일본 침략 후에 각각 대두한 '異國征伐' 계획은 고려 침공을 轉機로 삼아 국내무사의 통제를 강화하고, 궁극적으로 北條氏 得宗權力의 직접적인 지휘통제하의 對蒙古防禦體制를 구축하려고 한 것이었다. 고려와 일본 관계에서 보자면, 이 계획은 양국이 交戰國으로서 雙方의 침공에 항시 대비해야 하는 正面 對峙 상태에 돌입한 것을 의미한다. 일본에게 이제 고려는 蒙古와 완전 일체화한 '異國'＝外敵 그 자체로서 현실의 침략 대상으로 떠올랐던 것이다. 고려의 일본에 대한 '控制'·'威鎭'은 그만큼 현실성을 지니고 있던 것이기도 하였다.

3) 고려와 일본의 相互 認識

蒙古의 일본 침략은 일찍이 없었던 대규모의 外侵을 받은 일본인의 對外意識 특히 高麗觀에 심대한 영향을 끼쳤다. 고려가 자신의 의도에 반하여 어쩔 수 없이 전쟁에 동원되긴 했지만, 日本側에서 볼 때 고려

---

118) 大和 興福寺側의 부정적 태도(『勘仲記』弘安5年 10月 16日條 裏文書)에 따른 막부와의 교섭이나, 원정의 실패 후 高麗側의 對日防禦態勢의 정비 등에 의해 실행이 지연, 중지되었을 것으로 추정된다.

119) 川添昭二, 「岩門合戰再論－鎭西における得宗支配の强化と武藤氏－」『論集 日本歷史4 鎌倉政權』, 有精堂, 1976, p.254.

120) 1278년 7월 막부는 大和國의 惡徒＝寺僧·國民을 동원하려 했고, 興福寺側에서는 國民에 대해서는 응하지만 寺僧에 대해서는 거부한 적이 있다 (『中臣祐賢記』建治4年(1278) 7月 3日, 同4日條).

는 蒙古와 일체화한 '敵國'으로 비친 것도 사실이다. 일본은 1275년 蒙古의 사신과 함께 온 고려 사신을 처형하고, 제2차 침략 직후 일본군의 포로가 된 원정군 중에서 노예로 삼은 舊南宋軍을 제외한 蒙古人과 고려인을 모두 처형하였다.[121] 고려인을 일본의 침략자로서 蒙古人과 동일시하고 있는 것을 엿볼 수 있다. '異國征伐'은 바로 그러한 인식이 바탕에 깔린 고려에의 강한 적대감을 나타내고 있다.

특히 직접적인 피해를 받은 對馬・壹岐・博多 등 北部 九州 地域民들의 蒙古・고려에 대한 공포와 적개심은 당시 사료에 잘 나타나 있다. 예를 들어 "[蒙古國의 兵士들은] 백성들을 붙잡아 남자는 죽이거나 포로로 잡고, 여자는 한데 모아 손을 뚫어 배에 매달거나 포로로 잡아두었다"[122]든가, "고려의 병선 5백척은 壹岐・對馬로부터 올라와 닥치는 대로 죽였다. 인민들은 이를 견디지 못해 처자식을 데리고 깊은 산에 숨었지만, [고려군이] 갓난아이의 울음소리를 듣고 몰려오니 짧은 목숨을 부지하기 위하여 사랑하는 아기를 울며울며 죽였다"[123]라는 이야기가 떠돌았다. 어디까지가 사실인지 확인하기 어렵지만, 고려를 포함한 원정군의 '잔혹한 침략자' 이미지는 당시부터 형성되어 세간에 전해내려 왔다. 후세에 '무쿠리・고쿠리(蒙古・高麗)'라는 말이 西日本 지역에서 공포로 대명사로 사용되었던 것[124]도 그러한 사정에 의한다.

蒙古의 침략이라는 국가 존망의 위기는 이른바 神國思想을 크게 고양시켰다. 일본은 수많은 신들이 살고 있는 신성한 국토이며, 神明의 가호가 있기에 외국이 절대 넘볼 수 없다고 하는 사상이 '神風'(가미카제)를 촉발제로 하여 광범위하게 확산되었다. 여기에 내재된 신비적・독선적인 自國 優越意識을 바탕으로 '神功皇后의 三韓 征伐' 신화가 想起되

---

121) 『國朝文類』 卷41, 征伐, 日本.
122) 『日蓮聖人遺文』[建治元年(1275)] 5月 8日 一谷入道女房宛書狀, 『鎌倉遺文』 第16卷 11905号.
123) 『八幡愚童訓』(甲本), 『日本思想大系』 20 『寺社緣起』, p.189.
124) 田中健夫, 「ムクリコクリ」 『日本歷史』 228, 1967, pp.88~89.

고, 급기야 "新羅(高麗)의 왕은 일본의 개[犬]이다"125)라는 식으로 고려를 卑下하는 태도가 나타나게 되었다. 고대에는 신명이 가호하기 때문에 諸蕃, 특히 新羅를 지배할 힘이 있다는 대외적 우월의식이 神國思想의 주된 내용이었으나,126) 이제는 고려를 한낱 畜生으로 취급하는 노골적인 蔑視觀마저 등장했던 것이다.

또 한 가지 주목할 것은 蒙古의 침략 이후 일본의 '武威'에 대한 관념이 고양되었다는 점이다. 自己認識의 한 형태로서 외국에 대한 일본의 軍事的 威勢의 自覺과 主張은 武士政權이 수립된 鎌倉 初期부터 싹트기 시작했지만,127) 蒙古의 침략에 의한 대외적 긴장을 계기로 한층 고양되기에 이르렀다. 蒙古國書의 도래 이후 京都 正傳寺의 禪僧 東嚴慧安은 "일본국의 武藝는 다른 나라들보다 뛰어나다. 弓箭이 비할 바 없으며 甲冑는 귀신을 두렵게 한다"128)고 하여 鎌倉幕府의 武力과 그 威勢에 대한 기대를 표명하고 있었다. 鎌倉末~南北朝期의 儒者 玄惠는 "天竺(인도)·震旦(중국)·日域(일본)의 3국 중에서 일본인은 마음도 강하고 활의 힘이 다른 나라보다 뛰어나다"129)고 말하고 있다. 이렇게 일본(구체적으로는 鎌倉幕府)의 '武威'가 고양되면서 "武威가 엄중하고 文道가 올바르니 四夷가 일어나는 일이 없고 三韓을 바로 服屬시킬 수 있다"130)라는 三韓(高麗)에 대한 武斷的 侵略主義가 생겨났다. 막부가 기도한 '異國征伐'이야말로 바로 그 표현이었다.

한편, 蒙古의 일본 침략은 高麗의 日本觀에도 매우 부정적인 영향을

---

125) 『太平記』卷39, 「神功皇后攻新羅給事」.
126) 成澤光, 『政治のことば 意味の歷史をめぐって』, 平凡社, 1984, p.168.
127) 南基鶴, 「鎌倉時代의 '武威'에 대한 일고찰 ―中世 日本의 自己認識의 한 형태―」 『歷史學報』 178, 2003, pp.179~185.
128) 東嚴慧安意見狀, 『鎌倉遺文』 第14卷 10559號.
129) 玄惠注, 『聖德太子憲法』(坂本太郎編, 『聖德太子全集』 第1卷, 龍吟社, 1942 所收).
130) 宴曲抄 「文武」 (早川純三郎編, 『宴曲十七帖 附 謠曲末百番』, 國書刊行會, 1912 所收).

미쳤다. 蒙古의 제2차 일본 침략에 즈음하여 全羅南道 順天都護府에 있는 定慧社(現, 松廣寺)의 禪僧 冲止[131]는 일본 원정의 威容을 稱頌하는 내용의 '東征頌'[132]을 지었다.

그는 먼저 蒙古의 황제 쿠빌라이의 寬德과 恩澤을 칭송한 후, 일본이 바다를 사이에 두고 떨어져 있는 것을 믿고 蒙古에 來朝하지 않는 것에 대한 問罪로서 '東征'을 정당화하고 있다. 그리고 일본에 대해서는 "솥 안의 물고기 무리[鼎魚群]" 같이 편협하고 고립된 "추한 섬나라 오랑캐[島夷醜]"라고 묘사하고 있다. 일본에 대한 멸시의 태도가 역력히 드러나 있다.

冲止는 1280년 '東征'을 위한 戰艦을 만들 때 嶺南地方의 慘狀을 목격하고서 "嶺南의 고통을 말하려 하니 눈물이 앞선다"[133]고 하는 등 민중에 동정적인 인물이었다. 이러한 그가 원정군의 위용을 칭송하고 있는 것은 二律背反的으로 보이기도 한다. 하지만 그의 本心은 일본 원정이 불가피했던 이상 그 사실을 是認하면서 민중의 鬱憤을 배설하려 했다는 지적[134]이 있다.

이 같은 충지의 입장을 지탱, 조장한 것이 바로 일본에 대한 '島夷'觀과 '倭寇'觀였다. 東征頌의 作詩와 같은 무렵 그는 원정군의 都元帥인 金方慶에게 올린 祝壽에서, 일본을 가리켜 '卉服' 혹은 '倭寇'라고 蔑稱하고 있다.[135] 즉 夷狄과 寇賊으로서 일본을 인식, 지칭하고 있는 것이다. 일본을 오랑캐로 여기는 관념은 조정의 그것과 동일한 것이며, 일본

---

131) 冲止(俗名은 魏元凱)는 1244년 科擧에 합격한 인재로서 1254년 出家하기 전까지 官職에 있었다고 추정된다. 그 동안에 '倭寇' 문제를 해결하기 위해 使臣으로서 일본에 갔던 경력이 있다. 그를 官과 전혀 무관한 인물로 볼 수는 없지만, 승려가 되고나서 民間에 몸을 두고 官으로부터 자유로운 종교인으로서 생활하고 있던 점에서 민간지식인으로 간주할 수 있을 것이다.

132) 冲止 著, 秦星圭 譯, 『圓鑑國師集』, 亞細亞文化社, 1988, pp.73~75.

133) '嶺南艱苦狀 二十四韻 庚辰年造東征戰艦時作', 同上, pp.67~69.

134) 同上, 解題, p.19.

135) '元帥金侍中'祝壽疏', 同上, pp.243~245.

=‘倭寇’觀은 13세기에 들어 형성되기 시작한 약탈자로서의 일본인 이미지가 점차 강화되어 고려와 일본의 敵對關係를 배경으로 더욱 굳어진 것으로 보인다. 그는 민중의 울분을 발산하는 또 하나의 방법을 고려 邊民을 침탈하는 ‘倭寇’=일본의 토벌에서 찾았던 것이 아닐까? 그에게 있어서 일본은 “편협하고 추한 島夷”, “邊民을 약탈하는 倭寇”에 지나지 않았다. 민간에 몸을 두고 민중에 동정적이었던 그의 일본 인식은 민간의 정서를 일부분 대변하는 것이었다고 생각된다.

이처럼 13세기 말 蒙古의 일본 침략은 고려와 일본 사이에 편견·증오·공포·멸시로 채색된 부정적인 상호 인식을 가져왔던 것이다. 국가 간의 전쟁이 가져온 傷痕은 양측 모두 깊었고, 상호 인식은 상당한 굴절을 겪을 수밖에 없었다.

4. 맺음말에 대신하여 －아시아 속의 고려와 일본－

高麗末의 儒者 李齊賢은 1323년, 고려를 元의 內地로 만들려는 이른바 ‘立省’策動을 반박하면서 元의 中書省에 上書했는데, 그 속에서 “小邦과 日本은 바다를 사이에 둔 인접국이어서 우리가 중국과 화친하여 복을 누리면 그들은 歸化가 늦은 것을 부끄러워할 것이요, 우리가 냉대를 받으면 그들은 頑迷함에 자만할 것은 필연적인 일입니다”[136]라고 기술하고 있다. 立省策은 中國(元)의 高麗에 대한 냉대로 받아들여져 일본의 귀화를 더욱 어렵게 할 것이므로 그 귀화를 촉구하기 위해서라도 立省策을 중지해야 한다는 논리이다. 여기에서는 元帝國의 지배질서에 속한 고려왕조의 名分論的 입장에서 元에 ‘歸化’하지 않는 일본을 頑迷한 나라로 취급하고 있다. 일찍이 蒙古의 사신이 고려에 왔을 때 宰

---

136) 『高麗史』 卷110, 「列傳」 23, 李齊賢.

相 李藏用이 중국의 冊封體制에 의거하여 일본의 국제적 지위를 '小夷'·'島夷'로 규정한 것을 상기하게 된다. 이러한 고려의 日本觀은 중국 즉 元帝國의 冊封體制에 속한 고려와 거기에서 벗어나 있는 일본이라는 양국의 입장이 변하지 않는 한 지속될 수밖에 없었다.

고려와 일본은 13, 4세기 蒙古帝國의 유라시아대륙 지배-東西統合이라는 시대의 흐름 속에서 각각 그것에의 편입과 이탈이라는 상이한 길을 걷게 되었다. 그에 따라 고려와 일본 각국의 역사전개도 커다란 갈림길에 들어서게 되었다. 12세기 말 거의 同時期에 성립했던 양국의 武士政權은 결국 고려의 武臣政權이 蒙古의 침략을 받아 1세기만에 소멸되고, 일본의 武家政權은 그 후에도 존속, 발전해 갔던 것이다. 일본은 蒙古를 중심으로 한 세계질서 속에서 고려를 포함한 아시아의 여러 국가들과 달리 敵對의 태도를 끝가지 고수하였으니, 그 주체는 바로 동아시아의 例外的 존재라고 할 武士政權이었다.

蒙古帝國의 등장과 고려와 일본의 상이한 進路는 양국간의 武力衝突과 심각한 軍事對峙를 수반하였다. 고려의 對日交涉 거점이었던 金州는 그 관할내의 合浦가 일본원정군의 發進基地가 되었고, 고려와 가장 긴밀한 교류지역이었던 北部 九州는 원정군과 일본군의 激戰地가 되고 말았다. 이후 반세기 이상 양 지역은 상대국에 대해 경계태세를 늦추지 않는 防禦基地로 화했고 通交는 단절되었다. 비교적 평온했던 양국관계는 극도로 악화되어 예부터의 제한적인 통교조차 보이지 않고, 지리적인 인접 요인도 작용하여 일본과 대륙 사이보다 더욱 강한 적대적 긴장관계가 형성, 지속되었다.[137]

그러나 다른 한편, 일본은 蒙古를 중심으로 한 세계질서 속에서 엄연한 하나의 구성원으로 참여하고 있었던 것에 유의해야 한다. 元의 개방적인 무역정책과 일본의 대륙문물에 대한 왕성한 의욕을 배경으로,

---

137) 南基鶴, 「고려와 일본의 상호인식」, p.85.

일본은 빠르게도 13세기 말부터 元과의 무역에 나서고 있다. 14세기에 들어서는 寺院·神社의 造營을 명목으로 이른바 '寺社造營料唐船'이라는 일종의 公許貿易船이 막부에 의해 元에 파견되기에 이른다. 정치·군사적으로는 대립하고 있지만, 일본과 대륙과의 문물 교류는 매우 활발하게 이루어지고 있었던 것이다. 여기에서 훗날 日明間 勘合貿易의 역사적 전제를 찾기란 어려운 일이 아니다. 이렇게 본다면, 일본은 蒙古帝國 지배하의 세계질서 속에서 일정한 고립을 유지하면서도, 동시에 그것에의 적극적 참여라는 二重의 상반된 모습을 보이고 있었다고 할 것이다.

〈토론문〉

「蒙古의 日本侵略과 日本의 對應」에 대한 토론

후나타 요시유키(船田善之, 九州大學)

南基鶴씨의 논문 「蒙古의 日本侵略과 日本의 對応 —高麗와 日本의 關係에 留意하여—」는 몽골의 대일교섭과 침략이라는 미증유의, 더욱이 긴박했던 동아시아의 정치정세에 있어서 고려와 일본이 취했던 대응에 관하여 논한 글이다. 南基鶴씨에게는 勞作 『蒙古襲來と鎌倉幕府』(臨川書店, 1996년)이 있다. 南基鶴씨는 이 성과를 기초로 고려・일본의 입장 및 대응과 고려・일본의 관계를 고찰하고 새로운 시각과 식견을 제출하고 있다.

이와 같은 내용의 글에 대한 논평으로는 몽골제국사를 전공하는 연구자가 아니라 일본사 혹은 고려사를 전공하는 연구자가 원래 적합할 것이다. 논평자의 코멘트는 자연히 몽골제국사의 입장에서 가해지게 되지만, 핵심을 벗어난 논의가 포함될 가능성에 대하여 미리 양해를 구해두고, 南基鶴씨의 넓은 아량을 바라는 바이다. 또한 논평자는 수년 동안 큐슈대학 대학원 세미나에서 사에키 코지(佐伯弘次)씨・모리히라 마사히코(森平雅彦)씨와 공동으로 일본・몽골 관련 자료집 『伏敵編』을 강독하고 있다. 이하의 코멘트도 세미나에서 다루었던 논의에서 많은 것을 의거하고 있음을 부언해 두고 싶다. 물론 부적당한 내용이 있다면 논평자가 책임질 일이다.

南基鶴씨 논문의 새로운 시각은 몽골의 일본침략, 몽골・일본관계라는 테마에 일본 — 고려라는 좌표축을 그었다는 점이다. 南基鶴씨는 「서문」에서 「지금까지 한국 학계에서는 고려의 대몽골 항쟁에 역점을 두는 한편, 원 간섭기의 고려와 일본의 관계에는 그다지 관심을 기울이려고 하지 않았다」, 「최근에 일본 학계는 몽골의 침략에 대응했던 국내 정치사를 중심으로 분석이 행해지고 있으며, 국제관계라고 해도 일본과 대륙의 관계에 중점을 두는 경향이 강하다」고 언급했다. 각각 한국의 「高麗史」 학계와 일본의 「日本史」 학계의 상황을 지적한 것이다.

이와 같은 상황은 「몽골제국사」 학계에서도 타당하다. 중국의 「蒙元史」 학계에 대하여 말하자면, 기본적으로는 자국사의 입장에서 대외관계사(중국에서는 「中外關係史」라고 한다)의 무대를 고찰하고 있다. 중국에서는 대체로 對高麗·對日本을 별개로 다루고 있으며, 通史와 斷代史 개설서에서도 대외관계를 서술하는 章에서 각각 별도의 節과 항목으로 고려와 일본을 따로 취급하는 형식을 취하고 있다. 이러한 검토·서술은 사실상 『元史』「外夷傳」의 고려·일본이라는 역사서술의 틀을 답습한 것에 지나지 않는다. 다면적·입체적인 국제관계의 파악과는 거리가 멀다고 하지 않을 수 없다.

한편, 일본에서도 종래의 몽골제국사 연구·元代史 연구의 對高麗·對日本에 관한 서술은 중국의 그것과 별반 다르지 않았다. 하지만 최근 일본에서는 「몽골시대사」라는 개념이 제창되기에 이르렀고, 이 이후 중앙유라시아사 시각에서의 검토, 유라시아사 규모에서의 고찰이 주류가 되어가고 있는 형편이다. 이러한 조류가 새로운 식견과 많은 성과를 가져왔다는 것은 논평자도 인정하는 바이다. 그러나 몽골의 對高麗·對日本關係史를 생각하는 경우, 이러한 시각은 거시적 관점에 치우치는 측면이 있다. 실제로 미시적인 검토, 특히 고려의 동향에 대한 세심한 분석에 대해서는 불충분하다고 지적하지 않을 수 없다. 특히 최근의 일본 학계는 몽골제국과 일본의 관계에 대하여 경제·문화교류에 관심의 중점이 이행되고 있으며, 정치·외교·전쟁에 관해서는 스기야마 마사아키(杉山正明)씨가 일련의 개설서·통사에서 몽골시대사의 입장에서 언급하는 정도에 머물고 있다.

이러한 상황 속에서, 南基鶴씨의 논문은 「고려 조정과 三別抄의 대일교섭」이라는 節에서 몽골의 대일외교 중단을 획책하거나, 외교문서·書狀을 통하여 일본의 태도 軟化를 시도하는 등 고려의 두드러진 동향을 부각시키고 있다. 이 節에서는 몽골이라는 대국에 복속되어 있으면서도 스스로의 안정·보전을 위하여 전쟁 회피를 지향하는 양면외교를 전개했다고 볼 수도 있는 고려의 주체성을 발견할 수 있을 것이다. 이와 같은 고려의 입장과 대책에 착안했던 점은 크게 평가할 수 있다. 이로써 다면적·입체적인 歷史像 구축에 기여하고 있다.

이 공적에 대하여 두 가지 욕심을 말하고 싶다. 첫째로, 몽골제국에 있어서 고려의 위치, 특히 고려 왕실의 지위와 관련해서이다. 고려 국왕은 1259년 이후 몽골제국 내부에서의 지위 상승을 계속 추진해 간다. 몽골의 駙馬 고려국왕으로서의 지위를 확립하기까지의 과정은 모리히라 마사히코(森平雅彦)씨가 상세한 검증으로 추적하고 있다. 몽골에 있어서 고려국왕의 이러한 동향과 몽골·고려의 대일교섭 및 정책을 유기적으로 결합시키는 것도 그 당시 국제관계의 다면적인 파악에는 필요할 것이다.

두 번째로, 몽골이 일본에 사절을 파견했을 때 고려가 취했던 양면외교라고도 할 수 있는 조치에 관해서이다. 고려는 일본으로 보낸 문서 속에서 어쩔 수 없이 몽골의 외교정책에 협력하고 있는 듯한 표현으로 변명하는 것과 아울러서, 몽골로 사절을 파견하도록 일본에 권유하고 있다. 고려의 이 조치는 커다란 문제를 품고 있다. 몽골 쪽에서 보자면 이와 같은 고려의 양면외교는 용인할 수 없는 일이었을 것이다. 따라서 고려가 몽골에게 들키지 않고 은밀하게 행했을 가능성뿐만 아니라, 반대로 몽골쪽(특히 使節 차원에서)이 일본의 강경한 자세를 누그러뜨리기 위하여 당근과 채찍을 번갈아 사용하는 방책을 취했을 가능성도 예상할 수 있을 것이다. 나중에 趙良弼이 國書의 복사본을 일본 쪽에 넘겼던 일로 미루어 사절 일행은 이 같은 외교문서의 복사본을 휴대했던 것이 틀림없다. 즉 몽골 사절은 고려가 일본으로 보낸 문서의 내용을 확인했을 가능성도 있기 때문이다. 이 문제에 관해서는 추측에 의할 수밖에 없지만, 보다 깊은 논의가 필요할 것이다.

다음으로, 일본의 국내정세와 대외정책을 連動해서 고찰한 성과에 대하여 언급하고자 한다. 스기야마 마사아키(杉山正明)씨는 「鎌倉日本에 外交는 없었다」고 평가를 내리고 있지만, 실제로는 사정이 그렇게 단순하지는 않았던 셈이다. 南基鶴씨의 논문은 일본-몽골의 좌표축에 막부-조정, 아울러서 北條得宗家-將軍-天皇이라는 좌표축을 추가함으로써 몽골 국서에 대하여 회답하지 않았던 막부의 외교정책, 더욱이 그 이후의 異國征伐 계획을 일목요연하게 설명할 수 있었다.

그런데 석연치 않은 것은 일본(막부·조정)의 대외정세 인식이다. 즉 일본은 어느 정도 당시 고려의 한반도 정세를 인식할 수 있었는가? 라는 문제이다. 종래에는 三別抄가 보낸 牒文을 둘러싸고 충분한 정세분석을 하지 못했던 것으로 논의되는 경향이었다. 반면에, 三別抄의 존재는 한반도 정세의 일부분에 불과하다는 견해도 있을 수 있다. 무신정권에서 고려국왕의 복권이라는 대략적인 정세에 대하여는 어느 정도 인식하고 있었을 가능성도 있다. 이러한 정보가 使節로부터 전해졌을 가능성은 높으며, 무엇보다도 제출된 국서 2통은 대몽골국 황제와 고려국왕이 각각 발송한 것이었다. 이 인식이 조정과 막부의 대응에 영향을 주었을 가능성 유무에 대한 南基鶴씨의 의견, 아울러 플로어를 포함한 논의를 기대한다.

마지막으로, 고려와 일본의 상호 인식에 관한 고찰에 대하여 언급하려 한다. 상술했듯이, 이 좌표축을 그은 점이 南基鶴씨 논문의 성과 중

하나이다. 南基鶴씨의 논문은 몽골의 일본침략으로 고려·일본의 상호
인식은 부정적이며 굴절된 것이 되었다고 결론을 내리고 있다. 이 결론
은 확실히 외교·정치·전쟁의 측면에서 말하자면 타당할 것이다. 여기
서 떠오르는 것이 몽골·일본 사이의 외교 단절과 경제·문화교류의
활성화이다. 여기서 유의해야 할 것은 경제·문화교류를 담당했던 불교
라는 코드이다. 이 사실은 寺社造營料唐船의 존재에서도 명백하며, 직
접적인 현관이었던 중국의 江南 뿐만 아니라, 몽골의 비호를 받던 華北
의 대사원에서도 邵元같은 일본 승려의 활약을 볼 수 있다. 한편, 고려
의 불교계도 몽골과 강력히 결합되어 있었다. 최근에 소개된 松廣寺의
티베트어 法旨, 大都 교외와 安陽·杭州의 사원 관련 사료 등에서도 그
긴밀성을 엿볼 수 있다. 환언하면 일본은 불교라는 코드를 통해서 몽골
과 교류하고 있었고, 여기에는 고려도 포함되었던 것이다. 이와 같은 국
제환경에 있어서 일본과 고려의 경제·문화교류는 어떠한 모습이었을
까? 이 문제를 제기하는 것으로써 본 코멘트를 끝내려 한다.

일본침공 이후의 麗日關係

사에키 코지(佐伯弘次, 九州大學)

> 1. 머리말 － 몽골침공에서 전기왜구로 －
> 2. 몽골침공 이후의 麗日 교섭
> 3. 14세기의 麗日關係
> 4. 맺음말

1. 머리말 － 몽골침공에서 전기왜구로 －

13세기 무렵 동아시아의 정치적 동향을 크게 규제했던 것은 몽골(元)의 동향이다. 고려는 1230년대 이후 몽골의 격심한 공격을 여러 차례에 걸쳐서 받았는데, 몽골에 굴복한 뒤에는 그 속국으로서 몽골로부터 강력한 정치적 제약을 받았다.

13세기 후반에 2회에 걸친 몽골의 침공을 받았던 일본은 3회째의 몽골침공에 대비하여 異國警固番役과 石築地 축조, 異國 항복을 위한 기도, 寺社에 대한 德政政策 등 다양한 정책을 시행했다. 결국 3회째의 몽골침공은 실행되지 않았지만 異國警固番役과 石築地 축조는 14세기 무렵까지 계속되었다. 元의 일본 招諭[1]는 1299년까지 계속되었고, 일본

---

1) 弘安의 役 이후 元의 日本招諭에 관해서는 池內宏, 『元寇の新研究』, 東洋文

과 원 사이에 외교관계가 구축되지는 않았다. 그러나 반면에 일본과 원의 무역은 활발하게 진행되었고, 정치적으로는 대립하면서 경제·문화면에서는 깊은 교류가 있는 정경분리의 관계가 오래 계속되었다. 이에 대하여 고려와 일본 사이는 외교관계는 물론 경제적 교류도 공적으로는 단절된 채로 있었다. 이것이 일본·원과의 관계와 일본·고려관계의 큰 차이점이다.

14세기 중후기가 되면 이러한 관계에 큰 변화가 나타난다. 1350년 이후 전기왜구(庚寅 이래의 왜구)의 활동과 중국에서 명의 건국으로 麗日關係는 물론 동아시아의 국제관계가 크게 변화하게 되었다.

큰 흐름으로는 몽골침공(전쟁) 시대부터 왜구의 활동과 그에 대한 대책, 더 나아가서 명에 의한 동아시아 세계의 재편과 각국의 대응시대로 변화해 가는 것이다.

2. 몽골침공 이후의 麗日 교섭

1) 元使·高麗使의 일본 파견

1281년 원의 제2차 일본원정(弘安의 役) 이후에도 원의 일본 招諭는 계속되었다. 쿠빌라이는 그 후에도 일본원정을 준비했으며, 일본 측도 이를 예상하여 異國 경비와 石築地 수축을 계속 추진하고 있었다. 세번의 일본원정(몽골침공)은 양국에게 있어서 조만간 실행되는 현실 문제였다.

庫, 1931 ; 龍肅,『蒙古襲來』至文堂, 1959 ; 川添昭二,『蒙古襲來研究史論』, 雄山閣, 1977 ; 南基鶴『蒙古襲來と鎌倉幕府』, 臨川書店, 1996 ; 佐伯弘次, 『日本の中世9 モンゴル襲來の衝擊』, 中央公論新社, 2003 등 참조. 또한 전반적으로 對外關係史總合年表編集委員會編,『對外關係史總合年表』, 吉川弘文館, 1999를 참조했다.

1283년 12월에 일본의 鎌倉幕府는 元이 내년 봄에 침공하니까 異國
警固番役을 엄중하게 하도록 薩摩國의 地頭 御家人과 本所一円地의 주
민들에게 명했다. 이듬해 1284년 4월, 원은 日本國信使 王積翁와 愚溪
如智 일행을 일본에 파견했는데, 동행했던 자들이 對馬에서 積翁을 살
해했기 때문에 원의 사절 일행이 되돌아갔다.

1289년부터 90년 사이에 일본의 조정 주변에서 「머지않아 몽골이
침공한다」는 소문이 퍼져 조정과 막부는 주요한 寺社에 異國 항복을 위
한 기도를 명했다. 그러나 이것은 사실상 「낭설」이었으며, 원의 침공은
없었다.

반쿠빌라이파의 몽골 왕족 나얀과 카단이 중국 동북부에서 쿠빌라이
에게 반란을 일으켰다. 이 반란은 고려에까지 파급됐는데, 1291년에 쿠
빌라이 쪽의 승리로 끝났다. 그 이듬해인 1292년 5월, 일본 상선이 耽羅
에 들렀을 때 상인 2명이 현지인에게 체포되었다. 같은 해 7월, 일본 상
선이 원의 慶元(寧波)에서 귀국하는 길에 원의 지방관 燕公南의 牒狀을
가져왔다. 그 내용은 알 수 없지만, 鎌倉幕府가 異國 항복을 위한 기도를
전국의 一宮(그 지방에서 으뜸가는 神社)·國分寺(奈良 시대에 평화를
기원하며 전국 각지에 세운 관립 사찰)에서 거행하도록 했던 일로 미루
어볼 때, 몽골의 재침을 예견할만한 내용이었을 것으로 생각된다.

고려는 쿠빌라이의 지시를 받고 1292년에 耽羅에서 체포한 일본 상
인을 송환한다는 구실로 일본에 사신을 파견했다. 高麗使(宣諭使) 金有
成 일행은 동년 10월에 일본으로 건너갔다.2) 11월 12일, 鎭西(九州를
말함)의 사자가 京都에 도착하여 몽골牒狀(실제로는 高麗牒狀)의 도래
를 보고했고, 13일에 六波羅探題의 사자도 동행하여 鎌倉로 향했다. 11
월 24일, 鎌倉幕府는 모임을 갖고 北條兼時·北條時家를 「異國打手大將
軍」으로 결정했다. 12월 8일, 鎌倉幕府의 사자는 異國牒狀을 가지고 京

---

2) 高麗使 金有成의 來日과 일본 측의 대응에 관해서는 池內 1931, 龍 1959,
   對外關係史總合年表編集委員會編 1999, 佐伯 2003 등 참조.

都로 올라갔다. 鎭西 → 六波羅探題(京都) → 鎌倉幕府(鎌倉) → 朝廷(京都)으로 이어지는 일련의 異國牒狀 전달 경로는 文永의 役 이전과 전혀 달라지지 않았다. 12월 10일, 幕府의 사자는 關東申次西園寺實兼에게 高麗牒狀을 제출했으며, 이후 조정과 院 내부에서 高麗牒狀에 대한 대책이 검토되었다. 治天君인 後深草法王은 대책에 대하여 지시하고, 이 牒狀을 「무례, 우둔, 기괴」하다고 평가했다.

金有成가 일본에 가져왔던 高麗國書는 『高麗史』 등에 기록이 있고, 金澤文庫에는 복사본이 남아 있다. 이에 따르면 일본 상인이 耽羅에서 체포되었고, 쿠빌라이의 명으로 호송된 경위를 설명했으며, 고려가 원에 복속하여 국가를 보전했지만 宋은 원에 거역하여 나라가 멸망한 일, 황제 쿠빌라이는 덕망이 높다는 등을 설명하고 원에게 사신을 보내 入朝할 것을 재촉하고 있다.

이 國書를 본 조정과 幕府는 寺社에서 異國 항복 기도를 올렸다. 앞에서 말한 것처럼 幕府는 이 사절의 渡日에 위기감을 느꼈으며, 北條兼時와 北條時家를 「異國打手大將軍」에 임명하고 九州로 향하도록 했다. 두 사람은 이듬 해 1293년에 九州의 博多로 갔다. 北條兼時는 北條時宗의 조카이며 得宗과 아주 가까운 관계였고, 당시는 六波羅探題北方이라는 요직에 있었다. 이러한 임명이 元의 재침공을 예상하고 남다른 결의 아래 행해졌다는 것을 말해주고 있다. 한편 北條時家는 北條씨의 유력한 일족 名越씨이다. 이들 두 사람의 「異國打手大將軍」 임명과 九州 부임을 鎭西探題의 성립으로 보는 견해도 유력하다.[3] 이들 두 사람이 九州로 향하기 직전에 鎌倉幕府는 「爲異賊警固, 所下遣兼時·時家於鎭西也, 防戰事加評定, 一味同心可運籌策, 且合戰之進退, 宜隨兼時之計」(異賊 방어를 위하여 兼時·時家를 鎭西로 파견하는 바이다. 防戰에 대해서는 評定을 행하고, 일치단결하여 계책을 세워야 한다. 무엇보다 전투

---

3) 예를 들면 村井章介, 『アジアのなかの中世日本』, 校倉書房, 1998.

의 진퇴는 兼時의 계책에 따라야 한다)고 薩摩守護 島津忠宗에게 하명하고 있다.4) 전쟁에 임하는 분위기가 강하게 느껴지며, 兼時가 首班이었음을 알 수 있다.

이와 같은 「異國打手大將軍」의 파견을 전후하여 幕府는 關東에 아직 남아 있던 九州에 所領을 가진 御家人을 九州로 보내고, 아울러서 앞으로 닥칠 異賊과의 전투의 勳功賞을 九州의 御家人들에게 약속하며 九州 방어를 확고히 하려고 했다. 博多로 내려간 兼時와 時家는 石築地 개축과 철저한 異國警固番役 근무를 꾀했던 모양이다. 특히 1294년 3월에는 北九州 연안과 도서지방에서 烽火 연습을 했다. 이 일을 지시했던 문서5)에, 「異國 경계가 매우 중요하다. 결코 게을리 해서는 안 된다」라고 하여 元의 재침공을 예상한 연습이었음을 알 수 있다. 그러나 元의 재침공은 없었고, 兼時와 時家는 1295년 4월에 關東으로 돌아갔다.

일본 측의 사료6)에 따르면 1293년 4월에 幕府의 계책으로 「異國牒使」를 본국으로 송환했다고 하는데, 『高麗史』 列傳·金有成에 의하면 金有成은 일본에 억류된 채 귀국하지 않았고, 1307년 7월 5일에 일본에서 병으로 죽었다고 한다. 어떤 사료가 옳은지는 알 수 없지만, 文永의 役 이후의 元使는 幕府에 의하여 살해당하는 일이 흔했으며, 어쩌면 高麗 使節은 귀국할 수 없었는지도 모른다.

1298년, 일본의 상선이 元의 明州(慶元)에 도착했다. 이듬 해 이 선박이 귀국할 때 元使(國信使) 一山一寧이 편승하여 일본으로 건너갔다. 종래의 元使는 高麗를 경유하여, 高麗의 안내를 전제로 일본에 파견되는 것이 항례였으며, 慶元에서 海路로, 더군다나 일본의 무역선에 편승하여 일본에 온 것은 처음이었다. 禪僧이 正使로 임명된 것도 이례적이었다.

---

4) 島津家文書 正応 6년 3월 21일 關東下知狀(『大日本古文書 島津家文書之一』 34호).
5) 來島文書 永仁 2년 3월 6일 北條定宗書下(『鎌倉遺文』 24권 18499호).
6) 『師守記』 貞治 6년 5월 9일조.

一山一寧은 10월에 鎌倉에 도착했다. 그 후 一寧은 귀국하지 않고 建長寺 주지가 되는 등 일본의 禪宗界에서 중요한 인물이 되었다. 이것이 일본을 招諭하는 元의 마지막 사신이었지만 이것도 성공하지 못했다.

2) 일본의 대륙 군사정보의 수집

弘安의 役 직후부터 일본은 元과 高麗의 군사정보 입수에 노력했다는 것이 밝혀졌다[7]. 즉 1282년에 일본은 弘安의 役 때 항복한 賈祐라는 南宋의 투항병을 강남에 파견하여 元의 원정계획을 정찰하였다. 일본 상선에 편승하여 원에 입국하는 일본 승려도 정찰의 역할을 담당했다. 이와 같은 元의 정찰은 아마도 幕府의 주도로 행해졌던 것으로 추측된다. 南宋의 멸망을 일본에 전한 것은 무역선이었다. 文永의 役 이후에도 元과 일본은 무역을 하고 있었으며, 日元貿易船이 元의 정찰을 떠맡고 있었다는 것을 쉽게 추측할 수 있다.

고려 역시 弘安의 役 직전에 고려의 군사기지가 있는 合浦 주변에서 「어부」가 연속적으로 왜적에게 납치되고 있는 것은 고려의 군사정보를 얻기 위한 정찰행동이라고 볼 수 있다.

3. 14세기의 麗日關係

1) 前期倭寇의 활동

전기왜구가 활동하는 1350년 이전에도 왜구의 활동이 있었다. 13세기 전반에 약간 피크를 맞이한 왜구를 초기왜구라고 부르며, 14세기 무렵이 되면 元에 대한 왜구활동이 행해졌다. 이것은 元寇를 계기로 元

---

7) 南 1996, pp.181~183.

쪽이 일본 상인을 박해하고, 이에 대한 일본 상인의 자위적인 폭력행위가 해적집단의 발생·전개로 연결됐다는 설[8]이 있지만, 최근의 연구[9]에서는 이와 같은 일본인의 「왜구」행위는 元나라 현지 관리의 일본 상인에 대한 侵漁와 이에 대한 폭동사건이며, 결코 조직적·계획적인 해적행위가 아니라는 사실이 밝혀졌다.

1323년 6월에 倭가 會元의 漕船을 群山島에서 약탈하고, 楸子島에 침입하여 老弱男女를 잡아간 사건[10]이 발생했다. 漕船 습격과 被虜人 약탈은 전기왜구의 특징이기도 하며, 前期倭寇와 연결되는 해적행위라고 할 수 있다. 따라서 소수이지만 14세기 전반부터 이미 발생하고 있던 점을 확인하고자 한다.

1350년 2월, 倭가 固城·竹林·巨濟에 침입했다.[11] 合浦千戶 崔禪 등이 이들과 싸워서 300여 명의 목을 베었다. 「倭寇의 침입은 여기에서 비롯한다」고 『高麗史』에 기록되어 있듯이, 이 사건 이후 倭寇의 활동이 급격하게 활발해졌고, 한반도를 빈번하게 습격하게 되었다. 「倭賊祈穰法席」 「倭賊防禦使」라는 글이 『高麗史』에 자주 보이듯이, 애초에 왜구는 高麗 정부에서 「倭賊」으로 호칭했던 듯하다.

이와 같은 전기왜구에 관해서는 몇몇 시기구분이 행해지고 있다. 田中健夫씨는 크게 4시기로 나누었다.[12] 제1기는 1350년 2월 이후의 초기 단계, 제2기는 恭愍王 시대(1352년~74년)로 왜구활동이 본격화된 시기, 제3기는 왜구활동의 전성기로서 辛禑王(1375년~88년)대에 최고점에 달한다. 제4기는 왜구세력의 쇠퇴기이며, 고려 恭讓王 시대부터 조선 太祖·定宗·太宗 시기에 해당한다. 그 구분이 되었던 사건이 1389년 2월의 고려군에 의한 대마도 정벌이었다고 한다.

---

8) 森克己, 『新訂日宋貿易の研究』, 國書刊行會, 1975.
9) 榎本 2007.
10) 『高麗史』 世家, 忠肅王 10년(1323) 6월 丁亥, 동 戊子條.
11) 『高麗史』 世家, 忠定王 2년 2월조.
12) 田中健夫, 『倭寇と勘合貿易』, 至文堂, 1966, pp.11~14.

田村洋幸씨는 크게 나누어 초기·중기·종말기의 3기로, 자세하게는 6기로 시기를 구분하고 있다.[13] 빈도가 낮은 초기는 1350년~73년으로, 왜구에 대한 무대책의 시기였던 전반기(1350년~62년)와, 적극적으로 왜인 초빙책을 세우고 자진해서 일본에 왜구 금지책을 요청한 후반기(1364년~73년)로 나눈다. 전성기인 중기는 1374년~89년이며, 왜구창궐기인 전반기(1374년~80년)와 점차 쇠퇴해 가는 후반기(1381년~89년)로 나눈다. 왜구종말기는 1390년~1418년으로, 소규모의 비조직적 왜구와 대규모 선단의 왜구가 뒤섞인 전반기(1390년~1400년)와 소규모화하는 후반기(1401년~18년)로 나눈다.

양자의 시기구분에서 세세한 연대에 대하여는 차이가 있지만, 1350년 이후 점차 증가하고, 辛禑王 시기에 전성기를 맞이하며, 고려말부터 조선 초기에 쇠퇴한다는 흐름은 공통적이다.

일본의 과거의 통설[14]에서 왜구들의 주요한 목적은 漕船·창고 등의 습격에 의한 식량 약탈과 사람의 약탈이었다고 한다. 그 근거지의 중심은 對馬·壹岐·松浦 지방의「三島」지역이며, 발생의 주요한 원인은 농업생산만으로는 섬 주민의 생계를 유지할 수 없다는 三島의 경제적 사정이었다고 한다. 아울러서 고려·조선 측의 외교정책과 왜구 회유정책 등으로 왜구들은 向化倭(投化倭)와 使送倭人·興利倭人 등으로 변질되어 갔다고 설명하기도 한다.

1980년대 후반에 일본에서는 지금까지 이해하고 있던 왜구의 개념을 크게 바꾸는 연구가 뒤를 이었다. 田中健夫씨[15]는 대규모 집단 왜구의 실체를 검토하고, 대량의 인원·선박·마필의 해상 이동을 고려하면 왜구가 일본인만의 해적집단이라는 생각은 부자연스러우며, 대규모 왜구집단은 일본과 고려·조선 양국 인민이 연합하여 성립했다는

---

13) 田村洋幸, 『中世日朝貿易の硏究』 제2장, 三和書房, 1967.
14) 田中健夫, 『中世海外交涉史の硏究』 東京大學出版會, 1959, 田中 1966 등.
15) 田中健夫, 『倭寇と東アジア通交圈』『日本の社會史』 1, 岩波書店, 1987.

주장을 제시했다.

한편, 高橋公明씨[16]는 倭服을 입고 倭語로 대화하며 각지를 이동하는 제주도 海民을 검토하는 중에, 조선 국내의 상당한 해상세력이 왜구에 관여하고 있으며, 그 기층부분을 제주도 海民이 담당했다는 주장을 제시했다.

일본에서는 이들 두 사람의 새로운 견해가 왜구연구에 커다란 충격을 주었지만, 한편에서는 다양한 비판의 대상이 되기도 했다. 浜中昇씨[17]는 이와 같은 田中健夫씨와 高橋公明씨의 견해에 비판을 가했다. 『高麗史』, 『高麗史節要』의 수많은 왜구 기사 속에서 고려의 인민이 거짓으로 왜적이 된 것을 보여주는 사례는 두 가지 경우에 불과하며, 「倭人不過一二」라고 한 1446년의 李順蒙의 말은 근거 사료가 없다는 점, 고려·조선의 禾尺·才人들이 도적행위를 한 기사는 많지만 그들과 왜인들의 연합을 보여주는 사료가 없다는 점, 제주도 등지의 海民을 해적집단으로 조직할 수 있을만한 주체가 조선 국내에는 없고, 한반도 남부의 海民이 고려 말기의 왜구에 가담했다고 해도 개별적인 차원에 그쳤다는 점, 왜인·일본인에 의한 대규모 왜구는 가능하다는 점 등을 지적하고, 한반도 남부의 海民이 개별적으로 가담했을 가능성은 있지만, 왜구를 구성했던 것은 기본적으로 왜인 내지 일본인이라고 했다.

村井章介씨[18]는 禾尺·才人들이 왜적으로 위장했던 일은 있지만, 이것은 그들이 왜적과 연합해서 하나의 집단이 되어 왜구행위를 했다는 것을 보여주는 것은 아니라는 점, 李順蒙의 말은 국가의 役을 회피하고 있는 자가 매우 많아서 군대의 수가 부족해졌다는 의미의 문맥을 기초

---

16) 高橋公明, 「中世東アジア海域における海民と交流 —濟州島を中心に—」『名古屋大學文學部研究論集 史學』33, 1987.
17) 浜中昇, 「高麗末期倭寇集団の民族構成 —近年の倭寇研究に寄せて—」『歷史學研究』685, 1996.
18) 村井章, 「倭寇の他民族性をめぐって」, 大隅和雄·村井章介編, 『中世後期における東アジアの國際關係』, 山川出版社, 1997.

로 기록된 것이며, 그대로 믿을 수는 없다는 점을 지적하면서 田中說을
비판했다.

李領씨[19]는, 庚寅年의 왜구는 足利直冬의 공세에 당황한 少貳賴尙
이 對馬의 군대를 동원하고 군량미를 얻어서 고려를 공격한 것이라는
새로운 견해를 제시하고, 왜구는 해적으로 한정할 것이 아니라 악당이
라기보다는 차라리 광범위한 사회적 계층이며, 대다수의 왜구집단은 공
권력, 특히 南朝 쪽과 강력하게 연결되어 있었던 점, 田中健夫씨의 禾
尺·才人＝왜구론에 관해서는 대규모의 禾尺·才人이 왜구와 연합했다
는 것을 입증할 수 있는 사료가 없다는 점, 高橋公明씨의 제주도인＝왜
구론에 관해서는 제주도인이 왜구라는 것을 보여주는 사료가 전혀 없다
는 점, 왜구＝고려인 주체론을 거론한 李順蒙에 관해서는 왜구에 관한
기사가 傳聞에 기초한 것이며, 李順蒙의 인격·성향이 「狂妄」한 것으로
되어 있고, 그 발언도 믿기 어렵다는 점을 지적했다.

이상 세분의 견해는 田中씨·高橋씨의 새로운 견해를 정면으로 비
판하는 것이며, 전기왜구의 주체를 일본인과 고려·조선인의 연합이라
거나 고려·조선인으로 보는 견해는 재검토되어야 한다는 것이라고 할
수 있다. 오히려 舊說인 일본인 주체설이 다시 검토되고 있다.[20] 다만
庚寅年의 왜구는 少貳씨가 파견한 것이라는 李領씨의 견해는 일본 학계
에서는 부정적이다.[21]

한편 중국에서 활동했던 전기왜구는, 元代에 관해서는 사료가 드물
지만, 1358년 무렵에 해마다 왜구가 해안에서 가까운 군현을 습격하고
있다.[22] 원 말기의 왜구에 관해서는 方國珍 등 군웅의 반란과 관련지어

---

19) 李領, 『倭寇と日麗關係史』 제4장·제5장, 東京大學出版會, 1999.
20) 橋本雄·米谷均, 「倭寇論のゆくえ」, 桃木至朗編, 『海域アジア史研究入門』, 岩
　　波書店, 2008.
21) 森茂曉, 2005, 『南朝全史』 講談社 ; 橋本·米谷 2008.
22) 榎本渉, 『東アジア海域と日中交流　一九～一四世紀一』 吉川弘文館, 2007,

서 연구가 행해지고 있다. 浙江 연해 지역을 거점으로 삼았던 方國珍은 그 휘하에 舟山列島 등지의 海民이 있었고, 그들이 「島夷」, 즉 왜구와 결탁하여 해적활동을 했다는 점, 方國珍과 張士誠이 멸망한 뒤에 휘하의 「諸豪」는 망명하여 「島夷」와 손을 잡았으며, 중국 연해를 침입했다는 것 등이 지적되고 있다.23) 이와 같은 왜구와 중국 연해 지방의 海民이 연합하여 중국 연해를 침입한 것과 고려를 습격한 것이 어떻게 연관되어 있는지, 이 문제가 앞으로 검토되어야 할 것이다. 왜구는 동아시아 전체 지역에서 활동했기 때문이며, 동아시아적인 규모에서 검토해야 할 때가 되었다.

2) 고려의 對日使節 파견과 일본 측의 대응

(1) 金龍·金逸의 來日(1366년)

왜구의 활성화라는 상황에 직면했던 고려는 왜구금압을 요청하는 사자를 일본에 파견했다. 1366년 9월, 고려의 사자 金龍 일행이 出雲에 도착했다.24) 金有成의 파견 이래 실로 70여년만의 사신이다. 일행은 出雲에서 方物을 탈 취당했지만, 이듬해 2월에 상경하여 天龍寺에서 머물렀다. 이 절에서 숙박한 것은 室町幕府의 계책이었다고 생각된다. 그들보다 약간 늦게 고려에서 金逸이 별도로 도착했고, 역시 天龍寺에 머물렀다.

---

pp.177~180.

23) 奧崎裕司,「方國珍の亂と倭寇」, 明代史硏究會編,『山根幸夫敎授退休記念明代史論叢 上』汲古書院 1990 ; 藤田明良,「「蘭秀山の亂」と東アジアの海域世界」,『歷史學硏究』698, 1997 ; 熊遠報,「倭寇と明代の「海禁」 －中國學界の視点から－」『中世後期における東アジアの國際關係』, 1997 ; 壇上寬,「方國珍海上勢力と元末明初の浙江沿海地域社會」, 京都女子大學東洋史硏究室編,『東アジア海洋域圈の史的硏究』, 京都女子大學, 2003.

24) 金龍·金逸의 來日에 관해서는 靑山公亮『日麗交涉史の硏究』第8章, 明治大學, 1955, 中村榮孝「『太平記』に見える高麗人の來朝」, 동『日鮮關係史の硏究 上』吉川弘文館, 1965년 참조.

처음에 京都에서는 「몽골 및 고려 사신이 牒狀을 가지고 來朝했다」
는 소문이 퍼졌지만, 나중에 고려의 사자라는 것이 판명되었다. 金龍이
지참했던 「牒狀」(외교문서)은 室町幕府를 거쳐 조정에 전달되었다. 몽
골침공 때의 대응과 동일하다. 이 일련의 고려의 외교문서는 현존하고
있다. 이 문서에 따르면 원의 征東行中書省(고려왕이 장관)이 일본국에
대하여, 至正 10년(1350) 이후 일본의 해적선 다수가 고려를 습격하고
관청을 불태웠으며, 백성을 괴롭히고 있기 때문에 일본이 海島에 대하여
엄중히 금압을 가하도록 의뢰하는 것이었다. 또 『高麗史』에 따르면, 나
중에 보낸 金逸의 파견 목적도 「일본으로 가서 해적을 금하도록 요청」
하기 위해서였다.

조정에서 이 「牒狀」에 대한 대응을 협의하고 있을 때, 室町幕府는
고려사신 일행을 후하게 접대했고, 奈良·大佛殿을 관광시키기도 했다.
같은 해 5월에는 조정에서 고려에 「返牒」을 보내지 않기로 결정했다.
이에 대하여 室町幕府는 「返牒」을 작성하고 각종 선물을 사절에게 주
었으며, 天龍寺 승려를 사신으로 파견하고 일행을 송환했다. 이에 따라
일본의 외교를 室町幕府가 관할하는 선례가 생겨났다. 왜구금압을 요구
하는 고려사신의 파견이 일본에 있어서는 외교권의 이동이라는 중요한
전환을 가져왔던 것이다.

(2) 羅興儒의 來日(1375년)

1375년 2월, 고려는 羅興儒를 通信使로서 일본에 파견하였다.[25] 『高
麗史列傳』에 의하면, 羅興儒가 日本에 도착하자 일본 측은 興儒를 「諜者」
로 의심하고 체포하였다. 「鄭夢周傳」에 따르면 夢周가 구금되었던 곳은
博多이며, 博多의 主將(九州探題 ?)이 구금했다고 기록했다. 고려 출신

---

25) 羅興儒 이후의 遣使에 대해서는 주로 靑山 1955, 對外關係史編集委員會編
   1999를 참조했다.

의 승려 良柔가 興儒를 보고 사면하도록 요청했다고 한다. 1375년 11월 6일, 室町幕府는「高麗使之羅興儒以下, 同進物等」을 불러들이기 위하여 播磨守護에게 인부・傳馬를 준비하고 경비를 지시했으며, 통과시키도록 명했다.[26] 즉 1375년 11월~12월 경, 羅興儒 일행은 京都를 향해서 播磨國 부근을 통과했다. 그 후 이듬해 1276년 5월 3일, 近衛道嗣 앞으로 公家 1인이 倭寇禁止을 요구하는「高麗國牒狀」을 가져왔다(「愚管記」). 道嗣는 국가의 중대사이므로 幕府에 상정하도록 신청했다. 그 후의 상세한 상황은 알 수 없지만, 羅興儒 일행은 1376년 10월에 귀국했다. 이때 室町幕府는 승려 良柔를 사자로 고려에 파견했다. 당시 선승 周佐가 기록했던 私信 형식의 외교문서가『高麗史』辛禑傳에 인용되어 있다. 여기에는「우리 서해도의 九州는 亂臣이 할거하고, 年貢을 바치지 않은 지 20년 이상이나 된다. 서해도의 어리석은 백성이 敵의 틈을 노리고 入寇하였다. 우리가 행한 일은 아니다. 이 때문에 조정은 武將을 파견하여 왜구들을 정벌하였고, 그 땅에 깊숙이 들어가서 적과 아군이 전투를 벌였으며, 매일같이 싸웠다. 바라는 바는, 九州를 회복하면 하늘에 맹세하여 海寇를 금지하겠다」는 일본 측의 사정이 기록되어 있다. 왜구의 근거지인 九州를 완전히 지배하지 못했기 때문에 왜구 금압이 불가능하다는 것이다. 당시 室町幕府의 사정을 직설적으로 말하고 있다.

(3) 安吉常의 來日(1377년)

1377년 6월, 고려는 安吉常(吉祥이라고도 함)을 일본으로 보내 禁賊을 요청했다.『高麗史』에는 이때의 國書 일부가 인용되어 있다. 安吉常은 일본에서 병사했다고 한다. 東寺領 播磨國 矢野莊의 이 해의 算用狀에는「高麗人上洛人夫催促使雜事」과「同下向時送夫催促使雜事」가 기록

---

26) 東寺百合文書よ函60,「人夫役文書案」『相生市史 第8卷上』, 相生市, 1992년, pp.380~381.

되어 있다.[27) 羅興儒 때와 마찬가지로 播磨國 沿道의 장원에 人夫·傳馬 등이 부과되었던 것이다. 이것은 播磨 1국뿐만 아니라 고려 사신이 지나가는 沿道에는 모두 동일한 賦課가 행해졌다고 생각할 수 있다.

이 해 8월에 일본은 승려 信弘을 고려에 파견하여 왜구금압이 용이하지 않은 사정을 전했다. 信弘은 室町幕府가 아니라 九州探題 今川了俊이 파견한 使僧이었다는 것이 밝혀졌다.[28) 了俊은 이듬해 6월에 信弘에게 군사 69명을 거느리고 왜적을 체포하도록 했다. 7월에 信弘은 왜구와 싸워 배 한척을 포획하고, 포로가 된 부녀 20여 명을 구출했다. 11월에 다시 왜적과 싸웠으나 이기지 못하고 마침내 귀국했다.

(4) 鄭夢周의 來日(1377년)

1377년 9월, 고려는 鄭夢周를 일본에 파견하여 왜구 금압을 요청했다. 『高麗史』鄭夢周傳에 의하면, 鄭夢周는 博多에서 「古今交隣의 利害」를 「極陳」하여 主將(今川了俊 ?)을 감복시켰다고 한다. 鄭夢周는 일본에서 지은 漢詩를 남기고 있다(「圃隱先生文集」). 夢周는 이듬해 78년 7월 일본에서 귀국했다. 九州探題 今川了俊은 周孟仁을 사신으로 파견하여 동행시켰고, 尹明 등 수백 명의 被虜人을 송환하고 三島의 왜구 금압을 약속했다. 78년 6월에 東寺領 播磨國 矢野莊에 守護代로부터 「高麗人送夫催促使雜事」가 賦課되었던[29) 것은 鄭夢周가 京都에서 귀국길에 올랐던 때의 일이라고 생각된다. 安吉常의 사절 파견 이래 室町幕府보다 오히려 博多의 九州探題와 교섭하는 것이 중요하게 자리를 잡았다는 느낌이 들며, 사절의 송환도 九州探題가 행하고 있다.

「鄭夢周傳」에 의하면 왜구들이 고려의 여염집 자제를 노예로 삼는 것을 딱하게 여기고, 석방금을 지불하고 被虜人을 귀국시키기로 했으

---

27) 對外關係史編集委員會編, 1999.
28) 靑山, 1955.
29) 對外關係史編集委員會編, 1999.

며, 廷臣으로부터 갹출한 자금을 토대로 被虜人이었던 尹明을 博多로 파견하여 被虜人 백여 명을 송환하는데 성공했다고 한다. 被虜人 송환이 사절들의 중요한 사명이었음을 말해주고 있다.

(5) 李子庸·韓國柱의 來日(1378년)

1378년 10월, 고려는 李子庸·韓國柱 두 명을 일본에 파견하여 왜구 금지를 요청하고 今川了俊에게 金銀酒器 등을 선물했다. 이듬해 1379년 5월에 韓國柱는 귀국했다. 大內義弘은 朴居士에게 병사 186명을 인솔하게 하여 韓國柱와 동행하도록 했다. 같은 해 7월에는 李子庸이 귀국했다. 今川了俊은 被虜人 230여구를 돌려보내고 槍 등을 헌상했다. 고려의 교섭 상대는 점점 더 西國大名들 쪽으로 기울었다.

(6) 尹思忠의 來日(1379년)

1379년 윤5월, 고려는 尹思忠을 일본으로 파견하였다. 일본에서의 활동과 귀국한 연도 등 상세한 것은 불명이다.

이상과 같이 고려의 왜구 금압 요구에 응했던 것은 외교권을 장악해 갔던 室町幕府가 아니라 今川了俊과 大內義弘이라는 西國의 유력 大名들이었다. 室町幕府가 아무런 행동도 취하지 않았던 것은 아니다. 예를 들어서 1381년 8월 6일, 大隅守護 今川了俊에 대하여 「우리나라의 악당들이 고려로 건너가서 난폭한 짓을 하므로, 엄중하게 제지해야 한다」고 大隅國의 왜구 금압을 명하고 있다.30) 고려의 왜구 금압 요구에 幕府로서도 응하려고 했지만, 실제로 현지에서 금압에 나섰던 것은 守護大名과 지역의 영주들이었다. 今川了俊은 많은 被虜人을 고려·조선에 송환했고, 그 보답으로 大藏経을 요구하기도 했다.31) 고려 사신이 돈으로

---

30) 禰寢文書 永德 원년 8월 6일 室町幕府御教書案,『南北朝遺文九州編』 5권 5673호.

被虜人의 구입·송환을 의도했던 일이 상징하듯이, 被虜人 송환은 무역 상의 우월한 대우와 무역 자체의 확대라는 이점이 있었다.

4. 맺는말

이상과 같이 고려의 빈번한 외교노력은 西國의 유력 대명을 주목하게 됨으로써 어느 정도의 성과가 있었다고 생각된다. 1380년대가 되면 왜구는 감소하는 경향을 보인다.

이 시기에서 한 가지 더 주목되는 것은 三島의 일각, 對馬島主 宗氏의 동향이다.『高麗史』에 의하면, 1368년 7월에 對馬島 万戶가 高麗에 사신으로 건너와서 토산물을 헌상했다. 고려는 윤9월에 講究使를 對馬에 파견, 11월에는 對馬島 万戶 崇宗慶이 고려에 사신을 보내 來朝했으며, 고려는 宗慶에게 쌀 1000석을 주었다. 崇宗慶(宗宗慶)은 원래 宗家의 宗経茂이며, 앞의 對馬島 万戶와 동일인일 것이다. 宗経茂는 이 무렵부터 고려에 사신을 보내 고려와 통교관계를 맺으려고 했다. 아마도 宗氏는 對馬 근해에서 고려 사신의 호송에도 관여했다고 생각된다.

이러한 遣使와 쌀 급여는 다음 시대인 조선에서 宗氏와 조선의 관계와 공통되는 것이며, 중세의 日朝關係는 14세기 후반의 고려 말기부터 차츰 준비되었다고 할 수 있다.

---

31) 川添昭二『對外關係の史的展開』第5장, 文獻出版, 1996.

〈토론문〉

「일본침공 이후의 여일관계」의 토론

金普漢 (단국대학교)

13·14세기는 북방 몽골초원에서 원의 성립, 금과 송의 멸망, 고려의 항복과 일본의 침공, 室町幕府와 조선의 성립, 원의 멸망과 명의 성립 등 동아시아 정세가 격변하는 시기였다.

본 발표문에서는 먼저 13세기 몽골침공 이후에 사신의 입국이라는 여일교섭의 진행과정과 일본의 군사정보 수집을 소개하고 있다. 아울러 전기왜구의 홍기에 대한 기존의 연구성과를 소개하고, 중국연안에 출현한 왜구와 고려침입 왜구의 연관 가능성을 제시하면서, 동아시아의 규모에서 왜구가 재검토되어야 한다고 주장하고 있다. 또 고려의 禁寇使臣 파견과 일본의 대응에서는 입국하는 고려사신을 열거하면서 피로인 송환으로 얻는 경제적 이익과 대마도에 지급되는 쌀 지원이 고려 말부터 시작되고 있다고 보고 있다. 따라서 본 발표문은 전체적 흐름 속에서 몽골침공에 대한 군사적 위기, 금구에 위한 여일양국의 외교적 노력, 피로인 송환의 경제적 가치 등의 내용순서로 구성되어 있는 것이 특징이다.

다만 본 발표문은 논문의 완결성 면에서 아직은 시간이 좀 더 필요한 것이 아닌가 생각이 든다. 따라서 약간 조심스럽지만 본문에서는 언급하지 않은 궁금한 내용에서 대해서 몇 가지 질문하고자 한다.

첫째, 1292년에 金有成에 의해서 전달된 고려첩장에 대해서 일본조정과 院이 「무례, 우둔, 기괴」로 평가했다고 하는데, 이전에 전달된 몽골·고려첩장에 대한 조정의 평가와 별반 다를 것이 없다.

　이러한 평가를 내리는 조정과 원의 판단 기준은 무엇이었을까. 예를 들면 일본 중심적 관념(신국사상 등) 혹은 동아시아 국제정세에 대한 미숙지, 아니면 다른 무엇이 있었는지 의문이 생긴다.

　둘째, 본문에서 대륙에 대한 일본의 군사정보 수집 대해서 '元 의 정찰이 막부의 주도하에 행해졌던 것으로 추측된다. -(중략)- 日元貿易船이 元의 정찰을 떠맡고 있었다는 것을 쉽게 추측할 수 있다.'라고 서술하고 있다.

　당시에 원의 동향에 가장 민감한 존재는 일차적으로 막부보다 원을 오가며 교역의 담당하던 일본상인들이었다고 생각한다. 이런 측면에서 상인은 무역이 우선이고, 무역과정에서 수집되는 정보는 차선이며, 원에 대한 정보는 부차적 생긴 결과물로 보아야 하지 않은가 생각한다.

　예를 들어 고려내의 왜구활동에서 보면 조창의 위치정보, 인물에 대한 정보(최영 장군 등), 지리 지형의 정보 등은 왜구들에게 필수요소였고, 상당히 높은 수준이었다. 즉 왜구의 고려에 대한 정보량은 막부의 그것보다 절대적으로 우위에 있었다고 추측된다. 따라서 日元貿易船의 주된 목적은 일차적으로 원의 정찰보다 무역의 이익이어야 하지 않을까 생각한다.

　셋째, 사료를 통해서 金龍은 1366년 8월 고려를 출발하여 9월 일본에 입국하고, 金逸은 1366년 11월 고려를 출발하여 1367년 2월 일본에 입국하는 것으로 파악되고 있다.

　발표자는 이들이 모두 고려왕이 보낸 사신으로 보고 있는데, 고려가 비슷한 시기에 같은 목적(禁寇)으로 사신을 중복해서 파견한 이유가 무엇이라고 생각하는지 궁금하다.

넷째, '安吉祥의 사절 파견 이래 室町幕府보다 오히려 博多의 九州探題와 교섭하는 것이 중요하게 자리 잡았다는 느낌이 들며, 사절의 송환도 九州探題가 행하고 있었다.'고 서술하고 있다.

본래 일본의 외교권은 조정의 고유한 권한인데, 김용·김일의 입국 이후에는 室町幕府가 관할하고, 安吉祥의 입국 이후에는 九州探題 또는 西國의 大名에게로 이관되고 있다. 비교적 짧은 기간 안에 외교권에서 몇 차례 변화가 있는데, 그 이유는 무엇인지?

마지막으로, 1380년대 왜구가 감소하는 경향에 대해서 고려의 외교가 西國의 大名들을 주목하게 되면서 그 성과를 보게 된 것이라고 분석하고 있다. 그리고 대마도 宗氏에게 쌀 1,000석 하사에 주목하고 있다.

고려사의 기록을 보면 1354년 조운선 40여척 약탈, 1355년 200척 약탈, 1360년 윤 5월에 4만석을 약탈한 이후에 상당기간(1년 혹은 9개월간) 고려에 왜구가 전혀 출현하지 않는다. 또 1368년 11월에 고려 조정에서 쓰시마의 崇宗慶(宗宗慶)에게 쌀 1천석 하사한 이후에도 약 1년간 왜구의 흔적을 찾아볼 수가 없다. 이상 4건의 기록의 공통점은 대량의 약탈품과 하사품이 전달된 이후에는 장기간 침입과 약탈이 일어나지 않았다는 점이다.

그런데 이 문제는 단순히 고려시대만의 문제로 끝나지 않고 조선시대로 연결되었다고 볼 수 있지 않을까. 즉 『해동제국기』와 『경국대전』의 규정에서 무역을 제외한 순수 접대비가 1만석이고, 『중종실록』에 1509년(중종 4) 접대비용 2만 2천석이라는 숫자가 눈에 띈다. 결국 중세의 朝日관계는 고려가 약탈당한 총량을 조선이 그대로 떠안았기에 가능한 외교관계라고 볼 수 있다. 이런 면에서 여일관계는 무역보다는 약탈의 측면에서, 조일관계는 내재된 약탈과 무역의 측면에서 상호 통일된 조망이 필요하다고 생각합니다만……

日本侵攻以後の麗日關係

佐伯弘次(九州大學)

1. はじめに－～モンゴル襲來から前期倭寇へ
2. モンゴル襲來以後の麗日交渉
3. 14世紀の麗日關係
4. おわりに

1. はじめに－～モンゴル襲來から前期倭寇へ

　13世紀代の東アジアの政治的動向を大きく規制したのは，モンゴル(元)の動向である。高麗は，1230年代以降，モンゴルの激しい攻撃を數次にわたって受けるが，モンゴルに屈服した後には，その藩屬國として，モンゴルからの強い政治的制約を受けた。

　13世紀の後半に2度にわたるモンゴル襲來を受けた日本は，3回目のモンゴル襲來に備えて，異國警固番役や石築地の築造，異國降伏の祈禱，寺社への德政政策など，様々な政策を行った。結局，3回目のモンゴル襲來は實行されなかったが，異國警固番役や石築地の修築は14世紀代まで續いた。元の日本招諭は1299年まで續き，日元の間で外交關係が構築されることはなかった。しかしその反面，日元貿易は活發に行われ，政治的には對立しながら，経濟・文化面では深い交流があるという，政経分離の關係が長く續いた。これに對して，高麗と日本の間は，外交關係はもちろんのこと，経濟的交流も公的には斷絶したままであった。これが日元關係と日麗關係の大きな相違点である。

　14世紀中後期になるとこうした關係に大きな変化があらわれる。1350年以後の前期倭寇（庚寅以來の倭寇）の活動と中國における明の建國によって，麗日關係はもとより，東アジアの國際關係は大きく変化することになった。

　大きな流れとしては，モンゴル襲來（戰爭）の時代から，倭寇の活動とそれへの對策，さらには明による東アジア世界の再編と各國の對応の時代に変化していくのである。

2.　モンゴル襲來以後の麗日交渉

1）元使・高麗使の日本派遣

　1281年の元の第2次日本遠征（弘安の役）後においても，元の日本招諭[1]は継續した。フビライは日本遠征の準備をその後も行っており，日本側もそれを予想して，異國警固や石築地の修築を継續して行っていた。3度目の日本遠征（モンゴル襲來）は兩國にとって近く實施される現實の問

---

1) 弘安の役後における元の日本招諭に關しては；池內宏，『元寇の新硏究』，東洋文庫，1931；龍肅，『蒙古襲來』，至文堂，1959；川添昭二，『蒙古襲來硏究史論』，雄山閣，1977；南基鶴，『蒙古襲來と鎌倉幕府』，臨川書店，1996；佐伯弘次，『日本の中世9 モンゴル襲來の衝撃』，中央公論新社，2003などを參照。また全般的に對外關係史總合年表編集委員會編，『對外關係史總合年表』，吉川弘文館　を參照した，1999,

題であった。

　1283年12月には，日本の鎌倉幕府は，元が來年春に襲來するので異國警固番役を嚴重に行うように薩摩國中の地頭御家人や本所一円地の住人たちに命じた。翌84年4月，元は，日本國信使王積翁や愚溪如智らを日本に派遣したが，同行した者たちが對馬で積翁を殺したため，元の使節たちは引き返した。

　1289年から90年にかけて，日本の朝廷周辺で，「近く蒙古が襲來する」という噂が流れ，朝廷や幕府は主要な寺社に異國降伏の祈禱を命じた。しかしこれはまさに「浮說」であり，元の襲來はなかった。

　反フビライ派のモンゴル王族ナヤンやカダンが中國東北部でフビライに反亂を起こした。この反亂は高麗にまで波及したが，1291年にフビライ側の勝利で終わった。その翌年の1292年5月，　日本商船が耽羅に立ち寄った時，商人2名が現地の人に捕らえられた。同年7月，日本商船が元の慶元(寧波)から歸國し，元の地方官燕公南の牒狀をもたらした。その內容は不明であるが，鎌倉幕府が異國降伏の祈禱を全國の一宮・國分寺に行わせたことから，　モンゴルの再來襲を予見させるような內容であったと考えられる。

　高麗は，フビライの指示を受け，1292年に耽羅で捕らえられた日本商人を送還するという名目で日本に使者を派遣した。高麗使(宣諭使)金有成一行は同年10月に來日した[2]。11月12日，　鎭西(九州のこと)の使者が京都に到着し，蒙古牒狀(實際は高麗牒狀)の到來を報じ，翌13日に六波羅探題の使者も同行して鎌倉に向かった。11月24日，鎌倉幕府は寄合を開き，北條兼時・同時家を「異國打手大將軍」に決定した。12月8日，鎌倉幕府の使者は異國牒狀を持って上洛した。鎭西 → 六波羅探題(京都) → 鎌倉幕府

---

2) 高麗使金有成の來日と日本側の對應に關しては，池內，1931，龍 1959，對外關係史總合年表編集委員會編，1999，佐伯2003などを參照。

(鎌倉) → 朝廷(京都)という異國牒狀伝達の一連の流れは，文永の役以前と全く変わらない。12月10日，幕府の使者は關東申次西園寺實兼に高麗牒狀を届け，これ以降，朝廷・院內部で高麗牒狀への對策が檢討される。治天の君である後深草法王は，對策について指示し，この牒狀を「無礼，尾籠，奇怪」と評した。

金有成が日本にもたらした高麗國書は，『高麗史』などに記されているし，金澤文庫には寫しが殘っている。それによると，日本商人が耽羅で捕らえられ，フビライの命によって護送された経緯をのべ，高麗が元に臣屬して國家を保ったが，宋は元に逆らって國を滅ぼしたこと，皇帝フビライは德が高いことなどをのべ，元への遣使入朝を促している。

この國書を見た朝廷・幕府は，異國降伏祈禱を寺社に行わせた。先にのべたように幕府は，この使節の來日に危機感をつのらせ，北條兼時・同時家を「異國打手大將軍」に任命し，九州に下向させた。二人は翌1293年に九州博多に下向した。北條兼時は北條時宗の甥であり，得宗と大変近い關係にあったし，当時は六波羅探題北方という要職にあった。この人事が，元の再襲來を想定して，並々ならぬ決意のもとでなされたことを物語っている。一方の北條時家は，北條氏の有力一族名越氏である。この二人の「異國打手大將軍」任命と九州下向をもって，鎭西探題の成立とみる見方も有力である3)。この二人が九州に下向する直前，鎌倉幕府は，「爲異賊警固，所下遣兼時・々家於鎭西也，防戰事加評定，一味同心可運籌策，且合戰之進退，宜隨兼時之計」(異賊警固のため，兼時・時家を鎭西に派遣するところである。防戰については評定を行い，一味同心し，計略をめぐらすべきである。取りあえず合戰の進退は，兼時の計らいに隨うべきである)と薩摩守護島津忠宗に命じている4)。臨戰的な雰囲氣が強く感じ取られるが，兼時

---

3) 例えば，村井章介，『アジアのなかの中世日本』，校倉書房，1988。
4) 島津家文書正応6年3月21日關東下知狀(『大日本古文書 島津家文書之一』34号)。

が首班であったことがわかる。

　こうした「異國打手大將軍」の派遣と前後して，幕府は，關東にまだ殘っていた九州に所領を持つ御家人を九州に下向させ，　さらに來るべき異賊合戰の勳功賞を九州の御家人たちに約束し，九州の防備を固めようとした。博多に下向した兼時・時家は，石築地修造や異國警固番役勤仕の徹底をはかったようである。さらに1294年3月には北部九州沿岸や島嶼部で烽火の演習を行った。それを指令した文書5)に，「異國用心が大事である。決して緩怠してはならない」とのべ，　元の再襲來を想定しての演習であることがわかる。しかし，元の再襲來はなく，兼時・時家は1295年4月に關東に歸った。

　日本側の史料6)によると，　1293年4月に幕府の計らいで「異國牒使」を本國へ送還したとしているが，『高麗史』列伝・金有成によると，金有成は日本に抑留されたまま歸國せず，1307年7月5日に日本で病死したとする。いずれが正しいのかはわからないが，　文永の役以後の元使は幕府によって殺害されることを例としており，あるいは高麗使節は歸國できなかったのかもしれない。

　1298年，日本の商船が元の明州(慶元)に到った。翌年，この船が歸國するとき，元使(國信使)一山一寧が便乗して日本に渡航した。從來の元使は，高麗経由で高麗の案内を前提とした日本に派遣されることが恒例であり，慶元から海路，しかも日本からの貿易船に便乗して來日するのは初めてであった。禪僧が正使に任じられるのも異例であった。一山一寧は，10月には鎌倉に到着している。その後，一寧は歸國することなく，建長寺の住持となるなど日本の禪宗界で重きをなした。これが最後の元の日本招諭の使者であったが，これも成功しなかった。

---

5) 來島文書永仁2年3月6日北條定宗書下(『鎌倉遺文』24巻 1849 9号)。
6) 『師守記』貞治6年5月9日條。

2）日本の大陸軍事情報の收集

　　弘安の役直後から日本が元・高麗の軍事情報の入手に努力したことが明らかにされている[7]。すなわち，1282年に日本は，賈祐という弘安の役の南宋降兵を江南に派遣し，元の遠征計畫を偵察していた。日本商船に便乘して入元する日本僧も偵察の役目をになった。こうした元の偵察は，おそらく幕府の主導で行われたと推測される。南宋の滅亡を日本に伝えたのは貿易船であった。文永の役後も日元貿易は行われており，日元貿易船が元の偵察の受け皿になったことは容易に推測できる。

　　高麗に對しても，弘安の役の直前に高麗の軍事基地がある合浦周辺で「漁者」が連續して倭賊によってさらわれているのは，高麗の軍事情報を得るための偵察行動であると位置づけられている。

3.　14世紀の麗日關係

1）前期倭寇の活動

　　前期倭寇が活動する1350年より以前にも倭寇の活動がある。13世紀前半に小さなピークを迎える倭寇を初期倭寇と呼ぶ。14世紀代になると，元に對する倭寇活動が行われた。これは元寇を契機として元側が日本商人に對する迫害を行い，これに對する日本商人の自衛的な暴力行爲が海賊団の發生・展開につながったという説[8]があったが，近年の研究[9]では，こうした日本人の「倭寇」行爲は，元側の現地役人の日本商人への侵漁に對する暴動事件であり，決して組織的・計畫的な海賊行爲ではなかったことが明

7）南1996, pp.181〜183。

8）森克己，『新訂日宋貿易の研究』，國書刊行會，1975。

9）榎本2007。

らかにされている。

　1323年6月に倭が會元の漕船を群山島で掠奪し，楸子島に寇し，老弱男女を虜にして去ったという事件10)が起こった。漕船の襲撃と被虜人の掠奪は前期倭寇の特徴でもあり，前期倭寇に連なる海賊行爲であるといえる。したがって「庚寅以來の倭寇」は，少數ながら14世紀前半からすでに起こっている点を確認しておきたい。

　1350年2月，倭が固城・竹林・巨濟に寇した11)。合浦千戶崔禪らがこれと戰い，三百余級を斬獲した。「倭寇の侵，ここに始まる」と『高麗史』が記すように，この事件以降，倭寇の活動が急に活發化し，朝鮮半島を頻繁に襲撃するようになった。「倭賊祈禳法席」「倭賊防禦使」という語句が『高麗史』に散見するように，当初，倭寇は高麗政府から「倭賊」と稱されていたようである。

　こうした前期倭寇の關しては，いくつかの時期區分がなされている。田中健夫氏は，大きく4時期に分けた12)。第1期は1350年2月以降の初期の段階，第2期は恭愍王の時代(1352年～74年)で，倭寇活動が本格化した時期，第3期は倭寇活動の最盛期で，辛禑王(1375年～88年)代に極点に達する。第4期は倭寇勢力の減退期であり，高麗恭讓王の時代から朝鮮太祖・定宗・太宗の時期にあたる。その大きな畫期となったのが，1389年2月の高麗軍による對馬攻擊であったとする。

　田村洋幸氏は，大きく初期・中期・終焉期の3期，細かくは6期に時期區分している13)。頻度が少ない初期は1350年～73年で，倭寇に對する無策の時期である前半期(1350年～62年)と，積極的に倭人招致策を立て，進んで日本に禁賊を請う後半期(1364年～73年)に分ける。最盛期である中期

---

10)『高麗史』世家，忠肅王10年(1323)6月丁亥，同戊子條。
11)『高麗史』世家，忠定王2年2月條。
12)　田中健夫，『倭寇と勘合貿易』，至文堂，1966, pp.11～14。
13)　田村洋幸，『中世日朝貿易の研究』第2章，三和書房，1967。

は1374年〜89年であり, 倭寇猖獗期の前半期(1374年〜80年)と漸次衰勢に向かう後半期(1381年〜89年)に分ける。倭寇終焉期の終焉期は1390年〜1418年で, 小規模の非組織的倭寇と大船団の倭寇が混じる前半期(1390年〜1400年)と小規模化する後半期(1401年〜18年)に分ける。

両者の時期區分は, 細かい年代については相違しているが, 1350年以降, 次第に增加し, 辛禑王の時期に最盛期を迎え, 高麗末から朝鮮初期に衰退するという流れは共通している。

日本におけるかつての通説14)では, 倭寇たちの主要な目的は, 漕船・倉稟等の襲撃による食糧の掠奪と人の掠奪であったとされている。その根據地の中心は對馬・壹岐・松浦地方の「三島」地域であり, その發生の主要な原因は, 農業生産によっては島民の生計を維持することができないという三島の経濟的事情であったとされる。さらに高麗・朝鮮側の外交政策や倭寇懷柔政策等によって, 倭寇たちは向化倭(投化倭)や使送倭人・興利倭人等に変質していった, ともされている。

1980年代後半, 日本では, これまでの倭寇の理解を大きく変える研究が相次いだ。田中健夫氏15)は, 大規模集団倭寇の實体を檢討し, 大量の人員・船舶・馬匹の洋上移動を考えると, 倭寇が日本人のみの海賊集団であるという考えは不自然であり, 大規模倭寇集団は, 日本と高麗・朝鮮兩國人民との連合によって成立したという説を提示した。

いっぽう, 高橋公明氏16)は, 倭服を着て倭語を話し, 各地を移動する濟州島の海民を檢討するなかで, 倭寇に朝鮮國內のかなりの海上勢力が關与しており, その基層部分を濟州島の海民が担ったという説を示した。

日本においては, この兩氏の新しい考え方は倭寇研究に大きなインパク

---

14) 田中健夫, 『中世海外交渉史の研究』, 東京大學出版會, 1959 ; 田中1966など。

15) 田中健夫, 「倭寇と東アジア通交圏」『日本の社會史1』, 岩波書店, 1987。

16) 高橋公明, 「中世東アジア海域における海民と交流—濟州島を中心に—」『名古屋大學文學部研究論集 史學』33, 1987。

トを与えたが，いっぽうで，様々な批判の對象ともなった。浜中昇氏[17]は，こうした田中健夫氏・高橋公明氏の見解に批判を加えた。『高麗史』『高麗史節要』の夥しい倭寇記事のなかで，高麗の民が詐って倭賊となったことを示す事例は2例にすぎず，「倭人不過一二」という1446年の李順蒙の言は裏付ける史料がないこと，高麗・朝鮮の禾尺・才人たちが盗賊行爲を働く記事は多いが，彼らと倭人たちとの連合を示す史料がないこと，濟州島などの海民を海賊集団として組織しうるような主体は，朝鮮國內にはなく，朝鮮半島南部の海民が高麗末期の倭寇に參加したとしても，個別的な次元に止まったこと，倭人・日本人による大規模な倭寇は可能であることなどを指摘し，朝鮮半島南部の海民が個別に參加した可能性はあるが，倭寇を構成したのは基本的に倭人ないし日本人であったとした。

　村井章介氏[18]は，禾尺・才人たちが倭賊を僞裝したことはあったが，それは彼らが倭賊と連合して一つの集団となって倭寇行爲を行ったことを示すものではないこと，李順蒙の言は，國家の役を逃れているものが非常に多く，軍隊の數が足りなくなっているという文脈のもとで記されたものであり，そのまま信用することはできないことを指摘し，田中說を批判した。

　李領氏[19]は，庚寅年の倭寇は，足利直冬の攻勢に慌てた少貳賴尙が，對馬の軍勢を動員し，兵粮米を求めて高麗に攻め入ったものであるという新しい見解を示し，倭寇は海賊に限定すべきではなく，むしろ惡党というより廣い社會的階層であり，多くの倭寇集団は公權力，とくに南朝側と強く結ばれていたこと，田中健夫氏の禾尺・才人＝倭寇論に關しては，大規模の禾尺・才人が倭寇と連合したことを立証しうる史料はないこと，高橋公明氏の濟州島人＝倭寇論に關しては，濟州島人が倭寇であることを示す史料は皆

---

17) 浜中昇，「高麗末期倭寇集団の民族構成－近年の倭寇研究に寄せて－」『歷史學研究』685，1996。
18) 村井章介，「倭寇の他民族性をめぐって」，大隅和雄・村井章介編，『中世後期における東アジアの國際關係』，山川出版社，1997。
19) 李領，『倭寇と日麗關係史』第4章・第5章，東京大學出版會，1999。

無であること，倭寇＝高麗人主体論を述べた李順蒙に關しては，倭寇に關する記事が伝聞に基づくものであり，李順蒙の人格・性向が「狂妄」とされ，その發言も信用しがたいことを指摘した。

以上の3氏の見解は，田中氏・高橋氏の新見解を眞っ向から批判するものであり，前期倭寇の主体を，日本人と高麗・朝鮮人の連合としたり，高麗・朝鮮人とする理解は再檢討すべきであるといえる。むしろ旧説の日本人主体説が見直されてきている[20]。ただし，庚寅年の倭寇は少貳氏が派遣したものであるという李領氏の見解には，日本の學界は否定的である[21]。

いっぽう，中國で活動した前期倭寇に關しては，元時代に關しては史料が乏しいが，1358年～63年ごろ，連年，倭寇は沿海の郡縣を襲擊していた[22]。元末の倭寇については，方國珍ら群雄の反亂と關連づけて研究が行われている。浙江沿海部を據点とした方國珍は，その配下に舟山列島などの海民がおり，彼らが「島夷」すなわち倭寇と結託して海賊活動をしていたこと，方國珍や張士誠の滅亡後，その配下の「諸豪」は亡命し，「島夷」と手を結び，中國沿海に入寇したことなどが指摘されている[23]。こうした倭寇と中國沿海部の海民の連合による中國沿海への入寇と高麗への襲擊がどのように關係するのかが今後檢討されなければならない。倭寇は東アジア全体で活動したのであり，東アジア的スケールで檢討すべき時に來ている。

---

20) 橋本雄・米谷均，「倭寇論のゆくえ」，桃木至朗編，『海域アジア史研究入門』，岩波書店，2008。
21) 森茂暁，『南朝全史』，講談社，2005 ; 橋本・米谷2008。
22) 榎本渉，『東アジア海域と日中交流－九～一四世紀－』，吉川弘文館，pp.177～180，2007。
23) 奥崎裕司，「方國珍の亂と倭寇」，明代史研究會編，『山根幸夫教授退休記念明代史論叢 上』，汲古書院，1990 ; 藤田明良，「「蘭秀山の亂」と東アジアの海域世界」，『歷史學研究』698，1997 ; 熊遠報，「倭寇と明代の「海禁」－中國學界の視点から」『中世後期における東アジアの國際關係』，1997 ; 壇上寛，「方國珍海上勢力と元末明初の浙江沿海地域社會」，京都女子大學東洋史研究室編，『東アジア海洋域圏の史的研究』，京都女子大學，2003。

2) 高麗の日本への使節派遣と日本側の對應

(1) 金龍·金逸の來日(1366年)

　倭寇の活發化という狀況に直面した高麗は，倭寇禁壓を要請する使者を日本に派遣した。1366年9月，高麗の使者金龍らが出雲に到着した[24]。金有成の遣使以來，實に七十余年ぶりの遣使である。一行は出雲で方物を奪われたが，翌年2月に上京し，天龍寺に宿した。同寺への宿泊は，室町幕府の計らいであったと考えられる。彼らに若干遲れて，高麗から金逸が別途到着し，同じく天龍寺に宿した。

　当初，京都では，「蒙古ならびに高麗使が牒狀を持って來朝した」いう噂が廣がったが，後に高麗の使者であることが判明した。金龍が持參した「牒狀」(外交文書)は室町幕府を経て朝廷に伝達された。蒙古襲來時の對応と同じである。この一連の高麗の外交文書は現存している。これによると元の征東行中書省(高麗王が長官)が日本國に對して，至正10年(1350)以降，日本の賊船多數が高麗を襲擊し，役所を燒き，民衆を惱ませているため，日本が海島に對して嚴重に禁壓を加えるように依賴したものであった。さらに『高麗史』によれば，遲れて派遣された金逸の派遣目的も，「日本に行き，海賊を禁ずることを請う」ためであった。

　朝廷で，この「牒狀」に對する對応が協議されているとき，室町幕府は高麗使一行を厚くもてなし，奈良·大仏殿への觀光も行っている。同年5月には，朝廷で高麗への「返牒」を行わないことが決定した。これに對して，室町幕府が「返牒」を作成し，種々の贈物を使節に与え，天龍寺僧を使者として派遣し，一行を送還した。これによって日本の外交を室町幕府が管轄するという先例が作られた。倭寇禁壓要求の高麗使者派遣は，日本において

---

24) 金龍·金逸の來日に關しては，靑山公亮，『日麗交渉史の研究』第8章，明治大學，1955；中村榮孝，「『太平記』に見える高麗人の來朝」1965；同『日鮮關係史の研究　上』，吉川弘文館　參照。

は, 外交權の移動という重要な轉換をもたらしたのである。

(2) 羅興儒の來日(1375年)

1375年2月, 高麗は羅興儒を通信使として日本に派遣した[25]。『高麗史列伝』によると, 羅興儒が日本に到ると, 日本側は興儒を「諜者」と疑って捕らえた。「鄭夢周伝」によると, 夢周が拘禁されたのは博多であり, 博多の主將(九州探題か)が拘禁したと記している。高麗出身の僧良柔が興儒を見て, 赦されるように請うたという。1375年11月6日, 室町幕府は「高麗使之羅興儒以下, 同進物等」を召し上げるため, 播磨守護に對して, 人夫・伝馬を用意し, 警固を行い, 通過させるように命じた[26]。すなわち1375年11月～12月ごろ, 羅興儒一行は播磨國付近を京都に向けて通過した。その後, 翌76年5月3日, 近衛道嗣のもとへ公家の一人が倭寇禁止を求める「高麗國牒狀」を持參した(「愚管記」)。道嗣は國家の重事であるから, 殿上定を行うように申し入れた。その後の詳しい狀況は不明であるが, 羅興儒一行は1376年10月に歸國した。この時, 室町幕府は, 僧良柔を使者として高麗に派遣した。この時, 禪僧周佐が記した私信形式の外交文書が『高麗史』辛禑伝に引用されている。これには「我が西海道の九州は, 亂臣が割據し, 年貢を納めないこと20年以上になる。西海道の頑民が敵の隙に乗じて入寇した。私の行ったことではない。このため朝廷は武將を派遣して倭寇たちを征討し, その地に深く入って敵味方が合戦し, 日々戰っている。願わくは, 九州を回復すれば, 天に誓って海寇を禁止する」という日本側の事情が記されている。倭寇の根據地である九州の支配が果たされないため, 倭寇の禁壓ができないというのである。当時の室町幕府の事情がストレートに語られている。

---

25)　羅興儒以後の遣使については, 主として靑山1955, 對外關係史編集委員會編
　　1999を參照した。

26)　東寺百合文書よ函60,「人夫役文書案」『相生市史　第8卷上』, 相生市, 1992,
　　pp.380～381。

(3) 安吉常の來日(1377年)

　1377年6月，高麗は安吉常(吉祥ともある)を日本に遣わし，禁賊を要請した。『高麗史』にはこの時の國書の一部が引用されている。安吉常は日本で病死したという。東寺領播磨國矢野莊のこの年の算用狀には，「高麗人上洛人夫催促使雑事」と「同下向時送夫催促使雑事」が記されている[27]。羅興儒の時と同様に，播磨國の沿道の莊園に，人夫・伝馬等が賦課されたのである。これは播磨一國のみではなく，　高麗使が通行する沿道には一様に同様の賦課がなされたと考えられる。

　この年の8月に日本國は僧信弘を高麗に派遣し，　倭寇禁壓が容易でない事情を伝えた。この信弘は室町幕府ではなく，九州探題今川了俊が派遣した使僧であったことが明らかにされている[28]。了俊は，　翌年6月に信弘に軍69人を率いて倭賊を捕らえさせようとした。7月に信弘は倭寇と戰い，船1艘を捕獲し，　被虜婦女20余人を救出した。11月に再び倭賊と戰ったが，勝たず，遂に歸國した。

(4) 鄭夢周の來日(1377年)

　1377年9月，高麗は鄭夢周を日本に派遣し，禁賊を要請した。『高麗史』鄭夢周伝によると，鄭夢周は博多で「古今交隣の利害」を「極陳」し，主將(今川了俊か)を敬服させたという。鄭夢周は日本で詠んだ漢詩を殘している(「圃隱先生文集」)。夢周は，翌78年7月，日本から歸國した。九州探題今川了俊は，周孟仁を使者として派遣し，同行させ，尹明ら數百人の被虜人を送還し，　三島の倭寇の禁壓を約束した。78年6月に東寺領播磨國矢野莊に守護代から「高麗人送夫催促使雑事」が賦課されている[29]のは，　鄭夢周が

---

27) 對外關係史編集委員會編，1999。
28) 靑山，1955。
29) 對外關係史編集委員會編，1999。

京都から歸國途上のことと考えられる。安吉常の使節派遣以來，室町幕府よりもむしろ博多の九州探題との交渉が重要と位置づけられた感があり，使節の送還も九州探題が行っている。

　「鄭夢周伝」によると，倭寇たちが高麗の良家の子弟を奴隷としているのをあわれみ，被虜人の身代金を拂って歸國させようと図り，廷臣から據出させた資金をもとに，元被虜人の尹明を博多に派遣し，被虜人百余人の送還に成功したという。被虜人の送還が使節たちの重要な使命であったことを物語っている。

(5)　李子庸・韓國柱の來日(1378年)

　1978年10月，高麗は李子庸・韓國柱の兩名を日本に派遣し，禁賊を要請し，今川了俊に金銀酒器等を贈った。翌79年5月，韓國柱は歸國した。大内義弘は朴居士に軍186人を率いさせて韓國柱に同行させた。同年7月には李子庸が歸國した。今川了俊は被虜人230余口を歸し，槍等を獻上した。高麗の交渉先はますます西國の大名たちにシフトした。

(6)　尹思忠の來日(1379年)

　1379年閏5月，高麗は尹思忠を日本に派遣した。日本での活動や歸國年など，詳しいことは不明である。

　以上のように高麗の倭寇禁壓要求に応えたのは，外交權を掌握しつつあった室町幕府ではなく，今川了俊や大内義弘といった西國の有力大名たちであった。室町幕府は何も行動しなかったわけではなく，例えば1381年8月6日，大隅守護今川了俊に對して，「当國の惡党人たちが高麗に渡って狼藉をするので，嚴重に制止すべきである」と，大隅國の倭寇の禁壓を命じている[30]。高麗の倭寇禁壓の要求に，幕府としても応えようとしたのであるが，

---

30) 禰寝文書永德元年8月6日室町幕府御教書案，『南北朝遺文九州編』5卷 5673号。

實際に現地で禁壓を行うのは，守護大名や地域の領主たちであった。今川
了俊は，多くの被虜人を高麗・朝鮮に送還し，その見返りとして，大藏経を要
求したりしている[31]。高麗使臣が金錢でもって被虜人の購入・送還を意図
したことに象徴されるように，被虜人の送還は，貿易上の優遇や貿易そのも
のの擴大といった利点があった。

4. おわりに

　以上のような高麗の頻繁な外交努力は，西國有力大名に着目することに
よって，　ある程度の成果があったと考えられる。1380年代になると倭寇は
減少傾向となる。

　いまひとつこの時期に注目されるのは，三島の一角，對馬の島主宗氏の
動向である。『高麗史』によると，　1368年7月，　對馬島万戶が高麗に遣使し，
土物を獻上した。高麗は，閏9月に講究使を對馬に派遣，11月には對馬島万
戶崇宗慶が高麗に遣使來朝し，　高麗は宗慶に米千石を与えた。崇宗慶（宗
宗慶）は本宗家の宗経茂であり，　先の對馬島万戶とも同一人であろう。宗経
茂はこのころから高麗に遣使し，高麗との通交關係を結ぼうとした。おそら
く宗氏は，對馬近海における高麗使の護送にも關与したと考えられる。

　こうした遣使と米の給与は，　次代の朝鮮時代における宗氏と朝鮮との關
係と共通するものであり，中世日朝關係は，14世紀後半の高麗末期から準
備されつつあったということができる。

---

31) 川添昭二，『對外關係の史的展開』第5章，文獻出版，1996。

종합토론

□ 사 회 : 장동익(경북대학교)

□ 토 론 : 에노모토 와타루(榎本涉, 日本 中央大學), 이 훈(동북아역사재단),
무라이 쇼스케(村井章介, 東京大學), 후나타 요시유키(船田善之,
九州大學), 金普漢(단국대학교)

▪ **장동익** : 안녕하십니까. 저는 오늘 종합토론 사회를 맡은 경북대학교 장동익입니다. 오늘 이 학술대회가 개최될 수 있도록 마련해 주신 동북아재단 김용덕 이사장님, 또 실제적으로 이 학회를 열릴 수 있도록 주관해주신 한일문화교류기금 이사장님 모두 감사를 드리고, 무라이 쇼스케 교수님을 위시해서 여러 일본 교수님들이 오셔서 귀중한 발표를 해 주셔서 매우 감사합니다. 지금부터 종합토론을 시작하겠습니다. 사실 한분의 발표 다음에 지정 토론자께서 그때그때 해야 하는데, 제가 개별토론까지 맡게 되어서 아주 짐이 무겁습니다. 저에게 주어진 시간은 두 시간입니다. 그래서 대체로 한 분에게 몇 분을 준다 하지는 않고 가급적이면 빨리 토론이 진행될 수 있도록 하겠습니다. 간혹 약간 길어질 수 있으니 이 점 양해해 주시기 바랍니다. 먼저 135쪽의 토론의 요지가 있습니다. 먼저 이재범 교수의 13세기 이전의 여일관계에 대한 에노모토 교수의 토론이 있겠습니다. 부탁합니다.

▪ **榎本 涉** : 에노모토입니다. 잘 부탁드립니다. 토론문이 조금 길기 때문에 바로 시작하겠습니다. 이재범씨의 논문은 전기 여일관계사의 토픽을 국가간의 관계, 교역관계, 문화적 교류, 군사적 갈등, 표류민 송환, 진봉 관계의 여섯 개로 나누어서 개관한 것인데, 한국·일본 양국의 사료와 연구사를 정리한 폭넓은 시야를 갖추었으며, 식견이 적은 당해 분야에서 어떠한 문제가 있는지 잘 정리되어 있다는 인상을 받았습니다. 저는 이 논문에 관해서 세 가지 정도로 느낀 점을 말씀드리고 싶습니다. 먼저 ①의 첫 번째 문단은 넘어가겠습니다. 이선생님께서 국가간의 관계로 열거한 것으로는 표류민 송환을 목적으로 한 것이 산견됩니다. 예를 들면 997년 고려에서 보낸 첩장 송부에 대해서는 '고려사신을 압류한 것은 大宰人이다'라고 했고, 이때 일본에서

보낸 太政官符에는 '須專國信, 先達大府, 何脅斷綆漂流之客, 以爲行李'라고 되어 있어, 고려가 대재부의 표류민을 일본으로 송환할 때 보낸 첩장임을 알 수 있습니다. 또 1051년의 고려첩장에 대해서는 '高麗國牒狀定, 返上日向國女事'라고 하여, 日向의 여성을 일본으로 송환했을 때 첩장도 보냈던 것입니다.

이와 같은 사실에 입각할 때, 성과를 내지 못했던 고려 건국 초기의 외교교섭과 국왕의 질병 치료를 위하여 의사 파견을 요청했던 특수한 사례를 제외하고, 이 선생님이 여일간의 국가간의 관계로 다룬 것은 모두 표류민, 전쟁포로의 송환으로 한정됩니다. 의도하지 않은 인민의 이동이 양국 간에 일어났을 때 그 해결 과정에서 국가 간의 관계가 문제가 되었던 것이며, 환언하면 그와 같은 우발적인 사건 이외에 국가 차원에서 교섭이 행해지는 일은 없었다는 의미이기도 합니다. 물론 국가간의 관계와 표류민 송환은, 특히 11세기 이전에 관해서는 매우 밀접한 관계를 가진 것이 되겠습니다. 표류민을 자국민으로 받아들이거나 구속하는 경우도 있으니까 표류문제의 하위 레벨에 속하는 하나의 토픽으로서 국가 간의 관계를 정리하는 것도 가능하다고 생각합니다.

이상은 이선생님의 분류에 이의를 제기하는 것이 아니라, 분류라는 작업의 한계를 보이기 위하여 설명한 것에 불과합니다. 이선생님의 논문은 관계 자료의 분류가 주된 목적이므로, 어떤 문제가 있는지는 알기 쉽게 되었습니다만, 분류작업은 각 토픽을 병렬로 제시하는 것으로서 상호관계를 보기 힘들게 만드는 측면도 있습니다. 예를 들어 국가 간의 관계와 표류문제 외에는 진봉관계와 군사적 갈등, 교역 관계와 문화적 교류, 진봉 관계 등입니다. 그 선행 작업으로서 이번에는 분류한 각 토픽을 유기적으로 연결해 가는 것이 필요할 것이라고 생각합니다. 그렇게 함으로써 이선생님의 논문 앞머리에서 곤란하다고 한 '13세기 이전의 고려와 일본의 관계를 전체적으로 어떤 특징적인 상황으로서 말하는 것'도 일정하게 논리를 세워 갈 것이라고 생각합니다.

다음으로 ②인데요. 제3장의 교역관계에 관해서는 주로 일본 상인의 내항에 관한 『고려사』의 기사를 거론하고 있습니다. 그러나 이것과는 별도로 제4장의 문화적 교류 부분에서 1095~1120년에 송상인이 고려에서 불전을 구입하여 일본으로 가져간 몇몇 기사를 언급하였습니다. 이러한 것들도 고려와 일본간의 물건의 이동이라는 의미에서는 명백히 여일무역의 사례가 됩니다. 송상인이 여일무역에 관여했다는 사실은 『고려사』에서 일본 상인 내항기사가 집중되는 1073~89년 이후의 시기라는 것과 관련이 있는지 모르겠지만 단언은 피하고 싶습니다. 다만 어느 것이 됐든 송상인으로 보이는 황중문이 1147년 고려에 내항하여 '日本都綱'으로 호칭되고 있는 것도 포함해서 생각하면, 일본인의 이름을 가진 상인과 사자 외에 송상인도 여일무역에 관여했다는 것은 의심할 여지가 없으며, 이점은 여일무역을 아시아의 중앙에 자리매김 하기 위해서도 강조해 둘 필요가 있지 않을까 생각합니다. 아울러서 검증하기는 어렵지만, 『고려사』에 등장하는 송상인 중에 사실은 일본을 경유하여 내항했던 자가 포함되었을 가능성도 있을 것입니다. 일본상인의 활동 장소가 고려로부터 송으로 확대되어 갔다고 보는 森克己의 발상이 조선을 대륙진출의 발판으로 보는 비하의식에서 왔다고 하는 이재범 선생님의 의견은 경청할 가치가 있다고 생각합니다. 이 森克己의 학설을 극복하기 위해서는 아시아에서 무역의 동향과 그 담당자 문제를 고려·일본 간으로 시야를 한정하지 않고 추급해 갈 필요가 있을 것입니다. 그리고 마지막 세 번째입니다. 일본의 불교 사료에는 고려의 불전을 구입한 사실을 전하는 기사 외에도 고려에 관한 기록이 산견됩니다. 예를 들면 일송

교통로상의 표지, 포착지로서 고려가 등장하는 경우가 있습니다. 1072년의 成壽, 1082년의 戒覺의 사례에 대해서는 이 선생님께서도 언급하고 있는데 13세기 중엽까지의 다른 사례를 보면, 円爾가 1241년의 송의 慶元에서 출항하던 도중에 고려국 탐라에서 표착했던 사례 등 이러한 몇 가지 사례가 있습니다. 다음 단락은 넘어가고요. 다만 불교사료를 취급할 때에는 다른 사료와 마찬가지로 그 성격을 고려할 필요가 있습니다. 예를 들면 이 선생님이 일본에서 자유롭게 활동했던 고려 승려의 구체적인 사례로 평가하는 了然法明이 그러한데, 16세기까지의 사료에서 그를 고려 승려로 다룬 것은 존재하지 않습니다. 그가 고려 승려가 된 것은 『日本河上聯灯錄』에 수록된 傳에 '高麗國人'이라고 되어 있는 것에 근거하는데, 이 책은 1727년에 성립했으며 충분한 믿음을 주기에는 어렵습니다. 한편으로 1808년 序의 『宗門略列祖伝』처럼 『日本河上聯灯錄』 이후에도 了然을 일본인으로 명기한 것이 있으며, 후세에도 반드시 了然이 고려인이라는 학설이 통용되고 있었던 것은 아닌 듯합니다. 고려인설의 근거는 아마도 1645년에 성립된 『玉泉寺緣起』인데, 了然이 개창했던 出羽 玉泉寺의 由緒書입니다. 이것도 성립 연대, 사료의 성격에서 볼 때 역시 믿음을 갖기는 어렵다고 생각됩니다. 여기서 了然은 고려인이 아니라 '百濟國僧也'라고 하며, 齊明천황 시대에 일본에 왔고, 옥천사 개창을 663년에 합니다. 모델은 명백히 『元亨釋書』에 보이는 백제인 法明尼이며, 了然法明과 法明尼의 法諱가 일치하므로 동일인물로 오해했을 것입니다. 그렇다면 了然이 고려 승려로 된 것도 '百濟國僧'이라는 誤傳의 다른 표현에 지나지 않을 가능성이 높다는 것입니다. 이처럼 了然法明의 평가에 대해서는 유보의 필요를 느끼지만, 종래에 불교사료는 충분히 활용되지 못했고, 고려관계 사료도 여전히 발굴될 가능성은 있다고 생각합니다. 여일관계 사료집의 발간은 이후의 연구 진전에

환영할만한 일이지만, 한편으로는 사료 탐방의 의의도 여전히 저하되
지 않는다는 것을 부언해 두고 싶습니다. 이상입니다.

▪ **장동익** : 에노모토 선생의 토론이 있었습니다. 이에 대해서 이재범
선생님 한마디 하시겠습니까?

▪ **이재범** : 네. 선생님 좋은 지적 감사드립니다. 그리고 제가 정리를
하면서 면밀한 데까지 고증하지 못한 것에 대해서 충분히 보완하도
록 하겠습니다. 아, 그리고 각 부분에 대해서 간략하나마 저의 의견을
피력을 하겠습니다. 첫 번째 말씀하신 것 중에서 표류민이나 도망인,
결국 이런 것들도 넓은 의미의 국가간의 하나의 교섭으로 분류하는
것이 어떻겠느냐 하는 이러한 지적에 대해서는 국가간의 교섭으로써
의 또 다른 어떤 타입으로 분류하는 것이 바람직하다고 생각합니다.
비록 그 당시 민간과 민간과의 관계라고 하더라도 큰 의미에서 국가
로부터의 통제를 벗어나지 못했을 것이기 때문에 예를 들면, 첫 번째
는 국가 대 국가의 어떤 것 그리고 지방관이나 이러한 것 역시 중앙
으로부터의 통제를 받았기 때문에 국가의 지방관과 또 지방관의 관
계 이렇게 해서 같은 정치적 사건으로써 몇 가지 유형으로 나누는 것
도 매우 바람직한 것이라고 생각을 합니다. 그리고 또 하나는 같은
일번 항에서 지적해 주신 것인데 그것은 너무 병렬적으로 이것을 토
픽형식으로 가게 되니까 일련의 어떤 인과관계에 대한 설명은 굉장
히 부족하지 않느냐 이것에 대한 것도 어차피 토픽 분류를 하지만 그
것에 대한 인과관계를 서술상에 좀 더 보완하도록 하고, 그리고 제가
이것을 시기별로 분류를 하지 않았던 것은 이전에 선임 연구들에서
상당히 시기적인 연구와 주제별로 있었던 것에 대한 연구가 이미 있
었기 때문에 제가 전부 조합을 하는 것에 지나지 않을 것 같아서 어

떠한 현상들이 현재 이렇게 나타나고 있는가를 한 번 평면적으로 보기 위해서 이러한 시도를 했던 것임을 양해를 해 주시기 바랍니다. 그리고 두 번째 항에 있어서 여일무역의 사례에 대해서는 송상인이 고려의 물건을 송나라로 가져가서 그것을 다시 또 고려의 물건을 일본으로 들여간 것은 일종의 중계무역 내지는 삼각무역의 하나의 형태로써 동아시아의 무역 형태로 볼 순 있겠지만 그것을 직접적인 고려와 일본의 그러한 무역관계로 돌리기에는 좀 어려운 것은 아닌가. 그래서 이것은 다른 각도에서 파악을 했습니다. 아, 그리고 또 하나 이제 에노모토 선생님께서도 송상인에 대해서 그 사람들의 국적이 전부 송나라 사람들이 아니라 일본 사람들일수도 있고 또 송나라 사람들이 고려도강이라고 해서 일본에 가는 경우는 이미 선행 연구에서 지적을 하신 것으로 알고 있습니다. 그래서 충분히 그러한 것이라고 저도 이미 추정을 하고 있습니다. 단지 선생님께서 말씀해주신 것 중에서 아시아에서의 무역의 동향과 고려의 상업상의 위치를 한 번 정리해 보는 것이 좋지 않느냐 말씀해 주셨는데, 사실 우리나라에서 고려 상인이나 상업에 대한 연구를 할 수 있는 고려사에 수록되어 있는 대부분의 상업관계 자료들이라고 하는 것이 굉장히 자료가 적을 뿐만 아니라 고려사를 편찬할 당시의 조선의 성리학자들의 인식이라고 하는 것이 상업에 대해서 굉장히 부정적입니다. 그래서 전에 어떤 기회가 있어 찾아보니 약 한 50여 사례를 보면 거의 상업활동에 대해서 아주 부정적으로 서술하고 있고 그렇기 때문에 상업활동에 대한 긍정적인 경과가 없어서 굉장히 고려의 상업 활동을 동아시아에서의 위치를 찾기가 어렵습니다. 그리고 한 가지 고려의 상업이라고 하는 것이 정치와 연결이 많이 되어 있어서 특히 원나라 같은 경우에는 충렬왕, 충선왕 등이 전부 대규모의 상업을 하고 있고 그리고 또 권신들이 상당 상업에 있고 그것을 부정적으로 서술한 예가 많아서 어떤 전문적인 상인의 존재라고 하는 것이 과연 고려에서 쉽게 찾아지나 하는 그런 의문이 들었는데 이것은 앞으로 다시 한 번 제 개념에 비정을 하면서 선생님의 의견을 충분히 반영하도록 해 보겠습니다. 그리고 세 번째 말씀해 주신 이 사항에 대해서는 사실은 이 불교문제에 대해서 제가 일본 연구 성과에 대해서 전혀 모르고 있습니다. 그래서 이 내용에 대해서는 나중에 선생님께서 저에게 별도의 연구 성과를 알려 주시면 충분히 제가 논문에서 반영하도록 하겠습니다. 간략하나마 이것으로 선생님의 답변에 대신하겠습니다. 고맙습니다.

▪ **장동익** : 네. 이재범씨의… 하실 말씀이 있으면 먼저 하십시오.

▪ **榎本 涉** : 특별히 없습니다. 네. 이해했습니다.

▪ **장동익** : 그러면 제가 이재범 선생님 관련되어서, 저도 이재범 선생님에게 자료집을 제공한 장본인이기 때문에 관련되어서 선생님의 질문에 답변을 올리고 또 저의 소견을 말씀드리겠습니다. 선생님께서 136페이지 주 1번을 이 자리에 계시는 모리히라 선생의 소견을 제시했습니다. 그 주의 제1절을 보면, 972년 김해부, 남원부가 파견했던 사자에 대하여 모리히라씨는 이 시점에서 지방관의 파견이 시작된 것이 아니라, 지방호족이 자주적인 통교를 시도했을 가능성을 지적했다고 인용하셨는데요. 이 시기에 이 두 사람이 고려 최고 관부인, 관청인 관평성의 첩을 가지고 갑니다. 만약에 이 사람들이 지방 호족의 자유로운 통교였다면 이는 보사하는 지방 호족이 아닙니다. 중앙에 의해서 파견된 관료입니다. 그러면 지방 호족이 스스로 한다면 자기 예하의 사람을 외교사절로 보낼 것인데, 어찌하여 본인이 스스로 중앙관청의 최고 관부의 첩을 가지고 파견되었겠는가 하는 의심을 가

져주시기 바랍니다. 그 다음에 137쪽의 밑에서 여섯 째줄, 분에이보가 나오는데 아마 이것은 이름이 아니고 분에이가 이름일 것이고, 보는 우에보 또는 우시보의 약자일 것입니다. 분에이일 가능성이 있습니다. 다음 세 번쨉니다. 138쪽의 불교에 관한 사항인데, 일본의 요연에 관한 기록입니다. 이 자료를 제공한 것도 저입니다. 제가 사실은 대외관계사 전공자가 아니라, 정치제도사 전공자입니다. 그래서 선생님의 경우에 이것이 고려가 아니고 백제국의 것이라고 보셨는데, 저도 백제국이라는 데에는 저는 아직까지 생각 못해봤습니다. 제가 다음에 다시 한 번, 제가 그때 이것을 고려시대 사람이라고 본 것은 요연이라는 사람이 일본에 두 사람이 있었습니다. 같은 이름의 두 사람이 있었습니다. 그래서 별개의 인물이 아닌가라고 생각을 했습니다. 그래서 이 문제도 역시 선생님의 가르침에 따라 제가 다시 한 번 확인하겠습니다. 감사합니다. 혹시 이재범 선생님의 발표에 대해서 다른 여러 선생님 말씀하실 게 있으면 말씀해 주시기 바랍니다.

• **榎本 涉** : 여러 가지로 매우 감사합니다. 두 번째로 지적해 주신 문영보라는 인물은 이름이 문영이 아니냐고 말씀을 하셨는데요. 일본 같은 경우에는 자기 진짜이름 말고 무슨무슨 보라는 보를 붙입니다. 진짜이름을 모르는 경우가 꽤 많습니다. 그럴 때는 무엇무엇 보라는 형태로 그 총류를 부르는 경우가 많거든요. 그래서 그것은 아마도 일본의 승려의 경우는 그렇거든요. 일본 불교에서는 그렇게 일반적으로 호칭하고 있기 때문에 저는 그게 맞다고 생각합니다. 그 다음에 요연에 대해서는 제가 확인을 하자면, 제 생각에는 이 사람은 원래 요연의 법명은 가마쿠라 시대 일본에 있었습니다. 이 사람이 아마 일본인이라고 저는 생각합니다. 이 사람하고 관계가 없는 백제에 굉장히 오래 전에 산 사람이 알려져 있었기 때문에 그게 같은 사람으로 아마

착각이 된 것이 아닐까, 시대가 다른 사람인데 그렇게 생각합니다.

• **장동익** : 그러면 요연에 대해서 말씀드리겠습니다. 그래서 고려인이라고 되어 있는데 우리의 자료에는 전혀 이 사람을 찾을 수가 없었습니다. 없었는데, 현재 고려시대 자료가 많이 남아있지 않기 때문에 약간의 의심을 하고 있습니다. 이점, 선생님과 제가 앞으로 한 번 같이 의논을 해 보는 것이, 이상은 매우 중요한 자료이기 때문에. 왜냐하면 고려의 승려가 가마쿠라 시대에 일본에 파견되었다는 것은 매우 중요합니다. 그것은 다음 아시카가 막부시대에 고려의 승려가 일본에 많이 갔습니다. 일본측에 자료가 남아있지 않지만, 고려측의 연대기 이외의 자료에 나타나고 있습니다. 그래서 아시카가 시대에 일본에 파견된 승려의 선구이기 때문에 이 점은 매우 주목되고 있습니다. 이상입니다. 다른 분께서 질문이 없으시기 때문에 다음 두 번째 발표와 토론에 들어가겠습니다. 두 번째는 남기학 교수의 몽골의 일본침략과 일본의 대응이 되겠습니다. 이에 대해서 후나타 요시유키 선생님께서 토론해 주시겠습니다. 부탁드립니다. 죄송합니다. 두 번째는 모리히라 마사히코 선생의 13세기 전반에 있어서 여몽교섭의 한 단면에 대해서 동북아재단의 이훈 교수님께서 토론해 주시겠습니다. 부탁드립니다.

• **이훈** : 저는 지금까지 조선시대의 대일본 외교문서에 관심을 가지고 몇 편의 논문을 발표한 적은 있습니다. 그래서 솔직히 고려시대 외교문서까지는 미처 생각이 미치지 못한 부분인데, 이번에 모리히라 선생님의 토론을 계기로 조선의 외교문서가 고려 외교문서의 연속선상에 있을 지도 모르겠다라는 것을 생각하게 돼서 아주 많은 공부가 되었습니다. 이점에 대해서 감사드립니다. 그래서 오늘 토론은 제가

고려시대 전공이 아니라서 이 논문을 읽으면서 확인하고 싶은 부분
이라든가 의문에 대해서 좀 묻고 싶습니다. 그런데 한 가지 양해 말
씀은 제가 이 발표문을 받은 시점이 배달 사고가 있어서, 아주 몇 시
간 밖에 보질 못했거든요. 그래서 충분히 읽지 못하고 토론문을 작성
했기 때문에 오해한 부분이 있을지 모르겠습니다. 그 점 양해하고 들
어주시기 바랍니다.

그러면 논문의 의의라고 할 것 같으면, 제가 이해하기에 13세기
전반에 고려·몽골 관계를 외교문서의 양식적 측면에서 검토한 것인
데, 고려·일본간의 외교문서와 비교를 통해서 고려의 몽골복속 이전
의 대몽골 외교문서가 국왕명의의 개식외교문서였음을 밝힌 것인데,
그것도 몽골·고려 관계가 정착되기 이전에 고려의 위기의식에서 비
롯된 것이라는 것을 조심스럽게 주장하는 것으로 이해를 했습니다.
특히 그 원본에, 원본이 존재하지 않고 사본이라고 해도 그 원본의
형태가 그대로 보존되지 못한 채 남아있는 상황에서 이런 문서학적
연구가 한국의 연구자들에게도 많은 자극이 될 것 같다는 생각을 했
습니다. 다음에 읽으면서 확인하고 싶었던 것들을 몇 가지 적어봤는
데요. 사료적인 문제는 우선, 제목의 부제를 보면 고려측과 몽골 관인
과의 왕복문서가 검토대상으로 되어 있습니다. 왕복문서라고 하면 서
로 상대가 있어서 보낸 문서에 대해서 받은 문서를 1대 1로 대응시켜
서 상호 검토하는 것이 이해하기 쉬울 것 같은데 표를 보면 고려측
문서만 제시되어 있고 각 문서에 대응하는 몽골측의 외교문서는 제
기되어 있지 않습니다. 이것은 사료가 없어서 그런 것인지, 사료의 존
재 형태, 고려쪽의. 그것을 말씀해 주시면 고맙겠고요. 그 다음에 방
법론적인 문제에 있어서는 사료적인 한계가 있어서 그렇겠습니다만,
고려측의 외교문서에 대해서는 발신인의 명기 방식이라든가 문서를
보낼 때 사용하는 문언, 말미에 사용하는 문언이라든가 연기기재 등

이 서식적 측면에서 검토되고 있는데, 몽골측의 외교문서로 들고 있는 1231년의 살례탑이 보낸 서장에서는 몽골문서의 문체만이 소개되어 있을 뿐 그 서식은 언급하지 않고 있습니다. 서식은 알 수 없는 것인지? 이것도 확인하고 싶은 것이기 때문에 답변해 주시면 될 것 같습니다. 서장이라면 동등한 입장에서 주고받는 '書'를 의미하는 것인지도 함께 대답해 주시면 고맙겠고요. 1232년의 고려측 문서는 '啓式' 문서인데 몽골측 문서가 '書'라면 이러한 외교관계는 어떻게 이해해야 할 것인지 대답 부탁드립니다. 그리고 세 번째 이 부분이 가장 이 논문에서 중요한 문제라고 할 수 있겠는데, 고려의 대몽골 문서를 '啓式'상의 문서라고 보고 '書'라고 해서 평행문서랑 비교해서 말씀을 해주시고 있는데 이러한 啓式문서, 書式외교 문서라고 할 때, 이러한 문서가 외교관계를 반영하는 것으로 오해할 수도 있기 때문에 이 부분에 대해서는 발표자도 그렇다라고 얘기한 것은 아니고 주저하면서 말씀을 하셨는데 조금 조심해야 할 것 같다고 생각을 했습니다. 왜냐하면 저는 조선시대의 문서만 봤기 때문에 이게 고려시대에도 해당하는지 어떤지 모르겠습니다만, 조선시대에 조일관계에서 주고받은 문서를 보면 동일한 외교상대에게 주는 문서라고 해도 그때그때 힘의 역학관계에 따라서 다양한 문언을 사용을 하고 있거든요. 예를 들면 임진왜란 직후에 조선하고 일본 관계가 안정되지 않은 상태에서 대마번주가 예조참의에게 보낸 문서를 보면 문서를 보낸다는 뜻의 문언으로 '謹啓' '奉啓' '奉書' '啓書' '贈書' '致書' '啓達' 똑같은 문서인데 이런 7가지의 용어를 사용하고 있거든요. 이것 중에서 어떤 것을 선택하느냐는 그때그때의 외교적인 상황이나 상대방에 대한 존경의 정도에 따른 차이였다고 생각하고 있는데 고려시대에도 이런 외교시스템이 아니라 외교, 힘의 관계나 태도를 반영하는 것이 아니었을까라고 생각이 됩니다. 왜냐하면 외교문서의 서식으로 정착되기 위해서는 합의에 이르기까지 많은 마찰과 교섭이 예상되는데 기록은 확인할 수 있는 것인지 묻고 싶고요. 또 啓式문서라고 할 때에도 문장의 말미에도 '不宣'이라고 해서 書式문서에 보이는 문언도 사용하고 있기 때문에 이것을 어떤 양식으로 결론짓기에는 좀 더 많은 사례의 소개가 필요한 건 아닌지 생각이 됩니다. 그리고 이전의 다카하시 선생님이 동아시아에서 왕복되고 있던 문서 중에서 상행문서로서는 呇式문서를 많이 소개했던 것 같은데, 啓式문서와 呇式문서의 차이는 어떤 것이 있는지 이런 것들을 아울러서 설명해 주셨으면 좋겠습니다. 그리고 오늘 들으면서 생각한 것인데요. 이게 啓式외교문서라고 하는 것이 고려의 몽골, 고려가 몽골에 복속되기 이전에 한시적으로 사용된 문서양식이죠. 그렇다면 복속이후의 몽골과의 의사소통은 어떤 식으로 했는지, 어떤 문서양식이 남아있는지 가르쳐주시면 감사하겠습니다.

장동익 : 아, 모리히라 선생님. 답변 부탁드립니다.

森平雅彦 : 짧은 시간임에도 불구하고 아주 정확하게 읽어주신 것 같고요. 아주 좋은 지적을 많이 해 주셨습니다. 감사합니다. 우선 사료적 문제에 대해서 말씀 드리면 몽골측의 문서의 내용이라는 것은 고려측의 문서에 인용되는 형태로만 대부분이 남아있기 때문에 그 연대가 어떤 것인지, 어디로 보낸 것인지 문서의 그런 것들이 정확하게 판단하기가 어려운 상태입니다. 그리고 문서 자체가 있었는지 아니면 원 사신이 말로만 한 것인지 그것도 좀 판단하기 어려운 것이 있습니다. 그래서 여기서는 일단 문서라고 판단하고 표 형식으로 표시하는 걸 삼가했습니다. 방법론적 문제에 대해서는 지금 말씀드린 것처럼 역시 자료부족 때문에 고려의 문서하고 똑같은 차원에서는

분석하기가 어렵습니다. 그래서 여기서는 제가 머리말에서 먼저 자세하게 말씀드려야 했는데 같은 내용으로 분석하고자 하는 것이 아니라 남아있는 사료를 통해서 서로의 문서에 대해서 알 수 있는 것만 정리하자는 그런 생각으로 한 겁니다. 그리고 1231년에 몽골의 서장이라는 것이, 제가 이 글에서 서장이라고 쓴 것은 서식에 대해서 이렇게 한 것이 아닙니다. 그냥 일반적인 문서 이런 뜻으로 보시면 됩니다. 그리고 몽골쪽의 문서의 형식에 대해서는 조금 전에 나누어드린 마쓰카와 다카시씨의 논문 중의 일부인데요. 이것을 좀 보십시오. 몽골의 명령문이라는 것이 원나라 시대에 들어와 가지고 아주 정형화되는 그런, 정형화됩니다. 이걸 보시면 일본어로 번역된 부분만 소개합니다만, 그 첫 번째 권한부여, 이것과 하늘의 힘을 가지고 이런 식으로 이야기가 나오는데요. 그 다음에 어떤 사람이 어떤 형식으로 그 명령문을 냈는가 이런 얘기가 나옵니다. 그리고 그 명령문의 대상이 되는 사람들에 대한 얘기가 나오고요. 그 다음에 발령내용이라 해 가지고 구체적으로 어떤 내용을 명령하는가에 대해서 나옵니다. 그리고 그 발령내용의 마지막 부분에 위헌문언이라는 게 있습니다. 그래서 이 살례탑의 문서를 보면 권한부여하고 위헌문언 이런 정형적인 부분이 나오긴 합니다. 그러나 여기 보시다시피 위헌문언이라는게 대부분 마지막 부분에 나오는데요. 살례탑의 문서에는 첫 번째 부분에 나옵니다. 이런 차이가 있고요. 몽골사 연구자들도 요새는 고문서 연구를 활발하게 하고 있는데 당연히 이 살례탑의 문서에 대해서도 잘 알고 있습니다. 그러면서도 몽골의 고문서 양식 중에서 어떤 식으로 이 문서를 정리할 수 있는가에 대해서 아직까지 확실한 설이 없습니다. 그 다음에 평가문제에 대해서는 선생님이 말씀하신 것처럼 저도 시스템의 문제라고는 생각하지 않습니다. 당연히 아주 유동적인 그런 상황이기 때문에 하나의 정식화된 그런 모습이 아니라고 보고 있습니다. 여기 재미있는 것은 일본의 대마번주가 예조참의에 대해 보낸 문서가 짧은 시간에 여러 형태가 나온다는 말씀이시죠. 이런 것 자체가 오히려 중국과 한국 사이에서 전근대에 있었던 문서 이걸 보면 이 정도로 유동적인 상태는 잘 안보이는 것 같은데요. 오히려 한자문화권이 아닌, 한자문화권이지만 전형적인 한문문화가 아닌 일본의 특징이 아닌가 이런 생각도 듭니다.

▪ **이훈** : 삼십년 사이에 이런 정도의 변화가 많이 보인다는 거죠. 그 이후에는 안정이 되는데요.

▪ **森平椎彦** : 쿠빌라이가 일본에 보낸 국서도, 오늘도 소개가 있었습니다만 단순하게 아랫사람에게 보낸 게 아니라 어느 정도 일본의 입장을 존경하는 그런 부분도 나오긴 하는데, 그 문서 자체가 어떤 과정을 통해서 만들어진 것인지 그것 자체가 아주 재밌습니다. 그 문서 내용에 몽골인 권력자의 생각이 그대로 나와 있는지, 한문화의 중국인이라든지 여진이라든지 그 한문화를 가지고 있는 사람이 그 사람 생각으로 만든 것을 몽골인의 권력자는 그것을 잘 모르면서 보내게 되는 그럴 가능성도 있다고 봅니다. 그 부분에 대해서 후나우 선생님께서 심포지움에서 발표하신 게 있습니다. 그리고 서식에 관해 둘러싼 갈등에 대해서는 사료적으로는 보지 못했습니다. 그래도 당연히 있었을 거라고 봅니다. 그리고 啓式문서의 마지막 부분에 나오는 ‘不宣’이라는 말에 대해서 잠깐 다시 한 번 확인해 봤는데, 그 아랫사람에게 보내는 문서에서도, 대등한 관계에서 보낸 문서에서도 같은 ‘不宣’이라는 말을 쓴 것 같습니다. 그러니까 격의 상하 관계를 나타내는 말이 아닌 것 같고요. 그리고 계하고 서의 서식의 특징에 대해서 비교할 필요가 있다고 말씀하셨습니다. 그것에 대해서도 특별하게 서

자체가 일반적인 서간이라는 면도 있기 때문에 내용적으로는 복잡한 양식이 아닙니다. 첫 번째 부분하고 마지막 부분만 비교하면 될 것 같고요. 그리고 啓式문서하고 呇式문서의 차이 이것에 대해서는 제가 작년에 2007년에 논문을 쓴 바 있습니다. 제 원고에서도 참고문헌에서 소개했습니다만 제 생각으로는 처음에는 군주사이에서 주고받은 건 별도로 하고 원나라의 중서성이라든지 상서성 아니면 추밀원 같은 아주 고급 관청이 고려왕한테 첩을, 첩 형식으로 문서를 보내옵니다. 그러다가 고려왕이 정동행성의 승상이 되면 그 자문을 쓰게 된 것 같습니다. 자문은 원래는 중국에서 2품 이상의 대등한 관청 사이에서, 아니면 관인 사이에서 쓰는 평행문서입니다. 원래는 그런 걸 외교 문서로 쓰는 습관이 없었던 것 같은데 명나라 이후에는 그걸 중국 고급관청이 책봉하는 군주에게 쓰게 됩니다. 제 생각으로는 그것이 원래 자문 자체가 원 나라 이전에는 없었던 것 같은데요. 제 생각으로는 고려왕이 정동행성의 승상으로써 원의 중서성에게서 받은 자문, 이것을 본받아 가지고 명나라 초기에, 명조 초기에 외국의 군주한테 보내는 문서로 일반화되었던 게 아닌가 이런 가능성을 생각해 본 적 있습니다.

▪ **장동익** : 예, 감사합니다. 모리히라 선생님 오늘 발표하신 계와 자문, 여러 가지 서식에 대해서는 아직 한국사에서, 고려시대사를 하는 한국인 학자들에게서는 연구가 된 바가 없습니다. 앞으로 이점, 모리히라 선생님께서 계속 더 연구를 해 주셨으면 좋겠다는 생각이 들고, 쿠빌라이가 일본 국왕에게 보낸 不宣이라는 용어, 그 용어가 신하라고 칭하지 않는다 라는 의미의 원대의 자료를 일본학계에서는 널리 사용하고 있습니다. 그러나 중국의 원대나 또는 원의 영향하에 있는 고려에서도 不宣이라는 말을 쓰는데, 국왕이 신하에게 보내는 글에도

不宣이라 합니다. 그러면 결국은 고려는 중앙집권적 국가 아닙니까. 집권적 국가의 군주가 신하에게도 不宣이라는 말을 쓰지 않는다? 不宣이라는 말을 쓰고 있습니다. 그럼 이것이 일본학계에서 많이 사용되고 있는 신하로 칭하지 않는 의미 그것 하나밖에 없었겠는가 하는 점도 아울러 한 번 생각해 주시기 바랍니다. 네, 감사합니다. 다음으로 세 번째 발표에 대한, 세 번째 발표는 공주대학 윤용혁 교수의 삼별초와 여일관계였습니다. 이에 대해서는 아, 남기학 선생님 또 하나 빠졌습니까? 삼별초 먼저, 네. 그래서 무라이 선생님께서는 오늘 기조강연 하신 것에 대해서도 제가 감사의 말씀을 드려야 되는데, 또 토론까지 정말 감사합니다. 선생님 부탁드립니다.

▪ 村井章介 : 제가 이 원고를 내는 게 참 늦게 보내드렸습니다. 그래서 제가 심려를 끼쳐드린 것 같은데요, 아마도 책자안에 그래서 못 들어간 것 같습니다. 죄송합니다. 여러분들은 가지고 계신가요? 네. 없으신 분도 있나봅니다. 한글판만 있나요? 네. 그러면 제가. 있으신가요? 네, 들으시면 아실겁니다. 들어주십시오. 네. 시작하겠습니다. 윤교수님의 논문은 크게 세 부분으로 구성이 되어 있습니다. 우선 첫 번째, 1. 고려 삼별초와 대몽항쟁, 2. 여일관계와 삼별초 이 두 개가 제1부가 될 것 같습니다. 그리고 삼별초 항전을 둘러싼 국제환경을 스케치하셨습니다. 전체적으로 이전에 제가 제시한 이해와는 크게 차이는 없는 것 같습니다. 최근 한국에서 이 사건의 성격을 민족항전이 아니라 민의항쟁으로 파악해야 한다는 새로운 학설이 제기되고 있다고 하셨는데, 이것을 현재적인 상황에 지나치게 대입한 해석으로 비판하셨고, 민족적 저항이라는 성격을 부정할 수 없다고 하셨습니다. 저는 그 의견에 찬성입니다만, 이 민의항쟁이라는 말이 어떤 뜻으로 사용이 되면서 이것이 논의의 대상이 되고 있는지를 잘 이해할 수 없었습

니다. 솔직하게 말씀드려서요. 그리고 1266년에서 73년까지 매년 몽골, 고려로부터 일본으로 사신 파견이 계속되던 가운데 1270년만은 파견이 보이지 않는 것을 삼별초 봉기와 관련지으신 점, 그리고 1272년에 戰艦兵糧都監 설치를 삼별초 정벌 뿐만 아니라 그 후에 예상이 되는 일본의 공격까지 예견한 조직이었다라고 추측하신 것 등은 저자의 국제정서에 대한 뛰어난 안목을 보여주고 있는 것 같습니다. 하지만 이것은 좀 세세한 부분이 되겠습니다만, '양자강 북쪽 요새 양양'이라는 서술은 양양이 장강 북안에 있는 것으로 오해되기 쉽습니다. 그래서 '장강 지류인 한수에 임한 요새 양양'으로 하는 것이 좋을 것 같습니다. 그리고 몽골의 대일초유 견사표라는 표가 있습니다. 그 표의 6번에서 견사명부 항목에서 고려사자라고만 되어 있습니다. 그런데 이것은 몽골의 사자는 장택이었고, 고려의 사자는 강지초 이렇게 해야 할 것입니다. 2의 말미에 '고려의 대일본초유 과정 및 이후의 사태 진전에서 확인할 수 있는 사실 중 고려와 일본을 동일 범주로 파악하는 일본의 입장이다.'라고 되어 있는데요. 당시 일본이 고려와 일본을 동일 범주로 파악하고 있었다는 이야기는 저는 들은 적이 없습니다. 이것이 좀 이상하게 느껴졌습니다. 이것이 좀 번역이 잘못된 것인가 싶기도 합니다. 제2부는 '3. 삼별초와 일본의 연대 시도'입니다. 삼별초가 일본 정부에 군사원조를 요청했던 역사적인 사실을 전하는 '高麗牒狀不審條條'라는 고문서를 예로 들면서 해석을 시도하셨습니다. 대국적인 역사의식과 그리고 또 역사적 사실의 현대적 평가는 아니고, 이와 같은 1차 사료의 해석을 둘러싸고 한일 양국의 학자가 함께 논의를 한다는 것은 학문적으로 큰 의의가 있다고 생각을 하고 저는 대단히 기쁘게 생각합니다. 12개조가 있었던 條條중에서 논의가 거듭되었던 것이 제4조입니다. 첩장 앞쪽에는 '不從成戰之思也'라고 되어 있고, 끝에는 '爲蒙被使'라고 한자가 나열되어 있습니다.

양쪽의 앞뒤가 다른 것은 왜일까라는 것이 제4조 내용이 되겠습니다. 윤교수님께서는 유영철 설에 찬성하시면서 전자는 몽골의 요구에 응하지 않았기 때문에 삼별초는 전쟁에 참가했다. 후자는 고려정부 측은 몽골에 복속되어 잘 따르게 되었다는 이런 의미라고 하셨습니다. 이 조문은 원래 상당히 긴 문장으로 추정되는 첩장의 서로서로 떨어진 부분에서 그것도 아주 멀리 떨어진 두 군데에서 몇몇 글자를 뽑아온 것이기 때문에 올바른 해석을 이끌어내기에는 데이터가 너무 적지 않나 싶습니다. 그렇지만 저는 어떻게 생각을 하느냐 하면요. 전자의 경우에는 전쟁을 일으키려는 생각에 따르지 않았다고 읽는 것이 한문을 읽는데 있어서 자연스럽다고 생각을 합니다. 즉 일본에 대해서 전쟁을 일으키려는 몽골의 의지에 삼별초는 따르지 않았다는 의미로 생각합니다. 후자는 더 난해한데요. 원사료를 보면 이 ‘被’라고 쓰여진 판독된 글자가 굉장히 흘려 쓴 흘림체입니다. 이것은 ‘彼’라고 읽을 수도 있습니다. 그러면 ‘그쪽의 사신이 왔기 때문에’라고 읽을 수도 있기 때문에 ‘몽골에서 사신을 보냈기 때문에’라는 글씨로 읽게 됩니다. 그래서 蒙이라는 글자도 몽골이라는 뜻이 아니라 동사로 보는 것이죠. 무엇무엇을 받았다 라는 뜻으로 보는 겁니다. 이런 경우 주어는 개경의 고려정부라는 뜻이 될 텐데요. 일본측은 이것을 삼별초 세력과 혼동을 했기 때문에 ‘前後相違如何’라고 의아하게 생각한 것으로 추측이 됩니다. 제5조 漂風人 호송사에 대해서는요. 일본측의 표풍인을 삼별초가 호송했다 라는 내용으로 하셨습니다. 네, 물론 그렇습니다만, 이 내용을 포함해서 앞으로는 표풍인을 쌍방이 함께 호송하자라는 제안으로 해석하는 쪽이 외교교섭의 테마로써 더 적당하지 않을까 생각합니다. 그리고 제12조 ‘貴朝遣使問訊事’라고 있는데요. 이것도 이 첩정을 휴대한 사신에 대해서 답사 파견을 원했던 것이기 때문에 제5조와 함께 근대 외교용어를 빌리자면 평등호혜적인 관계 체결을 원하고 있는 것이라고 해석을 할 수 있습니다. 물론 단기적으로는 윤교수님께서 제5조의 표풍인에 대해서 순수한 표풍인이라기보다는 항해 도중에 남해와 서해안을 장악하고 있었던 삼별초에게 구류된 집단일 가능성을 지적하시고, 제12조의 견사 요청에 대해서 필요하다면 진도에 대한 현지조사도 환영한다는 의도를 읽어낸 듯한 시각도 유효하다고 생각됩니다. 제6조 김해부에 주둔하는 兵을 일단 20여 명 정도 일본국에 보낸다는 이 항목에 대해서는 이 兵을 몽골병 또는 왜구로 보는 견해를 배격하고 삼별초 병사로 보는 이영설에 찬성을 하고 계십니다. 진도시절의 삼별초 세력이 일본으로 건너가는 창구였던 김해부까지도 세력권으로 장악하고 있었다 라는 견해는 삼별초가 몽골의 일본정벌 의도에 대해서 상당 정도 장애가 되었다고 보는 견해입니다. 당시의 동아시아 정세를 좀 더 다이나믹하게 파악하는 일과 연결이 된다고 생각합니다. 저도 지금 말씀하신 이런 입장에 서고 싶습니다. 최근 일본 동양사학자 太田彌一郎과 山本光朗라는 분이 1271년에 일본에 왔었던 몽골 사신인 조양필에 대한 연구를 하는 중에서 새로운 사료를 밝혀냈습니다. 탐라세력이 남송과 공동으로 大宰府의 役人에게 양필을 비난하는 외교공작을 폈던 사실을 밝혀낸 것입니다. 제6조에 나오는 병사는 문제가 된 첩장을 휴대했던 사신을 호위하기 위해서 파견된 자들입니다. 그래서 진도가 함락한 후에 탐라, 제주도로 옮긴 삼별초 세력이 탐라가 외교공작을 펴던 시점에도 대재부에 체재했었고 조양필에 대한 압력이 되었다고 상상을 할 수가 있습니다. 제8조를 보시면, 사직 안녕은 待天時事다는 것에 대해서 윤교수님께서는 사직의 안녕은 다만 하늘에 달려있다고 해석하셨는데요. 저는 국가를 평안하게 함으로써 비로소 하늘의 때가 오는 것을 기다릴 수 있다 라는 의미로 해석합니다. 인간의 적극적인 행동으로 일어나는 것이 하늘의 의사 발동에 선행한다는 견해입니다. 그저 하늘에 의지할 수밖에 없다는 소극적인 발상이라기보다는 좀 더 삼별초의 의사표시로서 이쪽이 적당하지 않을까 싶습니다. 제9조에 보시면 請胡騎數萬兵事라고 있는데요. 삼별초가 수만명의 일본병을 요청했다 라는 새로운 해석을 배격하시고 개경의 고려정부가 몽골병을 요청했다 라는 정보를 삼별초가 전한 것이다 라고 해석하셨는데요. 이 점에 대해서 저는 윤교수님의 의견에 찬성합니다. 제3부 보시면, 4. 오키나와와 삼별초에 대해서 나와 있습니다. 이것은 전부터 알려져 있었던 오키나와의 우라소에 성에서 출토된 '癸酉年 高麗瓦匠造'라는 명문이 새겨진 기와에 대한 고찰입니다. 이것이 기와가 진도의 삼별초 거성인 용장성에서 출토된 기와와 유사한 문양을 가졌기 때문에 계유년을 1273년으로 보고, 이같은 해에 제주도가 함락되고 반란이 패배로 끝났을 때, 삼별초 세력에 있었던 와장이 오키나와로 달아나서 제작한 것이다라고 윤교수님께서는 추리하고 계십니다. 고고학자가 아닌 저에게 옳고 그름을 판정할 능력은 없지만 대단히 매력적인 가설이라고 생각합니다. 현재 한국뿐만 아니라 오키나와에서도 安里進 같은 대표적인 고고학자에 의해서 비슷한 설이 주장되고 있습니다. 마지막 몇 줄은 제가 써봤는데요. 윤교수님 발표 안에 생략이 되어 버렸습니다. 아까 발표하셨을 적에. 생략한 부분에까지 제가 코멘트를 하는 건 좀 우습기 때문에 이것은 저도 생략하겠습니다. 이상입니다.

▪ **장동익** : 감사합니다. 발표가 아주 여러 가지 새로운 견해를 제시했는데, 무라이 교수님께서 찬성도 하시고 조언도 해 주시고 또 반대도 하셨는데, 이에 대해서 윤선생님 답변을 부탁드립니다.

▪ **윤용혁** : 선생님께서 제 논문을 아주 세밀하게 읽어주시고, 또 여러

가지 귀중한 말씀을 해 주셔서 정말 감사드립니다. 우선 지적하신 내용 가운데 일부는 제가 잘못 기재한 것도 있고 또 번역상에서 왔던 문제도 있고 그런 문제도 있습니다. 우선 그런 문제부터 정리를 하도록 하겠습니다. 우선 첫 번째 삼별초 항전에 대한 평가에 있어서 민의 항전이라고 하는 것은 말하자면 인민항쟁의 의미라고 생각하시면 되겠습니다. 그래서 민족항전이 아니고 인민항전이라고 하는 점에서 그 의미를 찾아야 한다 이런 것이기 때문에 번역상의 착오라고 생각을 하고요. 그 다음에 또 여러 가지 부족한 것들 또 잘못된 것을 지적해 주셨는데, 우선 양자강 북쪽의 양양이라고 하는 것에 대해서 이것은 장강지류인 한수에 임한 요새 양양으로 하는 것이 좋다 이렇게 말씀하셨습니다. 저도 다시 한 번 지도를 확인해 보고 역시 그렇게 해야 되는 것이다 그렇게 확인하게 되었습니다. 대단히 감사합니다. 또 그 다음에 견사에 대한 자료도 보완을 해 주셨습니다. 내용을 파악하면서 관련된 사료검토를 좀 더 충분히 해 가지고 다른 사항도 더 보완을 할 계획으로 있습니다. 그리고 또 일본에 대한 견사문제와 관련해서 고려와 일본을 동일한 의미로 파악했다는 이 내용이 잘 이해가 되지 않는다 이렇게 말씀하셨는데, 이것은 제가 내용을 정리하면서 잘못 정리한 부분이 되겠습니다. 몽골과 고려를 동일 범주로 파악한다 이런 것인데 그것이 잘못 기재된 것이기 때문에 역시 이것도 정정하도록 하겠습니다. 그 다음에 '高麗牒狀不審條條'에 대해서는 상당히 많은 부분 선생님께서 지적을 해 주셨습니다. 또 선생님께서 말씀해 주신 것은 지금까지 첩장 내용에 대한 해석에서 포함되지 않은 선생님 나름대로의 의견을 제시해 주신 것이기 때문에 대단히 귀중한 의견이라고 생각합니다. 그래서 이 점에 대해서는 첩장의 내용을 다시 검토하면서 이 논문을 보완을 할 때 선생님 의견도 포함해서 다시 논의를 하는 것이 좋겠다 이런 생각을 하고 있습니다. 다만 몇 가지 점

에서 의견을 다시 한 번 말씀을 드리면, 첫 번째 논의했던 구절이 있
습니다. 첫 번째 논의했던 구절은 不從成戰之思也, 또 爲蒙被使 이런
것이 포함된 구절입니다만, 먼저 不從成戰之思也에 대한 선생님의 해
석은 일본에 대해서 전쟁을 일으키려는 몽골의 의지에 삼별초가 따
르지 않았다 이런 의미로 생각하는 게 좋겠다 이렇게 말씀하셨는데,
당시 삼별초 입장에서는 '일본에 대한 몽골의 위협을 강조하는 것이
상당히 필요했다. 그래서 일본으로 하여금 위기의식을 갖도록 하는
것이 중요하지 않았겠는가.' 이렇게 생각을 한다면 삼별초 때문에 일
본의 진입이 구체적으로 추진되지 않는다는 것이 서로 잘 어울리지
않는다 이런 느낌이 있습니다. 가장 적대적인 관계에 있는 것이 몽골
이었고 따라서 몽골에 대해서는 첩장에서도 굉장히 적대적인 용어를
사용하고 있는 것이 확인되고 있습니다. 그런 점에서 본다면 몽골을
가리키는 용어로 彼라고 하는 것은 너무 완곡한 표현이 아닌가, 단순
한 삼인칭으로 생각할 수 있기 때문에 이것이 꼭 몽골을 가리키는 용
어로 사용되었을 것인가 이런 부분도 좀 의심이 되기 때문에 아마 이
문제에 대해서는 좀 더 포괄적으로 다시 한 번 검토를 해 보려고 생
각을 하고 있습니다. 다음으로 표풍인과 관련한 부분에서 선생님께서
는 외교관계의 차원에서 표풍인 문제가 일방적인 것이 아니고 쌍방
과 관련된 제안이다. 일종의 평등호혜 관계 체결을 원하는 입장이다
이렇게 말씀해 주셨습니다. 물론 정확한 것은 알 수 없지만 적어도
이 당시 외교관계의 측면이라고 한다면 정상적인 여러 가지 상황들,
이런 것들이 배경으로 전제가 된다고 생각을 합니다만 이때의 삼별
초의 상황이라는 것은 전체적으로 안정되지 못하고 대단히 불안한
상태에 있었고, 또 구체적으로 여러 가지 문제를 해결해 가야하는 입
장에 있었기 때문에 어떤 외교적인 관례라던가 이런 것보다도 문제
해결에 초점이 있어서 그런 쌍방의 측면까지 과연 생각을 했을지 역

시 이것도 한 번 더 생각을 해 보도록 하겠습니다. 그 다음에 지적해 주신 내용인데요. 屯金海府之兵 이 문제와 관련해 가지고 김해에 주둔하고 있던 군사가 몽골군이냐 또 왜구냐 아니면 삼별초냐 이런 문제인데, 이 문제에 대해서 삼별초의 군사로 보는 의견에 제가 찬성을 하는 입장에서 앞의 말씀을 드렸습니다. 그런데 이 문제와 관련해서 선생님께서 새로운 자료를 소개를 해 주시고 오다씨와 야마모토씨 자료를 소개를 해줬습니다. 그래서 제주도의 삼별초가 남송과 공동으로 외교적인 영향력을 大宰府에 미친 이런 자료를 소개를 해 주셨습니다. 이것은 제가 아직 보지 못했던 자료고 또 우리나라에 소개되지 않은 자료입니다만, 대단히 중요한 사안이라고 생각이 됩니다. 그래서 이 자료를 좀 더 면밀하게 검토를 할 필요가 있다고 생각이 되고요. 특히 제가 개인적으로 생각했던 것 하나는 삼별초가 진도에 거점을 두고 있을 때의 삼별초와 또 제주도에 있을 때 하고는 좀 차이가 있을 것이다 이렇게 생각을 하고 있습니다. 진도에 있을 땐 특별히 왕을 옹립해 가지고 있었던 시기고, 제주도에 있었을 때는 왕을 옹립하지 못한 상태에 있습니다. 적어도 고려의 정통 정부를 자처하는 것이 명분이 굉장히 강했던 삼별초 입장에서 왕이 있는 것과 없는 것은 상당한 차이가 있었을 것이다. 그런 점에서 진도에서 있을 때는 일본에 사신을 파견한다던가 이런 입장이 가능했지만, 제주도에 있을 때 물론 국내적으로는 활발한 여러 가지 활동이 있습니다만, 대외적인 관계의 부분에서 왕이 없는 상태이기 때문에 과연 어느 정도 그러한 역할을 할 수 있었겠는가 이런 점에서 상당히 그런 역할이 어렵지 않았겠는가 이런 생각을 그동안 가지고 있었습니다. 그런데 반드시 그런 것이 아니다라고 하는 그런 자료이기 때문에 역시 제주도에 있을 때 삼별초의 그런 역할, 활동, 기능 이런 부분에 있어서 대단히 중요하고 흥미있는 자료라고 생각이 됩니다. 구체적으로 앞으로 더 자료

검토를 해서 보완을 하도록 하겠습니다. 여타의 지적사항이 있습니다만, 역시 이 문제도 더 깊이 생각을 하도록 하겠구요. 그 다음에 마지막으로 元寇防壘에 대해서 언급하신 부분이 토론문에 나와 있습니다. 여기에 대해서 발표할 때는 생략을 했습니다만, 일반의 원구방루가 만들어진 것이 삼별초와 관련이 있지 않은가 이런 의견을 제가 여기에서 제안을 한 것입니다만, 사실 원구방루라고 하는 것은 외적을 막기 위해 바다에 성을 쌓는 것이고, 기본적인 개념은 제주도에 있을 때에 삼별초가 했던 것과 같은 방어시설이다. 또 제주도가 1273년까지 삼별초가 있었고, 74년 바로 이듬해부터 일본에 대한 침입이 시작이 됐기 때문에 일본열도와 제주도가 가까운 지리적인 위치에 있기 때문에 원구방루와 제주도에 있었던 방어시설이 어떤 형태로든지 연관성이 있을 수 있다 이런 가설을 제안한 것이 되겠습니다. 물론 이것이 삼별초의 직접적인 어떤 영향이다 이렇게 이야기 하는 것은 현재로써는 상당히 돌발적인 제안일 수 있지만, 그러나 어떤 형태로든지 연결 관계가 있을 수 있다 이런 생각을 개인적으로 하고 있습니다. 이런 점에서 자료를 구체적으로 확보하지 않았기 때문에 일단은 강조해서 발표를 못했습니다만 어쨌든 그런 생각을 가지고 있다 라고 하는 것도 말씀드립니다. 이상입니다.

▪ **장동익** : 예. 윤용혁 교수의 무라이 선생님에 대한, 토론에 대한 답변이 있었습니다. 여러 가지 좋은 지적을 반영하고 또 무라이 선생님의 의견을 바탕으로 해서 개고를 하던지 반론을 펴던지 하겠습니다. 이 점은 차후로 맡기고 마지막 하나의 문제인데, 일본에서 몽골의 공격에 대해서 석축을 했다는데, 그 석축이 그러한 예가 몽골 침입 이전에도 있었던가 없었던가를 한 번 말씀해 주시면 발표자인 윤선생에게 도움이 될 것 같습니다. 부탁합니다.

▪ **村井章介** : 저는 그런 발상을 한 번도 한 적이 없기 때문에 논문을 보고 충격을 받았습니다. 그러한 가설도 생각할 수 있구나 라고 신선한 충격을 느꼈습니다. 하나의 근거로써 돌을 쌓은 방어시설이라는 것이 그 이전에 일본에서 거의 발견할 수 없었던 것은 사실 이것을 외부에서 온 영향이 있을 수 있다는 사실 그 자체를 이번에 깨닫게 되었습니다. 다만 일본에 방어시설에 대해 남겨진 많은 문헌 사료를 봤을 때 고려인의 집단이 북구주에 와서 석조, 돌담 축성기술을 전달해 줬다거나 아니면 지휘를 했다거나 이런 사실을 엿볼 수 있는 사료가 전혀 없습니다. 당시 막부는 전쟁직후이기 때문에 다른 나라에 대해서 경계심을 많이 가지고 있었다는 사료는 많이 있습니다. 이국인에 대한 경계심을 갖고 있었음에도 불구하고 외국에서 온 고려인의 힘을 빌려서 축성했다고 한다면 뭔가 거기에 대한 사료의 흔적이 있을 법도 한데, 이러한 점을 생각해서 대단히 매력적인 가설이긴 합니다만 아직까지는 받아들일 수 없다고 생각합니다.

제가 더 말씀드려도 될까요. 첫 부분 민족적인 저항과 대립적으로 파악하시는 것 같아서 받아들일 수 없습니다. 몽골의 침략에 대해 민중의 저항 세력 중에 인민적 요소가 다분히 크게 차지했을 것이라고 예상이 됩니다. 아마도 삼별초 반란에도 그런 요소가 있지 않을까 그렇게 생각을 합니다. 그렇다고 해서 민족적인 저항이 아니라고 해선 안 될 것 같거든요. 그런 의미에서 그 뜻을 잘 모르겠다고 말씀드린 겁니다. 그리고 제4조에 대해 말씀드렸다시피 그 데이터만 가지고 정확한 의미를 찾아낸다는 것 자체가 상당히 어렵게 생각이 됩니다. 이렇게도 읽을 수 있지 않겠습니까 라는 생각에 지나지 않습니다. 그런데 한문 문자의 나열로 볼 때, 자연스럽게 읽히려면 제가 해석한 것이 맞지 않을까 라고 생각을 한다는 것이지요. 특히 두 번째 부분, 네 자인데요. 爲蒙被使 이것을 한문으로 읽어내는 것이 어렵게 느껴집니

다. 蒙이 使로 연결될 텐데 아무래도 부자연스럽게 생각되거든요. 제
가 원본을 읽고 또 사진을 보고 하다보니까, 이 被자가 반드시 이런
被자라고 단정할 수 없겠다고 생각했습니다. 제가 말씀드린 彼로도
읽을 수 있지 않겠는가, 상당히 비슷하기 때문에. 彼가 몽골이라고 보
아도 완곡한 표현이 아니냐는 지적을 해주셨는데, 이것도 각 문장의
일부만 보고 얘기하는 것이기 때문에 읽을 수 없다는 법도 없을 것
같습니다.

그리고 제가 발견한 것이 아니고 동양사 학자님께서 쓰신 논문에
서 나온 사료인데요. 조양필 관련된 자료입니다. 그 중 다무라라는 세
력이 조양필과 대립하는 움직임을 보였다 라는 내용이 있습니다. 조
양필 쪽이 그런 것을 일부러 날조할 만한 동기가 있을 거라곤 여겨지
지 않기 때문에 그런 일이 있었겠다 싶었고 대단히 흥미로운 새로운
사실이라고 생각을 했습니다. 게다가 남송의 사자는 있었고 여기에
대해서는 자세히 나와 있는 논문이 있거든요. 일본에서 중국으로 간
승려가 남송에서 사자로 기용이 되고 그렇게 되어 일본으로 보내진
것이라는 것도 예상할 수 없는 상당히 재미있는 상황이었다고 생각
이 되거든요. 그러니까 삼별초 반란이라는 것의 확대. 이것이 제가 처
음에 원고를 썼을 때 보다는 좀 더 넓어졌습니다. 좀 더 확대가 되었
다는 느낌이 듭니다. 지금 말씀하신 김해부 쪽이, 이영씨가 말씀하신
김해부가 그렇게 쓰여졌을 때 삼별초의 제압하에 있었다 라고 생각
하는 것도 상당히 삼별초의 진정한 모습을 생각할 때 우리가 생각한
것보다 훨씬 더 크지 않았을까 라는 것을 느끼게 해 주는 대목이거든
요. 그리고 또 비슷한 방향에서 볼 때 지금 이런 문제, 삼별초의 사자
가 大宰府에서 조양필하고 서로 이야기를 나누었다고 하는 것까지
된 것입니다. 이렇게 볼 때 새로운 연구 단계에 돌입을 했다 라는 생
각이 들고요. 하지만 문제는 다무라라는 부분이 나와서 그것이 과연

제주도에 간 후의 삼별초 세력이 그렇게까지 할 수 있는 능력이 있었는가 하는 것도 조금 이해가 어려운 부분이 없지 않아 있습니다. 여기에 대해서 저도 깊이 연구를 해 보고자 생각중입니다. 얘기가 길어졌습니다. 이상입니다.

▪ **장동익** : 감사합니다. 선생님의 답변의, 제가 질의를 받은 것은 선생님도 일본사하는, 중국사 하는 사람들이, 일본사 하는 사람들이 조양필 관련된 기록 중에 그러한 송의 사신과 같이 탐라의 세력이 같이 반대했다 이런 것은 삼별초의 연장선이기 때문에 충분히 좀 듣고 싶어서 길게 부탁을 드렸습니다. 감사합니다. 그럼 다음으로 남기학 선생님의 몽골의 일본 침략과 일본의 대응에 대한 발표에 대해서 후나타 요시유키 선생님께서 토론하시겠습니다. 부탁드립니다.

▪ **船田善之** : 저는 후나타 요시유키라고 합니다. 잘 부탁드립니다. 남기학 선생님의 논문 '몽골의 대일본침략과 일본의 대응'은 몽골의 대일교섭과 침략이라는 미증유의 더욱이 긴박했던 동아시아의 정치정세에 있어서 고려와 일본이 취한 대응에 관해 논한 글입니다. 여러분께서 아시다시피 남기학 교수님께서는 '몽골습래와 鎌倉幕府'라는 일본에서 간행된 논저가 있습니다. 남선생님은 이러한 성과를 기초로 고려·일본의 입장 및 대응과 고려·일본의 관계에 대해서 고찰하시고 새로운 시각과 식견을 보여주고 계십니다. 이러한 내용의 글에 대한 코멘트로는 몽골제국사를 전공하는 제가 아니라 일본사 혹은 고려사를 전공하고 있는 연구자가 원래 적합할 것 같습니다. 따라서 제 코멘트는 자연히 몽골제국사의 입장에서 가해지게 되고 또 핵심을 벗어난 논의가 될 가능성이 있습니다. 그래서 이러한 점을 미리 양해를 구해 두고 싶습니다. 남기학 선생님의 넓은 아량을 바라는 바입니

다. 또한 저는 수년 동안 큐슈대학 대학원 세미나에서 여기에 계시는 사에키 선생님, 모리히라 선생님과 공동으로 일본·몽골 관련 자료집인 伏敵編을 강독하고 있습니다. 이하의 코멘트도 이 세미나에서 다루었던 논의에서 많은 것을 의거하고 있음을 부언해 두고 싶습니다. 물론 부적절한 내용이 있다면 제가 책임지겠습니다.

남기학 교수님의 논문의 새로운 관점은 몽골의 일본침략, 몽골과 일본관계라는 테마에 일본-고려라는 좌표축을 그었다는 점입니다. 남교수님은 서문에서 '지금까지 한국 학계에서는 고려의 몽골 항쟁에 역점을 두는 한편 원 간섭기의 고려와 일본의 관계에는 그다지 관심을 기울이려고 하지 않는다.' '최근 일본 학계는 몽골의 침략에 대응했던 일본 국내 정치사를 중심으로 분석이 행해지고 있으며 국제관계라고 해도 일본과 대륙의 관계에 중점을 두는 경향이 강하다.'고 언급했습니다. 각각 한국의 고려사학계와 일본의 일본사학계의 상황을 지적한 것이라고 생각합니다. 이와 같은 상황은 몽골제국사 학계에서도 마찬가지라고 생각합니다. 중국의 蒙元史 학계에 대하여 말하자면 기본적으로는 자국사의 입장에서 대외관계사의 무대를 고찰하고 있습니다. 여기에서는 대체로 對高麗·對日本을 별개로 다루고 있으며, 通史와 斷代史 개설서에서도 대외관계를 서술하는 장에서 각각 별도의 절과 항목으로 고려와 일본을 따로 취급하는 형식을 취하고 있습니다. 이러한 검토 서술은 사실상 元史 外夷傳의 고려의 항목이 있고, 또 일본이라는 항목이 있습니다. 이러한 편찬사료인 원사의 역사서술의 틀을 답습한 것에 지나지 않는 것입니다. 이것은 다면적, 입체적인 국제관계의 파악과는 거리가 멀다고 할 수 있습니다. 한편 일본에서도 기존의 몽골제국 연구, 현대 연구의 對高麗, 對日本에 관한 서술은 지금 말씀드린 중국의 상황과 별반 다르지 않습니다. 하지만 최근 일본에서는 몽골시대사라는 개념이 제창되기에 이르렀고, 이 이후 중앙유라시아사 시각에서의 검토, 그리고 유라시아사 규모에서의 고찰이 주류가 되어가고 있는 형편입니다. 이러한 조류가 새로운 식견과 많은 성과를 가져왔다는 것은 저도 인정합니다. 그러나 몽골의 대고려, 대일본관계사를 생각할 경우, 이러한 시각은 거시적 관점에 치우치는 측면이 있습니다. 실제로 미시적인 검토, 특히 고려의 동향에 대한 세심한 분석에 대해서는 불충분하다고 지적하지 않을 수 없습니다. 특히 최근의 일본 학계는 몽골제국과 일본 관계에 대해서 말하자면, 경제·문화교류에 관심의 중점이 이행되고 있으며, 정치, 외교, 전쟁에 관해서는 스기야마 마사이키씨가 일련의 개설서, 통사에서 몽골시대사의 입장에서 언급하는 정도에 머물고 있습니다.

이러한 상황 속에서 남교수님은 고려 조정과 삼별초의 대일교섭이라는 장에서 몽골의 대일외교 중단을 획책하거나, 외교문서나 서장을 통하여 일본의 태도 연화를 시도하는 등 고려의 자립적인, 두드러진 동향을 부각시키고 있습니다. 여기에는 몽골이라는 대국에 복속되면서도 스스로의 안정과 보전을 위해 전쟁 회피를 지향하는 한편, 양면외교를 전개했다고 볼 수 있는 고려의 주체성을 발견할 수 있을 것입니다. 이러한 고려의 입장과 대책에 착안했던 점은 크게 동의하는 바입니다. 이로써 다면적이고 입체적인 歷史像 구축에 기여하고 있다고 평가할 수 있습니다. 이 공적에 대하여 두 가지 정도 제가 욕심을 말하고자 합니다.

첫째로 몽골제국에 있어서 고려의 위치, 특히 고려 왕실의 지위와 관련해서 입니다. 고려 국왕은 1259년 이후 몽골제국 내부의 지위 상승을 계속 추진해 갑니다. 최종적으로는 몽골의 부마, 고려국왕으로서의 지위를 확립하지만 그 과정에 대해서는 모리히라 선생님이 상세하게 검증을 하고 추적하고 있습니다. 이러한 고려국왕의 몽골제국내에서의 동향을 몽골·고려의 대일교섭 및 정책을 유기적으로

결합시키는 것도 그 당시 국제관계의 다면적인 파악에는 필요할 것
이라고 생각합니다.

  다음 두 번째로 몽골이 일본에 사절을 파견했을 때 고려가 취했던
양면외교라고도 할 수 있는 조치에 관해서 입니다. 고려는 일본으로
보낸 문서 속에서 어쩔 수 없이 몽골의 외교정책에 협력하고 있는
듯 한 표현으로 변명하는 것과 아울러서, 몽골로 사절을 파견하도록
일본에 권유하고 있습니다. 고려의 이러한 조치는 커다란 문제를 품
고 있습니다. 몽골 쪽에서 보자면 이와 같은 고려의 양면외교는 용인
할 수 없는 일이었습니다. 따라서 고려가 몽골에게 들키지 않고 은밀
하게 행했을 가능성이 있지만, 이와 반대로 몽골쪽 특히 파견된 사절
차원에서 일본의 강경한 자세를 누그러뜨리기 위해서 당근과 채찍을
번갈아 사용하는 방책을 취했을 가능성도 있을 수 있습니다. 이것은
나중에 다른 이야기가 되겠지만, 조양필이 국서의 복사본을 일본 쪽
에 부탁했던 일로 미루어 사절 일행은 이와 같은 외교문서의 복사본
을 휴대했던 것이 틀림없는 사실이라고 볼 수 있습니다. 즉 몽골 사
절은 고려가 일본으로 보낸 문서의 내용을 확인했을 가능성도 있기
때문입니다. 이러한 문제에 관해서는 직접적인 사료가 없기 때문에
어디까지나 추측에 의할 수밖에 없지만, 보다 깊은 논의가 필요할 것
으로 생각됩니다.

  다음으로 일본의 국내정세와 대외정책을 연동시켜서 고찰한 성과
에 대하여 언급하겠습니다. 스기야마 마사아키씨는 가마쿠라의 日本
에 外交는 없었다고 평가를 내리고 있지만, 당시 가마쿠라 막부의 외
교정책이 그렇게 단순하지는 않았습니다. 남교수님은 일본-몽골의
좌표축에 막부-조정, 아울러서 北條得宗家-將軍-天皇이라는 좌표축
을 추가함으로써 몽골 국서에 대하여 회답하지 않았던 막부의 외교
정책, 더욱이 그 이후의 이국정벌 계획을 일목요연하게 설명하는데

성공하고 계십니다. 여기서 제가 한 가지 관심이 가는 것은 일본, 이 안에는 막부와 조정이 있지만 일본의 대외정세 인식입니다. 즉 일본은 어느 정도 당시 고려의 한반도 정세에 대해서 인식을 할 수 있었는가 라는 문제입니다. 예전에는 삼별초가 보낸 첩문을 둘러싸고 충분히 정세분석을 하지 못했던 것으로 논의되는 경향이 있었습니다. 여기에 대해서는 삼별초의 존재는 한반도 정세의 일부분에 불과하다는 견해도 있을 수 있습니다. 어디까지나 삼별초의 존재에 대해서는 잘 몰랐지만 그 외의 한반도 정세에 대해서는 어느 정도 정보를 갖고 있었을 가능성도 예상할 수 있습니다. 무신정권에서 고려국왕의 복권이라는 대략적인 정세에 대해서는 어느 정도 인식하고 있었을 가능성도 있을 수 있다면, 이러한 정보가 사절로부터 전해졌을 가능성은 높다고 봅니다. 그리고 무엇보다도 제출된 국서 두 통은 한 통은 대몽골국 황제가 발신한 것이고 또 한 통은 고려국왕이 각각 발송한 것이었습니다. 결국 고려국왕이 한반도의 권한을 회복하고 있었던 것으로 이해할 수 있는 상황이라고 생각합니다. 이 인식이 조정과 막부의 대응에 영향을 주었을 가능성이 있는 것에 대해서 남교수님의 의견을 나중에 여쭤보고 싶습니다.

마지막으로 고려와 일본의 상호인식에 관한 고찰에 대하여 언급하겠습니다. 앞서 애기했듯이 이 좌표축을 그은 점이 남교수님 논문의 성과 중 하나라고 생각합니다. 남교수님은 몽골의 일본침략으로 고려, 일본의 상호인식은 부정적이며 굴절된 것이 되었다고 결론을 내리고 계십니다. 이러한 결론은 확실히 외교·정치·전쟁의 측면에서 말하자면 타당할 것입니다. 그런데 여기서 떠오르는 것이 몽골, 일본 사이의 외교 단절과 경제·문화교류가 활성화되고 있다는 것입니다. 여기서 유의해야 할 것은 경제·문화교류를 담당했던 것은 불교라는 코드라는 사항입니다. 이 사실은 寺社造營料唐船의 존재에서도 명백합니다. 또 직접적인 몽골도 불교라는 코드를 잘 활용하려고 해서 마지막의 사절단 파견은 불교의 스님, 승려에게 사절역할을 하게 했습니다. 그리고 중국의 강남지역 뿐만 아니라, 몽골이라고 할까요. 원나라라고 할까요. 원나라의 중심지역인 화북의 대사원에서도, 이 대사원은 몽골의 비호를 크게 받고 있었는데요. 이러한 데에서도 소원과 같은 일본 승려의 활약을 확인할 수 있습니다. 한편, 고려의 불교계도 몽골과 강력히 결합되어 있었습니다. 예를 들어서 최근에 모리히라 교수님 등에 의해서 소개된 송광사의 티베트어 法旨, 大都 교외와 중국 하남주의 安陽, 또 절강성의 杭州, 이런 사원 관련 사료에서도 고려와 불교의 존재가 부각되고 그 긴밀성을 엿볼 수 있습니다. 다시 말하자면 일본은 불교라는 코드를 통해서 몽골과 교류를 하고 있었습니다. 몽골의 영향하에 있었다고도 볼 수 있고요. 또 여기에는 당연히 고려도 포함되었을 것이라고 생각이 됩니다. 이와 같은 국제환경에 있어서 일본과 고려의 관계 교류는 어떠한 모습이었는지, 직접적인 관계는 없었더라도 중국에서 고려의 불교관계자와 일본의 불교관계자가 접할 수 있는 기회는 있었던 것이 아닐까 라는 것도 예상할 수 있는데요. 이러한 문제 제기를 통해서 제 코멘트를 마치고자 합니다. 감사합니다.

▪ **장동익** : 네. 감사합니다. 남기학 교수님의 발표에 대해서 후나타 선생님이 토론해 주셨습니다. 후나타 선생님은 원대사 전공이라고 들었습니다. 또 남기학 선생님은 가마쿠라 시대, 일본사입니다. 사실은 일본사를 전공하시고 근래에 한일관계사에 대해서 논문을 쓰고 계십니다. 여러 가지 좋은 견해를 말씀해 주셨는데, 거기에 대해서 원대사 입장에서 여일관계를 보셨는데 거기에 대해서 답변을 해 주시기 바랍니다.

▪ **남기학** : 네, 저는 지금까지 몽골의 일본침략이라는 사건을 일본사
의 입장에서 공부해 왔습니다만, 이번 발표문을 작성하면서 고려사에
대한 이해, 더 나아가서 몽골의 역사에 대한 이해가 매우 필요하다는
것을 많이 느꼈습니다. 후나타 선생님의 오늘 논평도 저로 하여금 그
필요성을 더 절감케 하는 폭넓은 그리고 자극적인 지적을 담고 있다
고 생각합니다. 먼저 감사의 말씀을 드립니다. 순서대로 답변을 해 보
겠습니다. 먼저 이 시기의 국제관계를 다면적이고 입체적으로 파악하
는데 있어서 몽골 제국 내에 있어서의 고려의 위치, 특히 고려왕가의
지위와의 관련에 주목할 필요가 있다는 지적에 대해서 기본적으로
공감합니다. 지적하시듯이 1259년에 고려왕조는 기존의 몽골에 대한
항쟁노선을 포기하고 몽골에 대해 외교적으로 굴복을 했고요. 그 이
후부터 고려는 몽골의 복속국으로써의 역사를 걷게 됩니다. 특히
1294년 원종의 세자가 몽골황제 쿠빌라이의 공주와 결혼을 하였고,
그 세자가 충렬왕으로써 즉위한 이후부터는 역시 부마국으로써 복속
의 정도가 더욱 심화되어 간다고 할 수 있겠습니다. 충렬왕, 충선왕,
충숙왕 이런 식으로 대를 거듭할수록 복속국으로써의 정도는 심화되
어 갔다고 볼 수 있겠습니다. 왕가의 지위가 보존되는 만큼 복속의
정도는 심화되었다고 볼 수가 있겠는데요. 다만 저는 그러한 몽골제
국에 대한 복속국으로써의 고려의 이미지를 가지고 몽골침략시기에
비록 제한된 상황에서나마 고려가 취했던 주체적인 입장, 나름대로의
움직임을 본다면 그것이 간과되거나 아니면 과소평가될 우려가 있지
않은가 하는 생각을 가지고 있습니다. 특히 1259년 굴복한 이후, 약
10년 동안에 걸쳐서는 아직 고려가 몽골에 대해서 일정 정도의 자립
성을 견지하고 있었던 때라고 인식하고 있습니다. 그것은 지금까지
몽골에 저항하던 거점인 강화도에서 아직 벗어나고 있지 않고요, 대
몽골항쟁의 주축이었던 무신정권의 군사력이 아직 건재한 상태였습

니다. 1270년에 고려 원종이 강화도를 버리고 옛 수도인 개경으로 환도를 결행한 이후, 결국 그에 반발해서 삼별초의 반란이 일어나서 약 3년간 몽골항쟁을 계속합니다만, 이 시기까지는 요컨대 몽골이 고려를 뜻대로 좌지우지 할 수 없는 시기였고요. 따라서 그만큼 고려는 나름대로의 비록 몽골에 대해서 외교적으로 복속은 했지만 심리적인 저항감도 남아있었고 나름대로의 자립의 근거도 확보하고 있었던 시기로 인식하고 있습니다. 그렇기 때문에 이 시기의 외교문서를 보는 이해도 후나타 선생님과 제가 조금 다른 것 같습니다. 예를 들어서 선생님께서는 부득이하게 일본측에 대해서 고려가 이야기하고 했다는 것을 몽골측이 봤을 때는 굉장히 질책받을 일로 이해하고 계신데, 당시의 몽골과 고려의 관계를 앞서 제가 말씀드린 것과 같이 이해한다면 사실 이 부득이라고 하는 것은 사실의 경과를 있는 그대로 말해주는 것으로 볼 수가 있겠습니다. 사실 이 부득이라는 표현 앞에는 고려 원종은 몽골황제의 덕을 칭송하고 있고요. 그런 전제하에서 몽골황제가 일본과의 통호를 고려에게 강하게 요구했기 때문에 고려로써는 차마 거기에 거부하지 못하고 그 뜻을 받들어서 일본에 왔다는 식으로 자연스럽게 읽을 수 있겠습니다. 반드시 그것이 몽골 조정에서 봤을 때 크게 노할 일은 아니었다고 생각이 됩니다. 아까 제가 처음 발표할 때 장동익 선생님의 새로 발굴한 사료를 말씀드렸는데, 사실은 1269년 9월에 왔던 몽골국 중서성 첩에서도 비슷한 얘기를 하고 있습니다. 요컨대 고려가 국세가 어쩔 수 없어서 이렇게 일본에 온 것이라는 얘기를 당당히 하고 있거든요. 그때는 몽골의 중서성 첩과 고려의 경상도 안찰사 첩이 같이 갔기 때문에 당연히 사전에 몽골측에 보고됐거나 아니면 사후라도 사절을 통해 몽골측에 전달되었으리라고 생각을 합니다. 그래서 저는 고려가 몽골 몰래 은밀하게 이면외교를 폈다고는 결코 생각하지 않습니다. 말씀하셨듯이 비록 몽골에 복속된 상태이나마 고려 나름대로의 주체적인 입장을 가지고 문제해결 즉 전쟁을 회피하고자 하는데 진력하고 있었다는 식으로 이해를 하고 있습니다. 오히려 비밀스럽게 한다는 것은 고려로써는 더 곤란한 상황에 처할 수가 있었겠지요. 오히려 고려 입장에서 몽골 쿠빌라이의 질책을 피하기 위해서라도 이러한 고려국왕의 국서의 내용은 전달할 필요가 있었을 것이라고 저는 생각을 하고 있습니다. 단, 제가 주목하고 싶은 것은 이때 고려국왕의 국서를 가지고 왔던 고려사신 반부의 서장입니다. 이때의 고려 사신은 몽골의 사신과 같이 오지 않고 고려사신만 왔었습니다. 그리고 다자이후에서 약 5개월 동안 체류하면서 다자이후 관리와 서신으로 의견을 주고받았다고 생각하는데, 따라서 이때는 고려사신의 나름대로의 발언의 자유라고 할까요, 그 여백이 주어졌다고 생각을 합니다. 이 반부의 서장이야말로 만약 쿠빌라이가 봤다면 정말 격노할 만한 내용이었지요. 요컨대 우리가 몽골의 사신을 일본에 오지 못하게 했다. 그것은 바로 당신들 나라를 위한 것이었다고 사실은 그게 아니었습니다만 고려의 사신은 그것을 굉장히 강조하고 있습니다. 이러한 개인서장은 아마도 몽골측에 알리지 않고 비밀스럽게 할 수밖에 없는 그거야 말로 고려측의 그 당시의 제한된 상황에서 할 수 있는 최대한의 외교적인 노력이었다고 저는 보고 있습니다. 그리고 국내 정세와 대외정책과의 관련에 대해서 당시의 일본, 막부와 조정이 대외정세를 어떻게 인식을 하고 있었는가 하는 지적을 하셨습니다. 특히 고려의 정세에 대해서 어느 정도 인식을 했고 그것을 토대로 해서 어떠한 대외정책을 수립할 수 있었는가 하는 지적을 해 주셨는데요. 사실은 제가 이 주제를 공부하면서도 가장 알고 싶으면서도 알 수 없는 그 중요한 문제라고 생각합니다. 의외로 사료가 그렇게 많이 남아있지 않아서 추측에 추측을 거듭할 수밖에 없는 그런 상황에도 직면하고 있는데요. 저는 대륙에 대한 정세

는 상당부분 상인이나 승려를 통해서 일본측에 전달되었고, 막부측만
이 아니라 교토에 있는 조정에도 일정부분 전달되었다고 보고 있습
니다. 반도에 대한 정세, 고려의 국왕이 몽골 개입에 의해서 복권이
되고 무신정권이 궁지에 몰리고 있는 이런 상황이 일본에 전해졌을
지는 저도 사실 잘 모르겠습니다. 그러나 만약 그러한 것을 상정한
다면 아마 막부의 입장에서는 아까 후나타 선생님께서 언급하셨듯이
조정의 반첩에 대해서 더욱 더 경계심을 크게 가질 수밖에 없었을
것입니다. 고려에서 일어났던 상황이 일본에서도 발생하지 말라는 법
이 없으니까요. 또 조정의 입장에서는 몽골과의 관계를 통해서 복권
을 한다고까지 저는 생각하지 않습니다. 사실 조정과 막부의 관계는
고려의 조정과 무신정권과의 관계와는 상당한 차이가 있습니다. 제
가 주에서 언급했습니다만 이 시기의 일본의 조정과 막부는 굉장히
친밀한 관계입니다. 막부가 주도하지만 조정이 거기에 대해서 상당히
존중을 하고 있고요. 그러면서도 자신의 지배영역에 대해서 나름대로
정치구역을 가지고 있는 그런 상태이기 때문에 몽골을 통해서 막부
를 견제한다 이런 생각보다는 나름대로의 국가적인 위기에 조정이
주체적으로 대응하는 측면으로 이해를 했고요. 그것이 막부의 국정상
의 주도권을 제안했기 때문에 막부는 반첩을 억류할 수밖에 없었다
고 보는 것이 현재까지의 제 생각입니다. 아까 무라이 쇼스케 선생님
께서 소개하셨듯이 탐라도에 있던 진도가 남송과 연계해서 외교공작
을 펼쳤다고 하는 사실도 오늘 처음 알았습니다만 이러한 사실 우리
가 알지 못하는 그 당시의 정보들이 오고 갔을 가능성도 전혀 배제할
수는 없을 것 같습니다. 이것도 역시 앞으로 좀 더 깊게 생각해 볼
여지가 있다고 판단이 됩니다. 마지막으로 상호인식에 대해서 지적을
해 주셨는데요. 말씀대로 저는 외교면과 군사면 즉, 전쟁·군사·정
치적인 측면에서 이 테마를 다뤘기 때문에 자연히 경제, 문화면에 대

해서는 소홀할 수밖에 없었습니다. 말씀하신대로 몽골침략 이후에 고려와 일본 사이의 경제, 문화적인 교류도 저는 거의 없다고 사실상 단언을 했는데 조금 조심스럽게 봐야 될 필요성도 있다고 생각이 들었습니다. 고려 전반기 그러니까 몽골침입 이전까지는 아까 이재범 선생님께서 잘 말씀하셨듯이 문화적인, 경제적인 교류가 꾸준하게 이루어지고 있었습니다. 특히 불교, 승려간의 교류는 상당히 두드러진 문화교류 형태였다고 보이는데요. 잘 알려져 있듯이 11세기 후반에 고려 국왕 문종의 아들 의천, 의로울 의자에 하늘 천을 쓰는 이 의천이라는 대승려가 일본측에 대장경의 주석서를 요청해서 일본측이 호응한 것이 잘 알려져 있습니다. 그리고 이재범 선생님의 표에도 나와 있습니다만, 몽골침입 전야만 해도 큐슈 슈후쿠지의 승려가 거제도에 있는 고려 승려에게 법화경을 간절히 요청하는, 그리고 그것이 그 다음에는 또 거제도의 승려가 고려사신과 함께 일본에 가서 슈후쿠지에 있는 법화경을 보고 왔다는 기록까지 나오고 있습니다. 이런 것을 봐서는 상당히 승려간의 교류, 불교를 통한 문화교류는 상당히 넓게 또 깊숙하게 전개되고 있었다고 판단이 됩니다. 그렇게 본다면 비록 전쟁이었지만 보편적인 종교로써의 불교 승려들이 대륙에서든 혹은 고려에서든 교류했을 가능성을 전혀 배제할 수는 없다고 생각합니다. 다만 그럼에도 불구하고 저는 몽골의 일본침략 사건이 고려와 일본관계에 있어 굉장히 중요한 획기라고 생각하고 있습니다. 대륙에 대해서는 경제문화 교류가 전쟁과 관계없이, 오히려 전쟁 이후에 더욱 더 활발해지는 그런 양상을 띄고 있는데, 그와는 대조적으로 사실은 이 침략 이후에 고려와 일본 사이의 관계는 참으로 긴장되어 있고, 어떠한 교류의 모습을 찾기 힘든 게 사실입니다. 역시 그것은 고려와 일본사이의 지리적인 밀접성 때문에 정치군사적 긴장이 더 높을 수밖에 없었고요. 또 일본이 대륙에서만큼 고려에 대해서 그렇게 많은 문물의

욕구를 가졌던 것으로 보이진 않습니다. 14세기 전반까지는 고려든 일본이든 상대국에 대해서 서로 경계심을 잃지 않는 팽팽한 긴장관계였기 때문에 승려가 오더라도 아주 예외적인 비밀스러운 접촉밖에는 불가능하지 않았겠는가 저는 그렇게 일단 이 시대의 문화, 경제적인 교류의 이미지를 가지고 있습니다. 제가 여기서 전혀 알지 못했던 몽골과 고려와의 불교의 관계라든가, 혹은 일본과 고려의 관계에 대해서는 좀더 앞으로 공부해 나가도록 하겠습니다. 감사합니다.

▪ **장동익** : 네. 아마 답변이 되었으리라고 생각합니다. 시간관계상 다음으로 넘어가도록 하겠습니다. 시간이 상당히 저에게 주어진 시간이 조금밖에 남지 않았습니다. 그럼 마지막으로 사에키 교수의 일본침공 이후의 여일관계라는 발표에 대해서 우리 김보한 교수님께서 토론해 주시겠습니다. 부탁드립니다.

▪ **김보한** : 네. 좀 전에 소개받은 김보한입니다. 잘 부탁드리겠습니다. 여러 선생님 논문 그리고 발표, 토론 들으면서 여러 가지 공부가 되었습니다. 일본침공 이후의 여일관계, 사에키 선생님 논문을 읽으면서 나름대로 많은 공부가 되었습니다. 토론 요지문을 읽으면서 토론을 대신하고자 합니다. 아시다시피 13·14세기는 북방 몽골초원에서 원이 성립하고 금과 송이 멸망하고, 고려가 항복 그리고 일본의 침공이 이루어지고 무로마치 막부와 조선이 성립하게 되고 원의 멸망과 명의 성립이라고 하는 동아시아 정세가 격변하는 시기에 해당이 됩니다. 본 발표문은 먼저 13세기 몽골침공 이후에 사신의 입국이라고 하는 여일교섭의 진행과정과 일본의 군사정보 수집을 소개하고 있습니다. 아울러 전기왜구의 흥기에 관련해서 기존의 연구성과를 소개하고, 중국연안에 출현한 왜구와 고려침입 왜구의 연관 가능성을 제시

하면서, 동아시아의 규모에서 왜구가 재검토되어야 한다고 주장하고 있습니다. 또 고려의 禁寇使臣 파견과 일본의 대응에서는 입국하는 고려사신을 열거하면서 피로인 송환으로 얻어지는 경제적 이익과 대마도에 지급되는 쌀 지원이 고려 말부터 시작되고 있다고 보고 있습니다. 따라서 본 발표문은 전체적 흐름 속에서 몽골의 침공에 대한 군사적 위기, 禁寇를 위한 여일양국의 외교적 노력, 피로인 송환의 경제적 가치 등을 순서대로 구성되어 있는 것이 특징입니다. 다만 본 발표문은 논문의 완결성 면에서 아직은 시간이 좀 더 필요했던 것이 아닌가 하는 생각이 듭니다. 따라서 약간 조심스럽습니다만 본문에서는 언급하지 않은 궁금한 내용 즉 사에키 선생님께서 갖고 계신 견해에 대해서 다섯 가지 소박한 질문을 하고자 합니다.

첫째, 1장 1절 부분에, 1292년에 김유성에 의해서 전달된 고려첩장에 대해서 일본조정과 원이 무례, 우둔, 기괴로 평가했다고 했는데, 이전에 전달된 몽골, 고려첩장에 대한 조정의 평가와 별반 다른 것이 없는 것 같습니다. 이러한 평가를 내리는 조정과 원의 판단 기준은 무엇이었을까 궁금합니다. 예를 들자면 일본 중심적 관념, 신국사상이라던가 소위 고려멸시관 혹은 시기는 좀 다릅니다만 남선생님이 앞에서 발표 속에 있었습니다. 동아시아 국제정세에 대한 미숙지, 아니면 다른 무엇이 있었는지 의문이 생깁니다.

두 번째, 제1장의 2절 부분에서 본문에서 대륙에 대한 일본의 군사정보 수집에 대해서 '元의 정찰이 막부의 주도하에 행해졌던 것으로 추측된다. 중략하고, 일본 무역선이 元의 정찰을 떠맡고 있었다는 것을 쉽게 추측할 수 있다.'라고 서술하고 계십니다. 당시 원의 동향에 가장 민감한 존재는 일차적으로 막부보다는 원을 오가며 교역을 담당하던 일본상인들이었다고 생각을 합니다. 이런 측면에서 상인은 무역이 우선이고, 무역과정에서 수집되는 정보는 차선이며, 원에 대한 정보는 부차적으로 생긴 결과물로 보아야 하지 않을까 이렇게 생각을 합니다. 예를 들어 고려내의 왜구활동에서 보면 조창의 위치정보라던가 인물에 대한 정보, 예를 들면 최영 장군에 대한 정보입니다. 지리 지형의 정보 등은 왜구들에게 필수요소였고, 상당히 높은 수준이었던 것으로 보입니다. 즉 왜구의 고려에 대한 정보량은 막부의 그것보다 절대적으로 우위에 있었다고 추측이 됩니다. 따라서 일본 무역선의 주된 목적은 일차적으로 원의 정찰보다 무역의 이익이어야 하지 않을까 라고 하는 소박한 생각을 해 봅니다.

세 번째는 2장 2절 부분에 사료를 통해서 살펴보면 김용은 1366년 8월 고려를 출발하여 9월 일본에 입국하고, 김일은 1366년 11월 고려를 출발하여 1367년 2월 일본에 입국하는 것으로 파악되고 있습니다. 이 부분에 대해서는 무라이 선생님께서도 견해를 말씀하신 적이 있습니다만 발표자는 이들이 모두 고려왕이 보낸 사신으로 보고 있습니다. 고려가 비슷한 시기에 같은 목적으로 사신을 중복해서 파견한 이유가 무엇이라고 생각하는지 궁금합니다.

네 번째, 2장 2절 정몽주 전에서 안길상의 사절 파견 이래 무로마치 막부보다 오히려 하카다의 구주탐제와 교섭하는 것이 중요하게 자리 잡았다는 느낌이 들며, 사절의 송환도 구주탐제가 행하고 있었다라고 서술하고 있습니다. 본 발표문에서는 복잡한 경과를 생략하고 있습니다. 본래 일본의 외교권은 조정의 고유한 권한으로 알고 있는데, 김용, 김일의 입국 이후에 무로마치 막부가 관할하고, 안길상의 입국 이후에는 구주탐제 또는 西國의 大名에게로 이관되고 있습니다. 비교적 짧은 기간 안에 외교권에서 몇 가지 변화가 보이고 있는데, 그 이유는 무엇이라고 생각하시는지 궁금합니다.

마지막으로 맺음말 부분에서 1380년대 왜구가 감소하는 경향에 대해서 고려의 외교가 西國의 大名들을 주목하게 되면서 그 성과를 보게 된 것이라고 분석하고 있습니다. 그리고 대마도 종씨에게 쌀 1,000석 하사에 주목하고 있습니다. 고려사의 기록을 보면 1354년 조운선 40여척 약탈, 1355년 200척 약탈, 1360년 윤5월에 4만 석 약탈한 이후에 상당기간 다시 말해서 1년 혹은 9개월간 고려에 왜구가 전혀 출현하지 않습니다. 또 1368년 11월에 고려 조정에서 쓰시마의 崇宗慶에게 쌀 1천석 하사 이후에도 약 1년간 왜구의 흔적을 찾아볼 수가 없습니다. 이상 4건의 기록의 공통점은 대량의 약탈품과 하사품이 전달된 이후에는 장기간 침입과 약탈이 일어나지 않았다는 점입니다. 그런데 이 문제는 단순히 고려시대만의 문제로 끝나지 않고 조선시대로 연결된다고 볼 수 있지 않을까 생각합니다. 즉 『해동제국기』와 『경국대전』의 규정에서 무역을 제외한 순수 접대비가 1만석이고, 『중종실록』에 1509년 접대비용 2만 2천석이라는 숫자가 눈에 띕니다. 결국 중세의 조일관계는 고려가 약탈당한 총량을 조선이 그대로 떠안았기에 가능했던 외교관계가 아니었나 이렇게 보입니다. 이런 면에서 여일관계는 무역보다는 약탈의 측면에서, 조일관계는 내재된 약탈과 무역의 측면에서 상호 통일된 조망이 필요하다고 생각합니다만 선생님께서 고견을 듣고 싶습니다. 이상입니다.

▪ **장동익** : 네. 사에키 교수의 발표에 대해서 김보한 교수의 토론이 있었습니다. 사에키 선생님 답변 부탁드립니다.

▪ **佐伯弘次** : 매우 상세한 코멘트를 해 주신 점에 대해 감사드립니다. 다섯 가지 질문, 코멘트를 해주셨는데요, 제 생각을 말씀드리겠습니다. 먼저 김유성의 고려 첩장에 관한 질문을 주셨습니다. 일본 조정과 원이 여겼을 무례, 우둔, 기괴라고 평가했다라는 것에 대한 배경입니다. 몽골 국서가 오면 조정은 일단 선례를 살펴보고 비교를 하는 것이 일반적인

패턴이라고 생각이 됩니다. 이전부터 이런 국서가 계속 왔고, 마찬가지로 무례했다는 표현을 했었기 때문에 기본적으로는 같은 논조로 반응을 하고 있는 것으로 보여집니다. 하지만 상황이 다른 것은 문영, 홍안의 역 전 단계와 홍안의 역 후의 단계는 다르지 않나 싶습니다. 왜냐하면 두 번에 걸쳐서 원이 침공을 했고 일본 입장에서는 두 번 다 격퇴를 했다고 생각을 하거든요. 그래서 그 이후에도 원에서 복속을 해라 라는 국서가 온 것에 대해서는 놀라고 있는 것입니다.

두 번째, 대륙에 대한 가마쿠라 막부의 군사정보 수집에 대해서 코멘트를 주셨습니다. 이것은 제 생각이라기보다는 남기학 선생님의 견해를 따른 것이기 때문에 남선생님에게서 답변을 듣는 것이 좋을지 모르겠다는 생각을 합니다만, 제가 썼으니까 책임을 가지고 제 생각을 말씀드리겠습니다. 결론적으로 말씀드리면 김선생님께서 말씀하신대로 막부의 군사정보 수집에 대한 주요목적은 무역이었다는 것입니다. 어디까지나 이러한 경제적인 관계가 있었고, 그것을 이용하는 측면에서 파견이 있었다. 결과적으로 원의 정보가 들어온다고 하는 즉, 주요한 목적은 무역이었다는 것이라는 점에서 선생님과 같은 생각입니다.

세 번째, 김용 그리고 김일의 來日이라는 것에서 왜 같은 비슷한 시기, 똑같은 목적으로 파견을 하는가 라는 것과 그 이유는 무엇인가 하는 것입니다. 이것은 사실 굉장히 어려운 문제라고 생각을 합니다. 왜냐하면 김용의 파견에 대해서 고려사에는 나오지 않았습니다. 김용의 첫 번째 파견에 대해서는 목적이 제시되고 있지 않은데 여러 가지 연구에 의해서 가령 이런 것이 있습니다. 안길상이 나중에 파견이 되는데 그 외교문서에 김일과 김용을 파견했다는 얘기가 나오거든요. 그러니까 이것은 고려가 파견한 것은 명백하다 라는 것이 이미 지적이 된 바가 있습니다. 3개월 차이를 두고 파견을 한다. 그리고 또 다른 루트를 통해서 일본에 가게 됩니다. 김용은 이즈모로 도착을 하고 이즈모에서 여러 가지를 뺏깁니다. 그리고 육로를 통해서 효고에 가고 교토에 가고 이렇게 됩니다. 그리고 교토에 간 것이 2월이었습니다. 그리고 김일 쪽은 1367년 4월에 교토에 도착을 합니다. 약간 늦게 도착을 했고 이렇게 따로따로 파견이 되었다는 것입니다. 여기에 대해서 나카무라 히데타카 선생님께서는 김용이 귀국을 안하고 늦어지다 보니까 김일이 다시 새로 파견되었다라는 견해를 피력하고 계십니다. 그리고 논문을 발표를 하셨는데요. 김용은 중서성의 문서를 가지고 갔고, 김일은 고려국 첩장을 가지고 갔다. 그렇기 때문에 가지고 간 문서가 다르다라는 새로운 견해를 피력하셨습니다. 이것에 대해서는 일본측의 사료는 단편적으로 있습니다만 고려측 사료가 별로 없기 때문에 이 이유에 대해서는 자세히 알 수가 없다라는 것이 사실입니다. 그런데 이즈모에서 습격을 당하고 뺏기고 이랬기 때문에 그 정보가 어쩌면 고려에 전달되지 않았을까 라고 막연하게 생각을 하지만 잘 모르겠다라는 게 제 답입니다.

　네 번째는 일본의 외교권과 관련된 문제인데요. 선생님이 말씀하신 것처럼 조정의 고유 권한이다. 무로마치 막부가 그것을 이었다. 관할하게 되었다는 흐름이 있습니다. 그런데 구주탐제가 외교권을 장악했다라는 사실은 없기 때문에 마지막 질문은 아마도 제 생각과 다른 것 같습니다. 즉, 조정으로부터 무로마치 막부로 외교권이 이동하게 된다라는 겁니다. 저는 말씀드린 대로 1366년이 커다란 획기적인 해라고 생각을 합니다. 그런데 상당히 장기적인 안목으로 보면 아까부터 많은 논의가 되고 있는 혹은 발표가 되고 있는 가마쿠라 시대의 원구관계를 이렇게 하다보니까 조정의 외교관에 가마쿠라 막부가 개입을 하게 되었다 라는 코멘트가 있었습니다. 13세기 후반부터 아시카가 요시미츠가 1400년대 초에 명에서 일본국왕으로 책봉됩니다.

긴 안목에서의 커다란 의도라는 것이 하나의 배경입니다. 1366년을 기점으로 막부 즉 무가정권이 처음으로 외교에 관여한 것이 1366·67년이라는 것입니다. 다만 이때 한 차례만 외교권이 조정으로부터 막부로 전이된 것은 아니므로 이후의 사절까지도 상세하게 검토할 필요가 있습니다.

마지막으로 다섯 번째 지적해 주신 점에 대해서요. 중세 일조관계는 고려가 약탈당한 총량을 조선이 계속 떠맡은 것으로 볼 수 있는가라는 연속성에 대한 문제를 지적해 주셨습니다. 매우 흥미로운 지적이라고 생각합니다. 고려시대의 왜구의 약탈은 순수한 왜구들의 체류비용이고 조선시대의 접대비용 1만석에서 2만 2천석, 이것은 왜관 체재중 또는 서울로의 상경, 혹은 서울 체재 왜관용입니다. 그러니까 여러 가지 체재비가 되고, 접대비가 되며 나아가서는 많은 사람들의 식량이 됩니다. 많은 것이 포함되어 있기 때문에 단적으로 양자를 비교할 수는 없습니다만 14세기말부터 15세기초의 일본과 조선과의 관계는 왜구대책이라는 것이 매우 중요한 것이기 때문에 그 연장선상에 왜인우대정책 혹은 통교정책이 있었습니다. 때문에 큰 틀에서 본다면 선생님의 지적이 맞다고 생각합니다. 이상입니다.

▪ **장동익** : 예 감사합니다. 아마 전부 김보한 선생님이 질문하신 것 대체로 답변하신 것 같고, 부족한 것은 선생님의 생각을 받아들이겠다고 하셨습니다. 발표자와 토론자가 한 문제를 해결하지 못했는데, 세 번째 고려사신 김유·김용·김익준·김익에 대한 내용입니다. 이것은 일본 교코 다이고지 사원에 문서의 사본이 있습니다. 원래 戰前에는 3매가 있었는데, 현재는 마지막 매가 없어지고 2매가 남아있습니다. 제가 여기 관심을 가져가지고 부족한 글을 한 번 써봤습니다. 단사이 대학교, 아시아문화교류, 2호 2007년에 이것을 갖다가, 그 문

서는 이미 소개된, 일인학자들이 한 문서는 현재 글자가 안 보이는 부분이 많습니다. 안 보이는 내용을 제가 복원을 해서 아마 이 사람들이 왜 빨리 파견되었으며, 왜 달리 도착했는가를 글이 좀 부족하지만 상세하게 보고 드린 바가 있습니다. 참조하시가 바랍니다. 지금까지 발표 오전, 오후 긴 발표와 토론이 상세하게 진행되어서 저에게 주어진 시간은 15분을 경과했습니다. 사실은 오늘 오전에 사회를 하신 손승철 교수님께서 잘 진행하신 걸 제가 까먹었습니다. 그러나 그 책임은 손 선생님도 있습니다. 그래서 장시간 발표, 토론자 원탁에서 했지만 오히려 저희들의 잔치였고 뒤쪽에서 아침부터 오후 늦게까지 종일 듣고만 계신 여러 선생님들에게도 질문의 기회를 좀 드렸으면 하겠습니다. 손 선생님 조금. 한 두 세 문제를, 질문을 받아볼까 합니다. 예. 부탁드리겠습니다.

▪ **이원영** : 저는 질문은 아닙니다. 훌륭하고 뜻있는 한일국제학술회의에 오늘 제가 참석하게 되어서 너무나 기쁘고 참으로 깊은 감명을 받게 되었습니다. 이제 이 몽골의 고려, 일본의 침공과 한일관계라는 이 현대적인 의의까지 지니는 이런 주제를 가지고 이번에 이 훌륭한, 참으로 시기적절한 국제학술회의를 주최해 주신 이상우 한일문화교류기금 이사장님과 그리고 김용덕 동북아역사재단 이사장님께 진심으로 칭송과 감사를 드리며 경의를 표합니다. 사실은 몽골 대 고려, 몽골 대 일본 이런 식으로 양자관계로만 지금까지 취급되어 오던 것을 이번에는 그런 차원을 넘어서 몽골 대 고려와 일본, 몽골과 고려 대 일본, 이러한 관계로까지 발전되어서 여기에서 많이 취급이 되었으며, 특히 당시의 동북아정세라든지, 또 당시 한일관계를 비롯해서 한국, 일본, 중국, 몽골 이러한 역학관계까지도 취급을 하시는 이런 지역적인 접근을 하시는 것에 대해서 정말 새로운 접근방법이다 하

는 점에 있어서 저는 굉장히 기쁜 의의를 여기에서 발견하게 되었습니다. 더욱이나 외교정책까지 당시 그런 나라들의 외교정책까지도 분석을 하게 되어서 오늘날의 현대사를 조명해 보는 또 귀중한 기회까지도 제공해 주신데 대해서 정말 깊은 감사를 드립니다. 제가 오늘 너무나도 많은 감명을 받고 또 너무나도 기쁜 점이 많아서 그냥 지나갈 수 없어서 한 말씀 드렸습니다. 감사합니다.

▪ 장동익 : 감사합니다. 또 다른 분 질문해 주시기 바랍니다. 없으십니까? 그러면 저희가 발표와 토론이 끝났습니다. 종합토론자로써 마지막 한 말씀을 드리겠습니다. 이 발표를 통해 여러 가지 면이 생각되어집니다. 첫째, 우리 한국의 학자들은 일본의 연구 성과들을 잘 보고 있습니다. 보고 있는데, 최근의 2007년이나 2008년 최근 1, 2년 사이의 업적을 잘 보지 못했습니다. 그런데 오늘 일본에서 오신 여러 교수님도 일본사를 전공하신 분도 있고, 원대사를 전공하신 분도 있고, 대외관계를 전공으로 가진 분들의 발료를 한국 학자들이 잘들었습니다. 또 오늘 한국학자도 몇 분 참석했습니다. 이분들 중에서 남기학 선생님은 일본사를 전공하셨습니다. 또 윤용혁 선생님은 한국사를 전공하십니다. 나머지 여러 분들도 다 한국인이지만 일본에서 공부했던 분들이고 학위를 받은 분들입니다. 그런데 이제 문제는 서로가 그러한 긴밀한 관계에 있었으면서도 서로가 서로의 논문을 한자리에서 발표하는 기회는 적었습니다. 특히 일본 교수님들은 서양문의 구사에 능하시지만, 한국어에 대해 조금 잘 이해를 하지 못한 경우가 없잖아 있었습니다. 무라이 선생님의 경우에는 참 유명한 학자로, 선생님의 업적은 한국 학자들이 잘 배우고 있지만, 선생님의 업적이 한국 학자들에 있어서 어떻게 받아들이고 어떠한 비판이 있는가에 대해서 잘 모르실 가능성이 있습니다. 아마 오늘 이 자리에서 이 발표된 논문들

이 일본어로 번역되어 있기 때문에 선생님의 논문이 어떻게 인용되고 어떻게 방향을 바꾸고 있는가를 보실 기회가 되었을 것입니다. 또 남기학 선생님의 여러 가지 견해들은 우리가 많은 학자가 알고 있기도 하지만, 선생님이 일본에서 발표한 논문들은 우리가 거의 몰랐습니다. 그렇지만 오늘 선생님의 과거에 발표한 여러 논문들이 인용됨으로써 우리가 많은 이해를 할 수 있었습니다. 더욱이 무라이 선생님께서는 원대사 전공자들이 최근에 발견했던 자료들을 오늘 소개해 줌으로써 우리 한국학자들에게 큰 영향을 주게 될 것입니다. 그 선생님들의 업적도 또 한국 사람들의 새로운 논문에서 반영될 수 있을 것입니다. 그때 한 번 읽어주시고 선생님의 의견이 어떻게 한반도에서 수용되고 있는가 하는 것을 알 수 있을 것입니다. 그럼 결국은 이와 같은 한일 양국의 학자들이 일본사, 중국사, 고려사의 입장에서 각각 삼국의 관계를 한 번 교류하는 이 학회라는 것은 매우 유익하지 않을까. 앞으로도 이와 같은 학회가 계속 지속적으로 이루어질 것입니다. 그렇게 해서 오늘 우리 모임을 주관해 주신 동북아역사재단 또 한일문화교류기금에서도 앞으로도 지속적인 관심을 가지고 후원해 주시길 바라겠습니다. 그러면 동아시아의 교류, 더 나아가서 동아시아의 평화라는 것이 어디에 있겠습니까. 이러한 결과가 활발히 되면 그것이 확산되고 아무 분야에나 인적 네트워크도 더욱 연결되어서 우리 동아시아의 삼국이 더욱 발전하리라고 생각됩니다. 앞으로도 많은 도움 주시길 바랍니다. 정말 감사합니다. 이것으로써 오늘 토론을 마치겠습니다.

손승철 : 예. 감사합니다. 몇 가지 안내말씀 드리면서 오늘 국제학술회의를 마무리 하겠습니다. 아침 9시부터 세미나를 시작할 예정이었는데, 어제 유교문화박물관을 견학을 못해서 아침에 1시간 정도를

박물관 견학에 써버렸습니다. 그래서 시작이 좀 늦어졌는데 다행스럽게 여러 발표, 토론자님들의 협조로 정해진 시간 내에 끝마치게 된 것을 대단히 감사드리겠습니다. 한 가지 부탁이 있습니다. 지금 종합토론 사회하시는 장교수님께서도 말씀하셨습니다만, 사실은 서로가 잘 알고 있으면서도 교류의 장이 없었다 그런 지적을 하셨는데 사실입니다. 사실은 오늘 우리 몽골의 고려, 일본 침략에 포커스를 맞춰서 고려시대 한일관계를 오늘 정리했지만 아마 한국에서 이런 학술대회는 처음인 걸로 알고 있습니다. 작년 11월에 동북아역사재단과 한일문화교류기금이 공동으로 발해와 일본이라고 하는 주제로 학술 심포지움을 했습니다. 그리고 그것을 올해 5월에 단행본으로 출간을 했습니다. 마찬가지로 오늘 이 학술 심포지움도 단행본으로 출간할 그런 계획을 가지고 있습니다. 그래서 가능하면 11월 말까지 보완하실 부분을 보완하시고, 또 하나 우리가 급하게 번역을 했습니다. 한국어는 일본어로, 일본논문은 한국어로 급하게 번역을 하다보니까 좀 오류가 있었던 것 같습니다. 그래서 발표하신 선생님들께서는 본인의 논문을 한 번 꼼꼼히 다시 살펴보서서 고칠 부분이 있으면 그것도 함께 아울러서 지적을 해 주시면 책으로 출판을 하는데 큰 도움이 되겠습니다.

지금 시간이 6시 8분 전입니다. 오늘 저녁 식사는 안동 시내에 나가서 하는데, 안동이 한우로 아주 유명한 곳입니다. 그래서 한우로 저녁식사를 할 예정입니다. 끝나는 대로 바로 방으로 들어가서서 짐만 놓고 바로 내려와 주시기 바랍니다. 가능하면 빨리 출발하도록 하겠습니다. 그리고 오늘 만찬은 동북아역사재단 김용덕 이사장님께서 마련하셨습니다. 6시 20분에 출발하도록 준비해 주시기 바랍니다. 그리고 내일 아침 식사는 7시 30분에 지하 1층 식당에서 하겠습니다. 메뉴는 한식 뷔페가 되겠습니다. 적당히 식사를 해 주시고 8시 15분에 출발을 하겠습니다. 왜냐하면 내일 구주 팀들이 오후 6시 비행기로 일본으로 돌아가야 합니다. 그래서 공항에 4시 반까지 도착을 해야 하기 때문에 아침에 서두르지 않을 수가 없습니다. 오전 8시 15분에 출발해서 도산서원을 8시 반부터 견학을 하도록 조치를 취해 놨습니다. 그래서 정확하게 8시 15분 출발입니다. 거기에 따라서 맞춰주시면 좋겠습니다. 그러면 이것으로써 몽골의 고려, 일본 침공과 한일관계, 동북아역사재단과 한일문화교류기금에서 공동주최한 한일 국제학술회의를 모두 마치도록 하겠습니다. 대단히 감사합니다(끝).

필자소개　(집필순)

　○ 주제발표

村井章介(東京大學)　　　　李在範(경기대학교)

森平雅彦(九州大學)　　　　尹龍爀(공주대학교)

南基鶴(한림대학교)　　　　佐伯弘次(九州大學)

　○ 토론

榎本涉(日本 中央大學)　　이 훈(동북아역사재단)

村井章介(東京大學)　　　　船田善之(九州大學)

金普漢(단국대학교)

몽골의 고려·일본 침공과 한일관계

초판 인쇄 ‖ 2009년 3월 02일
초판 발행 ‖ 2009년 3월 10일

엮은이 ‖ 한일문화교류기금·동북아역사재단 편
펴낸이 ‖ 한정희
펴낸곳 ‖ 경인문화사
출판등록 ‖ 1973년 11월 8일 제10-18호
편집 ‖ 신학태 이지선 김하림 한정주 문영주
영업 ‖ 이화표　관리 ‖ 하재일 양현주

주소 ‖ 서울특별시 마포구 마포동 324-3
전화 ‖ 718-4832　팩스 ‖ 703-9711
홈페이지 ‖ www.kyunginp.co.kr / 한국학서적.kr
이메일 ‖ kyunginp@chol.com

ISBN 978-89-499-0631-7　93910
값 20,000원